영사 업무와 외교

Consular Affairs and Diplomacy

영사 업무와 외교

Consular Affairs and Diplomacy

Jan Melissen • Ana Mar Fernández 엮음

김진호 · 명지용 옮김

마영삼 감수

온누리 디앤피
DESIGN & PRESS

역자의 말

본서는 Jan Melissen and Ana Mar Fernandez(ed.), *Consular Affairs and Diplomacy* (LEIDEN • BOSTON: MERTINUS NIJHOFF PUBLISHERS, 2011)를 완역한 것이다. 편저자들의 약력은 집필자 소개를 참고하기 바란다. 원서 구성은 총 3부로 구성되고 그 안에 서론을 제외한 12장의 글이 수록되어 있다. 이 또한 역서를 살펴보기 바란다.

오늘날 외교 분야에서 영사외교의 중요성은 아무리 강조해도 지나치지 않을 것이다. 국제적으로는 1970년대에 해외관광객이 증가했으며, 대한민국은 1989년 해외여행자유화 조치로 인해 해외로 떠나는 자국민의 수가 급격히 증가하기 시작했다. COVID-19 이전 2019년 기준 대한민국에서 해외로 나가는 관광객의 수는 약 2,900만명 수준이었다는 것을 생각하면 매년 우리나라 인구의 절반가량이 해외로 관광을 떠난다고 볼 수 있다. 더불어 불확실성의 시대에서 기후변화, 국제규범, 테러위험, 각국의 비자정책의 변화 등 영사외교를 둘러싼 환경 또한 빠르게 변화하고 있는 시점에 놓여있다. 그렇기 때문에 「영사업무와 외교」라는 주제는 그 어느 때보다 막중한 책임을 지니고 있다고 할 수 있겠다. 전 세계적으로 본다면 아직까지도 영사외교의 분야는 그 중요성에 비해 충분한 논의가 이루어졌다고 보기는 어렵다. 대한민국의 상황만

보더라도 영사외교는 아직까지 국제정치 및 외교분야에서 다소 생소한 분야로 다루어지고 있다. 이러한 이유로 본 역서가 시의적절한 출판이 되기를 희망한다.

영사업무와 외교라는 주제는 향후 중요성이 더욱 커질 것이라고 확신한다. 세계화는 국가 간 물리적·정책적·문화적·사회적 간격을 빠르게 축소시키고 있으며, 이에 따라 사람들이 전세계의 국가를 경유하는 환경에서 재외국민보호를 위한 영사조력의 필요성과 함께 영사업무의 전반적인 분야의 중요성은 계속 증가할 것이다. 이에 따라 영사외교관과 전문적인 영사외교역량에 대한 수요 또한 꾸준히 증가할 것이다. 아울러 영사외교의 분야는 단순히 특정된 분야가 아니라 공공외교, 다자외교 국제규범 등 외교분야에서 중요한 영역들과 긴밀하게 연결되어 있는 분야이다. 간절히 바라건대, 이 책이 대한민국에서 영사외교 나아가 전반적인 외교분야에서의 전문성을 기르고 대한민국의 영사외교 업무에 있어 도움이 되기를 바란다.

2024년 12월

김진호 · 명지용 씀

목차

감사의 말

본서의 편집자 두 사람은 집필자들 모두에게 신세를 진다. 9개국의 집필자의 논문을 다루는 본서를 준비한다는 것은 상당히 힘들었을 요청임에도 불구하고 원고를 적절한 시간에 제출해 주었다. 우리 논문들—호주, 중국, 프랑스, 네덜란드, 노르웨이, 러시아, 스페인, 스위스와 미국—이 영사제도에 관한 전 지구적인 시각에 이바지하기를 바란다.

우리는 또한 본서에 대한 익명의 비평가와 브릴 아카데미 출판사Brill Academic Publishers의 격려에 고마움을 표하는데, 특히 마리 셀돈과 그녀의 전임자인 이레네 반 로숨Irene van Rossum 등의 호의적인 지원에 감사드린다. 원고를 준비하는데 레베카 솔하임Rebecca Solheim의 일 처리는 항상 그랬던 것처럼 소중했다. 클린겐다엘Clingendael연구소의 문서센터의 알리 모레나르Ali Molenaar와 자니 크라예마Janny Krayema 등은 준비 기간 내내 정말 도움을 주었고, 라그나힐드 드랭지Ragnhild Drange는 본서의 색인을 포함하는 영사 차원의 외교에 대한 다양한 이벤트와 출판 등에 대한 탁월한 지원을 제공해 주었다.

초고는 다양한 회의에서 발표된 것인데, 2007년 클린겐다엘 연구소에서 열린 제1회 헤이그 외교회의Hague Diplomacy Conference는 특별하게도 현재의 영사업무에 대한 적절한 기회를 제공해 주었다. 이 회의 이후,

편집자들은 본 프로젝트를 진행하기로 했고, 본서는 이에 대한 결과물이다. 2008년 클린겐다엘은 네덜란드 영사협의회와 협력하여 명예영사에 대한 하루 세미나를 조직했다. 또한, 2008년, *더 헤이그 저널 오브 디플로머시The Hague Journal of Diplomacy*는 본서에 있는 3명의 집필자뿐만 아니라 유럽연합 이사회와 네덜란드 외교부 실무자 영사업무 관련 연구결과물을 발표하였다. 이러한 것들과 다른 이니셔티브들은 외교부를 위한 중요한 분야 활동에 대하여 지속적으로 우리의 사고를 형성하는데 도움을 주었다. 사실 이 분야는 저평가되기도 했고 외교에 함몰되거나 외교의 역사적인 전유물로서 단순하게 여겨져 왔기도 했다. 마지막으로 덧붙일 말은, 클린겐다엘 연구소로부터 영사업무 상황에 대한 신뢰 있는 선행연구piliot study를 의뢰(2006년 마이케 오카노-헤이지만스와 얀 멜리아센)함으로써, 네덜란드 외교부는 본 프로젝트에 대하여 무언의 자극을 주었다. 이로써 편집자들은 영사제도에 대한 아주 흥미롭고 중요한 연구 아젠다를 잘 파악하게 되었으며, 본서가 이러한 영사제도 연구활동에 기여하게 되기를 바란다.

집필자 명단

얀 멜리센 Jan Mellissen은 네덜란드 '클링겐다엘' 국제관계연구소 외교연구 프로그램 책임자이자 앤트워프Antwerp대학(벨기에) 외교학과 교수이고 더 헤이그 저널 오브 디플로머시The Hague Journal of Diplomacy의 공동 편집자이다. 그의 최근 저서(공편)들은 *Public Diplomacy and Soft Power in East Asia* (Basingstoke: Palgrave Macmillan, 2011), (ed.) *The New Public Diplomacy: Soft Power in International Relations* (Basingstoke: Palgrave Macmillan, 2005/2007) 등이 있다.

아나 마르 페르난데스 Ana Mar Fernández(박사)는 바르셀로나 자치대학 정치학과 부교수이자 파리 정치 대학Sciences Po paris, Centre d'études européennes 부교수이다. 그녀는 유럽정책연구센터(브뤼셀), 파리정치연구소와 만하임 대학(독일) 방문연구원이어 왔다. 그녀는 또한 볼로냐 대학(이탈리아), 미슈콜츠(헝가리), 멕시코자치기술대학(멕시코) 등에서 방문교수를 지내 왔다. 그녀의 저작물은 다음과 같다. 'Consular Affairs in the EU: Visa Policy as a Catalyst for Intergration?', *The Hague Journal of Diplomacy* (vol. 3, 2008), 'Local Consular Cooperation: Administering EU Internal Security Abroad', *European Foreign*

Affairs Review (vol. 14, no. 4, 2009).

제롬 보니파스Jérôme Boniface는 프랑스 외교부에서 네덜란드 마스트리히트 유럽행정연구소까지 국가 파견 전문가이다. 그는 유럽연합 외교정책 관련 쟁점에 대한 유럽정책팀에서 근무하고 있다. 그의 연구와 훈련 활동 등은 유럽연합과 인접국 간의 긴밀한 관계에 대해서 더욱 면밀하게 검토하고 있다. 그는 유럽의회를 위한 하나를 포함하는 유럽 인접국에서 일반 비자 정책의 함의에 대한 여러 브리핑과 보고서 등을 발행해 왔다(*Visa Facilitation Versus Tightening of Control: Key Aspects of the ENP*, 2008).

도나 해밀턴 Donna Hamilton (워싱턴 주립대학 정치학사, 위스콘신대학 국제관계학 석사)은 미국 고위외교단의 은퇴 외교관이다. 그녀는 콜롬비아, 멕시코, 그리스, 페루와 코스타리카 등에서 해외영사업무를 담당했다. 영사 업무부에서, 그녀는 행정부책임자, 비장업무부차관보, 해외영사업무 부차관보와 수석부차관보 등을 역임했다. 그녀는 자동화와 영사관리 등을 포함한 쟁점에 대한 외교연구소와 영사회의 등에서 강의했다. 그녀의 주요 저작물로는 *Political Charge and the 1996 Immigration Act: Family Reunification and Immigrant Visa Processing* (Washington DC: Institute for the Study of International Migration, Georgetown University, 2001) 등을 포함한다.

알버트 E. 커르스테른 Albert E. Kerstern은 네덜란드 나이메헨Nijmegen대학에서 역사학을 공부했고 1940-1945년 런던 망명에서 네덜란드 외교부에 대한 주제로 박사학위를 받았다. 그는 1982년부터 2005년까지 라이덴Leiden대학에서 외교사 교수이었고, 국제외교사, 네덜란드 외교정책과 유럽통합 등에 대한 많은 출판물의 저서이다. 그는 네덜란드 외교부의 명예 역사 자문이다.

할바르 레이라 Halvard Leira는 노르웨이국제문제연구소의 연구원이다. 그의 학문 분야는 국제사상, 사상의 교류, 국제관계와 외교의 역사학 등이다. 외교연구 분야에서, 그는 특별하게 외교 훈련, 외교단과 영사업무 등에 특별하게 관심이 있다. 그는 노르웨이 어로 많은 책(예를 들면, 그는 이베르 B 뉴만과 노르웨이의 100주년 외교업무 역사를 공동 집필)뿐만 아니라 Leiden Journal of International Law, Review of International Studies, Global Society, Cooperation and Conflict and The Hague Journal of Diplomacy 등에 다양하게 기고해 왔다.

시아 리핑 Xia Lipping (박사, 중국외교대학)은 중국 북경 소재 중국외교대학CFAU외교학과의 외교학과 부교수이자 부학장이다. 중국국제정치학회와 현대중국역사연구학회 회원이다. 그녀의 주요 연구 분야는 현대 중국의 대외관계와 특별하게 영사규칙과 관행 등의 발전이다. 그녀의 주요저서로는 'An Analysis of the EU's Common Consular Protection, *Chinese Journal of European Studies* (no. 2, 2010), 'The Cause for Institutional Changes in the Protection of the Security of Overseas Chinese Citizens by the Chinese Government,' *International Forum* (no. 1, 2009), 'Reform of the British Consular Protection Mechanism since 1990: Challenges and Responses', *Foreign Affairs Review* (no. 4, 2009); and 'A Study of Zhou Enlai's Thought on "Single Citizenship"', *Foreign Affairs Review* (no. 2, 2008). 그녀는 또한 China's Diplomacy since Reform and Opening-Up, 1978-2008 (Beijing: World Affairs Press, 2008)를 공동편집했다.

윌리엄 마레이 William Maley는 호주국립대학 교수이자 아시아-태평양 대학 소장이고, 러시아 외교아카데미 방문 교수와 옥스퍼드 대학 난민연구 프로그램 방문연구원을 역임했다. 그는 *Rescuing Afghanistan* (London: Hurst, 2006)과 *The Afghanistan Wars* (Basingstoke: Palgrave macmillan, 2002) 등의 저자이고, *Global Governance and Diplomacy: Worlds Apart?* (Basingstoke: Palgrave macmillan, 2008)를 공편(앤드류 F. 쿠퍼와 브리안 호킹 등과)했다.

이베르 B. 뉴만 Iver B. Neumann (옥스포드대학 박사, 오슬로대학박사)은 노르웨이국제문제연구소 교수이자 연구소장이다. 그는 1999-2001년 Cooperation and Conflict (노르딕국제연구학괴 저널)의 편집인이었다. 그의 14권의 저서들 중에는 Uses of the Other: 'The East' in European Identity Formation (Minneapolis MN: University of Minnesota Press, 1999), 그리고 (오레 제이콥 센딩Ole Jacob Sending과 함께) *Governing the Global Polity* (Ann Arbor MI: University of Michigan Press, 2010) 등이 있다. 그는 현재 코넬대학 출판부에서 *An Ethnography of Diplomacy* 저서를 를 집필 중이다.

지저스 누네스 헤르난데스 Jesús Núñez Hernández는 스페인 대사이다. 그의 경력에서, 그는 함부르크 스페인 부영사(독일), 코르도바 영사(아르헨티나), 앤트워프 총영사(벨기에), 아디스아바바주재 대사(이디오피아), 마드리드 소재 스페인외교부의 외교업무 국장이자 총영사, 오스트리아 주재 스페인 대사이었다. 그는 철학 석사와 법학박사 학위를 가지고 있다. 그는 *Rules and Actual Situation of the Spanish Foreign Service* (Madrid: Spanish Ministry of Foreign Affairs and Cooperation, 1997); (사비에르 마르티Xavier Martí와 공동집필) *The Consular Function* *in Spanish Law* (Madrid: Spanish Ministry of Foreign Affairs and Cooperation, 2009, 3rd ed.) 등의 저자이다.

마이케 오카노-헤이지만스Maaike Okano-Heijmans는 클린겐다엘외교연구프로그램연구소와 클린겐다엘아시아연구 연구원이자 그리고 호주국립대학 아시아-퍼식픽 외교 대학방문연구원이다. 그녀는 또한 The Hague Journal of Diplomacy의 검토분과의 공동편집자이기도 하다. 그의 주요 연구분야는 경제외교의 이론과 실천, 동아시아의 정치경제인데 특별하게 일본에 관심을 가지고 있다. 2006년 독일 외교부로부터 위탁받은 연구를 수행하면서, 그녀는 영사업무와 외교 등에 특별한 관심을 발전시켰다.

케빈 D. 스트링거Kevin D. Stringer는 에스토니아 타르투 소재 발틱 국방대학 안보연구 비상근교수이자 선더버드 글로벌매니지먼트 학부 국제연구 방문 교수이다. 그는 영국 리딩Reading 대학 헨리Henley경영대학원 상급방문연구원이기도 하다. 하와이 소재 동서센터에서, 그는 국제정치경제 방문연구원이었다. 그는 취리히에서 박사학위를, 보스턴 대학에서 석사학위, 웨스트포인트 소재 육군사관학교에서 학사를 받았다. 그는 미국외교단에서 영사 공무원으로 근무했고, The Hague Journal of Diplomacy의 서평 공동편집인이다. 그의 연구관심은 상업과 영사외교, 명예 영사, 그리고 소국의 경제적 외교적 전략 등이다.

조르그 울버트Jörg Ulbert(박사)는 프랑스 남 브리타뉴Brittany 대학 부교수이다. 그는 현대외교사 전문가이다. 특별하게 영사제도의 발전에서 그러하다. 그는 프랑스와 독일 외교에 관한 여러 권의 책과 논문 등을 발표했다. 그것들 중에서, *La fonction consulaire à l'époque modern:*

L'Affirmation d'une institution économique et politique, 1500–1800 (Rennes: Presses Universitaires de Rennes, 2006)를 (G. 르 부에덱G. Le Bouëdec와 함께) 집필했다.

버트 반 데르 즈완 Bert van Der Zwan은 네덜란드 라이덴 대학에서 역사를 공부했다. 그는 1984년 이래로 네덜란드 외교부에서 근무해 왔는데, 최근에는 역사팀 책임자이었다. 그는 외교부의 역사와 네덜란드 외교정책 등에 대한 책을 출판했는데, 주로 네덜란드 정보업무에 대해서이다.

마라 웨세링 Mara Wesseling(암스테르담대학 석사, 파리정치대학 석사)은 암스테르담 대학 정치학 박사후보이다. 그녀의 연구와 강의 등은 유럽통합에 관한 쟁점과 특별하게 유럽의 국내외 안보정책(그 중에서도 비자정책과 대테러대응정책)을 다루고 있다. 그녀는 예전에 유럽행정연구소EIPA, 네덜란드 외교부와 네덜란드 주재 프랑스 대사관 등에서도 근무했다.

타티아나 조노바 Tatiana Zonova(정치학 박사)는 모스크바국립국제관계대학MGIMO 외교학과 교수이다. 그녀는 또한 플로렌스, 로마와 메시나 대학(이탈리아)과 스타방에르Stavanger(노르웨이) 등에서 방문교수를 지냈다. 그녀의 저서들로는 *The Modern Model of Diplomacy* (Moscow: Rosspen, 2003); *Vatican Diplomacy in the Context of the European Political System* (Moscow: Rosspen, 2000), 'Diplomatic Cultures: Comparing Russia and the West in Terms of a Modern Model of Diplomacy', *The Hague Journal of Diplomacy* (vol. 2, 2007) 등을 출판했다.

서론

외교의 영사적 차원

얀 멜리센 *Jan Mellisen*

블렌딩*blending*외교와 영사업무

본서에서는 영사 업무의 주요 주제와 미국, 러시아, 중국이라는 세계의 주요 강대국들이 직면한 영사분야의 도전과제, 그리고 영사 제도에 관한 유럽의 기원을 더 잘 이해하는 데 기여하고자 하는 것을 목적으로 삼고 있다. 또한, 현대 국제관계에서 영사 업무가 가진 다차원적인 성격을 분석하며, 영사제도의 역사를 미래지향적인 관점에서 읽어 보도록 하는 것을 목표로 하고 있다. 특히나 외교연구 분야에서 영사업무에 관한 학술 문헌은 매우 빈약하게 분산되어서 이 책에서는 어느 정도 새 분야를 개척했으면 하는 바람이 있다. 본서에 수록된 에세이들이 영사제도와 현대 외교부MFA, Foreign Ministry의 영사업무가 직면한 도전에 대해 우리의 지식을 증진시키는 데 도움이 될 수 있다면, 16명의 저자들이 집단적인 노력의 결과가 추구하는 방향을 달성한 것이라고 하겠다.

서론에 해당하는 본 장에서는 영사업무가 무엇이며 외교연구의 시각으로부터 바라보는 다양한 주제와 쟁점 등을 철저하게 조사하는 것에 대한 일반적인 개관을 제공할 작정이다. 본서에서 중요한 흐름 중 하나는 영사 업무의 실무 분야가 더 넓은 맥락에서 어떻게 이해될 수 있는지를 분석하는 것이며, 반대로 이제까지 잘 알려지지 않았던 영사 제도의 연구분야가 현대 외교에 어떤 시사점을 제공하는지를 탐구하는 과정이라고 할 수 있겠다. 우리의 분석을 설정하는데 도움 주는 네 가지의 개념적이고 경험적인 관찰들이 우리 논의의 핵심에 있다. 첫째, 이 장의 마지막 부분에서 제시되는 책에 대한 개요에서 알 수 있듯, 영사 업무의 핵심적인 기능은 역사와 함께 급격한 변화를 겪어왔다. 사법적인 책임과 무역 환경의 변화에서 시작되어 해외에 거주하거나 여행하는 자국민들 돕는 방향으로 영사 업무가 변화해왔다. 국제 사회가 발전하면서 시민들의 필요에 따라 영사기능은 변화에 맞춘 유연성을 보여주기도 했다. 이는 외교가 변화에 적응한다는 본질적인 특성을 넘어서서 마치 카멜레온과 같이 변화하는 유연성을 지니고 있다는 것을 의미한다.

둘째, 어떻게 해서든 영사 기능은 항상 외교와 함께 얽어져 왔다. 본서에서 나타나는 한 가지 기본적인 사실 발견은 현대 외교와 영사업무를 나란히 놓는다는 것—완전히 다른 기능을 지닌 구별되는 활동으로서—은 우리에게 외교부 내부에서 현실적으로 중복되는 분야가 무엇인지에 관한 핵심을 이해하는데 도움 되지 않는다. 2050년의 미래에 영사 업무가 어떻게 변했을지 추측할 수는 있겠지만, 실질적으로 영사 문제를 해결해야 할 필요성은 영구적으로 남아있게 될 것이며, 이러한 문제는 외교적인 관심사들의 중복되게 될 것이다. 일반적인 영사 업무에는 행정적인 서비스, 국가의 경제적 이익을 위한 실무적 업무, 긴급상황에서의 임무와 인원 배치, 인도적 지원 등이 포함되며 양사 업무과 외교 업무 간의 구분은 일정수준 정도에서는 가능할 것이다. 하지만 개인적인 관점에서 영사 업무에 관여하지 않는 외교관을 찾는다는 것은 점점 더 불가능에 가까워질 것이다. 실무자의 입장에서 본다면, '영사'와 '외교'의 구분은 단순히 학문적인 문제라고 여겨지지 않을 수 있다. 복잡한 외교 환경에서는 전통적으로 분리된 영사 분야과 외교 분야의 구분이 가능한 '유통기한'이 사실상 지났기 때문이다.

셋째, 간단히 말하자면 '영사적인 관점'은 단순한 국가 간 관계만을 말하는 것이 아니라 넓은 범위에서 초국가적 관계와 항상 밀접하게 연결되어 왔다는 것이다. 역사를 통하여, '국내'와 '국제' 간의 전통적인 구분은 영사 업무가 활동했던 세계에서는 다소 이질적인 것이었다. 일상적인 영사 업무가 다양한 사회 계층의 시민들과 다양한 접촉을 해야 하기 때문이다. 영사업무에서 비롯된 외교적인 관점은 '깔끔하게 짜여진 웨스트팔리아Westphalia식 외교 세계'라는 전통적인 사고방식을 보다 일찍 다시 생각해보게 하는 데 기여 했을 것이다. 근본적으로, 외교의 영사적인 차원은 세계정치와 외교 등에 관한 사회 차원을 오래 동안 경시해 왔던 것에 대한 관심을 불러 모은다. 이러한 문제는 최근 공공외교에 대한 연구가 급증하면서 다뤄지고 있으며 영사 업무와 공공외교가 서로 다른 점이 있음에도 불구하고 어느 정도 비슷한 활동으로 여겨지고 있다는 숨겨진 현실을 반영하고 있는 것이다. 실제로 이 두 외교 분야는 외교부에서 새로운 우선순위와 변화하는 업무방식을 보여주는 증거라고 할 수 있다.

마지막으로, 본 연구는 현대에 들어서서 다양한 유형의 영사 서비스에 대한 수요가 구조적으로 증가하는 것은 국제적 관계가 더욱 촘촘해진 시기에 나타난 급격한 경제적, 사회적 변화에 대응하는 것임을 보여준다. 19세기 급속히 확장되는 세계 경제의 규모와 국가 간 경제적 영역이 경쟁적인 환경에 놓이고 20세기에 후반에 이르러서는 세계 정치의 초국가화가 가속화되면서 영사 업무는 급격한 증가를 겪었다. 때문에 이 두 시기의 영사 업무에 대한 우선순위는 극명하게 대조적인 모습을 보여주게 된다.

기대 상승의 딜레마

외교와 외교관에 대한 연구들은 많이 다뤄져왔지만 영사업무와 영사관에 대한 연구는 상대적으로 부족한 상황이다. 그렇지만, 외교와 영사업무의 역사의 모든 지점에서, 많은 사람들이 명예영사, 직업 영사관 혹은 외교와 영사업무가 통합된 이후 영사 직위에 있는 정규 외교관 등과의 연관되어 왔다. 대부분의 시민들은 외교관과의 만남보다는 영사 직원과의 개인적인 경험을 더 오래 기억하게 될 가능성이 높다. 영사 직원의 업무가 기본적으로 그들을 대신하여 어떠한 조치를 취해주거나 그들을 돕는 것이기 때문이다. 반면 외교관과의 개인적인 만남은 외교관이 자신의 일상적인 범위를 벗어난 활동에서만 가능하다. 역사적으로 평범한 일반 사람들은 영사의 일상적인 업무 범위가 중요한 역할을 제공해왔다.

상주 대사 제도를 먼저 도입했던 지중해에서 초기 '해양 영사consul de la mer' 제도를 시행하였는바, 항해력 담당 초창기 영사들은 외국 땅에서 무역업자의 집하물에 관한 이익을 살펴보는 책임이 있었다. 물론 영사는 또한 그의 개인적인 비즈니스의 이익에서 이러한 외국의 조세도 피지에 있었다. 이것은 하나의 경력이 되기 위한 무보수 영사직이 되는 데에는 수 세기가 걸렸기 때문이다. 그러나 공식적인 영사의 역할은 그의 동포들을 보호하는 것이었다. 본서에 기고한 4편의 역사적인 논문들은, 할바르 레이라Halvard Leira와 이베르 뉴만Iver Neumann 등에 의한 개관을 시작으로 그리고 또한 강대국을 다룬 세 개의 장 등은 영사제도에 관한 균형 잡힌 발전에 대한 적절한 느낌을 부여하는데, 외교사에서 적당한 위상과 또한 영사에 관한 확실하게 제한적인 책임 등에 관한 것 등이다. 오늘날, 국가들은 자국민에게 영사의 책임 한계를 납득시키는 것에 대한 어려움을 겪고 있다. 다음 장에서 마이케 오카노-헤이지만스Maaike Okano-Heijmans가 설명하고 있듯 세계 어디에서나 누구든지 자국 정부에 구조를 요청할 수 있다. 유럽연합 외부에서, 유럽연합 시민들은 다른 회원 간의 인정받은 공직자들로부터 도움을 요구할 수 있다. 이러한 상황은 정부가 영사 조력을 국가로서의 책임과 자국민의 시민권에 따라 부여된 도덕적 권리의 결과로 보고 있음을 의미한다. 하지만 개인이 가지고 있는 정부에 대한 기대치는 정부가 제공할 수 있는 현실적인 지원수준보다 항상 높은 수준에 위치해 있으며, 이러한 이유로 많은 국가들의 외교부는 영사 업무에 대한 '기대치 관리'를 우선순위로 삼게 되었다.

최근에 영사업무는 지속적으로 서비스 지향적이 되어 오고 있다. 외교부에 도움을 요청하는 시민은 정부가 제공하는 제품과 서비스를 소비하는 일종의 '소비자'로 간주되고 있다. 예를 들어 영국의 외교연방부서(FCO)의 2010-2013 전략에서는 영사업무를 '시민을 우선시하는 것'으로 정의하고 있다. 이와 유사한 접근 방방식은 캐나다, 미국, 중국, 인도네시아 등 여러 국가의 영사 업무 용어에서도 찾아볼 수 있는 것이다. 영사 업무는 외교의 많은 부분들과 차별화되는 현장적인 특성coalface을 지니고 있으며 이는 항상 공무원들과 자국민들 간 일대일 만남tête-á-têtes을 필연적으로 수반하게 된다. 그러나 현대에 이르러서는 통신 기술이 도입됨에 따라 수많은 일상적인 접촉에 대해 대체될 수 있는 대안들이 생겨났다. 도나 해밀턴Donna Hamilton이 다음 장에서 설명하듯, 전자적 수단을 통해 더 빠르고 포괄적인 인터넷 기반 서비스를 제공할 수 있으며, 이는 정부가 더 효율적인 서비스를 제공하는 데 기여할 수 있다. 전자 수단은 지속적으로 정부를, 최소한 부유층에게, 더 빨라지고 매우 광범위한 인터넷에 기반한 서비스를 제공하고 효율성을 제고하도록 강제할 것이다. 이것은 영사업무를 매우 신뢰성 있게 만들 가능성이 있지만, 또한 역효과를 낼 수도 있다. 사람들은 기계의 실수에 대해서는 사람이 저지른 실수보다 더 강경하게 반응할 수 있으며, 서비스 제공 속도가 이론적으로 빠르게 변화할수록 이를 기준으로 기대치를 설정하는 경향이 점차 늘어나고 있다.

외교부의 입장에서는 더 제한적인 방식의 영사 서비스로 되돌아가는 길은 존재하지 않으며 이는 다양한 국내 및 국제적인 이해관계자들의 도움을 받아 성과를 달성해야 하는 상황에 직면하게 만들었다. 오늘날 영사 도전에 대처하기 위한 유일한 방법은 외교부가 다양한 공무원과 시민사회단체 등과의 파트너십에 연관되어야만 하는 것이다. 이 과정에서 이 책의 처음 두 섹션에서 설명하듯 영사 부문은 정부의 외부적 이해관계들을 포함한 다른 그룹들과의 실질적인 협력 및 기술 개발을 통해 새로운 협력적 외교 방식의 출현을 보여주고 있는 것이다.

필연적인 영사업무의 증가

다양한 요인들이 외교부에게 폭발적인 영사 서비스 수요에 직면하도록 하고 있다. 21세기 초반에 발생한 몇 가지 특징적인 영사 분야의 위기 상황은 정부에 대한 압력을 증가시키는 복합적인 계기를 마련했다. 1990년대 후반부터 영사 서비스의 수요가 증가한 주요 원인 중 하나는 해외여행의 급격한 증가였다. 특히나 젊은 모험가들과 이들에 비해 다소 취약한 노년층이 점점 더 위험도가 높은 스릴넘치는 목적지에 매료되었고, 이는 윌리엄 말레이William Maley가 설명하듯, 정부가 자국민에게 일반적인 여행 권고를 제공할 때 문제가 되는 상황에 직면하게 만들었다. 대규모의 이민은 비자 및 기타 문서 서비스에 대한 추가적인 수요를 만들어냈으며, 이러한 서비스는 상당한 수준의 행정적인 업무를 수반하는 것이었다. 외교부에게 있어 가장 힘든 영사 및 외교적인 도전과제들은 아동 납치와 강제적인 결혼과 같은 복잡하고도 국경을 넘나드는 문제들에서 비롯되는 것이다. 이러한 측면에서 문제를 해결할 수 있는 확률은 매우 낮기 때문에 영사 서비스를 강화하려는 외교적인 노력을 촉진시키는 요인을 작용하기도 하며 여기에는 국제법을 통한 규제와 협상도 포함된다. 동시에, 언론과 의회의 주목을 받는 대형 사건high-profile cases들의 경우 외교적 차원의 문제로 격상되어 다루어질 수 있다. 이러한 경험과 발전은 '영사외교Consular Diplomacy'라는 용어가 사용될만한 충분한 근거를 제공하게 만들었으며 이 책에서도 이 용어가 다소 느슨하게 사용되거나 단순한 영사 조역의 기능을 수행하는 외교적인 노력을 의미하는 경우로 사용되기도 했다.

국경을 넘어서는 범죄도 수많은 국가들의 영사 자원에 대한 상당한 압박을 부과해 왔다. 3국 시민들에 영향을 미치는 반란세력에 의한 납치는 고위공무원과 내각 장관 등을 포함하는 조용한 외교로 해결하려 했다. 자연재해로 인한 대규모의 재난상황은 고위 외교관이나 심지어 정부대표들 조차 방관할 수 없게 만드는 수준의 관심을 불러일으켰다. 2001년 뉴욕 트윈 타워Twin Towers의 테러리스트 공격과 2004년 아시아 쓰나미 등은 영사 커뮤니케이션이 최고조로 이루어진 순간들이었다. 이러한 두 가지의 비극적인 사건들은 많은 나라들에게 24/7 최고 비상 영사 서비스를 도입하도록 독려했을 뿐만 아니라 상당한 긴급성을 정부간 영사 협력에 관한 정치적으로 민감한 쟁점을 부여했다. 영사업무 부상에 기여 하는 이러한 것과 다른 요인 등이 부가하는 것은 영사업무는 인적 자원에서 상당한 투자를 필요로 하는 것으로 현재 광범위하게 인식되고 있다는 것이다. 네덜란드, 멕시코, 러시아, 중국과 같은 다양한 나라들에서는 영사 부문이 외교부에서 가장 큰 인적자원을 보유한 조직이 되었으며 이는 타티아나 조노바Tatiana Zonova와 시아 리핑Xia Liping이 서술한 장에서 자세히 설명하고 있다. 이러한 영사 업무의 급증하는 추세는 정부에 대한 사회적인 비판과 함께 외교관들도 인정할 정도로 상황이 더욱 복잡하게 전개되었다.[1]

영사 비즈니스와 변화 중인 외교부

전통적으로 외교부는 자국의 대외관계를 조절하는 기능을 수행해왔으나 국제적 문제와 국내적인 문제의 경계가 흐려지고, 정부 내외의 다양한 이해관계자들이 외교부의 전통적인 영역을 차지하려는 상황에서 외교부의 전통적인 역할이 다소 복잡해지게 되었다. 이러한 하이브리드 hybrid 환경에서 전통적인 외교관들은 종종 물 밖으로 나온 물고기처럼 어색하게 느끼지만, 이러한 '국내외적인 관심'intermestic이라는 서식지는 영사업무 담당자가 훨씬 더 익숙하다고 느낄 수 있는 환경이기도 하다. 영사 업무는 외교의 다른 어떤 업무보다도 국내 문제와 더 깊이 얽혀 있었으며, 최근 몇 년간 이러한 경향은 세계화의 추세와 더불어 다양한 부수적 효과들에 의해 더욱 강해지게 되었다.[2] 외교부와 국내 대중과의 관계적 측면에서 이러한 변화는 크나큰 기회임과 동시에 상당한 위험을 수반하고 있는 것이다. 긍정적인 측면에서는 앞서 언급된 바와 같이 영사업무의 증가가 외교부를 자국민과 더욱 가깝게 만들었다는 것이다. 외교부의 활동 중 어느 분야보다도 영사 서비스는 외교관들이 국민들과 소통하면서 그들이 단순한 엘리트 집단이 아님을 증명할 수 있는 기회를 제공하기도 한다. 이는 다양한 외교 업무에서 보여주기 힘든 모습이지만 영사 업무에서는 명확하게 드러나는 모습이기 때문이다.

그러나 점점 더 투명성이 강조되는 세상에서 사람들은 거리와 상관없이 항상 서로 소통할 수 있는 환경에 익숙해지고 있는 오늘날 이에

1 Renée Jones-Bos and Monique van Daalen, 'Trends and Developments in Consular Services: The Dutch Experience', *The Hague Journal of Diplomacy*, vol. 3, 2008, p. 89.

2 영사 업무에 관한 초기 논의에 관해선, Maaike Heijmans and Jan Melissen, 'MFAs and the Rising Challenge of Consular Affairs', in Kishan S. Rana and Jovan Kurbalija (eds), *Foreign Ministries: Managing Diplomatic Networks and Optimizing Value* (Malta and Geneva: DiploFoundation, 2007), pp. 192–206를 보라.

따른 부작용 또한 존재한다. 도움이 필요한 시민들을 위한 영사 조력이 늘어남에 따라 비자 문제 또한 증가하고 있으며 이는 영사 업무를 더욱 공론화시키고 정치적으로 민감한 문제로 여겨지게 만들고 있다. 기자들과 국회의원들은 정부의 조용한 성공보다는 영사 업무의 실패에 더 관심있어 왔가. 이들 사이에서 영사 관련 사건이 언론의 주목을 받는 순간 이를 더 변질시키게 만드는 힘을 가지고 있다. 영사업무가 중요해짐에 따라 외교부의 평판 관리 역시 더 큰 위험에 처하게 된다. 해외에 있는 국민들이 특수한 상황에서 지원을 기대하는 반면에 국내에 있는 국민들은 정부가 왜 실패를 하는지 궁금해하게 된다. 마지막으로, 이 책의 여러 저자들이 설명하고 있듯 전 세계에서 발생한 영사 위기는 종종 순조롭던 양국 관계를 갑자기 심각한 상황으로 만들 수 있는 가능성을 내포하고 있는 것이다.

외교분야에서 영사적 차원에 대한 관심이 증가함에 따라 외교학을 공부하는 학생들이 현대 외교 실무에서의 변화를 이해하는 데 도움을 줄 수 있을 것이다. 영사업무의 부상은 외교의 오랜 기능과 가장 최근에 각광을 얻고 있는 핵심 임무 간의 변화하는 균형에 대한 하나의 지표이다. 이러한 변화에 관하여 유의미한 것은 고위 정치high-politics, 정치에서 군사나 좁은 의미의 외교를 의미의 쟁점에 사로잡혀서 외교의 고전적 기능에만 전적으로 몰두하는 사람들에게는 다소 간과될 수 있는 것이다. 세 가지의 상호연관 된 추이들이 이러한 발전들에 대한 해결의 실마리를 던져준다. 첫째, 매우 국내 지향적인 외교부가 외교관들을 서비스 지향적인 전문인으로 변화시키는데, 그들은 더 이상 소외된 중개자 혹은 변화의 관리자 등으로서 단순하게 표현되지 않는다. 한 연구가 이를 다음과 같이 설명한다.

> 외교부에서 최우선적인 주권국가의 대표와 상대적으로 그리 중요하지 않는 사람

> 이라는 낡은 구분은 더 이상 수용되지 않는다. 외교는 혼합된 임무를 다루는데 책임지는 공공 서비스 기관으로 전환 중이기 때문이다. 이 임무에 대한 상대적인 우선사항은 미리 주어지지 않는다.[3]

둘째, 외교에서 영사적 차원이 국제관계라는 무대의 중심으로 나서게 된 것은 외교 정책 관료들에게 진정한 도전적 과제가 무엇인지를 여실히 보여주는 것이라고 할 수 있다. 이는 자신들의 영역을 넘어서는 네크워크를 강화시키고, 다양한 이해관계자들과 성공적으로 협력할 수 있는가 하는 문제들과 관련된다. 영사 서비스는 이제 여러 국내 비정부 관계자들과의 원활한 협력관계에 크게 의존하게 되었으며, 이러한 협력적 파트너십의 질은 영사조력의 성공에 있어 필수적인 조건이 되었다. 반면에 안나 마르 페르난데스Ana Mar Fenández, 마라 베셀링Mara Wessling, 제롬 보니파스Jérôme Boniface의 장에서 설명하듯, EU 협력 문제와 관련해서는 완벽히 다른 정부의 반응과 절충안 등이 서로 작용하는 모습을 보여준다. 특히, 외교에서 영사적 차원의 중요도가 확대되는 것이 단순히 시설이나 정보의 공유를 넘어 국제적인 협력을 더욱 복잡한 차원의 과제로 만드는 주요한 요인이라고 할 수 있다.

마지막으로 영사 업무는 실무외교가 사회에 점점 더 깊이 뿌리를 내리고 있다는 것을 보여준다는 것이며 외교관과 국내외 대중 간 연결성 그리고 외교관들이 대중의 의견과 기대치에 관심을 기울이는 것이 중요하다는 것을 강조하고 있다. 일반적인 영사 기능의 집행 조력을 넘어서서, 영사업무를 지탱하는 외교 노력은 외교의 사회화라는 매우 넓어진 맥락에 자리 잡고있는 것이다. 앞으로 외교관들은 자신이 대표하는 국가의 사회와 그들이 파견된 국가의 사회와 더욱 긴밀히 연결될 것

[3] Jorgen Gronnegaard Christensen and Nikolaj Petersen, *Managing Foreign Affairs:A Comparative Perspective* (Copenhagen: Danish Institute of International Studies, 2005), p. 41.

이다. 거시적인 역사 시각과 주류 사회에서부터 외교적 소외에 관한 역사적인 배경에서, 이것은 외교를 위한 상전벽해를 구성하게 된다. 그러나 영사관의 입장에서 본다면 이러한 발전은 그리 새롭지는 않은 일이다. 영사 업무는 항상 개인의 필요에 대해 다루고 그들을 보호하며, 기업 간 실질적인 협력을 촉진하는 일을 수행해왔기 때문이다.

영사들은 무엇을 하는가?

영사 기능의 역사를 되돌아보면 시간이 흐르면서 영사 기능의 영할 또한 급격하게 변해왔다는 것을 알 수 있다. 영사 제도는 1800년부터 1914년 까지의 19세기의 긴 시간동안 전성기를 맞이하고 있었다. 산업혁명의 즉각적인 영향력의 결과로, 서구 유럽 열강들은 실질적으로 자신들의 영사 숫자를 늘렸다. 일부 영사는 유럽 외부에서 식민지로 복속된 국가들에서, 특히나 레반트Levant, 동부 지중해 및 그 섬과 연안 제국, 아시아, 라틴 아메리카에서 대사와 동등한 지위를 획득하기도 했다. 19세기의 영사들은 국제무역의 수호자를 자처incarnation하였다. 조르그 울버트가 이것을 표현한 바와 같이, 전 세계에서 동양팽창의 행위자 *'acteurs de l'expansion occidentale dans le monde*'이가 되었다.[4] 19세기를 특징하는 점증하는 경제 라이벌이라는 엄혹한 분위기에서, 유럽 영사들은 자신들의 최고의 시간을 향유했다. 다른 부상 중인 국가들은 유럽의 사례를 따랐고 자신들만의 영사들을 임명하기 시작했다. 동양으로의 전진을 열렬하게 주장했던 차르 표트르 대제Peter the Great는 이미 18세기 초에 러시아 최초의 영사를 파견했었다. 흥미롭게도 미국은 19세기 동안 근본적으로는 고립주의적 외교 입장을 고수하면서도 상당한 수준의 영사

---

[4] Jörg Ulbert, *'La Fonction Consulaire au XIXe siècle'*, in Jörg Ulbert and Lukian Prijac, *Consuls et services consulaire au XIXe siècle* (Hamburg: DOBU, 2010), p. 18.

네트워크를 발전시켰다. 중국만이 19세기 후반에 영사 네트워크 설립으로 러시아, 미국과 유럽 국가 등에 합류했다.

경제 팽창은 현대사회에서 영사제도를 전성기로 이끌었지만, 아이러니하게도, 산업화의 장기적인 영향과 늘어나는 국제 교역 등은 영사에게는 그렇게 만만하지 않았다. 통치 엘리트 계층들과 국제 비즈니스 커뮤니티의 눈에는 무역의 촉진이라는 것이 영사들에게 맡기기에는 너무나도 중요한 분야가 되었다고 느끼고 있었고, 영사 서비스는 점차 2류 서비스Second Class라는 이미지를 얻게 되었다 —마치 '신데렐라 서비스Cinderella Sevice'처럼— .[5] 헤수스 누녜즈 에르난데즈Jesús Núñez Hernández가 스페인에 대해서 저술한 바와 같이, 경제적인 요인들이 서구의 전지구적인 팽창의 행위자들로서 영사의 주변화 혹은 영사의 점증적인 '외교화diplomatization' 등을 더욱 심도 있게 하는데 기여했다. 경제 분야 정보들의 필요성이 나날이 커지면서, 상업 참사관commercial attaché이 20세기 초에 외교 무대에 등장하게 되었고 경제조력 분야에서 영사들의 시대는 마치 저물어가는 것처럼 보였다. 정치경제 그리고 영사 업무의 통합과 관련 과제들의 융합으로 인하여 외교와 영사 서비스의 결합은 시간문제일 뿐이었다. 케르스텐Kersten과 반 더 즈완Van der Zwan이 네덜란드 영사 서비스의 역사에서 이를 설명하는 바와 같이 네덜란드와 같은 일부 소수의 국가들만이 제2차 세계대전 이후까지 이러한 통합적 과정을 미뤄왔다.

경제 관련 업무가 줄어들고 이민, 해외여행 및 전쟁과 국제적 위기 상황으로 인한 영사 업무의 증가와 함께 다양한 요인들이 복합적으로 작용하면서 20세기 전반은 영사 업무에 있어 새로운 전환점을 맞이하게 되었다. 영사 업무의 본질을 구성하는 것에 관한 인식이 변화하기

---

5 D.C.M. Platt, *The Cinderella Service: British Consuls since 1825* (Edinburgh: Longman, 1971).

시작했다. 무역 증진은 지속적으로 부차적인 임무가 되어 갔다. 오늘날 대부분의 외교부들은 영사조력, 비자정책, 국제적 영사협력 가능성 등 영사 업무의 다양한 측면에 훨씬 더 많은 관심을 기울이고 있으며 이로 인해 매우 중요하게 다루어지는 문제들이 외교관들을 더욱 바쁘게 만들고, 영사 업무를 모든 외교관들에게 더욱 부각되게 만들고 있다. 그러나 이러한 중요성에도 불구하고 외교부 내 주요 영사정책에 대한 우려들은 실질적으로 수행되는 실무 상황의 일부만을 반영하고 있을 뿐이었다.

대충 말하면, 외교와 영사 업무 간 구별을 하 기란 어렵지 않다. 영사 업무는 매우 실무적인 본질을 띠고 있고 국가 간의 협력에 관여 상당한 강조를 두고, 영사관 또한 대사관 보다 매우 제한적인 지역—영사관할구consular district—에서 활동한다. 영사관도 전반적으로 한 국가를 커버하고 있는 중이다.[6] 그러나 영사 업무와 고유한 기능을 외교와는 완전히 다른 것으로 묘사하는 것은 이 장의 서두에서 논의한 바와 같이 일반적인 수준에서나 실질적인 의미 측면에서도 분석하기에 적절하지 않은 방법이라고 할 수 있다.[7] 영사관은 외교부가 국가를 대표하는 능력을 전반적으로 강화시킨다. 또한, 영사관이 외교부의 공공외교에 효과적으로 기여할 수 있다는 인식이 점점 더 높아지게 되었다. 무엇보다도 경제가 중요한 선진국에서 영사관의 부가가치는 분명하게 드러나고 있었다. 스미스 심슨Smith Simpson이 약 30년 전에 아래와 같이 언급한바 있다:

> 영사직이란 현실적으로 정치적, 경제적, 그리고 문화적 전초기지인데, 정부의 논평, 청취, 첩보 수집, 위기 경보, 무역 진흥, 문화와 공공관계기회 등을 추가한다.

---

6 구체적이고 냉철한 개관을 위해선, Sir Ivor Roberts (ed.), *Satow's Diplomatic Practice* (Oxford: Oxford University Press, 2009), 인데, 특별하게 19장을 보라. 필수불가결한 법률적인 분석으로는 Luke T. Lee and John Quigley, *Consular Law and Practice* (Oxford: Oxford University Press, 2008)의 핸드북이다.

7 반대 의견인 경우엔, G.R. Berridge, *Diplomacy: Theory and Practice* (Basingstoke: Palgrave Macmillan, 2010, 4th ed.), pp. 128-129.

> 영사직은 수도에 있는 대사관이 존재하지 않는 특정 국가의 전 지역과 자주 접촉하는 것이다.[8]

이것은 무엇보다도 영사관, 직업 영사와 명예 영사 등을 위한 사례를 지원하는 지역에서 존재의 의미를 가진다는 것이다—국가 경제이익에 기여할 수 있는 대리인으로서 말이다. 지역의 경제적 의미와 더 확대된 '연기력actorness'은, 소국 혹은 특정 규모의 '중견국' 등의 힘을 가진 몇 안 되는 국가들은 현대 글로벌 경제의 눈에 띄는 사례들 중에 하나이다. 이에 따라서 비용을 삭감하려는 외교부의 움직임에서 상대적으로 쉬운 표적으로서 영사관 폐쇄를 고려하는 중인 외교부는 영사관들이 양자 교역 흐름에 기여하는지를 보다 확실히 해야 할 필요가 있었다. 본서의 본장에서, 케빈 스트린저Kevin Stringer는 이러한 사례를 잘 제시하고 있다.

영사들은 무엇을 하는가? 그들의 국가 수도를 벗어나서 해외 지역에서의 대표성을 위한 요구는 정부 정책의 핵심 요인이어 왔는데, 가장 유명한 것은 미국의 아들 부시 행정부의 '변환 외교transformational diplomacy'이었다. 이것은 2006년 당시 국무장관 곤돌리자 라이스Condoleezza Rice에 의하여 발표되었다. 지속적으로 현지 반응은 영사관의 관심에 자동적으로 통제하지 않는 것이 아니라, 전통적으로 영사에 의하여 수행되던 수출 진흥과 내부 투자 분야에서 대한 기능으로 의지하는 경향이 있다. 서구 세계의 많은 정부들이 최근 전문 기관들을 창설해 왔다—네덜란드의 비즈니스 지원실Business Support Office, 프랑스의 비즈니스 프랑스UBIFRANCE, 캐나다의 무역위원회, 핀란드 무역센터FINPRO, 혹은 스페인 투자ICEX 등인데—이러한 임무를 실질적으로 수행하고 전문화하는 기관들이다. 이들의 활동은 특별하게 브릭스BRICS, 브라질, 러시아, 인도와 중국

8 Smith Simpson, 'Political Functions of Consuls and Consulates: The Consular Contribution to Diplomacy', in Martin F. Herz, *The Consular Dimension of Diplomacy* (Washington DC: University Press of America, 1983), p. 14

국가들처럼 부상하는 경제에서 가시적이다. 스위스의 스위스넥스Swissnex와 같은 전문지식 전진기지와 이노베이션 노르웨이와 같은 산업 첩보기관 등을 포함하는 다른 유형의 비공식 임무들도 또한 오래 된 영사기능들이 절대 사라진 것이 아님을 확실하게 해주는 것이다. 그러나 이들의 업무는 이제 영사관 직원이나 외교관이 아닌 다른 사람들이 수행할 수도 있으며 실제로 '영사'가 수행한다고 인식하지 못하는 경우들도 있다. 그 이유는 영사들은 다른 이름으로 통하기 때문이다.[9] 이것은 영사제도에 관한 초기 역사와 완전히 일치하는 것인데 당시 영사 업무를 수행하던 사람들은 다양한 직함으로 불렸었기 때문이기도 했다.

국가에 관한 장기적인 영사적인 반응이 글로벌 경제에서 주요 지정학적인 이동과 집중적인 경쟁이 될 것을 예측하기란 어렵다. 외교부는 스스로에게 어떤 종류의 영사 임무가 여전히 수행될 필요가 있거나 외교관들에 의하여 계속해서 수행 되고 그리고 미래의 경력 영사와 명예영사 등이 어떻게 적응해야 하는 지 등에 대해서 확실하게 질문을 하게 될 것이다. 물론, 이러한 질문의 첫 번째 것은 용이한 것이다. 두 번째로, 영사제도가 수 세기 동안 필요한 것임이 증명되어 왔고 이것은 놀랄만한 융통성으로 일반화되어 왔던 단순한 사실은, 최소한 학술적인 견해로 보면, 외교부의 우려에 대한 상당한 힘을 덜어주어야만 하는 것이다.

각 장에 대한 개관

현대 영사 업무

본서는 현대 영사 업무 대상, 세 개의 강대국들(미국, 중국, 러시아)의 영사 서비스, 그리고 영사 제도의 진화 등에 대한 세 개의 독립적인 섹션

9 나는 이러한 점에 나의 관심을 가져다 준 익명의 본서 검토자들에게 감사하다.

등으로 구성된다.

첫 번째 섹션에서는 현대 영사 문제에 대한 다양한 주제들을 다룬다. 본서의 주제와 관점들이 오늘날의 모든 영사적 도전과제들을 전부 다루지는 못하겠지만, 외교부 업무에서 영사 업무에 대한 중요도가 빠르게 증가하고 있고 역할 또한 다면적인 것임을 보여주고자 했다. 마이케 오카노 헤이지만스Maaike Okano-Heijmans는 외교부가 영사 업무에 다시 관심을 기울이게 된 주된 이유가 증가하는 시민들의 요구를 충족시키기 위한 필요성에서 비롯되었다고 지적하고 있다. 외교부가 서비스를 개선하려는 주된 동기는 국민들로부터의 비판을 피하고자 하는 것이지만, 동시에 영사 업무가 지닌 잠재적인 홍보 효과의 가치 또한 인식하고 있는 것이다. 정규 영사 업무는 표준 행정절차를 통하여 그리고 외부 파트너들과의 협력에서 다루어지는 것이다. 그렇지만, 외교부는 또한 '영사 외교'라고 불리울 수 있는 것에 연관되는데, 양자는 아주 다루기 힘들면서 세간의 이목을 끄는 사례의 외교를 통하여 해결 혹은 (합법적인) 프레임워크 등에 관한 외교적인 교섭을 포함하는 것이다. 본 섹션의 두 번째 장에서, 윌리엄 마레이William Maley는 외교부는 자국민들이 외국에서 직면하는 위험 부담을 예상하고 위협이 현실화되면 실시간 경고를 제공해주도록 압력을 지속적으로 받고 있다고 적시한다. 이것은 다음과 같은 새로운 도전을 창출했다. 외교부의 강경한 여행권고는 우호적이었던 상대정부를 불쾌하게 만들 수 있으며, 반대로 충분히 강경하지 않은 경고는 외교부를 정치적인 공격에 노출시키게 만들게 된다. 마레이는 국내적인 고려가 우위를 차지할 가능성이 높고 이는 위협을 일상적으로 과장하게 만들어 여러 치명적인 결과를 초래할 수 있다고 주장한다. 따라서 이러한 활동들을 아웃소싱Outsourcing하는 방안도 고려할 수 있다고 제안한다. 케빈 스트링어Kevin Stringer는 대부분의 관찰자들은 영사 업무의 역사 혹은 심지어 영사 조락 등에 관련되지만, 늘어나는 글로벌 경제 경쟁에서 간과해서는 절대 되지 않을 하나의 차원으로 바라보는데, 국제무대에서 지역과 도시 등에 의하여 늘어나는 존재성과 해외 대표 비용에 대한 압력을 부과하고 있다고 바라보고 있다. 이러한 역사에도 불구하고, 스트링어는 영사업무에 관한 유의미한 구성요인이 되는 것은 대사관들의 업무와 비교했을 때 재차 외교 역량에 관한 유의미한 구성요인이 되어가고 있는 중이라고 주장한다. 그는 세계화에 의하여 가져온 이동은 명예 영사 제도를 새로운 시대의 외교를 위하여 적절한 것으로 만든다고 특별하게 주장한다. 스트링어의 장에서는 지역과 지자체 허브 등이 왜 비즈니스와 교역 등의 입장에서 보면 국가 수도보다도 지속적으로 더욱 중요한지를 논의한다. 이것은 국가들이 어떻게 명예 영사를 그들의 대표성 네트워크 확대에 사용하는 지를 살핀다. 그는 선별 국가들이 어떻게 명예 영사들을 수출과 교역관계 등을 발전하는데 활용하는지를 특별하게 보여준다.

본서의 제1부에서는 유럽연합에 대해서 두 개의 장들을 가지고 결론 내린다. 정치 질서로서, 유럽연합은 고전적인 웨스트팔리아 모델Westphalian Model을 파기하는 것이 아니지만, 이것은 심오한 면에서 외교 관행을 변환시켜 왔다. 거의 틀림없이, 유럽은 다시 한번 세계에서 가장 흥미로운 외교 실험실들 중에 하나이고, 정말로 국제 영사 협력의 가능성뿐만 아니라 한계 등을 보여주는 시험장이라는 것이다. 현대 유럽 외교에 대한 논의는 태동하려는 유럽대외협력청European External Action Service에 초점을 두려는 경향이 있다. 그렇지만, 이것은 효율성에 관한 상업적 실행 가능성과 혜택 등을 보여주기 위한 압력이 회원국가의 영사 활동을 조화롭게 하는데 초점을 둘 가능성이 매우 높다는 것이다. 특별하게 비자정책에서 말이다. 아나 마르 페르난데스의 장에서는 유럽연합 내부 안전에 대한 외부적인 측면에 대한 제도적인 추이를 살펴봄으로써 상황을 설명한다. 특별하게, 그녀의 장에서는 행정적인 배경에 대한 문제를 탐색

한다. 이것은 정부를 초월하는 영사 협력 채널에 관한 점증적인 제도화와 유럽연합의 조화로운 규칙과 관행 등에 대한 늘어나는 배치 등의 결과로부터 발생하는 행정 협력의 유형을 살펴본다. 본장은 3국에서 유럽연합 회원국의 영사 행정을 위한 그리고 매우 일반적으로 통합된 유럽의 틀 안에서 영사 기능의 실행 등을 위한 이러한 과정의 함의에 관한 약간의 결론적인 맺음말로 끝을 맺는다. 한 편, 마라 웨셀링과 제롬 보니파스 등은 유럽 인접국들과의 늘어나는 접촉의 결과로 유럽 영사 서비스를 위한 신속하게 요구되는 수요를 평가한다. 이들의 장에서는 세 가지의 경향을 다룬다. 첫째, 높은 수준의 서비스 제공에 관한 늘어나는 중요성인데, 영사들이 유럽연합 회원국가와의 제일선 접촉자이기 때문이다. 둘째, 민간 부문과의 늘어나는 협력은 문제해결, 비용삭감 등에 도움주는 것으로 여겨지고 있는데, 특별하게 외주화된 영사 업무의 관행이며, 이러한 관행이 필자들에 의하여 논의되는 다양한 문제들을 제기하고 있지만 말이다. 그리고 셋째, 필자들은 공동응용프로그램센터 CAC, Common Application Centres와 이러한 추이 이면에 있는 명분 등과 같은 유럽연합의 노력집중을 분석하는 것이다.

강대국

본서의 제2부에서는 현재 강대국인 미국과 브릭스 국가들에 속한 중국과 러시아 등의 경험을 살핀다. 이러한 세 개 국가들에 대한 분석은 영사 업무가 어떻게 상당한 에너지를 소비하는 핵심 활동으로 전환되어 왔고 그리고, 인력 면에서 영사 부문이 외교부의 최대 부서로 변화하고 있는 중임을 보여준다. 사례연구들은 또한 현재 세계에서 시민들의 서비스가 어떻게 정치 시스템을 전반에 걸쳐 외교부를 위한 주요 초점이 되어 왔는 지와 관리와 기술적인 도전이 해외에 있는 많은 사람들을 다루는 국가들에게 특별하게 만만찮은 지 등을 보여준다. 세 개의 모든 사례들은 영사업무의 변환은 외교에서의 변화와 분리될 수 없음을 명확하게 해주는데, 두 개의 제도들은 역사를 통해서 보면 서로 얽혀져 왔었던 것처럼 말이다. 미국에 대한 장에서, 도나 해밀턴은 정보 기술과 안보 이슈 등이 영사 업무의 광범위한 외교를 변환 시키고 있는 중임을 관찰한다. 비자 절차, 여권과 비자 형식, 그리고 위기 상황 대처 등 모두가 극적으로 변화해 왔다. 영사 기능 수행에서 선진화된 기술은 과정과 매우 안전한 문서 등을 개선하는데 핵심이다. 해밀턴은 미국 영사업무국이 어떻게 이러한 도전에 대처하는지를 논의한다. 그녀의 장에서는 미국 국무부 안에서 영사 업무의 역사와 구조 등에 관한 간략한 조망부터 시작하고 영사업무에 대한 선진화된 기법의 적용과 영사 업무에 대한 결과론적인 변화 등 대한 논의로 이어진다.

타티아나 조노바는 러시아 외교정책에서 영사 업무의 부상을 살핀다. 그녀의 영사 제도에 관한 서사는 차르 피터 1세부터 1917년까지 러시아 제국Russian Empire에서 영사 개혁에 관한 진화와 논의 등을 가지고 시작한다. 그런 다음 조노바는 현존하는 영사 네트워크에 대한 소련 접근방법을 평가하는데, 영사관계에 관한 비엔나협약에 대한 소련의 가입에 관한 논쟁적인 역사를 포함해서 말이다. 셋째, 현재 외교 활동에서 영사 업무의 등급 상승이 논의되는데, 다양한 도전을 위한 주목을 받으면서 말인데, 구 소련 공화국들과의 경제 차원, 법률적인 창안, 명예 영사의 수용과 영사관계 등을 포함해서 말이다.

중국의 외교 관행에 관한 거시적인 입장에서 보면, '인민을 위한 외교' 개념은 중국 정부를 위한 지침이 되어 왔다. 시아 리핑이 그녀의 장에서 주장한 바와 같이 말이다. 최근, 영사 사례들은 중국 사회의 모든 계층에서 관심을 끌고 있다. 중국은 자국의 영사 보호 장치에 관한 극적인 개혁으로 대응해 오고 있다. 중국 외교부에 관한 두 번째 섹션에서는 자체에서 최대 부서가 되어 왔고, 수많은 외부 행위자들은 영사 보호에 참여해 왔고 조정 장치가 수립되었다. 중국의 접근방법은 소극적인 모델에서 적극적인 모델로 변화했는데, 핵심으로서 위기 예방을 가지고 말이다. 이러한 과정은 역시 학습의 문제이고 확실한 성공이 있지만, 문제는 중국이 세계로 통합되는 동안은 신속하게 해결될 수 없다는 것이다.

영사업무의 역사를 이해하기

본 에세이들의 세 번째 이자 마지막 부분에서는 영사업무에 관한 역사적인 진화를 살핀다. 이 섹션에서는 외교사에서 약간은 혼란스런 공백부분을 채워주기를 바라고 이것은 할바드 레이라과 이베르 뉴만 등의 광범위한 분석을 가지고 시작하는데, 그들은 자신만의 방식으로 영사제도에 관한 재 이해에 대해서 유리하게 주장한다. 그들은 십자군 전쟁 이후 몇 년 동안 지중해에서 영사제도의 부상을 논의하는데, 17세기와 18세기에 북해North Sea 주변에서 매우 현대적으로 인정받는 형식 안으로 영사 업무의 진입하고 이어지는 세기 동안에 해외 지역에서 영사업무의 적용 말이다. 레이라와 뉴만 등은 외부적인 주권이 모자라는 지역에 파견되어 왔던 영사의 정치적 기능뿐만 아니라 외국 상인 공동체 안에서 질서를 창출 유지하는 수단에서 국가 주권의 구성요소인 하나의 관행으로까지 영사제도에서 변화 등을 살펴보는 것이다.

그런 다음 마지막 섹션에서는 세 개의 해양 식민 국가들의 사례연구들과 함께 이어진다. 유럽 대륙의 강대국인, 스페인, 프랑스와 네덜란드 등은 각각 자신만의 방식으로 유럽에서 영사제도의 진화에 기여 해 왔는데, 특별하게 16세기에서 19세기까지이다. 본서의 사례연구에서 영국을 포함시키려는 편집자들의 끈질긴 노력은 실패하고 말았지만, 모든 사례에서 영국은 영사분야에서 선도국가는 아니라는 것이다. 영국의 영사관행의 진화를 다루는 약간의 문헌이 존재한다.[10] 지저스 누네스 헤르난데스는 중세부터 영사 기능의 역사가 스페인의 영사제도의 발전과 밀접하게 관련 있고, 스페인은 영사법 제정에서 중요한 역할을 수행했다고 적고 있다. 누네스는 서고트족Visgothic 기간 이래로 스페인 영사 서비스의 발전과 영향력 등을 분석한다. 그는 영사 기능의 기원과 발전 등을 살피고 유럽공동체 가입과 스페인의 민주주의로의 이행 등의 20세기 동안 영사제도의 '외교화'와 같은 발전에 직면해서 현대적인 변환을 고찰한다.

알버트 커르스테른과 버트 반 데르 즈완 등은 네덜란드 영사 서비스의 진화를 논의한다. 17세기 중반, 네덜란드 공화국은 유럽 전역, 오토만 제국과 북아프리카 등에 걸쳐서 외교와 영사 네트워크를 지닌 강대국으로 성장해 왔다. 이것의 주요 임무는 상업적인 이익을 강화하는 것이었다. 커르스테른과 반 데르 즈완 등은 19세기 중반까지 전문적인 서비스가 실재로 있어왔다고 적시한다. 이것은 또한 식민지와 준 독립지역에서 외교 기능을 수행했다. 산업혁명은 이것의 전문화를 결국 밀어붙이는 주요 추진 요인이 되었다. 1945년까지, 프랑스와 독일 등에서 보다 매우 뒤처지게, 상업적, 정치적 그리고 안보적 관심 등의 통합은 영사와 외교 서비스의 수렴의 결과를 가져다주었다.

마지막으로 프랑스에 대한 장에서, 조르그 울버트는 중세에 만들어졌음에도 불구하고, 프랑스의 영사 네트워크는 17세기 초에 성장하기만 시작했다는 것이다. 이어지는 두 세기 동안, 직위 숫자가 지속적으로 늘어났는데 이것은 19세기 중반에 정점에 도달할 때까지 말이다. 프랑스 영사의 임무와 특권 등은 또한 변화했다. 첫째, 영사들은 외국 지역에서

---

10 Platt, *The Cinderella Service; and John Dickie, The British Consul* (London: Hurst & Company, 2007).

동표 공동체에 대한 합법적인 감시에 집중했다. 후에, 영사들은 진정한 외교력을 가진 상업대리인이 되었다. 제1차 세계대전 이후 영사들은 최종적으로 자신들의 정치기능을 박탈당했는데, 상업적이고 일반적으로 행정적인 역할로 축소되었다. 울버트는 의무와 책임 등에 관한 변화를 추적하고 이러한 진화에서 프랑스 정부를 위한 주요 도전들을 설명한다.

제 1 부
현대 영사 업무의 주제

제1장

영사조력의 변화와 영사외교의 부상

마이케 오카노-헤이지만스* JMaaike Okano-Heijmans

서론

본 장에서는 외교부의 개인 및 집단에 대한 조력(또는 위난조력) 방식의 변화가 외교 전반에 미치는 영향을 들여다보고자 한다. 영사 조력이 정부 관리들에게 늘어나는 도전에 노출되고 있다는 것은 의심의 여지가 없다. 세계화는 지속적으로 막대한 숫자의 사람들을 해외로 여행하게끔 독려하고 이에 따르는 불안정성은 여행자들을 곤경에 처하게 하고 영사 담당자의 조력을 빈번하게 요구한다. 시민들은 지속적으로 적극적이 되면서, 미디어도 상당히 관심을 가지면서 뉴스 보도는 매우 국제적이 되어 가고 있는 중이다. 이러한 변화의 결과로 외교관과 대중 간의 접점 및 연계가 늘어나고 있다. 언론에서 크게 주목받는 사례의 수도 증가하고 있으며, 영사조력을 보다 높은 수준으로 끌어올리기 위한 국제적 공조 시도 역시 확대되고 있다.

* 나는 본서 편집자들과 본장의 처음 원고 검토를 위하여 영사분야의 여러 실무자 그리고 2006년 본 주제에 대한 연구를 시작할 때 전문적이고 재정적인 지원을 해준 네덜란드 외교부 등에게 고마움을 표한다. 나는 또한 지난 몇 년 동안 인터뷰와 토론 등에서 자신들의 통찰력을 공유해준 수많은 영사 관리와 다른 전문가 등에게도 감사하다.

나는 영사업무가 점점 더 '영사외교'라고 지칭할 수 있는 영역을 포괄하게 될 것이라고 생각한다. 이는 영사업무의 법적인 테두리를 둘러싼 국제협약과 언론, 대중, 정치인들의 집중적인 관심을 받는 개별 단위의 영사관련 사건들과 관련이 있음을 의미한다. 외교부의 업무에서 상대적으로 낮은 우선순위에 있던 서비스 관련 업무가 점차 상위레벨의 의제로 올라가면서 점차 외교적 성격이 짙어 지고 있는 것이다. 그러나 이는 영사업무가 항상 외교적인 요소나 국제적인 정치의 영역에서 발생하는 것을 의미하지는 않는다. 오히려 이 장에서는 1990년대 후반 이후에 영사업무에서 나타나기 시작한 중요한 변화들에 주목하고자 하며 영사업무와 외교 간의 관계에 대한 기존의 가설을 수정할 필요가 있다는 점을 강조하고자 한다. 이 장에서 들여다보겠지만, 영사업무는 대중이 외교활동이 어떤 것인지를 들여다볼 수 있는 창구가 되기도 하며, 외교부가 대중과 소통할 수 있는 도구이자 동기가 되기도 한다. 영사업무는 외교를 국내외 대중에게 보다 가시적인 영역으로 만들어주고 일부 국가에서는 서비스 제공에 있어 잠재적인 파트너들을 끌어오는 역할을 하기도 한다. 이와 같은 추세는 앞으로 더욱 강화될 것이다. 따라서, 새롭게 부상하는 영사외교는 일시적인 현상이 아닐 가능성이 높기 때문에 그만큼 주목할 가치가 있는 것이다.

본 장에서 말하는 '영사 업무'라는 용어는 주로 해외에서 곤경에 처한 자국민에 대한 조력과 필요할 경우 국내에 있는 가족 또는 지정된 연락처를 통한 조력을 의미한다. '조력assistance', '국민citizen', '위난distress' 이라는 단어들은 외교부 관행에 따라 해석할 수 있는 여지를 남겨두었다. 대부분의 국가에서, 영사조력은 문서 서비스, 곤경에 처한 시민들에 대한 개별 조력과 위난 시의 조력 등을 포함한다. 문서 서비스가 상대적으로 복잡하지 않고 모든 국가들에서 매우 동일한 차원이라서,[1] 이러한 것들은 여기에서 다루지 않는다. 자국민보다는 오히려 외국인에 대한 비자 업무와 다른 조력 등도 분석에서 배제한다. 국내 대중과의 의사소통과 국익보호 등의 차원에서 외교부에 대한 가장 시급한 도전은 개별과 집합(위난) 조력 분야이다. 이러한 분야에서의 추이는 사회, 외교와 영사업무 등에서의 변화가 어떻게 연관되고 영사외교 부상에 기여해 왔는지를 살펴보는 것이다.

외교와 영사 조력

현대 영사 업무의 추이는 국가와 시민 간의 진화 중인 관계, 외교부에서 그리고 외교에서 변화 등에 관한 논의의 틀에서 이해해 볼 필요가 있다. 이와 같이 영사업무는 새로운 것이 아니고 자국민을 도우려는 영사의 동기부여가 수 세기에 걸쳐서 근본적으로 변화하지 않은 채로 남아 있다는 것이다.[2] 변화되어 온 것은 '고통받는 시민'의 성격과 영사 조력이 전달되는 환경 등이다. 조력의 핵심은 무역업자의 이익 대표에서 일반 시민의 이익에 대응으로 이동하고 있다. 과거의 영사활동은 일반적으로 사업가들에게 제공되던 것이었으며, 이들은 자신이 방문하거나 거주하고 있는 국가와의 우호적인 관계를 유지하는데 주로 큰 관심을 가지고 있었다. 하지만 오늘날에는 짧은 기간 동안 세계를 여행하며 같은 장소를 다시 방문하지 않을 가능성이 높은 수 많은 관광객들에게는 해당되지 않는 상황이라고 할 수 있다. 영사 보호가 정부가 강력한 교역 연계를 유지하는 제한적인 국가들에서만 필요하는 것으로 활용되는 반

---

1 이것은 문서 업무가 모든 면에서 명백하거나 규칙적인 업무라고 말하는 것은 아니다. 예를 들면, 여행 서류와 신분 위조뿐만 아니라 생체자료를 여행문서 도입 등은 영사 부서로부터 나오는 실질적인 주목을 필요로 하는 점증하는 도전이라는 것이다.

2 본서 안의 역사적인 장을 참조하라. Maaike Heijmans과 Jan Melissen, 'Foreign Ministries and the Rising Challenge of Consular Affairs: Cinderella in the Limelight', in *Foreign Ministries: Managing Diplomatic Networks and Optimizing Value* (Geneva: DiploFoundation, 2007), p. 195.

면에, 현재 외교부는 전 세계 어디에서나 시민들을 조력할 준비가 될 필요가 있는 것이다. 이러한 변화들을 수반하여 온 영사 활동의 부상은 많은 정부들에게 서비스를 '전문화하도록'촉발시켰다. 최근의 영사업무 관행들을 검토하는 것은 변화한 환경과 새로운 도전적 과제들을 개괄하고자 하는 것이었으며, 궁극적으로 이러한 검토내용을 통해 외교부의 성과를 향상시키기 위한 단서를 제공하는 것을 목표로 하였다.

1990년대에 시작된 영사 서비스 개선은 방어적일 뿐만 아니라 공격적인 이유와 관련 있다. 기본적으로, 방어적인 측면에서, 외교부는 시민들—이에 대한 결과와 확장으로서—과 정치인 그리고 고위 정부관리 등의 늘어나는 수요에 대처하려는 목적이 있다. 외교부는 실질적인 국민들의 기대치와 책임에 대한 중간지점에서 균형을 찾고자 노력하면서 여론에 의한 비판에서 스스로를 보호하고자 노력했다. 동시에 영사업무의 잠재적인 홍보적 가치를 인식하고 이를 통해 영사 조력을 강화하고자 하는 공격적인 이유 또한 존재했다. 잘만 다루어지면, 외교부는 일반적으로 영사 보호와 특별하게 개별 영사 조력 등에 대한 시민들과의 의사소통을 통하여 국민들 사이에서 이미지를 제고시킬 수 있다. 명백하게, 영사 업무에서의 추이는 일반 국민을 다루는 제고된 외교에 대한 트렌드의 일부이다. 외교부와 유럽연합의 집행위원회European Commission가 대중과 소통하려는 의도적인 노력 또한 이러한 추세의 일환이라고 할 수 있다. 그러나 전반적으로 봤을 때 외교부는 여전히 방어적인 입장을 고수하였으며, 영사업무와 관련된 문제들이 신문, TV, 인터넷에서 주목을 받는 상황이 늘어남에 따라 외교부가 언론에 노출되는 빈도 또한 함께 증가했다. 이러한 경향은 개개인의 국민들이 외교부에 영사서비스의 양과 질 모두를 개선하도록 압박하게 되는 상황을 야기시켰다.[3]

3 2004년 11월 캐나다 외교·국제무역부에 의한 내부 검토서인 *Review of Consular Affair—Final Report*가 출판되었다. 2005년 11월 국가감사원은 *The Foreign and*

영사부서가 직면한 과제들이 국민들의 요구사항을 해결하기 위한 자원들(재정적 문제를 포함하여)보다 더 늘어남에 따라 점점 더 다양한 주체들이 서비스 제공을 위해 참여하게 되었다. 대중들과의 상호작용은 단순히 국민들을 고객처럼 대하는 것에 그치지 않고 영사조력으로 제공되는 서비스의 향상을 위한 과정에서도 이루어졌다. 이미 언급한 바와 같이, 많은 숫자의 영사 사건들에 대처하고 있는 광범위한 외교 네트워크를 지닌 국가들은 늘어난 업무량을 다루기 위하여 다른 부서, 경찰, 민간 기업과 비정부기구 등으로부터 도움을 모색하려는 경향이 있다. 이러한 사건들은 대중적으로 크게 주목받는 성격을 지니고 있어 광범위한 언론보도를 동반하게 되며, 그 결과로 외교부와 대중 사이의 거리를 좁아지게 만든다. 이는 대다수의 사안들을 표준적인 절차를 통해 협력관계에 있는 파트너들과 함께 처리하는 '일반적인 영사업무'와 간헐적으로 발생하는 '특수한(ad hoc) 영사외교'사이의 간극을 더욱 커지게 만드는 요인이 된다.

높아지는 대중의 기대치에 부응하는 방법

점점 증가하는 영사활동의 업무가 공무원들의 입장에서는 상당한 어려움을 발생시키는 요인이기는 하지만 이것이 외교부가 직면한 가장 큰 도전이라고는 할 수 없다. 오늘날의 외교부가 영사업무에서 직면하는

---

*Commonwealth Office: Consular Services to British Nationals*이라는 보고서를 간행했다. 네덜란드 정부는 기밀 검토를 의뢰했다. Maaike Heijmans and Jan Melissen, *Consulaire Zaken en Diplomatie: Buitenlandse Zaken met Binnenlandse Prioriteiten* (The Hague: Netherlands Institute of International Relations 'Clingendael', 2006, unpublished)를 보라. 유럽위원회European Commission는 외교와 영사 보호에 관한 공개 논쟁을 개시했다. *Green Paper: Diplomatic and Consular Protection of Union Citizens in Third Countries,* COM(2006)712 final (Brussels: European Commission, 28 November 2006)를 참조하라.

주요 과제는 언론과 정치인의 역할이 점점 확대되고 있다는 점이다. 바꿔 말하자면 외교부가 진정으로 새로운 도전이자 가장 큰 시험대에 오르는 상황은 바로 외교부에 대한 기대치의 증가라고 할 수 있는 것이다. 자기주장이 강한 국민들은 더 높은 수준의 서비스와 더 많은 영사조력을 요구하며 필요할 경우 언론이나 정치인을 통해 정부에 목소리를 전달하는 방법까지도 잘 알고있다. 여기서 일부 정부가 영사조력의 범위를 지나치게 확장시키고 있는 것이 아닌가 하는 의문을 제기할수도 있다. 예를 들어 2004년 베네수엘라에서 154명의 프랑스 국민이 사망한 항공기 추락사고를 추모하기 위해 자크 시라크Jaques Chirac 전 프랑스 대통령이 많은 시간과 자원을 들여 추도식을 직접 주관하고 참석한 것이 과연 적절했는지에 대한 문제이다.

세간의 이목을 집중시키는 영사조력은 외교부에 있어 새로운 도전과제로 빠르게 성장하고 있다. 해외에서 구금된 자국민에 대한 사형선고, 국제적인 아동납치사건, 대규모의 자연재해 또는 관광지에서의 테러공격과 같은 사건들은 몇 주 또는 몇 달 동안 언론의 주된 관심사로 다뤄지게 될 수도 있다. 이러한 경우에 영사업무는 정치인, 외교부, 나아가 정부 전체의 이미지와 위신에 직결되는 문제로 작용한다. 외교적인 위기의 개념도 변화하고 있는 것이다. 과거에는 주요 경제 또는 정치교섭의 실패로 인해 '기회를 상실하는 것'이 외교적인 위기의 주요한 모습이었다면, 이제는 외교관의 일상적이었던 영사업무가 갑작스럽게 중단되었을 때 국민의 생명을 위협하는 결과로까지 이어지는 사건들이 외교적인 위기로 인식되고 있는 것이다. 영사문제가 언론과 정치인들의 큰 주목을 받게 되면 고위 외교관들은 만족스러운 합의를 이끌어내기 위해 최선을 다해서 교섭에 임한다. 이처럼 주목받는 영사업무 관련 사건들은 예상치 못한 고위급 외교접촉의 기회를 제공하기도 한다. 그러나 일반적으로 영사문제는 고위급 회의에서 다뤄야 할 다양한 사안들

속에서 소중한 시간을 허비하게 만드는 경향이 있다. 이로 인해 과도하게 언론에 노출된 영사조력은 외교를 지나치게 감정적인 영역으로 끌고 들어가게 만드는 위험이 있으며, 때로는 더 넓은 범위에서 국가의 이익과도 충돌할 가능성도 있는 것이다.

언론에 크게 보도된 사건들 중 한가지 예로, 고위공직자들이 대중에게 인간적인 면모를 보여주기 위해 많은 노력을 기울인 사례로는 마치엘 쿠이츠Michiel Kuijt사건이 있다—태국에서 마약 밀반입으로 유죄로 결정된 네덜란드 사람. 네덜란드의 퀸 베아트릭스Queen Beatrix와 (그 당시) 외교장관 벤 보트Ben Bot 등은 2004년 태국 국빈 방문 동안 문제를 제기하면서, 범죄인인도협정 서명과 카이트의 즉각적인 송환 등을 요구했다. 2007년 프랑스 대통령 니콜라스 사르코지Nicholas Sarkozy는 리비아에서 사형선고를 받은 다섯 명의 불가리아 간호사와 한 명의 팔레스타인 의사 등에 대한 외교적인 공세를 제기했다. 유럽연합 대외관계 위원장인 베니타 페레로 발드네르Benita Ferrero Waldner와 (그 당시) 프랑스 대통령 부인 등과 함께 죄수들은 결국 프랑스 비행기를 타고서 리비아를 떠났다. 그 당시 유럽연합 대통령직을 번갈아가면서 유지했던 유럽연합과 프랑스 등은 미디어로부터 관대하고 우호적인 노출을 받았다. 동시에, 그렇지만, 사르코지는 비밀외교와 직권 남용 등으로 야당인 사회당에 의하여 비판받았다. 비슷한 맥락에서, 유럽연합 집행 위원장은 '프리랜스 외교freelance diplomacy'와 리비아 지도자 등과의 함정을 지적했다.[4]

최고위 관리에 의한 공개적인 이니셔티브가 그들이 희생자를 위하여 달성하려고 노력한 것에 비추어서 보면 칭찬할 만한 일인 반면에, 장기적으로 국제문제에서 프랑스의 목표와 야망 등을 고려할 때 명백한 오점으로 남는다. 특별하게 문제가 되는 것은 이러한 경우가 일반적

4 'Libya Frees Bulgarian Nurses in AIDS Case', *New York Times* (online), 24 July 2007.

으로 지속되기 곤란한 차원으로 일반의 기대를 제고한다는 것이다. 유사하지만 덜 공개되거나 소규모 쟁점을 다루는 영사 관리들은 그래서 어려운 입장에 놓이게 되는 것이다. 이러한 시각에서, 호주 시민이 인도네시아에서 마약밀반입으로 유죄 판결을 받은 2004-2005년 사펠 코비Schapelle Corby 사건에 노골적으로 (공개적으로) 관여하지 않은 채로 남은 호주 수상 존 하워드John Howard에 의한 결정이 자주 언급된다. 그렇지만, 이 사건은 현대 영사 서비스——미디어로부터 철저한 조사 하에 (조용한) 외교와 국제 교섭 등과 함께 진행되는 분야인 영사외교에 대한 늘어나는 경향이 존재한다는 규칙을 증명하는데 예외이다. 미디어는 면밀하게 개별 사건을 뒤 쫒는다. 이것은 선례를 남기고 공공의 기대를 심층적으로 제고하는 것이다. 영사 부처들은 서로에게 이러한 기준들을 대처하는데 어려움을 가지는데, 덜 조정된 경우들 말이다.

고위공직자들의 대중적인 개입은 피해자들을 위한 개입이라는 목적에 있어서는 칭찬을 받을만하나 장기적으로 본다면 국가의 목표와 이익을 고려했을 때 분명한 단점도 존재한다. 특히나 문제가 될 수 있는 것은 이러한 사건들이 대중의 기대를 일반적이지 않은 수준까지도 끌어올린다는 점이다. 이로 인해 비슷하지만 덜 알려졌거나 규모가 작은 문제들을 처리하는 영사 관계자들이 곤란한 상황에 처하게 된다. 이러한 관점으로 본다면 2004~2005년 인도네시아에서 마약 밀수 혐의로 유죄 판결을 받은 호주 시민 샤펠 코르비Schapelle Corby 사건에 대해 호주 총리 존 하워드John Howard가 —미디어로부터 철저한 조사 하에—공적으로 관여하지 않기로 한 결정은 긍정적으로 평가할 수 있을 것이다. 이러한 예시는 점점 확산되고 있는 영사외교의 경향을 보여주는 하나의 사례로, 현대 영사 서비스가 언론의 면밀한 감시 속에서도 물밑으로 외교적 노력들과 함께 국제적인 교섭도 함께 이루어지고 있다는 일종의 규칙을 입증하는 것이기도 하다. 언론은 개별적인 사건들을 면밀히 추적하며, 이러한 사건들은 하나의 선례로 남아 대중의 기대감을 더욱 증폭시킨다. 이에 따라 영사 업무 관련 부서들은 덜 알려진 사건이나 언론의 주목을 덜 받는 경우에 이러한 기준치를 충족시키는 데 어려움을 겪고 있다.

문제의 어려움을 가중 시키는 것은 '외국에서 고통 받는 시민들에 대한 조력'으로서 영사 업무의 정의는 매우 애매한 채로 남는다. 사실상, 정부가 해외에서 고통 받은 시민들을 보호할 *책임*을 가진다 해도, 대부분의 국가들은 시민들에게 영사 조력에 대한 합법적인 *권리*를 허용하지 않는다. 영사 조력권을 규정한 영사법을 가진 독일은 예외적이다.[5] 그럼에도 불구하고 법률은 영사 조력이 구성되어야만 하는 것을 특정—부분적으로 이것은 주재국 법률에 따라야 하기 때문—하지 않는다. 실제로 '조력assistance', '국민citizen', '위난distress'이라는 개념의 해석은 문화와 국가적 규범, 가치, 시대에 따라 다르게 적용된다. 예를 들자면, 캐나다의 영사 관계자들은 '왕실의 특권'에 따라 영사조력을 제공한다. 이는 영사 부서가 정치적 압력에 상대적으로 취약한 상태에 놓이게 만들어 더 나은 영사 서비스를 지속적으로 요구 받게 되는 결과를 낳았다. 반면에 프랑스 외교부의 영사 관계자들은 영사조력을 제한할 수 있는 도구들을(이를 테면 재정적인) 가지고 있다. 이들은 부모와 자녀가 서로에게 재정적인 책임을 지도록 하는 민법 제205조와 제206조를 인용한다. 영사 관계자의 말에 따르면 영사조력은 여전히 긍정적이든 부정적이든 '밀고 당기기'와 '시행착오'의 영역에서 문제로 남아있다고 한다.

늘어나는 국민기대에 부응하는 정부의 트렌드는 결코 영사 업무에만 한정되는 것이 아님을 강조되어야만 한다. 이러한 추이는 국가와 지난 10년 동안 시민 간의 변화 중인 더 광범위해진 관계 안에서 고려될

[5] Law on consular officers, their functions and powers (Consular Law, 1974), articles 1 and 5 (1).

필요가 있는 것이다. 이 과정에서 국가는 마치 기업적인 표준을 받아들여 서비스를 제공하고, 국민은 점점 더 '가성비value for money'를 추구하는 소비자처럼 비춰지고 있는 것이다.[6]

더욱더 성숙해진 모습이 가능할까?

영사분야에서 늘어나고 있는 도전적 과제들에 대응하기 위해서 외교부는 점점 더 많아지는 해외에 있는 자국민에 대한 조력을 최고 수준으로 끌어올리는 것에 주목하고 있다. 한 외교관은 상급자들의 영사업무에 대한 태도를 마치 '부활한 기독교인 같다'고 묘사했다.[7] 이를 위해 새로운 직책과 공공센터가 설립되어 영사업무에 얼굴과 목소리를 부여하고 있다. 예를 들면, 캐나다 외교부는 지금 영사 조력과 긴급관리 담당 부차관보를 두고 있고, 2009년 일본 외교부도 영사조력 센터를 설립했다. 그렇지만, 스웨덴 사례는 (정치적) 긴급성에 관한 감각이 사라질 때 상황이 다시 변화할 수 있음을 보여준다. 2004-2005년 재앙적인 아시아 쓰나미tsunami의 경험은 2005년 말 스웨덴 외교부 영사 담당 사무국장 직책의 설립을 이끌었다. 그러나 사태의 긴박함과 정치적 및 언론의 압박이 사라지자 이 직책을 담당했던 인물이 2년 후에 퇴직하면서 직책이

---

6 예를 들면, '거래 국가'transaction state와 '극장 민주주의'drama democracy 등에 관한 진행 중인 논쟁은 Frank Ankersmit, 'De Plaag van de Transactiestaat', in Frank Ankersmit and Leo Klinkers (eds), *De tien plagen van de staat: de bedrijfsmatige overhead gewogen* (Amsterdam: Van Gennip, 2008); and Mark Elchardus, *De Dramademocratie* (Tielt: Lannoo, 2003)을 보라. 관리 통제주의managerialism와 자유주의 시장 경제로의 이행marketization 등에 대한 경향은 특별하게 현재의 영국 영사전략에서 볼 수 있다. 이것은 자금과 효율성 등을 위하여 고객, 서비스, 가치 등과 같은 용어로 사용된다. Foreign and Commonwealth Office, *Delivering Change Together: The Consular Strategy 2007–2011* (London: FCO, 007), http://www.fco.gov.uk/resources/en/pdf/pdf13/fcopdf_ consularstrategy 2007 온라인에서 이용할 수 있습니다.

7 2006년 2월 21일 런던에서 필자와 영국 영사관리의 개인 모임.

폐지되었다.[8]

대중과 정치인들이 요구하는 고품질의 서비스와 영사 실무자들이 사용할 수 있는 도구 사이의 괴리가 점점 감당하지 못할 수준으로 벌어지고 있다. 한 영사 관계자는 "우리는 우리 자신의 성공을 위한 희생자"라고 언급하였는데, 이는 내부적으로는 영사국 직원들이 그저 버티기만 하고 있는 것이 아니냐는 이유로 별다른 인정은 받지 못한 채 외부적으로 비춰지는 모습은 '캐딜락Cadillac, *최고의 영사 서비스*'라고 불리게 된 상황에도 불구하고 국민들이 만족하지는 못하고 있다는 모순을 뜻한다.[9] 고위공직자들이 영사업무에 우선순위를 두는 것은 어떠한 목표보다는 개인과 외교부의 평판과 관련된 실질적인 도전에 대한 *임기응변*ad hoc적인 대응인 경우가 많다. 예를 들자면 200년대 초반 네덜란드 인 해외 수감자들과 그들의 국내 연락처에 대한 영사조력 강화는 네덜란드 의회와 언론의 강력한 압박 아래서 이루어진 것이었다. 그 결과로 특정 유럽연합EU 외 국가에서 수감된 자들에게 매월 수당을 지급하는 제도가 도입되었는데 이는 보안상의 이유로 외교관들이 직접 수감자에게 전달해야 하는 경우도 적지 않았다. 이 제도는 복지국가의 연장선이라고 볼 수 있으며 가해자가 피해자에 비해 지나치게 많은 관심을 받고 있는 것이 아닌지 등 윤리적인 문제들과 직면하게 된다. 네덜란드가 이 분야에서 보여준 탁월함은 다른 국가들에게 모범이 될 수 있을지라도 동시에 이는 영사업무가 의회와 언론의 압박에 반응한 명백한 사례이기도 하다.

최근에 들어서야 비로소 영사업무가 단순히 실무적인 접근을 넘어서

---

8 미디어는 외교부 직책에서 이와 같은 중요한 변화를 인식하지 못하고 있음을 잘 보여준다. 국장의 업무가 영사 부서 관리에 의하여 인계받더라도, 외교부 고위부서 안에 담당자를 가지고 있다는 영향력은 명확하게 시들해져 왔다. 2008년 12월 스웨덴 외교부 대표와의 전화.

9 2006년 4월-5월 런던에서 영국 외교부와 캐나다 오타와에서 외교·대외무역부 등에서 필자 인터뷰.

독자적인 정책적 의제를 발굴해야 한다는 요구가 증가하고 있다. 한 영사 관계자는 이를 두고 “우리는 지금까지 어린아이들처럼 사건을 처리하는데 바빴지만, 이제는 어른이 되어야 한다”라고 표현했다.[10] 이와 같이 느리게 그러나 꾸준히 진행되고 있는 변화는 영사업무에 대한 사고방식에 깊은 부분에서부터 시작되고 있음을 나타낸다.

시민들은 영사 문제를 언론을 통해 정치적 사안으로 만들 수 있는 의지와 능력을 점점 더 갖춰 나가고 있으며, 다양한 수준에서 공직자들이 영사업무에 대한 체계적인 틀을 개발해야 한다고 주장하고 있다. 정부가 자국민을 보호해야 하는 책임이 단순히 ‘영사 문제’에 불과했던 적이 있었는지는 모르겠지만, 오늘날에는 그러한 문제가 점점 더 외교적인 관심사로 떠오르고 있다는 점은 분명하다.

외교의 두 얼굴

외교를 하나의 제도로서의 개념으로 바라보는 것과 방법론적(또는 직업적인 관점) 개념으로 구분하게 된다면 영사업무와 외교의 발전이 서로 다른 방향으로 나아가고 있음을 알 수 있다. 이는 외교부가 직면한 영사업무의 이중적인 도전을 이해하는 데 도움을 주고, 이로 인해 두 가지 서로 다른 형태의 영사외교가 등장하게 되는 원동력이 될 수 있음을 보여준다.

변화 중인 국가의 역할

헤들리 불Hedley Bull이 말한 국가 간의 관계에서 외교는 질서를 유지하는 조정적인 메커니즘이자 국가(정부)가 국제 사회에서 핵심적인 역할을

10 2008년 9월 19일 헤이그에서 필자와 캐나다 영사 관리의 개인적인 모임.

수행한다는 주장은 여전히 유효하다.[11] 초국가적인 시민사회와 글로벌 경제 등이 명백하게 국제질서에서 지속적으로 중요한 역할을 하지만, 이러한 구조들은 국가의 역할을 승계하지 않아 왔다.[12] 정확히 말하자면, 지난 10년간의 발전은 국가의 역할을 초월하기보다는 변화하는 과정으로 작용했다. 폭력에 대한 국가 통제의 붕괴에 대한 로버트 쿠퍼 Robert Cooper의 주장—테러리즘과 대량파괴 무기의 확산—조차도 그리고 유럽에서 안정적이고 평화적인 탈근대 질서의 부상 등은 국가에 의하여 지속적으로 행해지던 중요한 역할을 막지 못한다.[13] 국제계약법과 다자주의 등이 현대 국제사회를 다루는 주도적인 제도적인 관행이 될 것이라는 주장에 대해서 동일한 이야기가 전해질 수 있다.[14] (비국가) 테러리즘의 부상과 2008-2009년 금융과 경제위기 등에 대한 유럽과 미국 정부의 대응은 안보와 경제 분야에서 국가의 지속적인 힘과 유의미함 등에 대한 가장 최근의 사례가 될 수 있을 것이다. 세계화는 또한 시민들의 복지와 분쟁 관리 등을 위한 국가의 책임을 확대시켜 왔다.

---

11 Hedley Bull, *The Anarchical Society: A Study of Order in World Politics* (New York: Columbia University Press, 2002 [1977]). 국제질서에 의하여 불은 국가들의 사회 혹은 국제사회의 근본적이거나 기초적인 목표를 유지하는 행동 유형을 의미한다. 다른 규제 장치는 세력균형, 국제법, 전쟁과 강대국 등이다.

12 또 Andrew Hurrell, in Bull, *The Anarchical Society,* p. xxi (3판 서문)를 보라.

13 Robert Cooper, *The Breaking of Nations: The Order and Chaos in the Twenty-First Century* (London: McClelland & Stewart, 2005). 또한 다른 행위자들의 조락과 상대적으로 국가의 쇠퇴하는 역할에 대한 과도한 중점은 '무극체제 시대'에 관한 하스의 무용한 논쟁에 관한 최대의 약점일 런지도 모른다. Richard N. Haass, 'The Age of Nonpolarity: What Will Follow US Dominance', *Foreign Affairs,* vol. 87, no. 5, May/June 2008. 필수불가결하게 이와 같은 서구 중심적인 견해는 안보, 경제와 금융분야에서 무질서를 관리하고 질서를 이루기 위하여 국가에 의하여 수행되는 중인 지속적으로 중요한 역할을 저평가하는 것이다. 예를 들면, 국가는 정보 수집과 금융시장에서 개입을 포함하는 글로벌 도전을 관리하는데 있어서 우월성을 유지한다는 것이다.

14 Christian Reus-Smit, *The Moral Purpose of the State: Culture, Social Identity and Institutional Rationality in International Relations* (Princeton NJ: Princeton University Press, 2009 [1999]), p. 14.

그리고 테러리즘에 대한 도전이 국가에게 일반적으로 특별하게 외교관에게 외국 대중을 위한 장기적이고 심층적인 상호작용을 필요로 하게 하는 한편,[15] 영사 도전은 가장 실질적이고 대단한 국내적인 관심을 포함하는 것이다.

영사업무와 관련하여 변화하는 현실은 이러한 이중적인 경향들을 다시금 확인시켜준다. 즉, 국가의 역할이 특정 분야에서 축소되고 있는 반면에 다른 영역에서는 반대로 확장되고 있음을 암시하는 것이다. 해외에서 곤경에 처한 국민들이 증가하고, 변화하는 요구들에 따라 국가의 역할과 책임이 보다 확대되고 있는 것이다. 실질적으로, 이것은 외교 안의 영사 부처에 대한 예산과 인력 등에 상당한 부담을 주고 있다. 매우 추상적인 차원에서, 이것은 외교의 기능에 영향을 미친다. 세계정치에서 국가와 다른 실패 간의 외교는 고도로 정치적인 목표를 포함할 뿐만 아니라 지속적으로 개별 시민들의 이익을 파악할 필요가 있다는 것이다. 국가이익 균형과 개별 시민 등을 위한 관심이 서로 상호 보완될 수 있는 반면에, 정부는 양 분야들이 종종 충돌하는 것을 보게 된다. 정치적으로 민감한 지역에 대해 여행 경고를 내리거나 고위급 회담에서 귀중한 시간을 허비하는 영사 문제들은 이러한 갈등을 보여주는 사례이다.

늘어나는 책임감 때문에, 외교부—약간은 역설적으로—는 영사 업무에서 늘어나는 수요에 대한 특정 분야를 제3자에게 아웃소싱outsource, 외주화할 수도 있다. 예를 들면, 영사 업무에 대한 압력이 특별하게 과중한 국가들에서, 정부는 지속적으로 높은 수준의 서비스를 제공할 때 외교관을 도와주기 위하여 민간 외주 사에 의존한다.[16] 서비스 개선을 위한

---

15 James Mayall, 'Introduction', in Paul Sharp and Geoffrey Wiseman (eds), *The Diplomatic Corps as an Institution of International Society* (New York: Palgrave Macmillan, 2008), pp. 1–12.

16 예를 들면, 영국 외교부는 자체 전략을 논의하고 'Consular Stakeholder Panel' (earlier, the Consular Strategy Board and Travel Advice Review Group)과 협력한다. 이 그룹

시도—종종 다른 정부 기관, 엔지오와 민간 기업 등의 도움—는 영사조력에 관한 '전문화'이거나 '민영화' 등으로 일반적으로 언급된다. 늘어나고 있는 (반-) 민간 기관의 참여가 사회와 일반적으로 국가 역할 등과 외교부의 관계를 심층적인 변화는 의심의 여지가 없다.

중요한 아젠다로 부상하다

영사업무의 변화는 또한 '국제관계의 처리'로서 외교의 개념에도 영향을 주고 있다.[17] 디씨엠 플라트D.C.M. Platt가 적절하게 파악한 바와 같이, 서비스 임무는 전통적으로 외교부에서 상대적으로 낮은 우선순위를 지녀 왔었다.[18] 그러나 영사조력이 점점 더 정치적 중요도가 높아지면서, 이러한 업무가 외교에서 상위 의제로 부상하고 있다. 고위관료들이 개별 사건의 교섭에 더욱 자주 관여하게 되면서 모든 계급의 외교관들이 더욱 더 전문화된 영사교육을 받고 있다.

일부 국가에서는 영사 서비스를 위해 민간의 도움을 받기도 하지만 영사 문제의 핵심을 관리하거나 처리할 수 있는 법적인 권한은 국가 외에는 불가능한 영역이다. 관리 업무를 외주로 맡길 수 없는 이유 중 하나는「영사 관계에 관한 비엔나 협약」에 따라 시민들은 자국의 보호를 요청할 수 있으며—일정한 제한에도 불구하고— 영사관 직원들은

은 여행사와 전화교환원, 보험업자, 항공사, 공항과 여행가이드 협회뿐만 아니라 무슬림 협의회와 적십자 등과 같은 비정부기구 등을 포함한다. Foreign and Commonwealth Office, Delivering Change Together를 보라. 본서에 있는 Wesseling and Boniface 등이 집필한 장들 곳곳에서 논의된 바와 같이, 아웃소싱에 대한 유사한 경향이 비자 요청에 관하여 유럽 차원에서 인정되고 있다.

17 외교에 관한 이해에 대해선, R.P. Barston, *Modern Diplomacy* (Harlow: Pearson Education Limited, 2006 [1988]).

18 D.C.M. Platt, *The Cinderella Service: British Consuls since 1825* (Hamden CT: Archon, 1971).

구류, 구금 또는 구속된 경우에도 자국민을 접견하고 소통할 수 있는 국제법적인 권리를 부여 받기 때문이다.[19] 영사관 직원 외에는 누구도 이러한 특별한 권리를 부여받지 않기 때문에 시민들은 보호를 받기 위해 정부에 의존하게 된다. 시민들이 국가에 의존하게 되는 이러한 관계 또는 국가의 책임과 시민들의 기대감은—어느 관점을 취하느냐에 따라 달라지겠지만—오직 국가만이 여행 서류(때로는 긴급한 상황에서)를 발급하고 자국민을 대변하여 다른 정부와 교섭을 진행할 수 있는 법적인 권한을 가지고 있다는 사실이다.

이 모든 것은 책임감을 가진 정부가 국민들의 이동경로를 파악하고 관리해야 안전을 보장할 수 있음을 의미한다. 외교관과 대사관은 자국민의 보호를 보장할 수 있는 기관으로 이 보호를 관리하는 역할을 수행한다. 국가 간의 관계를 관리하는 직업으로서의 외교는 영사조력이 언론과 정치인들의 관심을 끌 때 특히 중요하게 다루어진다. 정부 고위 관료들이 외국 정부와 고위급 교섭을 벌일 때 상당한 압박을 느끼게 되기 때문이다. 외국 정부에 직접적으로 접근할 수 있는 유일한 주체가 국가이기 때문에 이 과정에서 국가는 중요한 역할을 수행하게 된다. 국민들이 직접적으로 —또는 미디어를 통하여—정부에게 외국 정부와 영사문제를 다루도록 더 자주, 더 강하게 압박함에 따라 외교부에 대한 압력도 함께 증가하고 있다.

영사업무의 변화를 보다 넓은 맥락에서 평가할 때 국내외 사회에서 일어나는 일련의 발전과정이 국가의 중요한 책임이라고 할 수 있는 자국민의 보호에 점점 더 큰 과제를 제공하고 있다는 점을 더 확실하게 만들어준다. 세계화, 자연재해, 테러공격의 위험 증가, 그리고 글로벌 사회의 다른 변화들로 인해 관광객들은 더 많은 위험에 노출될 수 있

19 Article 36 of the Vienna Convention on Consular Relations, 1963.

다. 국가는 국내외에서 자국민을 보호해야 하는 중요한 책임을 부여 받기 때문에 영사조력은 정부에 있어 점점 더 큰 부담이 되고 있다. 이러한 도전과제들은 외교제도와 직업적 차원에서 외교관에게도 직접적인 영향을 미치며, 외교의 본질적인 요소들까지 변화시킬 수 있는 것이다. 앞서 언급한 바와 같이, 정부가 점점 더 외국 정부와 영사문제를 다루는 *임시방편으로의*ad hoc 영사외교와 함께 영사분야에서 국제적인 협력을 향한 움직임이 관찰되고 있다. 이는 내가 제안하고자 하는 '예방적 영사외교'라는 개념을 만들어내는 요소이다.

다자간 협력(Multileterally)의 효율성 개선

국민들이 더 자주 그리고 더 멀리 여행을 떠나게 되면서 문제가 발생했을 때 외교부를 찾는 것이 보편화되었다. 고품질의 영사 서비스와 더 많은 조력에 대한 요구가 증가하고 있다. 영사업무가 이러한 추세에 대응하기 위해 1990년대부터 여러 국가들의 외교부에서는 서비스를 개선하기 위한 노력을 기울이기 시작했다. 영사 부서 내에서 영사 서비스를 전문화하도록 만들고, 국가 간 협력의 수준을 끌어올림으로써 자국민에 대한 영사조력의 질과 영사 서비스 제공의 효율성을 향상시켰다. 개별적인 단위로의 외교부가 전문화되는 방향은 더 나은 외교적 도구들의 사용과 인적 자원의 확보, 정책의 기준 개선 및 본부와 해외 공관 간의 정보공유 강화, 시민들이 영사부서에 더 쉽게 접근할 수 있도록 하는 방안, 그리고 다른 기관들과의 협력 강화 등을 포함하는 것이었다. 그러나, 이러한 서비스의 질적 향상은 대부분 자체in-house적으로 이루어지는 변화로, 어느 정부라도 독자적으로 이룰 수 있는 성과이기 때문에 영사업무와 외교의 관계에 있어서는 상대적으로 큰 영향을 미치지 않는 변화였다.

다자간의 노력들이 영사서비스의 수준을 향상시키고자 하는 목표를 가지게 되면서, 이러한 시도는 영사업무의 외교적인 성격을 한층 강화시켰다. 이 분야에서의 교섭은 일종의 예방적 영사외교preventive consular diplomacy라고 할 수 있다. 비슷한 영사조력의 기준을 따르는 국가들 사이에서는 최선의 실천적 사례들을 교환하고 실용적인 협력을 강화하는 데 초점이 맞춰져 있다. 즉, 외교부들이 긴급상황에서 동일한 목적을 위해서 시간을 허비하지 않도록 미리 준비하고 충분한 정보를 공유하는 것이다. 예를 들어, 자국민이 병원에 입원했는지 여부를 확인하기 위해 의료센터나 응급센터를 대신 방문하는 등 조율이 이루어지면, 다른 영사조력이 요구되는 상황에 더 많은 인력을 투입할 수 있기 때문이다. 이러한 상향식 협력bottom-up cooperation은 다양한 수준에서 여러 방식으로 이루어지고 있다. 예를 들어, 스칸디나비아의 국가들은 오랫동안 이런 방식으로 영사업무를 조율해왔으며, 주로 제3국의 현장에서 협력하거나 영사정책 및 여행권고 수준을 조정하는 방식으로 이루어졌다. 협력을 더 발전시킨 사례로는 호주, 캐나다, 뉴질랜드, 영국, 미국으로 구성된 영미권 국가그룹인 'Group of Five*역자주: 오늘날 'Five Eyes'로 더 잘 알려진*'의 대표들은 제3국에서 영사조력이 제공되는 틀을 개선하기 위해 적극적인 외교노력을 기울이고 있다. 이들은 정기적으로 상호협력을 논의하고, 위기나 비상사태 시 협력하는 것 외에도 제3국 정부에 대해 적극적으로 외교적인 요구démarches를 전달한다. 예를 들어 현지 도시나 공항의 비상계획에 외국공관을 포함해줄 것을 요청하는 등의 활동이 포함된다. 이러한 과정에서 이들은 일본이나 네덜란드와 같이 뜻이 맞는 다른 국가들과의 협력관계도 점차 넓혀나가고 있다. 이와 같은 노력은 예방적인 차원으로 위기상황에서 구호활동을 위한 준비태세를 강화시키는 데 주안점을 두고 있다.

영사분야에서의 교섭이란 영사조력과 관련된 실무적인 조치에 대한 논의들을 포함한다. 이는 주로 죄수교환, 아동납치, 이중국적과 같은 영사문제에 대해 다른 국가들과 양자조약 및 다자간 협정을 체결하려는 노력으로도 이어진다. 이와 같은 교섭과 협력은 위에서 언급한 것과는 다르게 뜻이 맞는 국가들 사이에서만 이루어지는 것이 아니라—매우 중요하게도—인권이나 이중국적 문제와 같이 영사조력의 핵심개념에 대해 다른 생각을 가진 국가들과도 이루어질 수 있다. 예를 들어, 죄수 이송 협정은 해외에서 유죄판결을 받거나 수감된 자국민이 자국에서 형기의 일부를 복역할 수 있도록 허용하는 협정이다. 이러한 협정은 주로 해외에 수감된 자국민의 복지를 우려하는 서구권 국가들에 의해 추진된다. 국제 아동 납치에 관한 국제협정 및 양자협정에 대한 협력도 이루어지고 있다. 아동 납치 사건은 빈도수로 따져봤을 때 비록 적은 편일지라도 국제결혼의 증가와 함께 아동의 이중국적 문제와도 맞물려 영사 관련 부서에 점점 더 큰 과제로 떠오르고 있다. 문제가 발생하는 경우는 한쪽 부모가 다른 부모의 의사에 반해 자녀를 기존 거주 국가에서 자신이 거주하는 다른 국가로 데려가는 경우이다. 1980년 「국제 아동 납치의 민사적 측면에 관한 헤이그 협약Hague Convention on the Civil Aspects of International Child Abuduction」은 이러한 문제들을 해결하기 위해 체결되었지만, 실질적으로 이 협약에 가입하지 않은 이슬람 국가들을 포함하여 여러 국가들과의 갈등을 해결할 수 있는 법적인 장치는 마련되지 않았다.

약에 대한 교섭과 국가의 이익을 지키는 것은 외교의 본질적인 모습이며, 이러한 의미에서 영사외교는 새로운 개념이 아닐 수 있다. 그러나 외교부가 서비스의 제공자로서 역할을 강화해나감에 따라 국가의 이익과 관광을 즐기는 국민들간의 이익이 상충할 수도 있다. 예를 들자면, 부정적인 여행경보 발령은 상대국에 대한 강력한 정치적 목소리로 여겨질 수 있으며, 우호적으로 지내는 국가를 불쾌하게 하지 않도록 하기 위해 위험을 회피하는 성향의 국가들은 이 부분에서 매우 신중한 태도를 보여왔다. 반대로, 실제적인 위협을 과소평가하여 지나치게 관대하게 여행경보를 다루다가 해외에서 자국민이 위험에 빠진다면 국내에서 큰 반발이 일어나거나 언론에서 부정적인 기사를 쏟아낼 위험이 있다.[20] 따라서, 예방적인 차원에서의 영사업무는 더 넓은 범위의 정치적 목표와 충돌할 가능성이 있는 것이다.

영사분야에서 다자간 협력을 위한 노력들이 증가하면서 대규모의 국가 그룹에 지침을 제공하는 보편적인 조력 기준general standards for assistance이 과연 실현가능한 것인지 의문이 제기될 수 있다. 즉, 영사업무에서 상향식 협력을 하향식 협력으로 구체화시킬 수 있을까? 하는 물음이다. 이론적으로 영사업무에서 더 큰 협력관계를 통해 더 큰 이익을 얻을 수 있지만, 실제로는 기회만큼이나 한계 또한 명확하게 존재한다. 정부가 공식적인 다자간 협정을 쉽게 승인하지 않거나 결코 승인하려고 하지 않는 이유는 영사활동이 국내정치에 미치게 될 잠재적인 영향력 때문이다. 결국 곤경에 처한 국민들은 자국정부의 대표가 조력에 대한 허가를 내릴 때까지 기다려야 할 수도 있으며 때에 따라서는 정부 기관에 사태의 책임을 물어야 할 수도 있다. 따라서, 일반적으로 외교부는 자국민에 대한 책임을 소홀히 하지 않는 테두리 내에서만 다자간 협력에 대해 관심을 보이게 된다. 국제적인 수준에서 효율성의 개선이 바람직하다고 볼 수 있겠지만, 일부 국가의 외교부—특히나 조직의 규모가 거대한 외교부를 보유한 강대국—에서는 다자간 협력의 결과가 자국민에 대한 서비스의 품질을 저해시키는 요인으로 작용하지 않을까 하는 우려를 가지고 있다.

---

20 윌리어 마레이William Maley가 집필한 본서의 장에서는 매우 자세하게 이러한 문제를 고찰한다.

국제협력의 한계와 기회: 유럽의 사례

1963년 영사관계에 관한 비엔나협약Vienna Convention on Consular Relations과 유럽연합의 보조성의 원칙Principle of Subsidiarity은 영사업무가 국가적 사안임을 명시하고 있다. 즉, 자국민을 보호해야 하는 1차적인 책임은 각 회원국에 있는 것이다. 그러나 이러한 법적인 제약이 EU 회원국 내에서 영사분야의 정책을 개발하고 국가간 협력을 추진하는 것을 방해하는 요소로 작용하지는 않았다. 1967년 영사기능에 관한 유럽협약European Convention on Consular Functions과 해당 프로토콜이 채택되면서 첫 걸음마를 시작했지만.[21] 그 유럽연합 회원국들이 유럽연합 국가 외에서 위난상황에 처한 유럽연합 국민들에게 제공되는 영사조력의 실질적인 협력 단계를 구축하는 데 까지는 꼬박 30년 가까이 걸렸다.[22] 1992년 마스트리흐트 조약Massstricht Treaty은 유럽연합 시민권을 만들어냈으며, 이 조약의 제8조(c)는 非 유럽연합 국가에서 자국이 대표로 나서지 않은 경우 다른 유럽연합 회원국으로부터 영사조력을 받을 수 있는 권리를 명시했다.[23] 이 조항의 실질적인 이행은 1995년 '유럽연합의 국민 보호에 관한 외교 및 영사 대표들의 결정Decision regarding protection for citizens of the European Union by diplomatic and consular representations'이 회원국 대표들에 의해 채택되면서 활발한 논의가 시작됐다.[24] 그러나 결정문이 효력을 발휘하

---

21 유럽 협약European convention은 여전히 유럽 평의회Council of Europe회원국들에 의한 서명에 개방적이다. 영사 특권 주체, 면책특권과 관계 등은 1963년 영사관계에 관한 비엔나 협약에서 이미 다루어지고 있기 때문에, 유럽 헌장의 범위는 영사 기능에만 한정되었다.

22 유럽연합으로 진입하거나 거주 중인 3국 주민들에 대한 영사 조력에 대한 협력의 주체는 Wesseling, Boniface 그리고 Fernandez 등에 의하여 본서의 장들에서 살핀다. 이 섹션에서는 Maaike Heijmans and Jan Melissen, 'Consular Affairs, Society and the Changing Nature of Diplomacy', paper presented at the International Studies Association (ISA) 48th Annual Convenᄄtion, Chicago, 28 February – 3 March 2007 (미출판)

23 본장에서는 1997년 암스테르담 조약 20조로 현재 알려진다.

는데 까지는 7년이 소요되었으며, 이는 영사분야에서의 유럽연합 협력을 강화하려는 논의가 얼마나 많은 장애물을 마주하고 있었는지를 보여주는 사례가 되었다. 2007년 이 결정문에 대한 첫 검토가 이루어지면서 영사분야의 협력과 영사조력에 대한 논의가 더욱 활기를 띄게 되었다.

유럽 연합 회원 국가들 간의 영사 (위기) 조력에 관한 협조에서 첫 번째 실질적인 조치로는 1993년으로 거슬러 올라간다. 유럽연합 의회가 영사 워킹 그룹인 영사업무그룹COCON, Groupe Affaires Consulairess을 설립했다.[25] 영사업무그룹은 기본적으로 회원국가 대표, 의회 사무국 그리고—필요에 따라서—주로 유럽연합집행기관과 같은 다른 제도 간의 실질적인 영사 문제에 대한 논의를 위한 포럼forum이다. 국가차원에서의 문제와 마찬가지로, 영사업무에 대한 관심이 새로이 부상하게 되는 계기는 장기적인 관점에서 비롯된 것이기 보다는 우연한 계기에서 비롯된 것이었다. 1997년 이후 영사업무가 보다 전문화되었지만 영사위원회는 몇 년 동안이나 여전히 소위 말하는 친목모임club of port and cigars에 가까운 성격을 지녔다.[26] 2001년 9월 11일, 뉴욕에서 발생한 쌍둥이빌딩 테러 이후에 이르러서야 영사업무가 유럽연합 회원국들 간 중요한 의제로 다뤄지기 시작한 것이다.

---

24 95/553/EC 결정 서문에서는 대표는 시민들에게 더 가까워진 하나의 연합을 지속적으로 건설하도록 결정한다고 규정한다. 결정은 체포 혹은 감금, 사건 혹은 심각한 질병, 시민에 대한 폭력 행위, 사망, 고통받는 시민 조력 혹은 그의 송환 등과 같은 사례에서 회원국에 의하여 가능한 행동을 조망하는 것이다. 6조에서는 어떤 금전상의 대가라도 치루게 하거나 발생한 비용과 조력 등을 수행할 의무를 규정하고 있다. 7조에서는 검토는 결정이 2002년 5월에 효력을 발생한 5년 이후부터 결정될 예정이라고 언급되어 있다.

25 영사업무그룹의 주요 목표는 협력이 유효할 수 있는 최적의 관행과 특정 분야를 공유하는 경험 공유이다. 그룹은 1993년 'Groupe de travail' (as per article 8c)로 시작되고, 1995년 결정이 채택되자 현재 이름으로 변하였다. 흥미롭게도, 유럽연합에서 영구대표위원회(COREPER)는 명백한 권한 혹은 위임사항 등을 전혀 부여하지 않았다. 2009년 1월 이사회 사무국 대표와 필자와의 인터뷰.

26 2006년 6월 이사회 사무국 대표와 필자와의 인터뷰.

유럽연합진행위원회의 영사업무에 대한 관심은 몇 년이 지나서야 영사분야가 제3국에 의해 큰 위기 상황—이를 테면 2004년 인도양 지진해일—에 직면하면서 변화를 맞이하게 되었다. 집행위원회의 역할은 공식적으로는 회원국들을 지원하고 권고하는 수준으로 규정되어 있지만, 실제 위원회 관계자들의 목소리는 이보다 더 영향력을 지니고 있다고 봐야한다. 집행위원회는 회원국들이 영사 실무그룹 내에서 실질적이면서도 실용적인 협력관계를 통해 거둔 성과들에 있어 회의적인 태도를 지니고 있으며, 알려진 바에 따르면 EU의 회원국 수가 증가하면서 규모가 커짐에 따라 해당 실무그룹의 효율성이 오히려 감소하고 있는 것으로 나타났다.[27]

유럽연합집행위원회의 영사업무에 대한 관심은 유럽연합 국민들의 권리와 정체성에 대한 브뤼셀의 재정의역자주:EU집행위원회가 브뤼셀에 위치해 있다는 점을 상기해야 한다와 유럽프로젝트 전반에 대한 지지도를 강화하려는 노력의 차원에서 보다 넓은 맥락으로 이해되어야 할 것이다. 유럽연합 집행위원회는 국민들이 영사조력과 관련된 권리를 보다 잘 인식하도록 만드는 데 관심이 있었다. 2006년 유로바로미터 조사—영사조력에 대한 첫 번째 조사—에 따르면, 유럽연합 국민들 중 소수(23%)만이 다른 EU 회원국으로부터 영사조력을 받을 수 있는 권리에 대해 알고 있다고 응답한 것으로 나타났다.[28] 이 결과는 유럽연합 국민들이 '유럽의 역할을 더 부각시켜주길 원한다'는 뜻으로 해석되었지만,[29] 실제로는 국민들의

27 2006년 2월과 6월 사이에 유럽연합 이사회와 유럽연합 회원국(영국, 프랑스와 네덜란드), 유럽연합 집행기관 대표들과의 인터뷰.

28 *Eurobarometer,* no. 188, July 2006.

29 *Green Paper: Diplomatic and Consular Protection of Union Citizens in Third Countries* (presented by the Commission), COM(2006)712 final, 28 November 2006, p. 4를 보라, 온라인 http://ec.europa.eu/justice_home/news/consultingpublic/consular_protection/com_2006_712_en.pdf에서 이용할 수 있습니다.

바람보다는 유럽연합집행위원회의 기대가 더 반영된 다소 성급한 결론이었다고 할 수 있다.

영국, 독일, 프랑스과 같이 몇몇 주요 유럽연합 회원국들은 유럽연합집행위원회가 유럽연합차원에서 영사협력을 '조력'하려는 시도에 복잡미묘한 감정을 지니고 있었다. 유럽연합집행집행위원회는 영사협력과 영사조력에 대한 포괄적인 제안을 제시하고 회원국, 유럽연합이사회, 유럽연합의회, 엔지오NGO 및 시민사회와의 논의를 시작했다. 고위관계자들의 발언과 여러 연구보고서, 그리고 대중들과의 소통은 유럽연합집행위원회가 영사업무에 관해 얼마나 열정을 가지고 있는지를 강조하는 행동이었다.[30] 모든 상황에서 유럽연합은 제3국에서의 유럽연합 국민들을 보다 완벽하게 보호해야하며, 모든 유럽연합 국민들이 본인들의 권리를 충분히 인식하고 이를 누릴 수 있도록 영사분야에서의 협력을 강화해야 한다고 주장했다. 바르니에 보고서Barnier Report는 한 걸음 더 나아가 유럽영사관과 영사 비상대응 팀의 설립을 제안했다. 이 보고서는 회원국들이 이러한 견해를 지지하고 있다고 주장했으나, 실제적인 논의는 더 복잡한 문제였다.[31] 회원국들 중 선진국에 해당하는 국가의 대표

30 예를 들면, 유럽연합 집행위원회 부위원장이자 위원인 프라티니와 위원장인 페라로-발드너 등의 논평으로, 두 사람은 IP/06/1638 안에서 인용했다. 페라로-발드너는 '영사 협력은 유럽 시민들이 해외에 있을 때 우리 시민들이 유럽연합의 부가 가치를 공동으로 살릴 수 있는 경험을 하는데 중요한 것이며, 전 세계에 있는 광범위한 사절단의 네트워크를 통하여, 집행위원회는 회원국들을 심층적으로 지원할 준비가 되어 있는데, 특별하게 위기 상황일 때'라고 논평했다. 서류의 사례들은 : *'A citizens' agenda'*, COM(2006)211 final인데, 온라인 http://ec. europa.eu/commission_barroso/president/pdf/com_2006_211_en.pdf; and the 'Barnier Report', officially entitled *For a European Civil Protection Force: Europe Aid,* 9 May 2006에서 이용할 수 있습니다. 온라인 http://ec.europa.eu/commission_barroso/president/pdf/rapport_barnier_en.pdf에서 활용할 수 있습니다.

31 'Barnier Report'는 유럽연합 집행위원회의 공식입장을 나타내지 않지만, 집행위원회 대표와의 긴밀한 협력으로 작성되었다. 2006년 3월과 6월 사이에 네덜란드 외교부 영사 부서에 의하여 집행된 연구로 수행된 인터뷰이다. 또한 Heijmans and Melissen, *Consulaire Zaken en Diplomatie*를 보라.

들은 협력을 통한 이점을 원칙적으로 인정하면서도, 대중적인 인식과 국가적으로 민감한 문제와 같은 다른 요소들의 필수적인 고려 또한 강조했다.[32] 동시에 일부 국가들에서는 정부지출의 삭감과 관료주의의 축소를 요구하는 정치적 압박에 따라 영사협력 강화를 위한 요구가 증가할 수도 있었다.[33]

유럽연합 영사협력을 확대하고자 하는 논의는 분명히 느리게 진행되고 있었으며, 이는 유럽연합의 점진주의incrementalism를 보여주는 전형적인 사례로 남게 되었다. 동시에 유럽의 사례는 영사분야에서 국제적인 협력이 직면한 실질적인 도전과제들을 보여주었다. 또한, 국가차원에서 영사업무에 대한 재조명과 더불어 영사외교라는 새로운 분야의 등장을 각인시켜주었다. 이러한 변화는 다름아닌 '문화의 충돌clash of cultures'을 의미하는 것이었다.[34] 영사분야의 '기술자들technicians'은 영사협력이 강화되는 것의 이점을 인식하면서도 실용적이고 상향식 접근법을 선호하며, 신속하고 광범위한 협정에는 거부감을 보인다. 이러한 그룹은 주로 강대국의 회원국 대표들로 구성되며, 법적인 이유에서 유럽연합이사회가 이 그룹에 일정부분 소속되어 있다. 이들은 영사협력을 위한 더 포괄적이고 제도화된 틀에서 큰 이점을 추구하는 '몽상가들visionaries' 즉 유럽연합집행위원회와 몇몇 회원국들과 대척점에 서있었다.

유럽연합집행위원회는 적어도 부분적으로는 '유권자', 즉 유럽 국민들과의 소통을 강화하려는 의도에서 동기를 얻고 있었다. 이는 영사업무를 마케팅 도구로 활용하고자 하는 국가 차원에서 외교부들의 공

32 Giorgio Porzio, 'Consular Assistance and Protection: An EU Perspective', *The Hague Journal of Diplomacy*, vol. 3, no. 1, March 2008, pp. 93－97

33 네덜란드가 딱 들어맞는 사례인데, 네덜란드는 상대적으로 해외에 광범위한 외교 대표단을 가지고 있다. 이러한 점에서 정부가 유럽연합 회원국들 중에 강대국에 쏠리는 경향이 있었지만, 이것은 2010년 중반이 되면서 입장이 변화하는 것으로 나타나고 있다.

34 2006년 6월과 2007년 1월 유럽연합 의회 대표와의 인터뷰.

격적인 동기와도 비슷하다고 할 수 있다. EU집행위원회의 적극적인 행동에 대한 공식적인 명분은 협력을 통해 효율성을 향상시키고, 나아가 이를 통해 고품질의 서비스를 제공한다는 목적이었다. 다른 한편으로 EU집행위원회는 영사업무가 EU의 이미지 개선과 가시적인 성과를 보여줄 수 있다는 점 또한 인지하고 있었다.[35]

국가와 유럽 차원에서, 영사 업무는 외교부를 국내 사회에 더욱 밀착되게끔 하는 효과를 가지고 있다. 개별 시민과 정부 관리 간의 접촉 지점이 늘어나고—직접적으로 정치인과 미디어 등을 통하여—그리고 외교부는 다양한 당사자들과의 협력을 가능하게 하고 있다. 영사 업무는 지속적으로 이러한 과정 동안 뚜렷하게 외교적인 관심을 얻고 있다. 이러한 트렌드가 외교부의 이미지 개선을 위한 가능성을 제공하는 반면에, 영사 조력에 관한 대중의 과도한 관심이 갖는 단점은 또한 인식되고 파악될 필요가 있는 것이다. 외교관들이 개별 시민들의 요구를 충족하고 외교부를 국내에서 마켓팅 하는 데(일반적으로 정부의 일부로서) 집착하게 되면서, 이들의 행동은 일반적으로 국가이익과 지속적으로 충돌하게 된다. 높은 수준의 의미를 가지는 장기적인 국제 노력은 국내 여론을 연계시키려는 시도로 추구되는 개별 영사 쟁점들에 의하여 뒤집어질 위험부담이 있다. 영사 업무는 개별 정치인의 이익과 외교부의 이미지와 일반적으로 정부 등과 직접적으로 관련되고 있다. 특별하게, 따라서 고도로 공개된 영사 보호는 일상적인 영사 조력을 영사외교 안으로 전환하게 되었다.

35 이와 같은 상당한 야망들은 공식 문서로 나타나는데, 2006년 11월 28일 채택된 *Green Paper: Diplomatic and Consular Protection of Union Citizens in Third Countries*, COM(2006)712 같은 것이다.

결론: 영사 외교를 향하여

세계화로 인한 사회적인 변화들로 인하여 영사활동이 두 국가(혹은 그 이상)간의 외교적 사안으로 격상될 가능성이 점점 더 커지고 있다. 이러한 영사외교는 두 가지 수준에서 이루어진다. 첫째로 국가의 역할변화와 관련해 살펴보면, 정부는 실무적 및 정책적 차원에서 영사업무에 점점 더 큰 우선순위를 부여하고 있다. 이때의 영사외교는 국가 간 영사조력에 관한 예방적이고 실질적인 교섭negotiation이나 실무적 조치practical arrangements를 의미한다. 외교부는 이렇듯 일반적인 의미에서 영사외교에 지속적으로 관여를 하고 있으며, 비슷한 표준을 따르는 국가들과는 최선의 실천사례를 공유하고 실무적인 협력을 추진한다. 또한, 영사업무에 관한 조약과 협정—죄수교환, 아동납치, 이중국적 등을 포함하여—은 서로 다른 영사서비스와 인권표준을 적용하는 국가들과 논의를 진행하기도 한다. 그러나 외교부가 서비스의 제공자로서 역할을 강화하는 한편 이 과정에서 국가의 이익 또는 여행중인 국민들의 이익과도 상충하는 상황이 발생할 수 있으며 이는 정부의 입장에서 새로운 도전적 과제로 작용한다. 유럽의 영사조력 경험은 폭넓은 법적 테두리와 다자간 전담조직Task Force 개발에 대한 기대가 결코 가볍게 다뤄져서는 안 된다는 교훈을 제공해주었다. 외교부 장관들이 엄격한 언론의 감시를 받는 상황에서는 광범위한 네트워크와 수준 높은 서비스를 제공할 수 있는 국가라고 할지라도 권한을 더 높은 수준으로 끌어올리는 것에 주저하는 경향을 보일수도 있음을 알게 해주었기 때문이다.

둘째로, 더 눈에 띄는 영사외교의 범주는 언론과 정치인들의 면밀한 감시를 받으며 고위정부관계자들의 주목을 끄는 즉각적인 영사조력이 여기에 해당된다. 이는 위기상황에서 자국민과 외국 정부와의 임시적인 관리체제 및 소통을 포함하며, 이러한 변화는 외교라는 직업에 있어서도 상당한 영향을 미치는 현상이기도 하다. 이 새로운 흐름의 핵심은 개별적 및 집단적인 영사조력이 언론을 통해 대중에게 노출되는 방식에 있다. 이로 인해 고위관료들의 관심이 집중되고, 이는 영사관 직원들에게 즉각적이고 수준 높은 서비스를 제공하게 만드는 일종의 압력으로 작용한다. 국제적 아동납치사건이나 자국민 구호 및 송환이 필요한 긴급상황과 같이 세간의 주목을 끄는 사안에 있어서는 영사외교가 고위급 외교관들의 최우선 과제로 다루어지며, 상당한 기간 동안 이들이 여기에 온 힘을 쏟게 된다. 이는 모든 직급의 외교관들이 대중과 언론에 적극적으로 대응할 준비가 필요하다는 것을 의미하기도 한다. 동시에 공무원, 정치인, 그리고 대중이 영사업무에서 국가와 개인의 책임 간 균형을 다시금 생각해보는 시점에 다다르게 만들었다. 영사문제는 점점 더 복잡성을 띄고 정부의 예산은 삭감되는 상황에서 앞으로 외교부는 국가이익을 지키는 것과 개별 국민들의 제한적인 이익을 지키는 것 사이의 긴장을 조율할 수 있는 미래지향적인 영사외교 전략이 요구되는 것이다.

제2장

리스크, 포퓰리즘과 영사 책임의 진화

윌리엄 마레이 *William Maley*

수 백 만 명의 관광객들이 자갈길 위에 서서
성 베드로 성당의 돔을 바라보네,
하지만 왜, 무엇이 잘못 되었길래
여행을 해서는 안되는 사람이 여행을 하고
여행을 해야 하는 사람은 집에 머물러 있는 것일까?

Noël Coward, *Sail Away* (1961)

서론: 영사 경고와 이것의 위험 부담

2008년 11월 26일, 파키스탄에 본부를 둔 라슈카레-이 타이바Lashkar-e Toiba, 라슈카레 타이바는 파키스탄의 이슬람 근본주의 테러 단체이다. 주로 분쟁 중에 있는 카슈미르를 인도로부터 분리시키고 그곳에 이슬람 국가를 세우려는 목적으로 활동하며, 나아가 인도 대륙에 이슬람 국가를 세우는 것을 목표로 한다. 위키백과그룹 출신의 테러스트들이 인도의 뭄바이 근처 해안으로 상륙하여 잔혹한 테러행위를 감행하였으며, 이로 인하여 다수의 사망자가 발생했다. 중앙철도역, 나리만 하우스Nariman House, 차바드 하우스로 지정된 나리만 하우스는 인도 마하라슈트라주 남부 뭄바이의 콜라바 지역에 있는 5층짜리 랜드마크다. 출처: 위키백과안에 유대인 공동체 센터, 두 개의 럭셔리 호텔인 타지 마할 펠러스Taj Mahal Palace롸와 오베로이 트리덴트Oberoi Trident 등 모두가 타깃이었다. 이는 최근 뭄바이에서 일어난 유일한 테러사건은 아니었지만, 외국인 방문객들이 다른 사건들에 비해 매우 높은 비중을 차지하는 사건이었다. 이 사건이 발생하자 영사 서비스가 즉시 가동되었다. 호주 영사관은 당국을 통해 84명의 호주인이 방문했다는 것을 확인하고 이들에게 즉시 연락을 취했으며, 부상당한 호주인에게 영사조력을 지원하고, 테러리스트에 의해 살해된 두 명 피해자 가족들에게도 영사조력을 제공했다.

이 사건이 동시에 진행되는 동안—인도의 언론을 통해 사건의 참혹함이 대대적으로 보도되는 동안—호주 정부는 캔버라에 위치한 호주외교통상부를 통해 '여행경보travel warning'[1]를 발령했다. 호주 외교통상부는 오랫동안 웹사이트에 '스마트 트래블러Smart Traveller라는 섹션을 운영하면서 해외에 거주하거나, 해외여행을 떠나는 자국민이 필요로 하는 여행 및 건강 관련 정보들을 통합하여 제공해 왔다. 그러나 앞서 말한 인도에 대한 새로운 여행경보는 해당 부서가 특정 국가로의 여행을 자제하도록 권고하거나 특별한 주의를 요하도록 하는 섹션에 눈에 잘 띄도록 게시되었다. 이는 전 세계 국가들의 외교부 웹사이트에서 볼 수 있는 일반적인 모습 중 하나로, 1963년 영사관계에 관한 비엔나 협약에서도 예상하지 못했던 새로운 형태의 영사 활동이다. 이는 외교 정책의 수립이 아닌, 해외에 있는 자국민의 보호를 위해서 외국의 정치 및 안보 환경에 대한 평가를 내리는 것이기 때문이다.

인도는 오랜 기간 파괴적인 테러 행위에 의한 희생자였으며, 실제로 지난 10년간 인도에서 테러로 사망한 희생자의 수는 이라크를 제외한 다른 어느 나라보다도 많았다.[2] 그렇지만, 이것은 정부가 발행하는

---

1 본장에서, '여행 경고travel warning'와 '여행 경보travel advisory' 등은 외교부에 의하여 정기적으로 업데이트 되는 공식 통보와 관련되어 있어서 상호 교환적으로 사용된다. 특별한 목적지로의 여행 권고와 안전 그리고 여행자들이 해외에 있는 동안 리스크를 최소화하는 조치 등에 대한 권고를 제공하는 것이다.

2 Kanti Bajpai, *Roots of Terrorism* (New Delhi: Penguin Books, 2002); and Sandy

여행 경고가 쓸데없거나 불필요한 것 등으로 여겨져 왔음을 의미하는 것은 아니다. 뭄바이 사건이 어느 정도 진정된 이후에 호주에서는 논란이 있었다. 야당인 자유당의 외교 담당 대변인인 헬렌 쿠난Helen Coonan 상원의원은 야당이 신뢰할 만한 소식통으로부터 '외국인들이 자주 찾는 뭄바이의 랜드마케에 대해 테러공격이 있을 것이라는 신뢰할 만한 보고가 있었다'고 언급하며, '놀랍게도 호주 정부가 발령한 여행 경보는 그저 확인되지도 않은 테러 가능성만을 언급할 뿐 구체적이지 않은 경고에 불과했다'고 주장했다. 이에 대해 호주 외교부 장관 스티븐 스미스Stephen Smith는 쿠난 상원의원이 '호주 국민의 사망을 정치적인 목적으로 이용하고 있다'며 유감을 표했고, 공식 브리핑에서 기밀을 발설했다고 비판했다[3]. 이 논쟁은 여행 경보 시스템이 격렬한 국내 정치적 논쟁에 휘말릴 가능성이 크다는 것을 여실히 보여주었다.

본장에서는 이러한 새로운 형태의 영사 활동에 대한 몇 가지의 함의, 구분과 복잡성 등을 살펴보는데 목적이 있다. 최근 사건에 관한 핵심적인 교훈은 외교부가 해외에 있는 자국민이 직면할 수 있는 특정 위험을 예측해야 한다는 압력을 점점 더 많이 받고 있으며, 잠재적인 위협이 드러날 때 실시간으로 경보를 제공해야 한다는 것이다. 이는 다음과 같은 새로운 도전 과제를 나타나게 했다. 외교부로부터의 강력한 경고는 우호적인 정부를 자극하게 되는 반면에 불충분하게 강력한 경고는 포퓰리스트적인 국내 정치 공격에 대하여 외교부(장관)를 노출 시키게 된다. 본장에서는 국내 고려에 관한 비중이 승리할 가능성이 있고, 이것은 위협에 대한 일상적인 과장으로 이끌 가능성을 가진다고 주장

Gordon, 'Policing Terrorism in India', *Crime, Law and Social Change*, vol. 50, 2008, pp. 111-124.

3 Mark Davis, 'Minister Rejects Criticism of India Travel Advisory', *Sydney Morning Herald*, 24 December 2008.

하는데, 수많은 의도적이진 않지만 유의마한 결과를 지닌다. 본장에서는 이러한 분야에서 외교부가 공개적인 위협 평가 분야를 비우는 것이 바람직할 것이고, 스위스피스Swisspeace 혹은 국제위기그룹International Crisis Group 등과 같은 기존 기관에 대한 이러한 활동에 대한 효율적인 아웃소싱 혹은 특정 경고 등을 제공할 수 있는 독자적인 초국가 기관의 설립이 주어진다는 고려 등을 제안하면서 결론 내린다.

본장에서는 일곱 개 섹션들로 나누어진다. 첫째는 '고전적인' 영사 책임이라고 불리우는 것에 대한 간략한 개관을 제공한다. 둘째로는 여행경고 현상과 이것이 발행되는 범위 한에서 국민의 기대의 맥락 등을 살펴본다. 셋째는 여행경고를 둘러쌀 수 있는 정치적 논쟁의 유형을 조망하고, 넷째는 '위험부담'의 관리를 둘러싼 몇몇 복잡성을 적시한다. 다섯째 섹션에서는 여행경고로부터 흘러갈 수 있는 의도하지 않은 몇 가지의 결과를 살펴보고, 여섯 번째에서는 대안을 살핀다. 마지막으로, 일곱째 섹션에서는 몇 가지 간략한 결론을 제공한다.

고전적인 영사 보호

영사 조력은 1963년 *영사 관계에 관한 비엔나 협약* 효력보다 앞서서 오래 동안 유서 깊은 역사를 가지고 있는데,[4] 이 협약은 해당 시점까지 발전해온 영사법을 성문화한 것이기 때문이다. 영사 보호를 위한 필요성은 시민들이 외국의 정치적 법률 시스템에 노출될 때 나타나는 것이다. 이는 자국민이 국제법 위반으로 인하여 피해를 입었을 때 국가가 대응하는 외교적 보호와는 다른 것이다.[5] 매우 현실적인 의미에서, 영사 보

4 개요를 보기 위해선, John Dickie, *The British Consul: Heir to a Great Tradition* (London: Hurst & Co., 2007), pp. 5–32; and Luke T. Lee and John Quigley, *Consular Law and Practice* (Oxford: Oxford University Press, 2008)를 보라.

호는 국가와 시민 간의 특수 관계 개념을 반영하는데, 호혜성 혹은 상호 의무의 의미에 기반 하는 것이다. 하나의 왕국이 통치자와 *신하* 등으로만 구성될 때, 책임의 흐름은 일반적으로 상향적이지만, *시민권* *citizenship*에 관한 현대적인 개념의 부상—계몽사상과 국가의 요구에 대한 제안으로서 시민사회의 발전 등으로 심층적으로 얽혀진—은 국가기관이 자신의 정통성 강화의 방식으로서 서비스를 전달하는 기대를 창출해 왔다. 그러나 영사 기능이 등장하게 된 또 다른 조건이 있었는데, 이는 바로 국민들이 여행을 떠나 자국의 직접적인 보호를 벗어나서 다른 국가의 법적 테두리에 의존하는 성향이었다. 이러한 법적 체계의 다원성은 베스트팔리아 국제 질서의 등장을 반영하는 것이며, 그런 의미에서 영자 조력은 현대의 국제 시스템의 독특한 산물이라고도 할 수 있다.

영사 조력의 초기 형식은 일반적으로 상업적인데, 오락삼아 하는 일보다는 오히려 상업이 개인들이 해외여행을 위한 주요 동기이었기 때문이다. 게다가, 식민 지배로 인한 치외법권은 어느 정도 자국민이 낯선 법률 체계에 노출되는 것을 제한했다; 원초적인 힘으로 외국인들이 지배적인 위치를 차지하도록 보장하는 데 충분했으며, 이는 조셉 콘래드Joseph Conrad의 작품에서도 훌륭하게 묘사된 바 있다.[6] 그렇지만, 제2차 세계대전 이후 탈식민화 과정을 통한[7] 국제사회 팽창은 1945년 유엔 51개 창립 회원국에 더하여 수많은 새로운 국가들이 등장하였고, 이로 인해 영사 조력이 중요해진 지역들 또한 크게 증가했다. 또 다른 전

---

5 Chittharanjan F. Amerasinghe, *Diplomatic Protection* (Oxford: Oxford University Press, 2008), pp. 45-46를 보라.

6 Joseph Conrad, *Heart of Darkness and Others Tales* (Oxford: Oxford University Press, 2002).

7 Barry Hindess, 'Sovereignty as Indirect Rule', in Trudy Jacobsen, Charles Sampford and Ramesh Thakur (eds), *Re-Envisioning Sovereignty: The End of Westphalia?* (Aldershot: Ashgate, 2008), pp. 301-313를 보라.

후 발전 과정은 관광과 단기 노동을 목적으로 하는 이주와 같이 타 국가로의 여행의 확장을 가져왔다. 이는 대형 제트엔진을 사용하는 항공기의 발명으로 국가 간 이동이 활발해졌으며, 해외여행의 가격 또한 이전과는 달리 비교적 저렴해지면서 예전에는 해외여행을 불가능한 영역으로 여기던 사람들이 해외여행을 떠날 수 있게 되었다. (물론 19세기에는 상당한 수준의 자유로운 이동권이 보장되었으나 실질적으로 이에 대한 비용을 지불할 수 있는 계층은 지금보다 훨씬 소수였다.[8] 이러한 변화는 더 많은 여행자들이 영사 조력을 필요로 하게끔 만드는 상황을 초래하였으며, 이에 따라 영사 조력에 대한 수요가 더욱 증가하게 되었다.

'고전적' 영사 보호에 관한 한 가지 특수한 성격은 '인간적'인 차원이라고 할 수 있다. 국가의 외교 정책을 개발하고 이러한 정책을 외교 활동을 통해서 실행하는 과정은 종종 매우 복잡한 문제에 대한 협상에 직면하게 되며, 일반 시민들은 이에 대해서는 거의 관심을 가지지 않는 경우가 대부분이다. 반면, 영사 조력은 취약성에 노출된 개인에게 초점을 맞추는 경우가 많으며, 대중들은 이러한 개인의 처지에 쉽게 공감할 수 있다. 이러한 사건들이 선정적인 언론 매체를 통해 보도될 경우, 영사 문제는 갑자기 주요 헤드라인을 장식할 수 있다. 이는 여러 이유로 인해 전문 영사 직원들에게는 악몽으로 여겨질 수 있는 것이다. 첫째, 대중들은 영사 조력의 한계에 대해서 거의 알지 못하고, 국가 기관들에게 해외에서 곤경에 처해있는 시민들을 위한 몇몇 종류의 '구호 활동'을 도와주도록 기대할 정도이다. 이것은 우리가 자연재해 혹은 심지어 정치 혼란 등의 희생자에 대하여 이야기 할 때 가능할는지 모른다. 그러나 이것은 사례가 범죄 행위로 기소된 한 시민의 사례일 때 아주 예상 밖의 일이 될 것이다. 둘째, 언론의 적대적인 관심은 곤경에 처한 시

8 John Torpey, The Invention of the Passport: Surveillance, Citizenship and the State (Cambridge: Cambridge University Press, 2000), pp. 57-92를 보라.

민을 위해 긍정적인 결과를 얻고자 하는 비밀스러운 협상의 범위를 제한시킬 수 있다. '조용한 외교'가 때로는 믿음직스럽지 않다고 여겨질 수 있겠지만, 복잡한 영사 문제를 다루는 데 있어서 가장 좋은 방법일 수 있기 때문이다. 셋째, 영사 문제에 대한 대중의 지나친 관심은 국가 간의 정치적 관계를 악화시키고 다양한 영역에서 외교를 통한 긍정적 결과를 얻어내는 노력을 저해시킬 수 있다.

논쟁을 불러일으킬 가능성이 매우 높은 사례들은 벌금형 선고 결과로 발생하는 범죄 소추와 관련 있다. 싱가폴과 필리핀 간의 관계는 두 사람을 살해한 협의로 유죄판결을 받은 필리핀 고용인 플로르 콘템플라시온Flor Contemplacion에 대한 1995년 3월 싱가폴에서 사형집행의 결과로 1990년대 최악을 경험했다. 특별 사건에서 쟁점은 급격하게 필리핀 국내정치 속으로 휘말려 들어갔다. 해외에서 취약한 상황에서 활동 중인 필리핀 사람들의 학대에 대한 광범위한 범위의 쟁점으로 말이다. 필리핀 대통령 피델 라모스Fidel Ramos는 조심해서 쟁점을 다루려고 모색하는 반면에, 그는 필리핀국내 여론이 어떻게 형성되는가를 유의미하게 살폈다.

종종, 물론, 정상적인 외교적인 주의가 격랑 속으로 휩싸일 수 있다. 특별하게 여론과 뿌리 깊게 자리 잡은 엘리트의 태도 등이 동시에 일어날 때이다. 따라서, 1986년 7월 말레이시아가 2 명의 범죄자인 호주 마약 밀거래자인 케빈 바르로우Kevin Barlow와 브라이언 채임버스Brian Chambers 등을 사형 집행 했을 때, 호주 수상 봅 호크Bob Hawke는 말레이시아의 행동을 '야만적babaric'이라고 직설적으로 언급했다. 쿠알라룸프르의 엄청난 분노를 야기하고 21세기가 되어도 지속된 관계 침제에 기여했던 발언이었다. 압둘라 바다위Abdullah Badawi가 마하티르 모하메드 박사Dr. Mahathir Mohammad의 뒤를 이어 수상이 되었을 때 종식되었다. 미디어와 국민 등도 역시 종잡을 수 없다고 전해지곤 한다. 이에 따라서,

2005년 12월 싱가폴이 또 다른 마약 밀매업자인 호주인 반 응우엔 뜨옹van Tuong Nguyen를 사형집행 했을 때, 호주 정부는 '마약에 대한 강경책'을 선언한 보수당 수상이 이끌고 있었지만, 베트남계 호주인인 뜨옹인은 앵글로-색슨 계인 바르로우와 채임버스 등이 가졌던 것보다도 동정심이 덜 했기 때문이다.

여행 경고

고전적인 영사 보호의 필요성은 해외에 있는 자국민들이 조우하는 도전들의 결과로서 부상하는 것이다. 이것은 예방조치로서 여행 경고 발동에 대한 것으로부터 발생하는 조그마한 조치일 뿐이다. 자연재해 혹은 내전 등의 상황에서, 주재 대사관의 영사 역량, 고등판무관과 영사관 등이 신속하게 대처하지 못할 수 있다. 예를 들면, 2006년 이스라엘의 레바논 공격 동안, 수많은 국가들이 다른 인력과 함께 주재 영사관 직원 숫자를 늘릴 수밖에 없었다. 이는 현지 상황의 긴급성을 반영된 것이기도 했지만, 레바논 디아스포라diaspora의 규모를 중요하게 다룬 결과이기도 했다. 전쟁 지역에 갇힌 사람들 중 많은 이들이 레바논계였으나 이들은 서방 국가의 여권을 소지하고 있었다. 이런 급작스러운 대처는 여행 경보가 모험심이 강한 관광객들이 잠재인 위험에 노출되어 있는 지역으로 향하는 것을 막을 수 있다면 위험을 피할 수 있거나 또는 최소한의 규모로 줄일 수 있다는 주장에 힘을 실었다. 따라서 여행 경고 발표가 '고전적'인 영사 책임이 아닌 반면에, 그럼에도 불구하고 이것은 성격상 영사로서 광범위하게 용인되는 활동 범위에 용이하게 포함되는 것이다.

최초의 현대적인 여행 경고가 언제 발표되었는지 명백하지 않지만, 이것들은 명백하게 현대 통신 기술의 창조물이다. 물론, 이것들은 전적으로 새로운 현상이 아니라는 것이다. 역사적으로 여러 국가들은 자국민에게 여권을 발급해 줄 때 여행 중에 겪을 수 있는 일반적인 애로사항이나 예방접종의 필요성에 대한 안내서를 함께 제공하곤 했다. 또한, 외교부 장관이나 외교부가 특정 지역, 특히나 전쟁 지역의 위험성에 대해서 경고하는 보도 자료를 발표하는 경우도 있었다. 그러나 이런 경고들은 대개 매우 일반적이거나 특정 국가나 지역의 상황을 일시적으로 전달하는 수준에 그쳤으며, 현재의 상황에 대해서 정기적으로 업데이트되는 수준은 아니었다. 인터넷과 개인용 컴퓨터에 대한 접근성이 확대되면서 현대적인 여행 경보를 위한 통로가 따로 마련되기 시작했다. 인터넷은 여행자들에게 실시간으로 정보를 제공할 수 있도록 만들었다. 그럼에도 불구하고 이러한 여행 경보는 주로 선진국이나 중산층이 성장하고 있는 국가들의 영사 활동에서 나타나는 특징이기도 하다. 예를 들자면, 아프가니스탄에서는 총 가구의 5%만이 정상적으로 작동하는 컴퓨터를 소유하고 있기 때문에 여행 경보 시스템이 존재하지 않는 다는 것은 어찌 보면 당연한 일이다.[9]

여행 경고가 얼마나 효과적으로 세계의 다양한 지역에서 영사 담당 공무원의 부담을 저감시킬 수 있는지 혹은 그래왔는지를 판단하기란 매우 어렵다. 여행 경고 부재 시, 이라크나 소말리아 등과 같은 국가로 향하는 수많은 여행객들은 아마도 많지 않을 것이다. 사실상, 진짜로 무모한 사람들은 모든 경우에 이러한 경고에 상당한 주의를 기울이지 않는 경향이 있다. 하지만 이런 이유로 여행 경보가 여행에 대한 계획에 있어 전혀 영향이 없는 것은 아니다. 특히나, 시간에 덜 민감한 사람들이 아닌 출장이나 사업 목적의 여행의 경우 상대적으로 덜 위험할지언정 여전히 주의가 필요로 하는 장소로의 여행을 고려할 때 여행 경보

---

[9] *Afghanistan in 2008: A Survey of the Afghan People* (Kabul: The Asia Foundation, 2008), p. 140를 보라.

는 중요한 역할을 할 수 있다. 이러한 이유로 외교부는 여행 경보의 강도를 세분화하여 제공하고 있다. 예를 들자면, '여행 전면 금지'와 같은 경보부터 '여행의 필요성을 재고할 것' 또는 '여행에 주의를 기울일 것'이라는 경보까지 다양한 수준의 경보가 제공된다. 때로는 국가 내의 지역별로 다른 평가를 부여하기도 한다. 외딴 시골 지역에서의 보안 위협은 종종 수도보다 훨씬 심각할 수 있다. 수도는 국가기관을 통한 치안 유지에 더 많은 주의를 기울이기 때문이다. 그러나 혁명 상황에서는 이와 반대로 수도가 정치적인 시위의 중심지가 되어 위험이 증폭될 수 있다. 이란혁명 당시 이란의 수도 테헤란이 이러한 사례에 해당될 것이다.

국가가 유용한 여행 경고를 발행할 수 있다는 기대는 부분적으로 다른 국가 안에서 주재 외교 공관을 가지고 있다는 혜택으로 오래 동안 만들어져 오던 주장의 산물이다. 이러한 국가들의 정치에 대해 보도한다는 것은 1961년 *외교관계에 관한 비엔나 협약에서* 인정된 핵심적인 외교 업무이고, 훈련되고 성과 있는 전문가들이 수행할 때이다. 이러한 보고는 사실상 정말 귀중해질 수 있는 것이다. 그렇지만, 이것은 많은 외교부에서 발생하는 '제너럴리스트generalist' 충원으로 인한 변화가 극적으로 범상치 않은 상황을 기대하는데 충분하게 갖추어지도록 대사관들을 갖다 놓아는 지는 미결문제이다. 이것은 영사 조력을 위한 수요에 대한 급작스런 부상이 발생할 가능성이 가장 높은 악명 높은 상황이다. 자진과 화산폭발 등과 같은 특정의 자연재해조차도, 특정해서 예측하기가 무척 곤란한데, 지질구조 상의 표층(섭입대)이 만나는 위험성이 큰 지역으로 잘 알려져 있지만, 하이에크F. A, Hayek가 '패턴 예측'pattern prediction이라고 불러오도록 허용했다.[10]

정치적 위기는 구체적인 상황을 예측하는데 있어 매우 어려운 측

---

10 F.A. Hayek, *Studies in Philosophy, Politics and Economics* (London: Routledge & Kegan Paul, 1967), pp. 22–42.

면이 존재한다. 사실상 우리가 살고 있는 사회 자체가 '근본적으로 불확실한' 것이며, 어떤 일이 일어날지 뿐만 아니라 그 가능성을 예측하는 것 또한 매우 어려운 것이기 때문이다. 최근에 밝혀진 바에 따르면, 1979년 이란 혁명 이전에 영국 테헤란 주재 대사였던 앤서니 파슨스 경Sir Anthony Parsons은 오랫동안 이란의 샤가 권력에 대한 도전적인 상황에서도 본인의 입지를 지킬 것이라고 예상했었다고 말했다. 1979년 이란 혁명 이전에 테헤란 주재 영국 대사인 안소니 파슨스 경은 이란의 샤Shah, 이란 국왕의 존칭가 자신의 권력에 대한 도전에도 살아남을 수 있다는 믿음을 오래 동안 유지해 왔다고 최근 밝힌 바가 있다.[11] 이것은 정권이 직면하고 있는 어려움을 지적해 왔던 이란 전문가들의 숫자는 극소수라는 것이었다. 이것 모두는 외교적 보고에 기초한 여행 경고 발동은 도전적이 될 가능성이 있을 뿐만 아니라 다른 종류의 추측—약간은 방법론적이고 약간은 정치적인—개입 할 가능성을 가진다는 임무임을 제시하는 것이다. 이러한 개입에 대처하는 것은 문제들 중에 하나이며, 계속해서 여행 경고 활용을 모색 중인 사람들을 위한 것이다.

여행 경고를 둘러싼 논쟁: 정치의 역할

전 세계에서 가장 최고의 것으로, 여행 경고 발동은 정치 개입으로부터 보호받는 기술적인 문제가 될 수 있을 것이다. 조기 경보 시스템은 과거 경험에 기초해서 위험이 높아진 폭력 혹은 분쟁을 지적할 수 있는 객관적인 기준들을 채택한다. 그런 다음 이러한 것들은 대사관과 외교부의 간부들의 전문 분야 식견 추가로 인하여 미세 조정할 수 있었다. 불행하게도, 이것은 드문 경우가 아니다. 놀랄 필요도 없이, 정치 문제

[11] Cahal Milmo, 'The Shah? He's as Safe as Houses . . .', *The Independent*, 30 December 2008

의 범위는 이러한 '기술적인' 접근방법을 포용할 수 있는 가능성을 가진다.

첫째, '정확한' 여행 경고의 제공은 지속적으로 국민 관심 사항이 되어 가고 있는 중이다. 포퓰리스트 정치인들은 어려움을 예측하는데 실패했다는 이유로 자신들의 상대방들을 혹평함으로써 쉽게 점수를 얻을 수 있다. 뭄바이 공격전에 호주의 여행 경고의 정확성에 대한 간결한 교환은 단순히 빙산의 일각에 불과하다. 호주에서, 격렬한 논쟁이 인도네시아에 대한 여행 경고 내용과 관련하여 2002년 10월 발리 폭탄테러 이후 분출되었다. 폭탄테러 이전 경고 워딩은 몇몇 독자들에게 발리섬은 정부가 제공해 왔던 광범위한 경고로부터 벗어났다고 단정 짓도록 유도했다. 아직도 수많은 사람들은 뚜렷하고 독자적인 사례로서 발리를 바라보는 입장은 어느 정도 일리가 있다고 주장해 왔다. 힌두의 실생활에서의 영향력으로 특징되는 발리의 눈에 띄는 혼합주의적인 문화는 인도네시아 군도의 다른 단위들과는 분리되고, 발리 폭탄 테러범들 자신들은 발리 인이 아니었지만, 예멘 계 급진적인 성직자에 의하여 지속적으로 영감을 받고 있는 자바 소재 급진적인 페산트렌Pesantren, religious college, 인도네시아의 이슬람 기숙학교. 그들은 폰독, 모스크, 산트리, 고전 이슬람 텍스트의 가르침 및 Kyai로 구성. 한 대중적인 전통에 따르면, 소농 교육 시스템은 전통적인 자바 폰도칸에서 유래. 위키백과의 소속이었다. 안타깝게도 이러한 맥락은 타블로이드 신문의 독자들에게는 크게 와닿는 내용은 아니었다. 여행 경보가 정치적인 논란을 불러일으킬 수 있다는 점에서 장관들은 경보의 내용을 항상 면밀히 검토하게 되었으며, 이를 담당하는 공무원들에게는 더 큰 압박을 가하게 만들었다.

이러한 압박은 공직자들을 자신들의 임무에 접근하는 방식을 영향을 미칠 가능성이 있다. 여기에서 무심한 공직자에 관한 베버 모델Weberian Model은 어느 정도 관료 이익을 가동하는 국가모델로 대체되어 왔는데—그들의 특별 기관들이 생존하고 번영하는 것을 바라볼 때 관료들의 공유 이익과 개별 관료의 개인적인 이익 등을 포함—동기부여에 관한 적절한 원천으로서 말이다.[12] 더욱이, 찰스 린드블롬Charles Lindblom이 이것을 설명한 바와 같이, '공무원들이 정책을 실천하기를 기대하는 환경—표면적인 정책에 관한 불완전한 특정, 적용을 위한 상충되는 기준, 인센티브 실패, 상충 되는 지시, 제한적인 경쟁과 부정확한 행정 자원 등을 포함—은 관료들을 정책 결정 과정에 참여하도록 강제한다.'[13] 여행 경고가 관심을 갖는 지역, 공무원들은 자신들이 결국은 실현되지 *않는* 잠재적인 위험성을 지적한다면 보다 더 문제를 예측 하는데 *실패*한다면 곤란에 처할 가능성이 매우 높다는 것이다. 이것은 경고에 유리한 편견을 더할 수 있고, 이것은 부지불식간에 어렵지 않게 부상될 수 있다. 이것은 공직자들에 의하여 의식적으로 이기적인 추측의 결과로서 나타날 수 있기 때문이다. 잠재적인 정치 공격에 직면해서 사람의 등을 막아주는 경향은 전적으로 이해될 수 있다.

이러한 문제는 자원 부족 문제로 더 심각하게 되는 것이다. 어떤 호주 대사가 이것을 언급한 바와 같이, 한 국가의 다른 지역에서의 상황 간에 구별되는 세세한 여행 경고 조항은 전면적인 경고 발표보다도 상당히 과중한 업무이고, 대사관 직원에 대한 더 과중한 요구를 부과하는 것이다.[14] 아직도 전쟁의 상흔을 입거나 심각하게 파괴된 국가에서, 대사관들은 '최소한도의 인원skeleton staff'을 가지고 운영하는 중인데도 대표와 보고 등의 표준이 되는 외교 업무를 완벽하게 수용하고 있다. 이것은 매우 세밀하게 파악하는 것보다도 전국적으로 단일한 경고를

12 William A. Niskanen, Bureaucracy and Representative Government (Chicago IL: Aldine Atherton, 1971), pp. 36–42를 보라.

13 Charles Lindblom, The Policy-Making Process (Englewood Cliffs NJ: Prentice-Hall, 1980), pp. 65–68

14 2008년 12월 18일 아부다비에서 필자와의 인터뷰.

발표하는 것이 더 용이하다. 그렇지만, 이것은 정확성과 뉘앙스 등을 희생해서 오는 것이다. 예를 들면, 영국은 아프카니스탄에서의 지역의 변화에 관한 자세하고도 정교한 설명을 제공하는 반면에,[15] 아프카니스탄에 대한 호주의 여행 경고는 헬만드Helmand와 우르즈간Uruzgan 등과 같은 극도로 위험한 지역과 카블Kabul, 헤라트Herat와 마자르-이-샤리프Mazar-e-Sharif 등의 도시와 같은 매우 안전한 지역 간의 구별을 하지 않았다. 매우 충격적이기까지 한 것은 10억명 이상의 인구를 가진 인도에 대한 다음과 같은 호주의 2009년 말 경고이다. '우리는 당신들에게 군사 단체에 의한 높은 수준의 테러리스트 공격 때문에 이 시기 인도에 높은 정도의 주의를 기울일 것을 권고한다 [. . .] 테러리스트 공격은 인도에서 어느 때라도 발생할 수 있다.'[16] (미국은, 대조적으로, 인도에 대한 가동할 준비가 되어 있는 아무런 여행 경고가 없었는데, 2008년 11월 뭄바이 테러공격에도 불구하고 말이다). 결국, 뉘앙스의 부족은 몇몇 독자들의 눈에서 여행 경고의 신뢰성을 위태롭게 만들고, 목적을 상쇄할 정도이다.

활동 중인 세 가지 정치 요인은 고위 정치 리더십으로부터 나온다. 광범위해진 외교정책의 이익이 '사람 간' 접촉을 최소화하거나 정치 신호의 형태로 국가 고립을 촉진시킴으로서 작동될 수 있다는 감각이 종종 될 수 있는 것이다. 몇몇은 이러한 방식으로 이것들을 활용하기 위한 여행 경고 시스템에 관한 왜곡으로서 바라볼 수 있는 것이다. 결국, 이것은 자국민과 이것이 어느 정도 도리를 벗어난 것으로 간주되는 국가 간의 연계를 불법화하는 국가에 대해서는 공개적일 수 있다—미국

15 예를 들면, 온라인 www.fco.gov.uk/en/travelling-and-living-overseas/travel-advice-by-country/asia-oceania/afghanistan (advice current for 31 August 2009).

16 온라인 www.smartraveller.gov.au/zw-cgi/view/Advice/India (advice current for 31 August 2009)에서 보라; emphasis added.

은 이것을 여러 사례에서 수행해 왔다. 그렇지만, 여행-경고 시스템은 이러한 오용에 공개적이라는 것은 의심의 여지가 없다. 예를 들면, 이것은 시리아로의 여행비자 발급 거부는 시리아에서 여행자의 모든 위협보다는 정치적 선호로 인하여 강력하게 추진된 것은 호주 외교통상부 안의 공직자들의 오랜 기간의 믿음이었다. 그렇지만, 수많은 사례에서, 이러한 정치적 추측은 섣부르게 경고를 하향 조정하는 것에 대한 혐오감과 함께 움직일 수 있다는 것이다. 이것은 작동 중인 정확안 동기를 구분하기 어렵도록 만드는 것이다.

그렇지만, 여행 경고 형성에 활동할 수 있는 한 가지 유의미한 대항력 있는 압력의 원천이 존재한다. 이것은 경고가 발행되는 국가 대표 형식으로 취해지는 것이다. 물론, 호주 주재 시리아 대표는 대수롭지 않게 생각하지만, 동일하게 우리가 인도 혹은 인도네시아 등과 같은 국가들을 고려할 때는 아니라는 것이다. 여기에서, 우리는 정치 관계가 안정적이고 우호적인 국가와 유의미한 해악이 여행 경고 발표를 통하여 특정 국가의 관광산업에 미칠 수 있는 국가들을 다루는 중이다. 만약 생명과 안전에 대한 지속적인 위협에 대해서 판단할 수 있는 명백한 증거가 있을 경우 이러한 이의 제기가 경보 수준을 하향시키는 것으로 이어질 가능성은 낮지만 최소한 보다 신중하게 다루어질 가능성은 충분하다. 또한, 경보를 재검토해야할 타당한 사유가 존재할 때, 이러한 이의 제기는 경보의 수위를 낮추려는 결정에 있어 중요한 요소가 될 가능성 또한 존재한다.

여행 경보와 위험 부담의 본질과 관리

그렇지만, 이와 같은 정치 쟁점들을 넘어서서, 여행 경고 발표에 대한 영향을 미치는 심층적인 복잡함의 영역이 존재한다는 것이다. 이것은

'위험부담'과 '위협'에 관한 정도와 위험부담과 위협 에 대한 인식이 형성되는 방식 등과 관련이 있다. 이는 여행 경보를 발령할 때 있어 더욱이 중요한 문제로, 경보가 발생되는 방식이나 언어가 사람들에게 주는 메시지가 서로 다르게 받아들여질 수 있기 때문이다.

적시할 첫 번째 요점은 '위협'과 '위험부담' 등은 수많은 다양한 방식으로 이해될 수 있는 것이다. 예를 들면, 아프카니스탄과 관련하여 그리고 2009년 말 시행 중인 호주 정부에 의하여 발표된 여행 경고는 다음과 같은 말로 공개했다. '우리는 극도로 위험한 안보 상황과 매우 높은 수준의 테러리스트 공격 등 때문에 아프카니스탄 여행을 하지 않도록 당신에게 강력하게 권고한다.' 이것은 '당신은 카블 시에서 꼭 필요하지 않은 보행을 피해야만 하고 매우 높은 수준의 테러리스트 공격으로 인하여 잘랄라바드Jalalabad, 아프가니스탄 낭가르하르주의 주도로 카불강 남쪽 언덕에 위치하고 있다. 16세기 중엽 무굴 제국의 황제인 악바르가 이 곳에 도시를 건설했다. 인구는 약 7만 명이다. 출처: 위키백과와 공항(그레이트 마수드Great Massoud) 여행을 해서는 안 된다.'17 여기에서 멈춰서 '매우 높은 위협'이라는 표현의 의미에 대해서 회고해보는 것이 유용하다. 한 편으로, 경고로 명명된 길에 대한 폭탄 폭발의 기록이 존재하고 그리고 잘라라바드 길 등에 대해서, 외국 대리인들에 의하여 활용되는 사무실 근처에서 가동할 준비가 되어 있는 광범위한 폭발에 대응하는 보호로 보는 것이 일상적이다. 이에 따라서 이것은 공격이 발생하고 카불에서 몇몇 영사 직원의 관심을 끌 가능성이 높다고 결론 내리는 것이 합리적이다. 다른 한편으로, *특정 개인*이 폭탄이 터졌을 때에는 극히 낮은 상태로 남아 있는 현장에서 발생될 가능성이 있다. 카불은 3-4 백만 명의 인구를 가지는 도시이다. 순수하게 통계적인 견해에서 보면, 자동차 사고로 사망의 위험부담 자체

---

17 online at www.smartraveller.gov.au/zw-cgi/view/Advice/Afghanistan (advice current for 31 August 2009)를 보라.

가 매우 낮음에도 불구하고, 테러리스트 공격으로부터의 사망이 상당하게 넘어선다고 말하는 것이 적당하다. 이것이 테러리즘에 의하여 매우 일반적으로 야기되는 위협에 관하여 만들어졌던 요점이다.[18] 그리고 여행자의 관점에서 보면(반드시 영사가 아닐지라도), 이것은 가장 중요한 것인 이와 같이 개인화된 위협이다.[19]

중요한 요점의 두 번째 의미는 특정 위험부담에 관한 직접적인 지능의 부재에서, 매우 일반적인 방법론적인 선결 조건과 길거리 차원의 현상학 등이 작동될 수 있다는 것이다. 이러한 것들은 자신들만의 위험부담을 가진다. 하나의 접근방법은 다른 접근방법의 견해에 의지해야만 하지만, 여기에서의 위험은 쏟아지는 정보인데, 이것은 '특별한 문제에 관한 조그마한 개인 정보를 가진 사람들은 다른 사람들의 확실한 믿음에 대한 자신들만의 믿음에 기반 할 때' 발생한다.[20] 누적된 결과는 사회적인 반향실echo-chamber, 특정한 정보에 갇혀 새로운 정보를 받아들이지 못하는 현상이 될 수 있다. 이것은 취약한 기반이 다음과 같은 기존의 지혜가 될 수 있다는 견해이다. 2003년 3월 미국 침공 이전 사담 후세인Saddam Hussein이 대량파괴무기를 보유했다는 전제가 명백한 사례이다. 여행이 관련되는 분야에서, 눈여겨 볼만한 한 가지 계기는 민간 안보 회사의 확산이다.[21] 이것은 우리가 해결책을 제공하기 위한 '위협'에 대한 관심을 끌

---

18 Robert E. Goodin, *What's Wrong with Terrorism?* (Cambridge: Polity Press, 2006), p. 116.

19 몇 가지 면에서 여기에 잘 알려진 '복권의 역설''lottery paradox'과의 흥미로운 유사점이 존재한다. 수많은 숫자의 표를 가진 복권에서, 모든 부여된 표가 당첨될 가능성은 거의 없다. 동시에 과정상의 구성 규칙은 하나가 당첨될 것임을 의미하는 것이다. Henry E. Kyburg Jr, *Probability and the Logic of Rational Belief* (Middletown CT: Wesleyan University Press, 1961), p. 197를 보라.

20 Cass R. Sunstein, *Risk and Reason: Safety, Law and the Environment* (Cambridge: Cambridge University Press, 2002), p. 86 (passage co-authored with Timur Kuran). 또 Cass R. Sunstein, *Laws of Fear: Beyond the Precautionary Principle* (Cambridge: Cambridge University Press, 2005), pp. 94-106를 보라.

때 기득권을 가질 수 있다. 그러나 매우 광범위하게, 로버트 E. 굿인Robert E. Goodin이 적시 한바와 같이, 특정 종류의 위험부담이 정기적으로 다른 것보다도 더 많은 비중을 부여받은 심리 문헌에서 관련 증거가 많다. 대규모 사상자 사건(9/11 공격과 같은)은 수많은 인간 혹은 그 이상(도로 사망자 수)만큼 누적적으로 비용을 지불하는 문제보다도 더 많은 두려움을 주는 것이다. 드라마틱한 사건(곰에 의한 공격)과는 다른 것은 매우 세속적인 이벤트(집에서 기르는 개에 의한 공격 같은)보다도 더 많은 우려를 자아낸다. 사람들이 우리의 운명이 다른 사람의 손(비행기 운전)에 있는 객관적으로 안전한 상황보다도 덜 우려를 자아내는(자동차 운전과 같은) 것을 통제할 수 있다고 느낀다.[22] 이러한 방식으로 생각 중인 대중 간의 복잡하지만 중요한 상호작용의 가능성이 존재하는데, 이러한 인식과 공공의 구성원으로서 공직자 등에 대응하는 관리들인데, 어느 정도 유사한 방식에서 위험부담을 모색하는 자신들이다.

물론, 테러리스트 공격이 *반드시* 발생한다. 그리고 이것은 사상자를 야기한다는 *것*이다. 2008년 1월, 무장괴한들에 의하여 5성 호텔 카블 세레나 호텔Kabul Serena Hotel이 수많은 직원과 방문객 등을 살해당했고 다른 입주자들을 공포에 떨게 했던 공격이 있었다. 그렇지만, 표적 선택에는 두 가지의 눈에 띄는 양상이 존재한다. 이것은 테러리스트들이 이 호텔에 까지 도달했던 것이 처음이 아니라는 것이다. 1979년 초, 아프카니스탄 주재 미국대사인 아돌프 ('스파이크') 덥스Adolph Spike Dubs가 동일 건물에서 사망했었다. 카블 거리에서 그를 잡아챘던 특정되지

---

21 P.W. Singer, *Corporate Warriors: The Rise of the Privatized Military Industry* (Ithaca NY: Cornell University Press, 2003); Deborah D. Avant, *The Market for Force: The Consequences of Privatizing Security* (Cambridge: Cambridge University Press, 2005); and Simon Chesterman and Chia Lehnardt (eds), *From Mercenaries to Market: The Rise and Regulation of Private Military Companies* (New York: Oxford University Press, 2007)를 보라.

22 Goodin, *What's Wrong with Terrorism?*, pp. 124-131.

않는 배경의 테러리스트 납치범을 소탕하는데 실패한 작전이었다. 그러나 아마도 가장 눈에 띄는 것으로, 카블 세레나 호텔은 2008년 테러리스트 공격 시에 *호주 대사관으로 실질적으로 거처를 제공했다.* 이러한 모든 임무들처럼 카블 주재 호주 대사관은 여행 경고에 기여할 때 역할을 수행 한다. 이 공격에 부상 입은 대사관 직원은 아무도 없었지만, 대사관은 안전지대로 즉각 재배치되었다. 한 가지 교훈이 있다면, 여기에서 어떤 정부도 모든 위험부담을 특정할 것으로 기대하지 않는다는 것이다. 공격 시 호주 대사관 직원들은 매우 능숙했다. 그들은 단순히 잘못된 시간에 잘못된 장소에 있었다는 것이다. 불행하게도, 이것은 거의 모든 사람에게 거의 모든 지역에서 발생될 수 있는 것이다.

기대하지 않은 결과

이러한 종류의 상황에서 위험부담은 '최악의 시나리오' 생각, 그리고 어떻게 행동할 것인지를 결정하는 순수한 '최대' 결정 규칙에 관한 함축적인 활용 등에 대한 오류가 될 것이다. 최악의 시나리오 생각에서, 이것은 행동을 위한 기반이 되는 이러한 개연성보다는 오히려 이벤트의 가능성이다. 미국 부통령이던 딕 체니Dick Cheney에 의하여 진화된 '1 퍼센트' 독트린은—이러한 개연성이 극도로 저조할지라도 위협에 대한 거대한 해악을 다루기 위한 행동에 돌입해야만 한다는 것에 따르면 말이다—매우 명백한 사례이다.[23] 단순한 최대 결정 규칙('최소화를 극대화하기')는 우리가 "가장 높은 최악의 결과를 가진 정책을 선택"해야만 한다는 것이다.[24] 영사 관리를 위한 이러한 접근방법에 관한 즉각적인

23 Ron Suskind, *The One Percent Doctrine: Deep Inside America's Pursuit of Its Enemies Since 9/11* (New York: Simon & Schuster, 2006).

24 Cass R. Sunstein, *Worst-Case Scenarios* (Cambridge MA: Harvard University Press,

호소는 다음과 같이 명백하다. 이러한 접근방법에 관한 열정적인 적용은 영사 관리들이 수행하도록 요구되는 부담을 최소화해야만 한다는 것이다. 그러나 매우 폭넓게 바라보면, 최악의 시나리오 생각과 최대 정책결정 등은 극도로 기대하지 않은 결과를 가질 수 있다는 것이다. 유명한 문장에서, 경제학자 존 하사니John Harsanyi는 그가 다음과 같은 결과로 바라본 것을 피력했다.

> 당신이 최대 원칙을 심각하게 여긴다면 그런 다음 당신은 거리를 건널 수 없다(결국, 당신은 자동차에 치일 것이다). 당신은 다리너머로 절대 운전할 수 없다(결국, 다리가 붕괴될 것이다). 당신은 절대 결혼하지 못할 것이다(결국, 이것은 재앙이 될 것이다). 기타 등등이다. 누군가가 정말로 이러한 방식으로 행동했다면 그는 곧바로 정신병원에서 생을 마감할 것이다.[25]

이것은 최적의 귀류법reductio ad absurdum, 어떤 주장에 대해 그 함의하는 내용을 따라가다 보면 이치에 닿지 않는 내용 또는 결론에 이르게 된다는 것을 보여서 그 주장이 잘못된 것임을 보이는 것이다. 배리법 또는 반증법이라고 일컬어지기도 한다. 귀류법은 간접증명법이다. 위키백과으로서 볼 수 있는 것이다. 우리는 이것이 활용되는 맥락—철학자 존 롤스John Rawls에 의한 극대 원리maximum principle의 활용에 관한 비판[26]-그리고 여행 경고를 발표한 사람들이 어떻게 실질적으로 세상에 대하여 생각하는지에 대한 설명 등의 맥락에서 하시니의 요점에 관한 실질적인 힘을 무시할 수 있다. 그럼에도 불구하고, 염두에 두어야 할 가치가 있다. 생각을 극대화하기 위한 경사는 굉장히 파악하기 힘들 가능성이 있기 때문이다.

2007), p. 147.

25 John C. Harsanyi, *Essays on Ethics, Social Behaviour and Scientific Explanation* (Dordrecht: D. Reidel, 1976), p. 40.

26 John Rawls, *A Theory of Justice* (Oxford: Oxford University Press, 1973), pp. 152–153 and the following pages를 보라. 하르사니에 대한 비판적인 견해를 위해선, Sunstein, *Worst-Case Scenarios*, pp. 150–151를 보라.

보다 구체적인 수준에서 여행 경보 시스템은 예상하지 못한 역효과를 불러올 수 있다. 많은 정부(그리고 많은 여행사)는 여행객들에게 자국을 떠나기 전에 여행 보험을 들도록 독려한다. 이것은 매우 일리 있는 조언이다. 선진국 국민들이 다른 선진국으로 여행하는 경우일지라도 생명에 치명적이지는 않지만 즉각적인 치료가 필요한 신장 산통renal colic과 같은 일반적 수준의 의료 문제가 발생할 경우 막대한 비용을 감당해야 할 수도 있기 때문이다, 여행 보험은 완벽한 안전망을 제공하지 않는다. 누군가가 죽었다면, 이것은 우리가 여행 보험 정책을 가지고, 그리고 이러한 정책은 정기적으로 전쟁 혹은 내전 등의 결과로부터 나오는 손해를 대신하는 것을 배제하는 규정을 포함한다. 최근 들어 *정부의 여행 경보를 기반으로 한* 새로운 조항들이 보험 계약서에 포함되기 시작했다. 비교적 완곡한 언어로 삽입된 조항은 보험 가입자의 모국이나 보험 회사가 소속된 국가에서 모든 여행을 연기하라는 경보가 발령되어 있는 경우 해당 경보가 발령된 지역에서 발생하는 사고에 대한 보상을 제외시킨다는 내용이다. 이러한 조항들은 여행자에게 더 큰 주의를 요구하는 것이며, 여행 경보에 따른 위험 요소를 보험 계약에도 반영하는 추세를 보여주는 것이다. 이는 보험사들이 분쟁 지역이나 위험 지역으로 여행하는 사람들에 대해 보상 책임을 회피하려는 의도로도 해석될 수 있다. 수많은 외교부 관리들과의 논의에 기반 해서, 이러한 여행경고 발표는 이와 같이 가능성 있는 결과를 막연하게만 인식하고 있다는 것이 나의 인상이다. 그렇지만, 순수한 효과는 곤경에 조우하는 보험이 적용되지 않는 여행객 숫자의 증가일 것이고, 자신들의 문제를 다루는 방식으로서 영사 조력을 모색하는 아무런 옵션을 갖지 않는다. 문제가 가장 압박이 될 가능성 있는 분야는 전쟁 지역(표준여행 정책하의 보험이 오래 동안 배제되어 온)이 아니라, 즉각적인 곤경보다는 오히려 잠재적인 것에 직면한 주변부 지역이다. 물론, '모험을 즐기는 여행가'와 보험 중개인을 통하여 특별 보험 보장을 교섭하기 위하여 전쟁 지역이나 혹은 다른 혼란스러운 지역을 방문할 특별한 목적을 지닌 다른 사람 등에게는 가능성이 있지만, 할인 정책은 엄두도 못 낼 정도로 비쌀 수 있다.

결국, 여행 경고는 한 가지 부가적인 위협을 노정 시킨다. 부식의 위협과 궁극적으로 세계의 다양한 지역에 관한 높은 수준의 전문 식견의 소실이다. 대학들은 이러한 전문지식의 발전을 위하여 필수적이고, 특별하게 박사 프로그램은 미래를 위한 전문가 집단을 창출하는데 기여 한다. 몇몇 종류의 연구는 탁상공론이 될 수 있지만—예를 들면, 현장 분석을 시험해볼 수 있도록 활용할 수 있는 이론의 특정화—현장 활동을 할 수 있는 역량은 전문 식견의 발전의 매우 중요한 요소가 될 가능성이 있는 것이다. 이것은 조사자료 수집의 기회를 가진 젊은 전문가를 제공하고, 그 혹은 그녀의 언어 역량을 완벽하게 하고, 상황에 관하여 '냄새 맡고 느끼는 것'을 매우 광범위하게 수집하고, 지역의 '실용적인 지식'에 대한 이해를 구축하고, 그렇게 함으로써 의식적인 추론('암묵적인 지식')을 위한 필요성이 거의 없게 된다.[27] 아직도 대학 행정가들은 정부가 여행을 경보한다면 젊은 연구자들에 의한 연구 여행을 (당연하게도) 가장 마지못해서 제한을 가할 것이다. 여행 경고가 우리가 '여행 필요성을 재고'해야만 하는 조언 이상 일지라도 대학은 연구자들이 일괄 보험 정책이 완벽하게 보장되지 않는다는 손해보상청구를 위한 가능성에 노정 될 수 있다는 우려를 할 수 있다. 이러한 문제는 이

27 나는 'smell과 feel' 등의 표현은 저명한 소련학자인 T.H. Rigby 에게 신세진다. 실용적 지식에 대해선, James C. Scott, *Seeing Like a State: How Certain Schemes to Improve the Human Condition Have Failed* (New Haven CT: Yale University Press, 1998), pp. 309–341를 보라. 암묵적인 지식에 대해선, Michael Polanyi, *The Tacit Dimension* (London: Routledge & Kegan Paul, 1967), pp. 3–25, 그리고 특별하게 4쪽에 '우리는 우리가 말할 수 있는 것 이상으로 알고 있다'라는 유명한 관찰이 있다.

미 호주와 북미 등의 대학교에서 확실해 지고 있다. 시간이 지나면서, 이에 따라서, 여행 경고는 국가와 자국의 외교기관 등이 원활하게 정보 제공을 받는 것이 중요한 바로 이러한 문제에 대한 전문 식견의 상실에 기여할 수 있다는 것이다. 더욱 더 불행한 것으로, 이러한 덫에 걸릴 수 있는 것은 비단 젊은 연구자들만이 아니라는 것이다. 여행 경보 시스템의 아이러니 중 하나는 외교부가 특정 국가의 상황에 대해 자문을 구하는 저명한 전문가들조차도 이후에 해당 외교부가 발행한 여행 경보로 인하여 불편을 겪을 수 있다는 점이다. 이러한 전문가들은 충분히 자신을 돌볼 능력이 있음에도 불구하고 여행 경보가 그들의 활동에 제약을 가하게 되는 상황이 발생할 수 있다.

상황을 종합해보면, 여행 경보가 정치적인 고려(포퓰리즘적이거나 관료적 요인), 감정적인 위험 인식에 따른 심리적인 요인, 그리고 '최악의 상황을 가정 하는 것' 또는 위험 회피적인 의사 결정 규칙의 영향으로 인하여 상당한 비용을 초래하고 경보가 왜곡될 위험이 존재한다. 이러한 문제들을 어떻게 해결해야 할까?

대안

이전에 적시했던 바와 같이, 특별하게 국가 혹은 지역 등에서 곤경에 처할 가능성을 지적할 수 있는 조기 경보 시스템을 개발하는 것이 가능하다. 상당히 사려 깊은 활동이 개별적으로나 다른 이들과의 연계해서 특별한 결과를 형성하는 독립변수(즉, 관련성이 있는 우연적 요인)을 특정 하는데 관심 있는 학자들에 의하여 수행되어 왔다. 결과는 인종분쟁 발발 시 혹은 소수인종 억압 등과 같은 파괴적인 경향에 관한 분석에서 활용될 수 있는 정교한 모델들이어 왔다.[28] 이러한 모델들이 '패턴 예측pattern prediction'만을 뒷받침 하는데 반하여, 이것은 인상적인 외교 보고로서 최소한 강력하게 되는 적절한 주장을 지닌다. 수잔 슈마이들Susanne Schmeidl은 다음과 같이 적고 있다.

> [. . .] 폭력적인 사건의 정확한 발생을 정확하게 예측할 수 있는 무능력이거나 그렇게 하는 것의 불가능성에 관하여 솔직성 등은, 과거에는 정보분석과 비교해서 '소프트'하고 '취약한' 것으로 인지되는 초기 경고로 이어져 왔다. 그렇지만, 9/11를 정확하게 예측하고 예방하기 위한 정보 실패는 조기 경보를 더욱 진작되도록 부과해 왔다.[29]

많은 활용들이 이러한 접근방법으로 만들어질 수 있는 것이다.

여행 경보를 이것들에 악영향을 줄 수 있는 몇몇 영향력으로부터 갈라놓는 한 가지 접근방법은 새로운 민간 대리인으로부터 나오는 조기 경보와 여행권고 등에 재정지원을 하게 한다. 여기에서 모델은 1988년과 2008년 사이에 스위스피스Swisspeace에 의하여 만들어진 조기경보분석이 될 수 있다. 패스트FAST, Früherkennung ynd Analyse von Spannungen und tatsachenermittlung 혹은 조기경보와 긴장과 진상파악분석 등으로 알려진 이 프로그램은 안보 쟁점과 관련된 체계적인 데이터 수집에 기반 해서 수많은 분쟁 국가들에서의 상황을 정기적으로 업테이트하는 작업을 생산하고 있다('Quantitative Event Data Analysis'). 이러한 종류에 관한 체계적인 데이터 분석의 장점은 이것은 통계에서 벗어난 분리물인 것에 대한 입증되지 않은 논의보다도 한 국가 안에서 보다 적절한 트렌트 조망을 제공한다는 것이다——최악의 시나리오의 공표를 기꺼이 수용하는 것이다.

---

28 Ted Robert Gurr, *Minorities at Risk: A Global View of Ethnopolitical Conflicts* (Washington DC: United States Institute of Peace Press, 1993); and Barbara Harff and Ted Robert Gurr, *Ethnic Conflict in World Politics* (Boulder CO: Westview, 2004)를 보라.

29 Susanne Schmeidl, 'The Early Warning of Forced Migration: State or Human Security?', in Edward Newman and Joanne van Selm (eds), *Refugees and Forced Migration: International Security, Human Vulnerability and the State* (Tokyo: United Nations University Press, 2003), pp. 130–155, at p. 150.

국가 전문가 활용의 강점은 이것은 더 풍부해진 역사적, 사회적이고 정치적인 맥락에서 설정될 데이터를 허용한다는 것인데, 과도기적이고 독특한 요인으로 설득력이 있을 수 있는 단순한 선형 외삽법linear extrapolation에 반대로 안내하는 것이다. 데이터는 자체를 해석하지 않고, 사려 깊게 구축된 분석은 데이터에게 약간의 의미를 부여한다. 패스트 프로그램의 중지는 오픈 소스open source의 공개적인 조기 경보 분야에서 진공의 것으로 이끌고, 이것을 수행하는 새로운 기관에게 재정 지원하는 것도 한 가지 옵션인데, 유엔체제 안에서 이거나 혹은 독자적인 이니셔티브로 말이다.

정치적 상황에 대한 보다 광범위한 묘사에 관한 한, 연구기관으로부터 나오는 이용 가능한 풍부한 자료에 대한 여행자의 관심을 단순히 끈다고 많은 말들이 전해진다. 우선적으로 정부의 여행 웹사이트에 문의하는 경향이 있는 여행자는 이러한 방식으로 쉽게 전용할 수 있다. 연구기관들이 외교에서 활동할 수 있는 역할에 대한 늘어나는 인식이 존재하지만,[30] 아마도 세계의 다양한 지역 여행을 염두에 두고 있는 평범한 사람조차에게도 지적인 생산물의 가치에 관한 충분한 인식이 없을 것이다. 이것은 이러한 자료를 이용가능하게 만들려는 외교부 웹사이트에 대한 하이퍼텍스트hypertext, 문장 중의 어구나 그것에 붙은 표제, 표제를 모은 목차 등이 서로 연결된 문자 데이터 파일링크일뿐이고, 여행 경고에서 왕왕 나타나는 일종의 자료의 조합을 위한 귀중한 직원에게 부여하는 것보다도 매우 저렴하게 될 수 있는 것이다. 운 좋게도, 이러한 분석이 이러한 면에서 매우 유용한 수많은 탁월한 기관들이 존재하는데, 예를 들면 미국외교협회Council on Foreign Relations, 카네기 국제평화 재단the Carnegie Endowment

30 Shankari Sundararaman, 'Research Institutes as Diplomatic Actors', in Andrew F. Cooper, Brian Hocking and William Maley (eds), *Global Governance and Diplomacy: Worlds Apart?* (New York: Palgrave Macmillan, 2008), pp. 118–132를 보라.

for International Peace, 국제전략문제연구소International Institute for Strategic Studies와 채덤 하우스Chatham House (영어권 기구를 언급) 등이 포함된다. 그러나 아마도 이것들 중에 가장 중요한 것은 브뤼셀에 본분를 둔 국제위기그룹International Crisis Group이다. 1995년 설립된 이 기구는 1년 예산이 1600만 달러이고, 130명의 전임 직원을 가지고 있다. 이것은 매년 일관되게 매우 높은 수준의 분석을 가진 약 90권의 보고서와 함께 월간 뉴스단신인 *크라이시스와치CrisisWatch*를 출간하고 있다. 여기 의장이자 최고책임자는 전 유엔인권고등판무관인 루이제 아보어Louise Arbour이고 이 기구의 활동은 전 영국 장관인 패튼Chris Patten 경과 전 미국 국무부 차관인 토마스 피커링Thomas Pickering 등이 공동의장인 이사회에 의하여 감독받고 있다. 이러한 핵심 인력으로 인하여, 국제위기그룹은 민간 기구와 국가 간의 간극을 메꾸는데, 고위 수준에서 정부에 관여해온 개인들의 기술에 의존하는 것이다. 조기 경보는 노골적으로 이것의 기능들 중에 하나이다. 이것은 일반적으로 여행 경고가 발표될 가능성이 있는 대부분의 국가들에서 적극적으로 활동 중인 직원들을 가지고 있다. 유의미란 면에서, 이들 직원들은 그들이 분쟁 국가에 파견된 외교관의 역량을 자주 제한하는 일종의 엄혹한 안보적인 제약에 덜 복속해야 하기 때문에 그들이 활동하는 국가에 '다시 다닐 수 있도록' 해야 할 수 있는 것이다.

결론

새로운 기관 또는 기존 기관의 역량을 활용한다면 여행 경보의 부작용을 어느 정도는 완화시킬 수 있을 것이다. 그러나 결과적으로 여행 경보는 더 근본적인 비판의 대상이 될 수 있음에 주목할 필요가 있다. 이는 영사 서비스 전반에 적용되는 비판으로, 바로 '도덕적 해이'에 관한 문제이다. 도덕적 해이의 개념은 보험의 맥락에서 자주 논의되지만, 최근에는 인도적 개입과 같은 다른 활동 영역에도 적용되고 있다. 이러한 비판은 여행 경보나 영사 서비스가 사람들에게 잘못된 안도감을 심어주어 위험한 행동이나 지역으로의 여행을 보다 쉽게 만들 수 있다는 점을 지적하는 것이다.[31] 도덕적 해이에 관한 문제는 보호에 대한 전망이 위험부담을 독려할 때 제기되는 것이다. *몇몇* 사례에서 고충을 경고 받은 개인들이 자신들이 다른 사람에 대하여 확실하게 경고 받았다면 모든 것이 좋다고 가정하고, 자신들이 문제가 발생한다면 자국 정부로부터 도움을 받기를 기대할 수 있다고 추정할 수 있다. 이것은 이론적인 위험부담 이상인 것이 어렵다는 것을 설정하지만, 이것은 무시되어서는 절대 안 된다. 하나의 함의는 국가가 자국민이 직면하는 해외에서 모든 문제를 예상할 수 있다고 기대하기보다는 오히려 매우 비현실적이지만 더욱 강력해진 책임감을 심어줄 수 있다는―언제 어디로 여행을 결정하는 면에서―시민들은 전적으로 자신들의 장치에 의지하는 것이다. 우리가 보아 온 바와 같이, 여행 경고는 스스로를 보호하도록 잘 놓여져 있는 사람들에게 심각하게 영향을 미칠 수 있는 잠재력을 가지지만, 수많은 사례들에서 많은 사람들이 대부분 국민의 태도를 결정할 때 미디어 보도일 뿐이다. 결과적으로, 이것은 나쁜 사람들이 여행가는 반면에 좋은 사람은 집에 머문다는 사실상의 사례이다.

---

31 Alan J. Kuperman, 'Mitigating the Moral Hazard of Humanitarian Intervention: Lessons from Economics', *Global Governance*, vol. 14, no. 2, April–June 2008, pp. 219–240를 보라.

제3장

세계화, 무역과 투자 시대의 명예 영사

케빈 D. 스트링거 *Kevin D. Stringer*

서론

국제 외교 무대, 특히 무역 및 투자 분야에서의 전반적인 확장은 다시 한 번 영사를 필수불가결한 인물로 여겨지게 만들었다. 이와 관련하여 명예 영사를 임명하는 것은 많은 국가들에게 큰 이익을 가져다 줄 수 있다. 명예 영사는 주재국에서 영사 문제를 해결하기 위하여 파견국에 의하여 지명되는 민간 시민이다. 명예 영사는 주재국에서 몇 가지 비지니스에서 일반적으로 관여되고 시간제로 파견국을 위하여 봉사한다. 이러한 직원은 규범적으로 주재국에서 영구적인 거주하는 시민이고, 파견국의 경력 외교관 직원은 아니다. 그럼에도 불구하고, 그 혹은 그녀는 파견국과의 어느 정도 실질적인 연계를 가지고 있다. 임명된 이들은 통상적으로 이들의 명성과 위신 등으로 유명한데, 많은 경우에 지명 받은 현지 공동체에서 교역, 산업, 혹은 금융 분야에서 현저한 위치를 차지하고 있다. 이러한 명예 영사들은 그들이 근무하는 지역 당국과 적절한 관계를 유지하기 위한 이들의 역량으로 유명한데, 이들이 보여주는 현지 언어와 문화 등에 관한 적절한 통달, 이들의 장기간의 현지 사정에 대한 이해 등이다. 이러한 자질들은 위엄, 역량과 효율성 등을 갖춘 업무 수행을 보장해 준다. 명예 영사 제도는 또한 파견국에게 경력직 영사 비용 없이 자국민에게 영사와 상업 서비스를 제공하도록 허용 해준다.[1]

본장에서는 명예 영사에 관하여 연구가 미진한 주제로 이를 보완하고자 본서에 기여하고자 하는데, 특별하게 수출 증진, 투자 유치, 외부투자 기회 보호, 기술이전과 관광 진흥의 혜택 독려 등을 통한 특정 상업적 이익을 발생하는 외교 활동 수행이다.[2]

명예 영사

명예 영사는 비엔나 협약에 의하여 국제법 하에서 인정되고 있다. 이것은 국가와 영사 업무의 수행 간의 영사 관계를 위한 사법적 근거와 총론 등을 제공하는 것이다.[3] 비엔나 협약 1조 2항에서는 영사 직원은 두 개의 카테고리로 이루어진다고 쓰여 있는데—즉, 경력과 명예 영사 직원으로 말이다. 그런 다음 협약 III장에서는 명예 영사 직원에 의하여 행해지는 영사직을 통제하는 규칙을 정의하는 것으로 이어진다.[4] *영사*

---

1 Luke T. Lee and John Quigley, *Consular Law and Practice* (Oxford: Oxford University Press, 2008, 3rd edition), p. 515를 보라; G.R. Berridge and Alan James, *A Dictionary of Diplomacy* (Basingstoke: Palgrave Macmillan, 2003, 2nd edition), pp. 128-129; and John Dickie, *The British Consul: Heir to a Great Tradition* (New York: Columbia University Press, 2008), pp. 178-179. 또한 'History and Etymology', North Carolina Consular Corps를 보는데, 온라인 http://www.northcarolinaconsularcorps.org/Page.html에서 이용할 수 있습니다(2008년 2월 9일 접속).

2 상업외교에 관한 Evan H. Potter의 정의에서 부분적으로 채용했다. Evan H. Potter, 'Branding Canada: The Renaissance of Canada's Commercial Diplomacy', *International Studies Perspectives,* vol. 5, 2004, pp. 55-60, 특별하게 p. 55를 참조하라.

3 Maaike Heijmans and Jan Melissen, 'Foreign Ministries and the Rising Challenge of Consular Affairs: Cinderella in the Limelight', *Clingendael Diplomatic Studies Programme Paper* (The Hague: Netherlands Institute of International Relations 'Clingendael', June 2006), p. 8를 보라.

4 Vienna Convention on Consular Relations, United Nations Treaty Series nos. 8638-8640, vol. 596, pp. 262-512, 24 April 1963를 보는데, 온라인 http://untreaty.un.

관계에 관한 비엔나 협약 조약 문서에서는 과거에 광범위하게 활용되어 오던 명예 영사는 국제관계 유지에서 효율적인 도구를 형성했다고 인정하고 있다. 협약은 명예 영사 제도에 대하여 임의적인 성격을 부여한다. 명예 영사는 경력 외교관이 향유하는 외교 면책권과 특권 등의 수혜자가 되지 않는다. 비엔나 협약은 68조에서 '모든 국가는 명예 영사 직원을 지명하거나 받아야만 하는지를 자유롭게 결정할 수 있을 것'이라고 언급하고 있다. 협약에 대하여 당사자들은 명예 영사를 지명 혹은 수용하는지를 자유롭게 결정할 수 있는 반면에, 긍정적인 행동이 만들어지면, 이들은 명예 영사에 관한 협약 조항에 응할 책임이 있다.[5] 협약은 명예 영사를 정의하지 않는다. 이것은 명예 영사의 성격이 전통에 따라서 해석되어지고, 외교단 혹은 총영사관의 업무 하에 있으면서 이들의 행동은 제한적인 성격이라는 것으로 추정되는데, 그 이유는 이들의 기능은 외교관 혹은 경력 영사 등에 의하여 위임받기 때문이다. 이러한 기능들은 업무의 필용에 따라서 확대되거나 줄어들 수 있는 것이다. 명예 영사는 공무원이 아닌데, 이들은 일반적으로 영사 업무로 봉급을 받지 않는다. 이에 따라서, 명예 영사는 자신들이 거주하는 국가 안에서 모든 기업, 무역 혹은 금융 활동에 종사하거나 모든 직업에서 활동할 수 있는 것이다.[6] 독특한 영사 제도와 특별하게 교역, 관광과 투가 증을 촉진하는 이것의 역량 등에 대하여 관심 가지는 연구와 참고 문헌 등은 거의 존재하지 않는다.

비엔나 협약이 모든 영사—경력과 비경력—들에게 동등한 권한을 부여하지 않지만, 각각의 중앙정부는 자신만의 영사관을 광범위하게 다

---

org/ilc/texts/instruments/english/conventions/9_2_1963.pdf. Honorary consuls are covered in Articles 58-68에서 이용할 수 있습니다..

5 Lee and Quigley, *Consular Law and Practice*, p. 517를 보라.

6 *Vienna Convention on Consular Relations*, article 5; and 'History and Etymology'를 보라.

양한 책임을 부여한다. 일반적으로 영사 직원은 두 가지의 기본적인 임무를 가지고 있다.

- 자신들이 대표하는 국가와 자신들의 담당하는 분야 간의 경제적, 상업적, 과학적, 그리고 문화적 관계를 발전시키는 것이다. 지속적으로 이것은 두 가지 방향에서 상업—교역, 기술이전과 투자—진흥을 의미한다.
- 파견국과 영사 지역에서 여행 중이거나 거주 중인 시민들의 이익을 보호하는 것이다.[7]

교역과 투자 진흥에 관하여 일차적으로 언급한 영사 업무는 변환 중인 외교 시스템 안에서 명예 영사와 이들의 역할 등이 본장의 핵심적인 포인트이다. 이러한 초점은 밀접한 관련이 있다. 교역의 증진과 보호는 역사적으로 가장 중요한 영사 기능들 중에 하나이다.[8] 미래에도 전혀 달라지지 않을 것이다. 전 미국 경력직 대사인 토마스 R. 피커링Thomas R. Pickering은 외교의 미래에 관한 다음과 같이 관망했다.

> 먼저, 세계화가 전례 없이 중요하게 될 것이다. 우리 스스로는 다양한 지역과 전 세계의 모든 분야 등에서 함께 일하게 될 것이다. 나는 경제적, 상업적 그리고 교역의 문제들을 강조한다. 세계화의 맥락에서 이것은 과거보다도 현재 우리의 국제 활동에서 상당히 커진 역할을 수행하게 될 것이다.[9]

---

7 *Vienna Convention on Consular Relations,* article 5; and 'What Consulates Do', The National Association of Foreign Consuls in the United States (undated)를 보는데, 온라인 http://www.consular-corps-college.org/CCC_Docs/What%20Consuls%20Do%20text.pdf에서 이용할 수 있습니다.

8 Lee and Quigley, *Consular Law and Practice*, p. 334.

9 Thomas R. Pickering, 'Diplomacy: The Future', *The Fletcher Forum of World Affairs,* vol. 29, no. 1, winter 2005, pp. 191–200, 특히 p. 191.

이러한 영사 제도를 평가하기 위한 단순한 비즈니스-사례의 틀을 활용하면서, 명예 영사는 상업적인 가시성과 기능적인 융통성 등의 분야에서 강력한 장점을 나타낸다. 상업적인 활력은 명예 영사를 활용하기 위한 일반적인 비즈니스-사례의 고려에 대해서 언급하는데, 이것은 재능, 효율성과 비용 등에 초점을 둔다. 제 때에 이루어지는 정상적인 선별과정과 함께, 외교부MFA는 아는 것이 많은 비즈니스맨 혹은 기업가 등을 선택할 수 있다. 이들은 파견국의 이익을 대변하기 위하여 현지 공동체에 연줄이 잘 연결되어 있다. 선발된 사람은 이미 지역의 이익 관계 속에서 살아왔기 때문에, 효율성은 늘어난다. 경력 영사가 직책을 차지하기 위하여 움직일 필요가 없고, 이에 따라서 직책이 설립될 필요가 없기 때문이다. 명예 영사는 일반적으로 자신만의 혹은 임대한 사무실 공간을 활용할 수 있다. 명예 영사를 활용하기 위한 결정은 또한 비용을 절감할 수 있다. 대부분이 아주 적은 수수료만으로 이들의 업무를 수행하기 때문이다. 기능적인 융통성은 다층적인 역할을 수행할 수 있는 역량만큼 단순하게 정의될 수 있다. 여기에서 명예 영사는 모든 외교부를 위한 매우 다양한 도구라는 것이다. 그 이유는 영사는 충성심이 요구되는 모든 영사 업무—비자 발급, 대민 업무, 문화 진흥, 공공 업무와 상업 촉진—들을 수행할 수 있기 때문이다.

2006년 스위스-인도 상공회의소 라운드테이블 이벤트 논의에서, 스위스 주재 인도 대사는 상업적인 기회를 발전시키는데 경력 외교관의 한계에 관한 가능성을 자세하게 언급했다. 그는 스위스와 인도의 민간부문은 더 활성화 되어야만 한다 라는 그의 믿음을 언급했다. 그 이유는 그의 대사관 직원들은 외교관이지 비즈니스맨 아니기 때문이다. 그의 언명 속에서는 명예 영사에 관한 진정한 가치의 전제가 깔려 있다. 그들이—적절하게 선정되고 감독된다면—그 혹은 그녀의 지명 받은 국가를 위하여 교역, 투자와 관관 기회를 발전시키기 위하여 영사 외교에 대한 비즈니스 감각, 경험과 네트워크 등을 가져 올 수 있는 것이다. 명예 영사 제도는 영사 업무의 전환을 교역과 산업가치 체인을 강력하게 창출함으로써 외교력의 핵심 요소 안으로 진입하는 것이다. 명예 영사는 이러한 분야에서 다음과 같이 업무를 수행 한다.

- 투자 혹은 교역 기회 등에 관한 보다 광범위해진 시스템을 발전시키기 위하여 비용-효과적인 방식으로 한 국가의 대표 네트워크를 확대하는 것
- 한 국가의 이익을 직접적으로 상업적 가치와 관련하여 한 지역, 허브 혹은 지자체 등 안으로 연계하는 것. 교역과 투자 신흥 등에 집중하는 영사직은 점점 더 중요해진다. 이러한 영사관들이 현지 공동체와 지역 등에게 외국과 자원 등과 직접적이고 공식적인 양자 관계 등을 제공하기 때문이다.[10]
- 자체 경제를 진흥시키기 위하여 대표하는 국가를 위하여 비즈니스, 관광과 해외직접투자FDI 기회 등을 발전시키는 것.

명예 영사가 대민 업무, 공공외교와 문화 진흥 등과 같은 매우 전통적인 업무를 위하여 활용 된다 하여도, 경제적인 이윤을 위하여 이와 같은 영사 업무 기능 중에서 경제적 이윤을 위하여 집중적으로 활용된다는 것이 점점 더 늘어나는 추세인 것처럼 보인다. 숫자가 일정하지 않지만, 오늘날 전 세계에는 대략 2만 여명의 명예 영사들이 존재하고 있다.[11] 명예영사는 모든 국가들에게 자신들을 매우 심층적이고 광범위하게 대

---

10 'Making Consulates Work for You: A Primer for State and Local Governments', The National Association of Foreign Consuls in the United States, 1997를 보는데, 각색된 버전은 온라인으로 http://www.consular-corps-college.org/CCC_Docs/Making%20Consulates%20work%20for%20you.pdf에서 찾아 볼 수 있다.

11 'You are Appointed', *Hindustan Times,* 31 October 2005를 보라.

표하도록 하는 비용-효율적이면서 효율적인 방법인데, 특별하게 물리적인 존재가 중요한 것으로 남고 그렇게 계속된다는 것을 고려할 때 말이다. 또 다른 국가들 대표하는 권한을 부여받은 거주국 주민과 자국민 등으로서, 그들은 양 정부에 대한 호의를 가진다.[12]

이어지는 섹션에서는, 국가들이 늘어나는 영사 업무에 대응하기 위해 명예 영사와의 외교 네트워크를 확장하도록 강요받는 세계화의 트렌드를 설명할 것이다. 또한, 현지인, 지역사회 및 지방 허브 등이 왜 비즈니스와 상업 등의 맥락에서 국가 자본보다 지속적으로 더 중요한지, 그리고 이러한 이유로 명예 영사의 존재가 필요하게 되는지를 조망할 것이다. 이어서, 특정 국가들이 자국의 경제를 발전시키기 위해 명예 영사를 어떻게 활용하고 있는지를 보여줄 것이다. 명예 영사의 상업적 역할과 그 확장된 적용을 조명하기 위해, 다양한 국가들의 사례를 통해 이러한 트렌드가 어떻게 나타나고 있는지 다룰 것이다. 국가의 틀은 최소국, 소국에서 중견국, 대국과 아시아 국가 등과 같은[13] 네 가지 국가 분류의 시각으로부터 보여지는 명예 영사들의 활용을 바라본다. 후자는, 지역적으로 집중된 분류가 선정되었는데 본장에서는 아시아의 경제

---

12 'Diplomatic Representation: Draft Conference Report', of the international conference entitled 'Diplomacy of Small States', Malta, 8-9 February 2007를 보라.

13 이러한 분류들은 다양한 유형의 국가들에 관한 정의와 관련된 국제관계에서 부여된 논쟁은 독단적이다. 예를 들면, 최소국과 소국 혹은 약소국 등에 관한 정의는 국제관계에서 논쟁적인 것이다. Matthias Maass, 'The Elusive Definition of the Small State', *International Politics,* vol. 46, no. 1, pp. 65-83; A.K. Henrikson, 'A Coming "Magnesian" Age? Small States, the Global System and the International Community', *Geopolitics,* no. 6, 2001, pp. 49-86, 특히 p. 56을 보라. J. Rapaport, E. Muteba and J.J. Therattil, *Small States and Territories: Status and Problems* (New York: Arno Press, 1971), p. 29. 이러한 구분은 다양한 유형의 국가들에 대한 약간의 논리적인 프레임워크를 적용하고 이러한 국가들이 명예 영사들을 어떻게 활용하는 지를 보여 주기 위한 하나의 시도로 선별되어 왔다. 이러한 접근방법은 국가 분류 문헌에서 하나의 선구자이어 왔다. 예를 들면, M. Handel, *Weak States in the International System* (London: Frank Cass, 1981), p. 10를 참조하는데, 한델은 분석의 프레임워크로 초강대국, 강대국, 중견국, 약소국과 최소국 등으로 분류해서 활용한다.

부상을 할애했다는 관심 때문이다. 본 장의 결론에서는 교역과 투자 진흥에 있어 명예 영사의 가치에 대해 몇 가지 중요한 연구 질문을 제기할 것이다. 특히, 명예 영사가 교역, 관광, 투자 진흥의 임무와 이러한 역할에서 실질적인 효율성 간에 어떤 연관이 있는지를 다룰 것이다.

영사 대표성 확대와 현지인들을 명예 영사와 연결

최근까지도, 국가 외교력에 대한 영사의 요소는 대부분의 국가에서 필수 불가결한 역할——그러나 자주 과소평가되거나 간과되고 있는——을 수행한다. 양극체제의 붕괴, '저위 정치low politics'의 등장, 그리고 부상 중인 수많은 경제들에 직면——경가장 눈에 띄는 것으로 소위 브릭스Brics, 브라질, 러시아, 인도 그리고 중국-——등은 외교가 수행해 오던 방식에서의 변화의 가능성을 위한 조건을 창출해 왔다. 교역, 투자와 관광 이익 등을 진작에 초점을 두는 소규모이고 매우 비용-효율적인 합법적인 직책에서 명예 영사의 기능은 이러한 변화들을 나타내는데 핵심적인 역할을 수행하고 있다.

외교에서의 전환을 위한 조건을 살펴 볼 때, 소련의 예상치 않은 붕괴는 양극 세계에서 다국 세계로의 파라다임 시프트paradigm shift를 의미했다. 이러한 시스템에서, 권력은 절대적이거나 안정적이지 않지만, 특정 지역 블록과 국가 등으로 분산되고 역동적이라는 것이다. 이러한 상황은 선진국과 개도국이 합류하는 곳——초국가 범죄, 마약, 이주, 난민, 인종분쟁과 환경 쟁점——에서 종종 발생하는 다양한 초국가적인 쟁점들에 직면하는 국제무대를 창출한다. 이러한 문제들은 자주 방문하는 한 외국의 수도보다는 오히려 직접적으로 지역적으로 자주 고려되어야만 한다. 이러한 유형의 환경은 이러한 초국가 쟁점에서 역할을 수행하는 핵심 지역 전체에 걸쳐서 위치한 수많은 합법적인 직책(영사관)을 가진 국가의 의미를 확인해 준다. 이와 같은 영사직에 관한 많은 국민국가에게 적절한 외교정책 쟁점—특별하게 경제 분야—에 대한 행동을 취하기 위한 필요한 존재, 영향력과 정보 보고 등의 기반을 제공하는데, 적극적인 방식으로 말이다. 더욱이, 국제관광에 관한 변화하는 패턴, 국경을 넘나드는 자본 흐름, 국제 테러리즘과 자연재해 등은 영사 도전에서의 급증을 설명한다.

국제환경에서 두 번째로 극적인 변화는 세계 경제의 급속한 세계화이다. 글로벌 시장으로의 이러한 이동은 '저위 정치'—교역, 투자와 관광—에 대한 늘어난 중요성을 강조하는데, 영사 이익에 관한 모든 전통적인 분야이다. 이와 같은 신흥 트렌드는 군사와 정치적인 문제에 대한 전통적인 외교적 관심과는 대비를 이룬다. 부가적으로, 커뮤니케이션 비용이 지속적으로 하락되면서, 외교 업무는 적절성을 유지하기 위하여 수출 진흥의 대리인으로서 스스로를 지속적으로 선전하고 있는 중이다.[14] 이러한 추이와 유사하게, 세계의 많은 지역에서는 국가 경제지대와는 반대되는 지역경제지대가 되어가고 있기 때문에, 광범위한 영사 대표성의 필요성이 부가적인 의미를 띠고 있다. 이러한 수많은 경제지대와 상업이익 도시 등에 대한 관리는 명예 영사에게는 적절한 배치이다. 유럽의 스트라스부르그-바젤 회랑에서 미국의 실리콘 밸리까지를 망라하는 지역에 대한 경제적인 의미와 미국, 인도와 폴란드 등과 같은 지리적으로 대국들 안에서 하부 지역의 상업적인 중요성 등은 이러한 현상의 전형적인 사례들이다. 맥킨지McKinsey 자문보고서가 적시했던 바와 같이, 경제활동 센터들은 심도 있게 전환할 것인데, 전 지구적으로뿐만 아니라 지역적으로 말이다. 경제 자유화, 기술진보, 자본시장

14 Andrew K. Rose, 'The Foreign Service and Foreign Trade: Embassies as Export Promotion', draft paper (Berkeley CA: University of California, 4 January 2006)를 보라.

발전과 인구 이동 등의 결과로, 세계는 커다란 경제활동의 재편성에 착수해 왔다. 의심할 것도 없이 충격과 장벽이 존재할 것이지만, 이러한 재편성은 지속될 것이다. 오늘날, 부상 중인 아시아는 세계 국내총생산GDP의 13퍼센트를 차지한다. 반면에 서유럽은 30퍼센트 이상을 점유한다. 향후 20년 안에, 양지역은 역전될 것이다. 몇몇 산업과 기능—예를 들면, 제조업과 정보 기술 서비스—등은 심지어 매우 극적으로 이동할 것이다. 그러나 이야기는 단순하게 아시아 쪽으로만 진행된다는 것은 아니다. 지역 안에서의 이동은 지역을 넘어서서 발생하는 것들만큼이나 유의미한 것이다.[15]

국가와 비교했을 때, 지역과 도시 등의 경제 및 교역에서 늘어나는 중요성은 웨스트팔리아 체제 이후 세계로의 전환을 반영한다. 이러한 지역과 도시들은 자신들만의 방식으로 국제 행위자로 부상하고 있으며, 이에 따라 명예 영사가 이러한 지역 행위자들을 위한 독립적인 대표로서 기능적으로 동등한 역할을 수행할 수 있는지에 대한 연구 과제를 제기하고 있다. 지역과 도시 등이 제한적인 예산을 가지고 있고, 잠재적으로 활용할 수 있는 디아스포라의 지원 등을 고려할 때, 명예 영사의 동등성은 도시와 지역 등을 위한 대표성, 교역과 비즈니스 목적을 위한 유용한 도구가 될 것이다.[16]

---

15 Ian Davis and Elizabeth Stephenson, 'Ten Trends to Watch in 2006', *The McKinsey Quarterly,* January 2006를 보는데, 온라인http://www.mckinseyquarterly.com/article_page.aspx?ar=1734&L2=21&L3=114&srid=297&gp=0에서 이용할 수 있습니다(2007년 7월 5일 접속).

16 예를 들면, 국제관계 네트워크를 진행 중인 지역정부 현상에 관한 논의를 위해선, 예를 들면, Andre Lecours, 'Political Issues of Paradiplomacy: Lessons from the Developed World', Clingendael Discussion Paper in Diplomacy, no. 113 (The Hague: Clingendael Institute, December 2008)를 보라. 도시외교에 관한 개관을 위해선, . Rogier van der Pluijm with Jan Melissen, City Diplomacy: The Expanding Role of Cities in International Politics (The Hague: Clingendael Institute, April 2007)를 참조하라. 이 책에서 반 데르 플뤼임은 도시외교를 도시들이 국제무대에서 행위자들과의 관계에 연관되는 제도와 과정으로 정의했다. 더욱 심층적인 참고문헌으로는 Brian Hocking,

명예 영사를 중요한 외교 수단으로 만든 세 번째로 중요한 트렌드는 전환 경제transition economy, 중앙 계획 경제에서 시장 경제로 변화하는 경제. 과도기 경제는 시장 기반 제도를 개발하기 위해 일련의 구조적 변형을 겪는데. 여기에는 중앙 계획 조직이 아닌 시장의 힘에 의해 가격이 결정되는 경제 자유화가 포함. 위키백과의 부상이었는데, 세계경제 무대에서 특별하게 네 개의 중요하고 빠르게 성장하는 경제 -브라질, 러시아, 인도와 중국—이다. 투자은행 골드만 삭스Goldman Sachs는 이러한 네 개의 국가들을 설명하기 위하여 브릭BRIC이라는 용어를 만들어 냈고, 세 편의 이어진 경제연구보고서에서는 이들의 경제 아크arc가 어떻게 글로벌 시장에서 상호작용을 변화시키는 중인지를 예측했다.[17] 글로벌 경제에 대한 이들의 영향력은 지난 몇 년 동안 지속적으로 성장해 왔다. 광범위한 범위의 다양한 차원을 통해서 말이다. 2000년과 2005년 사이에, 브릭 국가들은 미국 달러 가치로 글로벌 성장의 약 28퍼센트, 구매력 지수PPP에서 55퍼센트 등을 기여했다. 글로벌 무역에서 이들의 몫은 급속한 비율로 가파르게 지속적으로 성장한다. 현재 약 15퍼센트에 근접하게, 글로벌 무역에서 지금 이들의 비율은 2001년 수준보다 2배이다. 브릭 국가들 간의 무역도 촉진되어 오고 있다는 것에 가치가 있는데, 브릭 내부 무역은 2000년 5퍼센트와 비교해서 전체 무역에서 지금은 약 8퍼센트이다. 글로벌 외국인직접투자를 위한 목적지로

'Patrolling the Frontier: Globalization, Localization and the "Actorness" of Non-Central Governments', in Francisco Aldecoa and Michael Keating (eds), Paradiplomacy in Action: The Foreign Relations of Subnational Governments (London: Frank Cass, 1999), pp. 17–40에 있다.

17 J. O'Neill, Goldman Sachs Economic Research Group, 'Building Better Global Economic BRICs', *Global Economics Paper*, no. 66, 30 November 2001; D. Wilson and R. Purushothaman, Goldman Sachs Economic Research Group, 'Dreaming With BRICs: The Path to 2050', *Global Economics Paper*, no. 99, 1 October 2003; and J. O'Neill, D. Wilson and R. Purushothaman, Goldman Sachs Economic Research Group, 'How Solid are the BRICs?', *Global Economics Paper*, 134, 1 December 2005를 보라.

서 브릭 국가의 비율도 역시 상승 중이다(전체 글로벌 투자 중에 지금 15퍼센트, 2000년보다도 3배 이상 높아짐). 놀랍기까지 한 것은 브릭 국가의 외국인직접투자 흐름 역시 개선되고 있다(전체 글로벌 투자 중에서 3퍼센트 이상, 200년 이래로 6배 이상 증가). 브릭 국가들 기업들은 자신만의 글로벌적인 존재를 확대하고 있기 때문이다. 세계에 대한 브릭 국가들의 영향력은 광범위한 분야에 걸쳐서 실질적으로 성장해 오고 있다.[18] 이러한 것들은 또한 향후 40년 동안 멕시코, 인도네시아와 터키 등과 같은 매우 적은 규모의 다른 신흥 경제 국가들이 합류하고 있다.[19] 이들 모든 국가들은 신흥 시장과의 외교관계와 교역에 관한 점증하는 중요성 등을 상징하는 것이다.[20]

4개국 모두가 세계 경제에서 재화와 서비스 생산국, 자본 수용국 혹은 글로벌 시장으로 통합되지 않은 많은 인구를 가진 넓은 지역을 가진 일반적인 특징을 가지고 있는 잠재력이 있는 소비시장 등으로서 중요한 역할을 획득해오기 때문에, 이들 국가들은 영사 외교에 매우 적절하게 되었다. 골드만 삭스는 다음과 같이 적시했다.

> 중국과 인도 등과 마찬가지로 러시아와 브라질 등은 가장 흥미있는 글로벌 경제 이야기와 미래 수년 동안 투자 주제가 될 가능성을 가지고 있다. 부가적으로, 우리는 지금 광범위한 범위의 글로벌 경제에 이들의 중요성을 부과한다면, 최적의 경제 정책결정은 최고 수준의 정책결정에서 *모든* 브릭 국가들을 포함하지 않고서 수행할 수 없음을 더욱 더 강하게 믿고 있기까지 하다.[21]

18 O'Neill, Wilson and Purushothaman, 'How Solid are the BRICs?', pp. 4–5, 그리고 p. 12를 보라.

19 John Hawksworth and Gordon Cookson, *The World in 2050. Beyond the BRICs: A Broader Look at Emerging Market Growth Prospects,* Economic Report, Pricewaterhouse Coopers, March 2008를 보라.

20 O'Neill, Wilson and Purushothaman, 'How Solid are the BRICs?', p. 3을 보라.

21 O'Neill, Wilson and Purushothaman, 'How Solid are the BRICs?', pp. 4–5, 그리고 p. 12를 보라.

이것은 경제적으로 브릭 국가들이 성공적으로 연계한 국가들의 경우에, 포괄적인 외교적 범위가 확보되어야만 함을 의미하는 것이다. 아직도 이들의 규모가 영사적인――이에 따라서 경제적이고 교역적――존재를 고려할 때 흔들리고 있는 중이다. 자연스럽게 주재 대사관을 갖고 있는 수도를 배제해도, 브릭 국가들에는 100만명이상의 인구를 갖고 있는 대도시를 154개나 보유하고 있다. 이것은 다음과 같은 내역과 연관된다. 브라질(12개 도시), 러시아(11개 도시), 인도(34개 도시), 그리고 중국(97개 도시) 등이다.[22] 5백만명 인구 한계치를 적용하고 수도를 배제하면, 브릭 국가들은 대체적으로 11개의 메가 시티를 가지고 있다. 인도와 브라질 등에서 지속적인 인구 성장 요인과 이러한 엄청난 도시 복합체를 위한 포괄적인 영사 관리의 중요성 등은 최고의 우선순위가 된다.

사례가 되는 브릭 도시―인도의 하이데라바드Hyderabad―는 대표적인 사례로 활용된다. 하이데라바드는 매우 광범위하고 다변화된 경제기반을 가진 메트로폴리스이다. 이것은 바이오테크, 생명과학 그리고 정보 기술 부문 등에서 혼합된 비즈니스를 가지고 있다. 해안의 아웃소싱 비즈니스로 보는 벼락 도시booming city인 하에데라바드는 수많은 숫자의 거대 은행과 기술 회사 등을 유치해 오고 있다. 이것은 2004년 이래로 광범위한 공장을 건설 운영해 왔다. 630만 명의 인구를 가져서, 이러한 차상의 인도 도시는 스위스 혹은 스칸디나비아 국가 등과 같은 대략 비슷한 인구를 가지고 있다. 과장된 표현으로, 성장률과 상업적인 기회 등이 주어진다면, 국가는 하이데라바드 시와 이것의 자매결연도시 등에서 명예 영사만으로 대표될만한 형편이 안 되는 것인가? 이러한 문제는 특별하게 중요해진다. 그 이유로는 인도 기업들이 다른 국가에서 헤비급 투자자로 지속적으로 성장하기 때문이다. 알맞은 장소에 파견된 영사는

22 도시 시장들 자료로부터 나온 분석, 온라인 http://www.citymayors.com에서 이용할 수 있습니다(2008년 2월 10일 접속).

이러한 외부 투자 유출을 자국으로 향하게 할 수 있고 내부 유치를 촉진할 수 있는 것이다. 수많은 도시지역으로의 접근이 부여된다면, 이에 따른 명예 영사에 의한 대표성은 효율적인 방식으로 세계화된 세계경제에서 이와 같은 신흥 시장 국가에 대한 영사 외교 관리를 제공하기 위한 유일하게 논리적이고 비용-효율적인 장치가 될 것이다. 이러한 언명은 제한적인 외교 자원과 장치 등을 가진 소국에게 특별하게 적용된다.

대표성 유형에 의하면, 영사관과 영사 업무 등은 기본적인 비즈니스 모델로 보아야만 한다는 것이다. 본부로부터만 유일하게 운영되는 비즈니스가 없는 것과 마찬가지로, 영사 외교는 주재국의 외딴 영역에서 수행될 필요가 있는 것이다. 국제무역 금융은행들은 이러한 접근방법을 위한 대리 모델로서 작동한다. '세계적인 지방은행'인 홍콩상하이은행 HSBC는 85개국과 지역 등에 9,500개의 국제적인 네트워크 사무실을 유지하고 있다. 은행의 설립 대륙인 아시아에서, 홍콩상하이은행은 22개국에 광범위한 대표 네트워크를 갖추고 있다. 비슷하게, 신흥시장에서 강력한 존재의 의미를 가진 금융기관인 스탠다드차타드은행Standard Chartered Bank은 자신의 비즈니스 요구를 관리하기 위하여 70개국에 1600개의 탈 집중화된 지점 네트워크를 운영한다.[23]

이와 같은 탈집중화 대표성에 관한 뻔한 말은 불행하게도 20세기 후반에 영사 네트워크에 적용되지 않는다는 것이다. 일반적으로, 1980년대와 1990년대, 재정적인 압박과 세계정치 상황 등은 이들의 주재가 국가이익을 위한 상업적이고 정치적인 지렛대를 제공할 수 있는 세계 지역에서 영사관 폐쇄를 야기 시켰다. 폐쇄 이후에, 영사관 기능은 국가 대사관으로 자주 통합되었다. 미국에서, 예를 들면, 이러한 영사에 대한 확신은 새로운 것이 아니고 대략 7명의 독립적인 영사직이 해외에 있는

---

23 *HSBC Annual Report 2008; and Standard Chartered Annual Report 2008*를 보라.

각 대사관을 위하여 존재할 때인 1930년대 이래로 발생해 오던 트렌드를 조명하는데 도움을 주는 것이다. 1995년까지, 대조적으로, 모든 독자적인 영사관의 경우에 두 개 대사관이 존재했다. 이러한 트렌드를 위한 이유로는 다음과 같이 많다. 식민 제국의 종식과 신생국가의 확산, 재정의 한계와 영사 대vs 외교 대표성에 대한 전략적 사고에서의 차이 등이다.[24] 다행스럽게도, 영사 업무에서 집중화에 대한 이러한 경향은 21세기 10여 년 동안 반대가 되었는데, 국가의 외교적 네트워크의 전반적인 규모—뿐만 아니라 개별적으로 각 사무실의 규모와 구성—등이 위에서 언급했던 변환적인 트렌드에 맞추어서 주의 깊게 평가된 대표성 전략의 결과가 되어야만 하기 때문이다.

토머스 프리드먼Thomsa Friedman은 그의 저서인 *The World is Flat*에서 외교에 관하여 비즈니스만큼이나 이것이 상업에 관한 비즈니스에도 적절하게 잘 적용한다는 단순한 메시지를 강조한다. 성공적이 되기 위하여, 조직들이 확산 되어야만 하고, 그리고 이것은 미래를 담보하는 수평적인 관심—수직적이지 않은—이다. 오늘날 세계에서 성공적인 행위자는 무슨 일이 발생할 때 현장에 있는 사람들이다—사건에 영향을 주고, 이에 대해서 보고하며 즉각적으로 핵심 행위자를 연결하는 것 말이다.[25] 그리고 연결을 필요로 하는 사람들은 더 이상 수도에만 모여 있지 않다. 이러한 후자의 요점은 사활적인 것이다. 외교의 핵심적인 기능은 전통적으로 정부에 영향을 미치는 것이어 왔다—일반적으로 공식 채널을 통하여 대사관이 있는 수도에서 행해지는 것 말이다. 이러한 모델 안에 있는 영사관들은 대사관의 확대이고, 제한적인 핵심 기능에서 대사관의

---

24 Kevin D. Stringer, 'Brave New Consular World', Foreign Service Journal, June 1998, pp. 13–15를 보라.

25 Thomas Friedman, *The World is Flat: A Brief History of the Twenty-first Century* (New York: Farrar, Straus & Giroux, 2005)를 보라.

범위에 관한 지리적인 확대를 제공하는 것으로 기본적으로 존재하는 것이다. 그렇지만, 이러한 조직적인 도표는 모든 국가이익들은 다른 중앙정부에 의하여 충족될 수 있고 중앙정부는 자신의 영토에서 발생하는 모든 것을 관리하고 정보 제공하는 가정에 따르는 것이다.[26] 그렇지만, 이러한 가정은 오늘날 국제체계에서 모든 많은 국가들에서 경험적으로 관찰됨으로써 사실상 폐기되었다. 카탈로니아처럼 다양한 지역에서, 안드라 프라데시와 켈리포니아 등은 자신들의 중앙정부로부터 매우 자율적인데, 특별하게 경제와 금융 분야 노력에서 말이다. 이와 같은 외진 지역과 지자체 안으로 외교적인 존재를 현지화하고 확대하기 위하여, 많은 국가들이 대사관 개소에 우선해서 새로운 영사관을 개설하는 중이다. 이러한 노력의 일환으로, 그리고 매우 비용-효율적이 되기 위하여, 이들도 역시 자신들의 명예 영사 네트워크를 확대하고 있는 중이다.

명예 영사는 모든 주권국가들에게 이들의 도시와 지역 등에 대한 관리를 보장해주는 효과적인 외교 도구를 제공해주어서 파견국과 특정 비즈니스 혹은 교역 허브 간의 직접적인 연결고리를 가능케 할 수 있다. 명예 영사에 의하여 행해지는 영사직을 어디에 둘 것인가에 대한 고려에 의하면, 이들은 개별 국가의 이해관계와 영사 위치의 가능성이 제공하는 것 등에 따라서 다양하다. 현지인들을 위하여, 부가적인 국가 사례들은 원주민 구역 안으로 직접적인 명예영사 연결을 위한 바람직성으로 통찰력을 제공한다.

대국의 입장에서 보면, 2005-2006년 동안 미국주재 캐나다 대사를 역임했던 프랑크 맥케나Frank McKenna는 미국의 다양한 지역을 살피기 위하여 명예 영사와 더 광범위해진 대표 등을 위한 타당성을 다음과 같이 설명했다.

---

26 Keith W. Mines, 'A Horizontal Model for Transformational Diplomacy', *Foreign Service Journal*, March 2006, pp. 50-54, 특히 p. 50.

[워싱턴] 순환도로Beltway 밖으로 나가는데 굳이 관심을 가지는가? 이것은 주 안에 있는 땅이다. 우리는 핵심 정책결정자들이 어디에 있고 그들이 어느—주—에서 오는 지 등을 알고 있기 때문이다. 우리는 시장의 기회가 캐나다인과 미국인 동일한 지를 알고 있기 때문이다—이것이 피닉스, 혹은 휴스턴에 있는 실리콘 밸리 남부 등에 있는 바이오테크놀로지인지 말이다. 우리는 이것 은 이것들이 워싱턴 정치에 의하여 교착되기 전에 소매점 수준에서 문제를 해결하기가 매우 용이한 지를 알고 있기 때문이다.[27]

소국의 입장에서 보면, 이러한 견해는 조지아 주의 메이컨Macon 거주 덴마크의 명예 영사인 크리스토퍼 스미스Christopher Smith는 계속 반복하는데, 경제성장에 관한 극적인 지역을 다음과 같이 말이다.

왜 메이컨인가? 나는 우리가 2006년 덴마크 명예 영사로서 내가 지명받은 것은 수년 동안의 늘어나는 국제적인 의존의 결과라고 말할 수 있다고 생각한다. 논리적으로, 메이컨은 '조지아의 국제교역의 회랑'의 허브이다. 이것은 애틀란타에 있는 세계에서 가장 바쁜 공항과 서배너Savannah 항구까지 연결하는 주의 지역을 설명하기 위한 용어이다. 공항과 항만 등은 최근에 극적인 성장을 경험해 왔고 그렇게 지속될 것이다. 메이컨은 이러한 두 개의 주요 운송 허브(메이컨과 서배너)를 연결하는 75개의 국가 간 항공망과 16개의 국가 간 항만의 교차로이다.

이러한 환경에서, 크리스토퍼 스미스는 조지아 주에서 관계를 수립할 때 덴마크 기업들을 지원하기 위한 상업적인 촉매 역할을 수행 한다.[28] 명백하게, 적어졌지만 매우 많은 영사관들을 설립함으로써—대형에서 소형까지—대표성을 분산시킬 수 있는 반면에, 전 세계적으로 중요한 지역에서 영사관의 존재와 영향력 등을 강화한다. 계속해서, 이러한 지자체 안으로 영사의 직접적인 진출은 양자 무역, 투자와 비즈니스 등을 위한 기회를 창출하는 것이다.

---

27 Frank McKenna, 'Notes for an Address to the Council of State Governments', given in Wilmington DE on 4 December 2005, in *Speeches and Statements* (Washington DC: Canadian Embassy, 2005), p. 5.

28 2008년 12월 2일 덴마크 왕국의 명예 영사인 크리스토포 스미스와의 전화 인터뷰.

명예 영사도 역시 상업적으로 독자 생존 가능하다. 대사관과 영사관 등이 행동하는데 매우 중요한 역할을 명백하게 수행하는 반면에, 명예 영사—전문적으로 관리되고 도움된다면—는 매우 비용-효율적임이 증명될 것이다.[29] 대부분 명예 영사의 임명의 경우에, 기존 설정된 비즈니스를 가지는 것이 영사관 유지를 매우 단순하게 만든다. 대부분 명예 영사들은 무료로 근무하고, 비용 중에 몇 가지에 대한 변제만을 받을 뿐이다. 예를 들면, 캐나다 명예 영사들은 최소 사례비로 연간 3,000 캐나다 달러를 수령하고 있는데, 많은 캐나다 관광객들이 찾는 지역에 있는 남녀에게는 더 많은 급여와 함께 추가 급여 등을 지급한다.[30] 미국 대표성을 위한 대표성제고이니셔티브ERI, Enhanced Representation Initiative의 명예 영사 모델의 도래로, 캐나다는 각각의 미국 주재 명예 영사관에게 매년 약 10만 캐나다 달러를 제공하고 사무실, 운영비, 직원 등의 비용을 벌충하는 자금과 현재 최대인 15,000 캐나다 달러보다도 더 많은 20,000 캐나다 달러의 사례금 등을 포함한다.[31] 그럼에도 불구하고, 가격은 경력 외교관과 이들의 필요로 하는 사회기반시설 등에 비교해서 여전히 낮다. 사이프러스 정부는 명예 영사로부터 최적의 재정적인 가치를 취했다. 이들은 사이프러스 납세자에게 없는 것과 다름없는 비용을 지불하기 때문이다.[32] 명예 영사의 재정적인 장점은 인도 명예 영사 외교단 사무총장인 카르다르 싱 바라Kartar Singh Bjalla에 의하여 잘 요약

29 Heijmans and Melissen, 'Foreign Ministries and the Rising Challenge of Consular Affairs', p. 11를 보라.

30 Glen Allen, 'The Honorary Consuls: Life among Canada's Volunteer Diplomats', *Maclean's,* 30 January 1989, p. 18.

31 Office of the Inspector General, Foreign Affairs Canada, Evaluation Division, *Review of Consular Affairs: Final Report* (Ottawa: Ministry of Foreign Affairs, November 2004), p. 45를 보라.

32 Euripedes L. Evriviades, 'The Demands of Diplomacy: The Role of Career and Honorary Consuls', *The Whitehead Journal of Diplomacy and International Relations,* summer/autumn 2005, pp. 23–24.

되고 그리고 최소국인 나우르 공화국 명예 영사 총장인인 다음과 같이 언급했다.

> [. . .] 임명국가를 위한 최대의 장점은 이것은 경비를 절감할 수 있다는 것이다. 국가는 또한 무료로 적재적소, 교육받은 전문가들을 얻을 수 있는 것이다. 급여를 지급할 국가는 자신들이 대사에게 지불해야만 할만큼 거금을 들일 필요가 없다. 지명자인 경우에, 이것은 명예로운 직책이다. 이것은 그를 외교단의 일원이 되게 할 수 있기 때문이다.[33]

이것은 대부분의 나라들을 위한 유형이다. 일시적인 지불보다는 오히려 위신과 이익 등의 이유 때문에 근본적으로 근무 중인 명예 영사로 말이다. 임명 정부는 또한 자체 상업 이익을 대표하고 늘어난 투자를 유치하고 양자 무역을 성장하기 위한 비즈니스맨 혹은 기업가 등을 선별할 수 있다. 이어지는 섹션에서는 세계의 최소국과 함께 시작하는 수많은 국가 중심적인 사례들을 가진 이와 같은 대표성 트렌드를 제시한다.

최소국

최소국이 자신만의 양자적인 국제연계를 확장시킬 수 있는 가장 창의적인 방식들 중에 한 가지는 명예 영사의 대표성 활용을 통하는 것이다. 몇몇 최소국들은 외부세계와 자신들의 연결고리를 위하여 영사 대표성에 거의 전적으로 의존한다. 모나코는 일곱 개의 외교공관을 가지고 있지만 43개의 영사관을 보유하고 있다. 룩셈부르크는 20개의 대사관과 35개의 영사관을 가지고 있다. 산 마리노는 여덟 개의 외교공관 대 47개의 영사관을, 몰타는 15개의 외교공관과 82개의 영사관을 가지고 있다.[34] 주재국으로서 모나코만이 약 38개의 상주 영사관을 가지고

---

33 'You are Appointed', *Hindustan Times,* 31 October 2005를 보라.

있다. 그렇지만, 이러한 최소국의 영사 관계는 명예 영사 업무에 거의 전적으로 의존하고 있다. 직업 영사와는 다르게, 명예 영사는 현지에서 임명되고 그들이 대표하는 국가의 시민일 필요가 없다. 이들의 지위는 특별 훈련이나 시험 등에 의존하지 않고 그들은 통상적으로 거의 혹은 전혀 보수를 받지 않는다. 가장 중요한 것으로, 명예 영사는 민간, 전문적이거나 상업적인 활동에 연결될 수 있다. 영사직에 대한 매력은 영사 지명으로 얻을 수 있는 위신은 개인 비즈니스에서 하나의 장점이 될 수 있다는 것이다. 다른 한편으로, 명예 영사는 그들이 대표하고 이들의 오래 동안 헌신적인 봉사로 유명한 국가의 '좋은 친구' 혹은 국외 거주가 될 수 있다는 것이다. 때때로, 이들은 주재국 안의 매우 유명한 인사가 될 수도 있다. 예를 들면, 수년 동안 호텔 거물이던 찰스 포르테 경Sir Charles Forte은 런던 주재 산마리노 영사로 근무한 바 있다. 거의 혹은 전무한 경비가 주어짐에도, 명예 영사 시스템은 그렇지 않으면 있을 것 같지 않은 규모로 대표성을 달성하는 경제적인 수단이다. 이것은 또한 영리한 방식이다. 이것은 현지 환경과 인맥 등에 익숙한 최소국 사람들에게 귀중한 것이 되도록 하는 업무로 가져올 수 있기 때문이다.[35]

예를 들면, 최소국 리히텐시타인은 역사적으로 아무런 영사공관을 설립하지 않아 왔는데, 일반적으로 스위스와의 대표 협정 때문이다. 리히텐시타인이 스위스에게 이러한 기능을 아웃소싱했다. 최근에, 그렇지만, 리히텐시타인 외교부는 명예 영사의 잠재력을 인식해서, 2007년 미국에 두 개—하나는 조지아 주의 메이컨과 다른 하나는 켈리포니아 주의 로스엔젤레스—의 명예 영사관을 처음으로 개소했다. 뒤이어서 이

34 특정 국가를 위하여 활약 중인 명예 영사 숫자는 본장에서 부여된 숫자와는 벗어난다. 인용된 숫자들은 출판 일자에서 문서자료와 짤막한 정보 등에 기반한 것이기 때문이다.

35 Barry Bartmann, 'The Microstate Experience: Very Small States in the International System', in *Hvitabok* [The White Book] (Torshavn: Foroya Landstyrri, September 1999), pp. 19–20.

것은 2008년 독일 뮌헨과 프랑크푸르트 등에 명예 영사를 임명했다.

이러한 영사 임명은 리히텐시타인과 핵심 파트너들 간의 외교적, 경제적 그리고 문화적 관계 등을 제고하기 위한 노력의 일환이다. 이러한 임무들은 고전적인 영사 책임에 위임된 것은 아니다. 오히려, 명예 영사의 설립은 리히텐시타인의 입장을 매우 효율적으로 외국에 전달하는 목적에 기여하는 것이다. 명예 영사관의 설립은 외국에서 리히텐시타인의 이미지를 제고하는데 채택하는 패키지 조치의 일환이다. 정부 결정에 따르면, 리히텐시타인의 초점은 경제적이고 문화적인 관계를 증진하는데 있을 것이다.[36]

리히텐시타인의 초대 명예 영사인 브루스 S. 알렌 박사Dr Bruce S. Allen는 미국 조지아 주 메이컨Macon, 미국 남부 조지아 주 중부의 도시. 오크멀기 강 연변에 있음. 인구 10만 7000명. 목화 집산지로 면공업과 제분·제재·통조림 등의 공업이 성하며 고령토를 산출함. 머서 대학·웨슬리언 대학이 있음, 출처: 위키백과에서 2007년 7월 9일 임명되었고, 명예 영사의 높아진 역할을 제대로 설명하는 사례이다. 미국 남부와 남동부 전체를 관리하는 구역을 책임지는, 그의 권한은 홍보를 통하여 '지도상의 리히텐시타인' 부여하는 것인데, 리히텐시타인의 브랜드와 이미지 등을 말이다. 그는 문화적으로 경제적으로 리히텐시타인을 홍보하기 위하여 정기적으로 주 공무원, 시민단체, 대학 등등과 교류하고 있다.[37] 미국은 현재 리히텐시타인의 최대 양자 교역 파트너인데, 리히텐시타인의 기업들은 미국에서 약 4,500명의 인원들을 채용하고 있다. 리히텐시타인 외교장관 리타 키에베르-벡Rita Kieber-Beck은 외

---

36 'In the Service of Economy, Culture and Science: Liechtenstein Establishes Honorary Consulates in Germany and the United States', portal of the Principality of Liechtenstein, 25 April 2006, 온라인 http://www.liechtenstein.li/en/eliechtenstein_main_sites/portal_fuerstentum_liechtenstein/home/fl-portal-aktuell.htm?printout=1&newsid=13784에서 이용할 수 있습니다(2008년 12월 5일 접속).

37 2008년 3월 미국 남부와 동남부 주재 리히텐시타인 공국 명예영사인 브루스 S. 알렌 Bruce S. Allen 박사와 전화 인터뷰.

교적인 타당성을 다음과 같이 잘 요약한다. '명예 영사관 설립은 우리에게 비즈니스를 발전시킬 기회를 제공한다'고.[38]

소국에서 중견국

아이슬란드

포괄적인 글로벌 관리를 위하여, 아이슬란드와 같이 약간 큰 국가는 현지에서 비즈니스, 교역과 투자 진흥 등을 위한 명예 영사를 일반적으로 활용 한다. 아이슬란드 외교 대외무역 장관(그 당시)인 H.E. 할도르 아스그리손H.E. Halldor Asgrisson씨가 언급한 바와 같이, '당신[아이슬란드 명예 영사]은 당신의 본국에서 우리의 확장된 외교관이고 수많은 장소에서 당신은 아이슬란드를 대표한다.'[39] 아이슬란드는 전체 253개 명예 영사를 가지고 있고, 이들의 역할은 세계화에도 축소되지 않았다. 반대로, 이들의 역할은 지속적으로 흥미로운 세계에 대한 아이슬란드의 경제를 제고한다는 면에서 확대되어 왔다. 예를 들면, 1995년 4차 아이슬란드 명예 영사 회의에서 이미, 세 가지의 주요 주제들이 토픽으로 선정되었다. 대외 교역, 외국 투자와 관광. 아스그리손은 다음과 같이 강조했다.

> 명예 영사는 [. . .] 지금 큰 그림을 보라고 요구받는다. [. . .] 아이슬란드 기업들은 가능한 비즈니스 벤처에 대한 징후를 진심으로 환영하는데, 협력하거나 외국 기업에 투자하면서 말이다. [. . .] 명예 영사는 처음으로 아이슬란드와 접촉이다. 이에 따라서 이것은 명예 영사들이 이러한 산업에 영향 미치는 트렌드를 따라가

38 'Liechtenstein's Foreign Minister Inaugurates Honorary Consulates in Georgia and California', *Embassy Newsletter* (Washington DC: Embassy of the Principality of Liechtenstein, summer 2007).

39 H.E. Halldor Asgrimsson, Speech to the Fourth Conference of Honorary Consuls of Iceland, Reykjavik, Iceland, 2 October 1995.

> 는 것이 매우 중요하다는 것이다. 나는 명예 영사들을 오늘날 관광객의 목적지를 위한 것으로서 아이슬란드를 홍보하도록 잘 갖추기 위하여 아이슬란드의 이러한 친구들과 함께 견고한 접촉을 수립하도록 아이슬란드 관광 산업을 촉구했다. [. . .그러나] 아이슬란드 명예 영사가 커다란 영향을 가질 수 있는 외국인 직접 투자 분야에 있는 것이다.[40]

이러한 이벤트 이래로, 전통적인 수산업 이외에, 아이슬란드의 상업 벤쳐들은 다양한 산업으로 확대되어 왔는데, 예를 들면, 은행, 소프트웨어, 바이오기술, 항공, 인공기관 그리고 일반 의약품 등과 같은 것들이다. 아이슬란드와 같은 소국을 위한 영사의 중요성은 명백하고 지속되고 있는 중이다. 아이슬란드는 명예 영사들이 경력 영사 숫자보다 상당히 앞서가고 있는 여러 국가들 중에 하나이다. 사실상, 아이슬란드는 경력 영사들이 주도하는 두 명만의 영사를 가지고 있다—위니펙과 뉴욕 등에 주재하는데, 영사도 유엔주재 상주 부대표이다.[41] 이에 따라서 명예 영사는 활약해 왔고 아이슬란드 기회를 홍보할 때 핵심적인 역할을 지속할 것이다. 이러한 기능은 2008-2009년 글로벌 금융위기에 부여된 특별한 의미와 아이슬란드 경제에 대한 엄청난 충격을 주는 영향력 등을 시도한다. 아이슬란드 상업 부분이 붕괴하면서, 아이슬란드 명예 영사에 관한 비즈니스 홍보 활동은 현재 교역과 투자 환경 등을 개선하기 위한 중요하고 비용-효과적인 장치가 될 것이다.

에스토니아

다른 국가의 외교 업무에서처럼, 에스토니아를 위한 비즈니스 접촉과 무역 투자와 관광 가능성을 촉진하는 책임은 에스토니아 외교관의 채

---

40 Asgrimsson, Speech to the Fourth Conference of Honorary Consuls of Iceland.

41 Prime Minister David Oddsson, Speech at the 7th World Consular Congress, Athens, Greece, 24 November 2003.

용 설명에 관하여 잘 짜여진 요인이다. 어느 해에나, 에스토니아의 30개의 외국 대표기관들은 주재국 기업으로부터 협력을 위하여 평균 160건의 요구를 가지고 있고, 적극적인 참여를 필요로 하는 에스토니아에서 비즈니스와 경제 시각 등에 관한 세미나 혹은 워크숍 등에 관련 되고 있다. 기존의 한정적인 외교 네트워크에 대한 지렛대를 개선하기 위하여, 에스토니아 외교부는 에스토니아 명예 영사의 활용을 제고할 것이다. 이들은 상업외교 분야에서 꾸준히 매우 중요해지고 있는 중이다. 이러한 주체들은 에스토니아 대외경제정책부의 사무총장에 의하여 '무역 임무 지원을 통한 수출, 내수투자와 관광 증진, 기업 간 계약 촉진, 기업들이 직면한 문제해결 조력' 등으로 정의하고 있다. 이이다.[42]

명예 영사직의 경우에, 에스토니아 법률은 '주재국에서 모든 활동 영역에서 잘 알려지거나 유명한 사회, 경제 혹은 문화인물로서 훌륭한 명성을 가진 인물'에 대해서 에스토니아 외교장관의 임명을 부여하고 있다.[43] 2007년 경, 에스토니아는 전 세계적으로 무역과 투자 증진을 수행하기 위하여 100명의 명예 영사를 임명해 오고 있다.[44] 다른 사례들에서처럼, 명예 영사는 이러한 임무를 위한 이상적인 도구인 것처럼 보인다.

네덜란드

네덜란드 왕국은 명예 영사에 관하여 선진 국가이고 자신들의 경제적이고 상업적인 이익을 제고하기를 원하는 다른 국가들을 위한 모델을

42 Margus Rava, 'Commercial Diplomacy', *Estonian Ministry of Foreign Affairs Yearbook* (Tallinn: Estonian Ministry of Foreign Affairs, 2005), pp. 46-48를 보라.

43 Estonian Consular Act, 1 January 2004, article 17(1).

44 Lee and Quigley, *Consular Law and Practice*, p. 518.

제공한다. 네덜란드 국민총생산의 약 70 퍼센트가 국제적으로 창출된다. 이것은 해외에서 경제 이익을 촉진하는 것에 대한 중요성을 보여주는 것이다. 네덜란드는 공개 경제와 강력한 세계무역 등으로부터 이익을 보고 있어서, 네덜란드 정부는 인터넷 시대에 경제 외교의 중요성을 강조한다.[45] 명예 영사는 전 세계적인 네덜란드 외교단 네트워크의 부분을 형성한다. 여기에는 112개의 대사관, 27개의 총영사, 국제기구에 있는 15개의 상주 대표부, 20개의 네덜란드비지니스지원실, 10개의 네덜란드교육지원실과 약 360명의 명예 영사 등을 포함하고 있다. 이러한 명예 영사 네트워크는 전 세계에서 가장 광범위한 것 중에 하나이다.[46]

네덜란드 시스템에서, 새로운 명예 임무를 열기 위한 이니셔티브는 지역 부서 혹은 대사 등에 의하여 수행된다. 명예 영사 지명 후보자들은 지역 공동체에서 훌륭한 지위와 명성을 지닌 사람들이다. 그들은 또한 현지 당국과 좋은 관계 혹은 쉽게 접근할 수 있다. 네덜란드 시민에게 부여되는 것이 좋겠지만, 다른 국적을 가진 인물이라도 고려될 수 있다. 그들이 영어 능숙한 말이다. 2006년, 명예 영사들 중에 25퍼센트가 네덜란드 국적이고, 75퍼센트는 주재국 혹은 제3국이고, 10퍼센트 미만이 여성이었다. 일반적으로, 명예 영사는 자신들의 주 업무를 병행하면서 영사 업무를 수행한다. 그들 중 대부분은 상업부문에 종사하는데, 몇몇 사람들은 변호사, 회계사, 대학교수 혹은 의사 직업을 가지고 있다. 명예 영사는 봉급을 전혀 받고 있지 않지만, 기능 수행에서 발생하는 비용에 대해선 수당을 받을 수 있다.[47]

네덜란드 외교부의 경우에, 명예 영사는 선발은 주재국 사회와 비

---

45 Sonja Kuip (ed.), *Handbook for Honorary Consuls* (The Hague: Netherlands Ministry of Foreign Affairs, 2007), p. 129.

46 Kuip (ed.), *Handbook for Honorary Consuls,* p. 95.

47 Kuip (ed.), *Handbook for Honorary Consuls,* p. 95 and 100.

즈니스 공동체 등에서의 이들의 위상에 상당한 비중을 두고 있다. 종종 강력한 현지 네트워크를 보유한다면, 명예 영사는 네덜란드 기업에 잠재성과 위험부담 등을 본다는 것이다. 그들은 네덜란드 기업을 위한 현지의 근무 방식, 현지 관습과 이익이 가능한지 등에 관한 정통하다. 이러한 종류의 정보는 세계화 시대에 필수적이다. 명예 영사는 미러한 전문적인 식견을 매우 종종 활동하도록 요구받을 가능성이 있는데, 주재 대사관과의 밀접한 협의를 하면서 말이다. 이러한 전문적인 식견을 매우 적극적으로 활용하는 것은 당사자 모두에게 이익이 될 것이다. 2006년 3회 명예 영사회의의 주요 결과로서 나타난 명예 영사를 가지고 있다는 것은 네덜란드와의 무역을 증진할 때 매우 적극적인 역할을 수행했다. 이들 성공의 필수조건은 네덜란드가 제고할 수 있는 것과 경제부문에서 네덜란드가 갖고 있는 비교우위 등에 관한 명백한 이해이다. 네덜란드 경제부와 산하 국제비지니스협력국 등은 명예영사에게 이와 같이 중요한 경제 진흥 임무 수행을 준비하도록 정보제공, 서류와 홍보자료 등을 생산한다.[48]

실질적인 차원에서 명예 영사의 효율성을 평가를 할 경우에, 네덜란드는 적절한 업무 평가 모델을 실천해 왔다. 네덜란드의 명예 영사관은 대사관의 완벽한 책임 하에 운영된다. 대사는 구역 안에서 네덜란드의 외교적 노력을 통합하는데 책임이 있다. 명예 영사는 5년 동안 임명되고, 매년 성과 인터뷰가 진행된다. 대사와 명예 영사는 전년 동안, 다음 년도의 그/그녀의 활동 프로그램과 그/그녀의 업무 등에 대한 명예 영사에 의하여 행해진 활동을 논의하는 것이다.[49] 피드백, 훈장 혹은 해고 등이 이러한 평가의 결과로부터 나온다. 아슬아슬하게, 네덜란드 명예 영사들은 비자발급을 권한을 부여받지 않고 있다. 그래서 그들은 활

[48] Kuip (ed.), *Handbook for Honorary Consuls*, p. 129.
[49] Kuip (ed.), *Handbook for Honorary Consuls*, p. 105.

동상의 장애 없이 대표성과 무역 증진에 집중할 수 있는 것이다.

대국

캐나다

유사하게도, 외교문제의 필요조건들을 충족하기 위하여, 캐나다는 부분적이지만 명예 영사들을 미래를 위한 것으로 바라보는데, 특별하게 자국의 경제를 위해서 말이다. 캐나다의 *영사 업무 매뉴얼Manual of Consular Affairs*은 명예 영사를 위한 이러한 역할을 규정하고 있다. 명예 영사들은 '자주 귀중한 조언과 지원 등을 제공할 입장에 있고, 그리고 몇몇 영역에서 무역 증진은 이들 책임들 중에 가장 중요한 요소일 것'이다.[50] 이러한 대표성은 국내총생산 비율로서 재화와 서비스 수출이 1990년 26퍼센트에서 2002년 41퍼센트까지 올라갔던 캐나다와 같은 매우 높은 공개 경제에게는 중요하다는 것이어서 경제와 상업외교를 외교정책결정에서 가장 우선시하는 사항으로 만들었다.[51] 더욱이, 캐나다는 다양한 기반의 수출품목없이 수출 의존적인 경제를 가지는 패러독스에 직면하는데, 중소기업SME이 성장이 진정한 엔진이다. 이러한 기업들은 외국 시장에 진입하기 위해선 상당한 지원을 필요로 한다.

마지막으로, 캐나다의 브랜드 이미지는 캐나다가 전통적인 자원에 기반 하는 경제가 되기 위하여 잠재력 있는 외국 투자자에 의하여 인식되는 증거에 의하여 정책결정자를 위한 최고의 관심사항인데, 이노베이션과 역동성 등과는 전혀 밀접하지 않은 이미지이다. 나무, 물과 풍부한

50 *Manual of Consular Affairs* (Ottawa ON: Canadian Bureau of Consular Affairs, updated to 1990), II-11.2.3.

51 2008년 국내총생산 점유율로서 캐나다의 재화와 서비스 수출은 35퍼센트이다. 비교해서, 미국은 겨우 9퍼센트이다.

농지 등에 대한 이러한 인식은 기만적이다. 우리가 캐나다가 잘 발전된 지식기반 경제를 가지고 있다고 생각할 때인데, 하나의 사례로서 세계 5위의 거대 항공우주산업국가 말이다.[52] 이러한 상업적인 도전을 살펴보기 위하여, 캐나다 정부는 선택의 외교적 도구로서 명예 영사에게 의지하는 것이다.

명예 영사는 1947년 이래로 캐나다 외교단의 일부가 되어 왔다. 프로그램은 1970년대 말까지 서서히 팽창되어 왔다. 그 시기에 명예 영사 제도가 급속하게 성장하기 시작했다. 오늘날, 77개 국가에서 118명의 명예 영사직이 존재하는데, 영사, 무역, 이주, 문화와 개발 원조 등을 포함하는 다양한 의무를 수행 중이다. 명예 영사는 이것이 필요한 지역과 캐나다 외교부DFAIT가 영사 사무실을 가지고 있지 않은 지역에 캐다나 인의 존재를 제공하는 것이다.[53]

예를 들면, 미국 시장의 범위를 바라볼 때, 캐나다 정부는 미국과 캐나다의 핵심적인 많은 관계가 워싱턴 단독으로는 성공적으로 관리될 수 없음을 인식하기 시작했는데, 그 이유로는 미국 정치와 사법시스템에서 권력분산 그리고 이에 따른 경제영역에서 주들의 영향력 때문이다. 캐나다는 밑으로부터의 이익을 증진하기 위하여 미국 전력에 소규모 영사관 설립을 대대적으로 추진해 왔는데, 물과 핵심 무역 쟁점 등과 관련된 주들과 함께 시작했다. 몇몇 캐나다 공무원들조차도 모든 50개 주에서 주재할 필요에 대해서 말하기 까지 했다.[54]

캐나다는 2004년에 설립된 대표성제고이니셔티브ERI, Enhanced Representation Initiative를 착수했다. 이러한 새로운 프레임워크는 미국과 캐

52 Potter, 'Branding Canada', pp. 55-60, 특히 p. 55를 보라.

53 *Review of Consular Affairs,* p. 43를 참조하라.

54 Mines, 'A Horizontal Model for Transformational Diplomacy', pp. 50-54, 특히 p. 51을 보라.

나다의 특별 관계를 관리하기 위한 창의적인 접근방법과 '공고한 파트너십'을 구축 관리하기 위한 개선 수단 등으로서 바라본다. 이러한 변화에 밀접하게 관련되었던 캐나다 외교부의 고위 공직자에 따르면, 대표성제고이니셔티브는 캐나다 대표성에 관한 독특한 접근방법이다. 이것은 북미 전역에 걸쳐서 캐나다 외교의 전달과 관리 등에서 14개의 정부 부처를 포함하면서 미국과의 관계형성에 대한 '정부전체 접근방법'을 포함하기 때문이다. 대표성제고이니셔티브는 캐나다의 대표성을 확대하는데, 미국 전역에 걸쳐서 영사관과 영사 등에 관한 더 광범위해진 지리학적인 범위를 가진다. 특별한 관심은 '워싱턴 디씨 외곽' 지역에 캐나다의 대표성을 발전시키는데 주어진다. 남서부인데, 부시 대통령 재임 동안 동부 연안에서 남서까지 미국에서 이동에 대한 대응으로서 말이다. 뿐만 아니라 밀과 목재 등에 관한 유명한 무역 분쟁 지역에서 더욱 세련된 주장과 비즈니스 개발을 발전시킬 필요성으로 인하여 추진되는 북서부도 말이다.[55] 이에 따라서 '더욱 강력해진' 대표성은 미국에서 캐나다의 외교 네트워크의 제고를 부분적으로 의미해 왔다. 대표성제고이니셔티브 개시와 동시에, 목적은 새로운 영사관 개설(2005년 12월 까지 여섯 개)을 통하여 캐나다의 대표성 수준을 유의미하게 늘리는 것인데, 동시에 덴버에 새로운 총영사관과 함께, 이에 따라서 22개 사무실로 전체 네트워크를 늘리는 것이다. 이러한 것들은 14명의 명예영사를 임명함으로써 보완되어 왔다. 계획보다 더 많은 임명을 가져왔다.[56] 캐나다 외교부는 대표성제고이니셔티브의 일환으로 명예 영사직

55 Brian Hocking and Donna Lee, 'The Diplomacy of Proximity and Specialness: Enhancing Canada's Representation in the United States', *The Hague Journal of Diplomacy,* vol. 1, no. 1, 2006, pp. 31–32.

56 Office of the Inspector General, Foreign Affairs Canada, Evaluation Division, *Formative Evaluation: US Enhanced Representation Initiative. Final Report* (Ottawa ON: Ministry of Foreign Affairs, 8 August 2006); and Hocking and Lee, 'The Diplomacy of Proximity and Specialness', p. 47를 보라.

의 활용을 확대했는데, 미국에서 20명의 새로운 명예 영사직을 만들 계획을 가지면서 말이다. 이러한 새로운 명예 영사들은 무역과 지지업무 등에만 종사하는 것이다.[57] 2008년 말까지, 70명의 새로운 명예 영사들 중에 17명이 현지에 파견되었다.[58]

미국

캐나다의 남쪽 인접국인 경우에, 외교를 위한 이러한 수평적인 모델 -수직적인 모델과는 반대—은 수많은 미국 정책결정자와 분석가 등에 의하여 비슷하게 제시되어왔지만, 제한적인 결과를 가져다주었다. 미국이 명예 영사를 수용하고 있는 반면에, 미국은 이들을 임명하지 않는다.[59] 미국의 오랜 동안의 대표성의 필요에 해약을 끼칠 가능성이 있는 결정이기 때문이다. 예를 들면, 1993-1996년 동안 모스크바 주재 미국 사절로 근무했던 토마스 R. 피커링Thomas R. Pickering은 러시아 연방 전역을 광범위하게 여행했다. 러시아의 광대함은 그를 냉정하게 해주었는데, 특별하게 그는 정보를 수집하고 모스크바에 있는 미국 대사관과 성 페테스부르그, 예카데리나인부르그와 블라디보스톡 등의 영사관 등만으로는 미국의 이익을 대표할 것이라고 했던 생각을 말이다.[60] 그의 관심에 딱 들어맞는 사례는 한티만시Khanty- Mansiysk 자치구의 산업 문화 센터가 있는 수르쿠트Surgut와 같은 러시아 마을이었다. 29만명의 마을인 수르쿠트는 모스크바 동쪽 2,040 킬로미터에 걸쳐있다. 상대적으로

---

57 *Review of Consular Affairs,* p. 45; and *Formative Evaluation*를 보라.

58 *DFAIT Departmental Performance Reports 2007–2008,* Table 9.1: Horizontal Initiatives를 참조하는데, 온라인 http://www.tbs-sct.gc.ca/dpr-rmr/2007-2008/inst/ext/st-tstb-eng.asp에서 이용할 수 있습니다(2010년 2월 5일 접속).

59 Lee and Quigley, *Consular Law and Practice,* p. vii.

60 Mines, 'A Horizontal Model for Transformational Diplomacy', pp. 50–54, 특히 p. 51.

이 마을의 적은 규모와 고립된 입지 등은 이곳의 경제적인 의미를 착각하게 만든다—이 지역은 러시아 연방에서 전체 석유생산량의 57퍼센트를 창출하고 세계 석유생산의 8퍼센트를 차지한다.[61] 단순하게 언급하면, 이것은 영사 대표에 의하여 밝혀진다. 피커링 혹은 다른 모든 외국 대사 등의 경우에도, 명예 영사 기능을 통한 영사직의 확대가 수르쿠트와 같은 장소를 포함 시키기 위한 그의 네트워크를 확대시켜 왔고 무역 발전, 투자 진흥과 또한 공공 정책 기구 등을 위한 플랫폼을 제공했다.

핵심적인 2006자 연설들 중에 하나에서, (그 당시) 국무장관 콘돌리자 라이스Condoleezza Rice는 더욱 확대된 대표성—자연스럽게 더 많은 영사직 혹은 그 아류—을 위한 필요성을 재확인했다. 그녀가 다음과 같이 언급할 때이었다.

> 우리의 세 번째 목표는 우리의 외교적인 입장을 현지화하는 것이다. 변용 외교는 우리에게 외교 수도로부터 우리의 외교 자산을 움직이고 전국에 걸쳐서 매우 광범위하게 이것을 확대하는 것을 요구하고 있다. 우리는 국내 개혁의 최전선뿐만 아니라 외교부의 밀실 등에도 손을 써야만 한다. 미국이 전세계적으로 공식적인 외교공관을 갖고 있지 않는 100만 이상의 인구를 가진 약 200개의 도시들이 존재한다는 것이다.[62]

흥미롭게도, 미국이 확대된 관리를 만들기 위하여 수많은 다양한 대표 기구를 시도했던 반면에—가상현실직(인터넷 키오스크)와 미국주재게시물Virtual Presence Posts(1인 또는 2인의 작은 규모의 임시직)—이것은 명예 영사의 가능성을 도외시하는 것이었다.[63] 더욱이, 미국은 명예 영사

61 Economic information received from Inna Shalagina, CJSB Surgutneftegasbank, 30 May 2008. 또한 Neil Buckley, 'A Showcase of a Country's Modern Aspirations', *Financial Times,* 27 June 2008, p. 3를 보라.

62 US Secretary of State Condoleezza Rice, speech entitled 'Transformational Diplomacy', Georgetown University, Washington DC, 18 January 2006.

63 미국 국무장관 라이스의 '변용 외교'transformational diplomacy 이니셔티브로서 가상

를 공식적으로 인정하지 않지만, 대신 명예 대리인을 활용한다. 이는 별도의 범주로 여겨지며 이들의 지위에 대해서는 논란이 존재한다. 이들이 명예 영사로 간주되지 않는 이유는 이들이 봉급을 받으며 모든 경우에 상업적 또는 무역 진흥 역할을 수행하지 않기 때문이다.[64]

아시아 국가들

아시아는 세계 경제의 미래 엔진으로 예언된다. 이에 따라서 아시아 국가들이 어떻게 자신들의 상업 아젠다를 진전시키기 위하여 명예 영사들을 활용하는지를 살펴보는 것은 일리가 있다. 이에 따라서, 아시아는 본장에서 자신만의 섹션을 정당화하는 것이다. 불행하게도, 아시아에서 명예 영사에 관한 주제를 심층적으로 살펴볼 때, 우리는 인도, 일본, 인도네시아 그리고 한국 등과 같은 지역 강대국의 개별 외교부 안에서 명예 영사의 역할을 자세하게 설명하고 확실하게 인정하는 공식 문서 혹은 참고 문헌의 부족을 발견한다. 흥미롭게도, 중국은 명예 영사를 임명

현실직과 미국 주재 게시물 등에 대한 미국 경험에 대한 자세한 내용을 위해선, Shawn Dorman, 'Global Repositioning in Perspective', *Foreign Service Journal*, January 2009, pp. 18–30를 참고 하라. 가상 현실직과 미국주재 게시물 양자는 기대에 부응하지 못하였다는 사실을 주목해야 한다. 미국주재 게시물은 자주 '하나의 농담 그 이상도 아닌 웹사이트'로 묘사된다. 가상현실직은 이들이 비엔나 협력 혹은 다른 국제협정 등에 의하여 승인되지 않기 때문에 수많은 국가들에서 승인되야 하는 문제를 가지고 있다. 영사관들만이 국제외교법 하에서 인정받고 있다.

64 영사 담당자들은 영사 관리로 분류되지만, 이들을 활용하는 국가에 따라서, 그들은 명예 영사와 매우 유사하다. 그렇지만, 미국의 경우에, 그들은 미국 국무부의 현지에서 직접 채용으로 이루어지고, 급여도 제공하고, 지역을 관할하는 영사부서에 보고한다. 이러한 지위는 자국 정부에 의하여 임명되고 대사에게 보고하면서 급여를 제공받지 않는 명예 영사와는 대조를 이룬다. 미국 영사 담당자들은 미국 상무성에 부여되는 교역 혹은 투자 증진 의무를 수행하지 않는다. Lee and Quigley, *Consular Law and Practice*, pp. 35–36를 보라. 이러한 견해는 미국 국무부의 도나 해밀턴에 의하여 확인되었다. 2010년 1월 2일 필자와의 이메일, 그리고 두 명의 추가된 미국 외교 영사 담당자들과의 논의 등에서 말이다.

하지도 받아들이지도 않는다. 대만은 현재 이들을 활용하지 않는다.[65] 이에 따라서 연구 자료들은 이러한 주제에만 한정된다. 그럼에도 불구하고, 수많은 아시아 국가들은 명예 영사들에 대한 일상적인 사용국가들이다. 모든 외교 네트워크에서 이들의 확실한 존재에서 의해서 증명된 바와 같이 말이다.

다음 섹션에서 살펴볼 방글라데시, 필리핀과 태국 등과 같은 세 개의 아시아 국가들은 이와 같이 명예 영사들이 아시아 국가들의 경제 상업외교에서 활동하는 역할에 관한 몇몇 시사점을 살피기 위하여 이용가능한 연구 정보에 기반해서 선정되었다. 실질적으로, 이러한 세 개의 국가들은 비즈니스와 외국인직접투자 등을 유치할 때 보다 확대된 공공 민간 자원 세트에 의존될 수 있는 중국, 한국, 그리고 일본 등과 같은 국가들보다도 무역과 투자 등을 진흥하기 위한 명예 영사 활용에 대한 상당한 시사점이 있게 된다.

방글라데시

수많은 신흥시장 국가들은 명예 영사들을 자신들의 경제를 발전시키고 경제 가치 사슬과 함께 지속된 운동을 지원하기 위한 독특하고, 효율적이고 적절한 장치로서 활용한다. 이러한 연계를 밝히기 위하여, 방글라데시는 무역 진흥과 명예 영사 간의 연계에 대한 유용한 사례이다. 2005년 중반까지, 해외에 있는 58개 방글라데시 외교단 중에 24개가 2004년 7월부터 2005년 6월까지 예산년도 처음 9개월 동안 자신들의 수출 대상을 놓쳤다. 24개 중에 9개는 자신들의 대상을 놓쳐을 뿐만 아니라 전년 예산 년도에서 자신들의 실적을 맞추는데에도 실패했다. 결과적으로,

65 Lee and Quigley, *Consular Law and Practice*, p. vii를 보라. 그리고 2009년 10월 5일 중화민국[대만] 외교부 인사부로부터 보내 온 필자에 대한 이메일 반응.

방글라데시 상업부는 외교부가 영사실을 설립하고 복잡해지는 글로벌 비즈니스 환경에서 방글라데시의 무역 이익을 보호하기 위하여 전 세계에 있는 46개 지역에 명예 영사를 임명하도록 제안했다. 이들 임명자들은 방글라데시 상품을 진흥하기 위한 해당 지역의 유명한 사업가들이었다. 영사들은 방글라데시를 새로운 신흥 목적지로 홍보하는데 도움을 주는 것이다. 수출 진흥 관리들은 무역 외교 분야에서 방글라데시 수출업자들은 자신들의 외국 카운터파트와의 집중적인 연계를 발전시킬 필요가 있고, 자국 대사관과 영사 등에 의한 보다 광범위한 관리와 지원 등으로 연계를 촉진해야만 한다고 말했다. 권고는 이탈리아 플로렌스, 중국 상하이, 인도 방갈로르 등 뿐만 아니라 브라질, 칠레, 수단, 탄자니아, 튀니지아, 나이지리아 그리고 멕시코 등과 같은 도시들에 명예 영사들을 추천했다. 이러한 이니셔티브는 우선순위를 기반으로 요구되어 진 것이다. 방글라데시가 가죽, 수공예품, 삼베와 직물 등과 같은 생산품은 높은 수요를 가지고 있던 기존의 자체 시장을 상실해 왔기 때문이다. 좋은 비즈니스 잠재력을 가진 도시들에서 명예 영사의 임명은 수출을 증가시키고 넓어지는 무역 차이를 줄이는데 도움을 주는 것이다.[66]

필리핀

필리핀은 무역과 투자 개발을 위한 명예 영사의 기능에 가치를 두는 또 다른 아시아 국가인데, 특별하게 필리핀의 늘어나는 역외 아웃소싱 산

66 'Ministry Proposes 46 New Consuls to Boost Bangladesh's Trade', *Xinhua News Agency*, 25 May 2005; and 'Bangladesh Mulling New Steps to Boost Exports', Indo-Asian News Service, 20 November 2005를 보라. 실용적인 시각에서 보면, 방글라데시는 정당한 전략을 실천한다. Peter A.G. van Bergeijk의 연구가 대사관과 영사관 등은 무역에 관한 중요하고 적절한 요인들임을 보여 주기 때문인데, 특별하게 비-경제협력개발기구OECD 수출국을 고려할 때 말이다. Peter A.G. van Bergeijk, *Economic and Commercial Diplomacy* (Cheltenham: Edward Elgar, 2009)를 참고하라.

업을 위해서이다. 2003년 열린 이틀간의 워크숍에서, 필리핀 외교 장관 블라스 F. 오플Blas F. Ople은 29명의 필리핀 명예 영사를 임명 했는데 유럽과 중동 등의 다양한 지역 출신의 저명인사와 유명 사업가 등으로 구성된—필리핀으로 관광객과 외국 투자자 등을 끌어오기 위한 이들의 몫을 하기 위해서이다. 오플은 다음과 같이 말했다.

> 당신은 필리핀과 당신의 영사 구역 간의 무역, 투자와 관광 관계등을 진흥하기 위하여 매우 많은 일을 할 수 있다. 당신은 필리핀 수출품을 위한 시장 기회를 제고할 수 있다. 당신은 투자자에게 동기부여하고, 필요할 때마다, 투자자를 필리핀으로 데려올 수 있다.

오플에 의하여 필리핀 상황에 대한 포괄적인 브리핑 이후에, 명예 영사들은 외교 차관 델리아 도밍고-앨버트Delia Domingo-Albert에 의한 경제 외교에 관한 브리핑에서 다루어 졌다. 그녀의 프리젠테이션에서, 그녀는 모든 참가자를 이-명예영사e-honary consul—전자 활동을 위한 'e', 경제 첩보를 위한 'e', 열정적인 대리인을 위한 'e'—로 설명했다. 그녀는 필리핀에서 투자 인센티브에 대한 핸드북과 필리핀에서 정보 통신 기술IT 기회에 관한 책자 등을 포함하는 툴키트toolkit를 배포했다. 앨버트 차관은 정보통신기술 부문에 대한 필리핀의 비교우위를 다음과 같이 지적했다. '오늘날 필리핀은 다양한 이-서비스e-services를 제공한다. 글로벌 콜 센터 유치를 위하여, 인도 다음으로 필리핀은 현재 두 번째를 차지한다고 부가했다.[67]

무역과 투자에 필리핀의 노력을 강화하기 위하여, 필리핀은 보험, 제약, 금융, 여행, 선박과 제조업 등에서 이익을 갖고 있는 다국적기업 소유주를 명예 영사로서 선정했다. 시리아 주재 필리핀 영사관은, 이미 기존의 벨기에, 스위스, 모로코와 시리아 주재 스리랑카 기업 등을 대표

---

67 Philippines Department of Foreign Affairs, Press Release no. 288, 10 June 2003.

했던 철강 산업에 종사하는 기업가를 임명했다. 스위스 바젤 지역인 경우, 필리핀은 220명의 직원을 가지고 있는 네 개의 스위스 마을에서 운영 중인 네 개의 기업을 소유하는 비즈니스 지도자를 갖고 있다. 다른 명예 영사들은 광범위한 범위의 비즈니스와 전문적인 이익을 가지는데, 선박에서 식품 제조업에 걸쳐서 말이다.[68]

태국

태국은 상업적인 목적을 위하여 명예 영사에 관한 약간의 노력을 들이는 추가적인 아시아 국가이다. 예를 들면, 7년간의 휴식 이후, 태국은 60개 이상을 대표하는 100개 도시에서 온 자국 명예 영사들을 위한 2004년 8월 13-21일 동안 일련의 워크숍을 유치했다. 태국을 더 좋게 알리기 위하여 명예 영사들을 위한 집중 프로그램 주간이었다. 관리들은 국내외에서 핵심 정부의 정책과 우선 사항 등에 대해서 업데이트 했고, 몇 가지 사전 지침들이 자신들의 역할이 어떻게 태국의 역동성에 적응되어야만 하는지에 대해서 부과되었다. 초대받은 영사들은 인신매매에서 금융과 에너지 정책까지 사회-경제적인 쟁점에 걸치는 문제를 다루는 회의로부터 혜택을 받았다. 일련의 브리핑 회기뿐만 아니라, 프로그램에는 여행이 포함되어서 명예 영사들이 스스로가 태국 정부 정책에 관한 유형의 결과를 볼 수 있었다. 방콕시 바로 외곽에 있는 수완나폼Suwanabhumi 국제공항 방문은 동남아시아의 비행 허브를 실현려는 태국의 의지를 보여주는 데 일조했다. 개발 프로젝트에 관하여, 그들은 태국 왕의 '충분 경제'sufficiency economy, 고 푸미폰 아둔야텟 왕의 "충족 경제 철학"에 기인한 태국 개발 접근 방식의 이름. 태국 정부가 추진하고 태국 학계 및 기관에서 자세히 설명했으며 SEP 기반 프로젝트를 운영 중인 태국의 23,000개 이상의 마을에서 적용. 출처:위키백과철학

68 Philippines Department of Foreign Affairs, Press Release no. 288, 10 June 2003.

에서 통찰력을 얻기 위하여 왕 클라이 강원Wang Klai Kangwon대학의 원격 학습재단Distance Learning Foundation을 방문했다. 명예 영사들이 태국의 잠재력을 자신들의 모국의 기회로 만드는데 핵심적인 역할을 수행했기 때문에, 회의 목표는 영사들에게 직무수행의 개선을 충족시키는 것이었다.[69]

태국 외교장관 수라키아트 사티라타이H.E, Dr Surakiart Sathirathai박사는 태국의 잠재력을 자신들의 본국에서 기회를 발견하도록 연결시킬 때 명예 영사의 의미를 다음과 같이 요약했다.

> 나는 모든 [명예 영사]들을 태국의 국가이익 홍보와 투사 등에 기여하는데 도움되기 위하여 태국 팀의 구성원으로 바라본다. 나는 명예 영사와 모든 태국 외교 대표들 간의 존재하는 팀워크를 바란다. 당신의 임무는 영사 구역에서 구역으로 다양하다. 예를 들면, 태국 공관이 존재하지 않는 국가에서 거주하고 활동하는 명예 총영사와 명예 영사 등은 모든 영역의 외교 책무를 관리하는 임무를 가진다. [. . .] 나는 외교부의 역할은 문을 두드리는 사람이라고 자주 말하곤 한다—새로운 기회를 잡고 새로운 시장을 모색하는 민간 부문과 사람 등을 위한 길을 열어주고 주도하기 위해서이다. 나는 이것은 외교부, 대사관, 영사관과 명예 영사 등이 이와 같이 나날이 경쟁하는 세계에서 수행해야만 하는 역할임을 상상해 본다.[70]

이와 같은 세 개의 아시아 국가들의 사례는 명예 영사 기능에 관한 다양하지만 유용한 측면을 제시하는데—활수출 진흥 역량, 부상 중인 외교 포트폴리오와 네트워크에 관한 자원 확대, 그리고 잘 선발된 명예 영사

---

69 태국 외교부의 보도 자료를 보는데, 'The Meeting of Honorary Consular Officers of Thailand', 20 August 2004; 'Keynote Address, H.E. Dr Thaksin Shinawatra, Prime Minister of Thailand', at the meeting of honorary consular officers of Thailand, Bangkok, 20 August 2004; and the 'Report by H.E. Dr Surakiart Sathirathai, Minister of Foreign Affairs of Thailand, at the Courtesy Call on H.E. Dr Thaksin Shinawatra, Prime Minister of Thailand', at the meeting of honorary consular officers of Thailand, Vithes Samosorn of the Thai Ministry of Foreign Affairs, Bangkok, 20 August 2004 등이다.

70 'Keynote Address, H.E. Dr Surakiart Sathirathai, Minister of Foreign Affairs of Thailand', at the opening ceremony of the meeting of honorary consular officers of Thailand, 13 August 2004.

에 의하여 가져오는 핵심적인 비즈니스 촉진 자역과 상업 접촉 등이다.

이러한 사례들은 명예 영사 제도가 그들이 인정받지 못하는 현지에서 직을 유지에 관한 절약, 융통성과 가능성 등의 제공을 보여준다. 이러한 장점들에는 전 세계적인 상업과 해양 이익을 가지고 있는 소국 혹은 수출과 투자가 필요한 신흥국 등에게 매우 유용하다.[71]

명예 영사를 통한 비즈니스, 투자, 그리고 무역발전

세계화의 파고가 밀려들면서, 국가 모두는 지속가능한 경제를 창출하고, 투자와 무역을 유치하고, 글로벌 시장에서 매우 경쟁력을 갖추기 위하여 경제가치 사슬을 제고하려는 전략적 방향과 계획 등을 가질 필요가 있다. 이러한 경제가치 사슬을 올리고 글로벌 경쟁력을 제고하기 위하여, 국가들은 과학, 기술, 기업가정신, 금융, 물류 그리고 교육 등인 경쟁력의 실질적인 엔진에 기반한 부가가치 경제를 발전시켜야만 한다.[72]

이러한 목적을 달성하기 위하여, 국가들—기업처럼—다음과 같은 것을 고려해야만 한다. 자신들의 경제를 추동하기 위하여 틈새 혹은 비교우위 등을 파악하라. 글로벌 요소들이 부정적으로 경제에 영향을 미치는 부문에 대한 과도한 의존을 회피하는 비즈니스 활동을 다변화하라. 상업시장이 될 가능성이 있는 시장을 위한 가치 제안을 창조하라. 명확한 가치 제안을 가진 기업 투자를 유치하기 위하여 전 세계 시장에서 브랜드와 위상 등을 발전시켜라 등이다.[73]

---

71 Lee and Quigley, *Consular Law and Practice*, p. 18.

72 Prof. Stephane Garelli, quoted in Frances Williams, 'Lower Taxes "Not the Key" to Making Countries More Competitive', *Financial Times,* 12 May 2005, p. 6.

73 Kevin D. Stringer, *An Economic Diagnosis of Palau through the Liechtenstein Lens: Moving Up the Value Chain—International Political Economy Strategies for Microstates,* East-West Center Working Papers, Pacific Island Development Series,

모든 국가가 경제 가치 사슬을 제고하기 위한 한 가지 장치는 비즈니스 진흥, 투자와 관광개발 등에 초점을 두는 것이다. 마이클 코스테츠키 Michael Kostecki와 올리비에르 나라이Olivier Naray 등은 '상업 외교commercial diplomacy'를 무역, 외국인직접투자, 관광과 비즈니스 옹호, 그리고 연구와 기술 등과 관련된 활동을 잡기 위한 용어로 사용한다. 그들은 이러한 유형의 외교를 가치 창조 활동으로 바라본다.[74] 부국과 개도국 모두는 내부 외국인투자(즉 외국인직접투자)의 동원화와 외국에서 이익 제고의 필수로서 수출 진흥 등을 고려한다.[75] 본장에서는 이러한 접근방법에 동의하고, 이러한 활동들을 영사외교의 우산 아래로 갖다 놓고, 그리고—변화된 영사 세계에서—명예 영사의 책임 아래로 말이다. 오늘날, 대부분의 국가들에서는 여전히 자신들만의 수출과 무역 관계 등을 강조한다. 그렇지만, 몇몇은 양 방향에서 동맹과 다른 유형의 비즈니스 협약 등을 증진하는 가치를 실현시켜 왔다. 지역개발 목표가 얼마나 자주 외국 정부와 비즈니스 이익과 매치될 수 있는지는 놀랄만한 일이다. 국가와 지방경제개발 당국 등은 현지 명예 영사관이 제공하는 계약, 정보와 조언 등으로 시작할 수 있고, 상호 호혜적인 근무 관계를 설립하려고 시도할 때 넘어설 수 있다.[76] 반대로, 현지 명예 영사는 명백한 경제 파트너들과 연관될 수 있는데, 예를 들면 양자 무역과 투자에 관여하는 현지 기업, 비즈니스 협회 뿐만 아니라 국회의원, 학자, 미디어 그리고 과학과 기술 전문가 등이다.[77]

---

no. 17 (Honolulu HI: East-West Center, February 2006), p. 20를 참조하라.

74 Michel Kostecki and Olivier Naray, 'Commercial Diplomacy and International Business', *Discussion Papers in Diplomacy,* no. 107 (The Hague: Netherlands Institute of International Relations 'Clingendael', April 2007), p. 7를 참조하라.

75 Kishan Rana, *Bilateral Diplomacy* (New Delhi: Manas, 2002), chapter 4를 보라.

76 'Making Consulates Work for You'를 보라.

77 Rana, Bilateral Diplomacy, chapter 4를 보라.

이러한 방식으로, 외교 서비스—특별하게 영사 요소—는 수출시장을 개발하고 유지하는데 핵심적인 역할을 수행할 수 있다. 앤드류 K. 로제Andrew K. Rose는 수출이 체계적으로 해외에 있는 외교단과 연관되는지를 결정하는 외교와 경제의 연결고리를 살펴 왔다. 그는 다음과 같은 단순한 질문을 한다. 사실상 외교단은 수출과 체계적으로 연계되는가? 이러한 질문을 분석할 때, 로제는 양적으로 22개의 중요국에서 200개의 목적 국가들로 수출이 연계되고, 수출국이 있는 외교단 지역에 대한 데이터를 수집했다. 그는 그의 연구에서 명예 영사관을 배제했지만, 그는 외교단의 주재는 사실상 수출에 긍정적으로 상호연관 된다고 결론내렸다. 다른 것들을 일정하게 유지하면서, 그는 각각의 추가적인 영사관은 6에서 10퍼센트 사이에서 양자 무역의 상승으로 연결되었음을 밝혀냈다. 이러한 결과는 통계적으로 유의미하고 경제적으로 상당히 유용하다는 것이다. 이것은 수출국에 따라서 다양했고, 또한 비선형non-linear적인 것처럼 보였다. 첫 번째 외교단은 계속적인 임무단보다도 수출에 더 커다란 영향을 가졌다. 여전히, 외교 서비스는 사실상 주변에서 수출을 진응하는 것처럼 보인다.[78]

로제의 연구는 피터 A. G. 반 베르게이크Peter A.G. van Bergeijk에 의하여 확대되었다. 무역과 양자 경제 그리고 상업외교 간의 관례에 대한 그의 연구는 대사관과 영사관 등의 주재가 양자 무역 흐름에 상당히 기여하는 반면에 일반적으로 수출 진흥 기관들이 그러하지 못하다는 것을 보여준다. 그의 추정은 대사관과 영사관 등은 무역에 관한 유의미하고 적절한 결정 요인임을 보여주는데, 특별하게 경제협력개발기구OECD의 수출 목적지를 고려할 때 이다. 이에 따라서 국제 외교 네트워크는

---

78 Rose, 'The Foreign Service and Foreign Trade', paper (revised draft); and Andrew K. Rose, 'The Foreign Service and Foreign Trade: Embassies as Export Promotion', *The World Economy,* vol. 30, no. 1, January 2007, pp. 22-38를 보라.

가치를 부가하고 이것은 무역 분석에서 이러한 네트워크를 포함시키는 것은 경험적으로 타당하다. 그리고 반 배르게이크가 이것을 입증하지 못했지만, 동일한 결론은 아마도 외국인 직접투자의 국내외 흐름에 대해선 유효하다.[79] 이러한 두 명의 연구자들의 사실발견은 명예 영사관은 수출 진흥과 무역 발전 등에 긍정적인 효과를 가진다고 것을 강력하게 의미한다.

결론

세계화 된 세계 경제에 의하여 야기되는 변화를 살펴볼 때, 외교는 상업, 무역, 관광과 지방 차원 등이 매우 중요해지는 '저위 정치'—접촉에 관한 국가 차원 혹은 자본 등과는 반대로—에 집중하려는 방향과 목적 등을 더디게 변환하는 중이다. 이에 따라서, 대사관 이상으로 영사관은 현대 외교의 생명선이 되어가고 있는 중이다. 대표성에 관한 이와 같은 특별한 제도적인 선택은 흥미로운 주제로 떠오른다. 몇몇 사람들은 영사는 그들이 할 수 있는 것을 효과적이 될 수 있다고 느끼고—주로 무역과 투자 진흥—다른 사람들은 비즈니스와 무역 진흥 등을 위한 효과적인 대표성은 한 명의 대사를 필요로 한다고 느낀다. 어떤 관리는 '직책은 당시에게 영향력을 부여 한다'고 언급한 바 있다. 이에 따라서 직책이 높을수록, 영향력의 수준과 정도가 점점 더 높아진다는 것이다.[80] 그럼에도 불구하고, 명예 영사제도는, 역량과 비용-효과성 때문에, 이

79 the results of van Bergeijk's Dutch Ministry of Economic Affairs research; and Peter A.G. van Bergeijk, 'The Weight of Bilateral Economic Diplomacy and Commercial Policy Revisited', in Peter A.G. van Bergeijk, *Economic and Commercial Diplomacy* (Cheltenham: Edward Elgar, 2009). 또 Mina Yakop and Peter A.G. van Bergeijk, *The Weight of Economic and Commercial Diplomacy,* working paper no. 478 (The Hague: International Institute of Social Studies, August 2009)를 보라.

80 Hocking and Lee, 'The Diplomacy of Proximity and Specialness', p. 48.

러한 변환의 중요한 부분이다. 이것은 확대된 대표성의 범위를 위한 필요성을 충족하는 것처럼 보이는 반면에 무역, 관광과 투자진흥 등을 위한 독특한 도구를 제공하기 때문이다. 이러한 추이는 *영사관계에 관한 비엔나 협약* 5조 정신과 조항 등을 따르는 것이다. 이것은 '파견국과 수용국 간에 경제와 상업 관계의 발전 증진이 영사기능'이라고 명확하게 적혀있다.

명예 영사의 위상과 무역, 관광과 투자 진흥 등을 위한 활용 등에 관한여 몇 가지 광범위한 결론이 내려 질 수 있는가? 처음에는, 이것은 지방과 지역 비즈니스 개발 기회에 대한 지렛대를 개선하기 위하여 소국에서 중견국 등이 주로 활용하는 도구가 되는 것처럼 보인다. 이것은 또한 제한적인 재정과 인적 자원을 극복하기 위한 장치를 제공하기도 한다. 이것은 종종 이러한 국가들의 외교부를 성가시게 한다. 이것은 하나의 경향이 되면서, 많은 연구가 필요하다. 여러 가지 경험적인 사례들은 이러한 견해를 반박하기 때문이다. 예를 들면, 예전 초강대국이었지만 여전히 대국이자 지역강대국인 러시아는 국가 간의 더 강력해진 관계를 발전시키고 상업적이고 경제적인 관계를 제고하기 위한 역동적인 도구로서 명예 영사에 관한 폭넓은 활용을 하고 있다.[81] 본장에서 살펴본 캐나다 사례는 또한 명예 영사가 소국 혹은 개도국 등에 의해서만 활용된다는 생각과 모순된다. 사실상, 특정 국가들—미국, 영국과 일본 등과 같은—캐나다 명예 영사들은 무역문제와 대표성 쟁점 등에 대한 자신들의 시간의 거의 100퍼센트를 헌신한다.[82] 명예 영사가 크기에도

81 'Honorary Consuls: Discussion at the Russian Consular Service Department', *International Affairs: A Russian Journal of World Politics, Diplomacy and International Relations,* vol. 49, no. 4, 2003, pp. 176-198; and 'Honorary Consuls', *International Affairs: A Russian Journal of World Politics, Diplomacy and International Relations,* vol. 49, no. 5, 2003, pp. 157-184.

82 *Review of Consular Affairs,* pp. 43-44를 보라.

불구하고 국가들을 위한 효용성을 가지는 것처럼 보이지만, 다양한 유형의 국가들 사이에서 이러한 유용성을 구별하는 더 많은 연구가 필요하다.

여전히 필요한 한 가지 중요한 연구의 포인트는 명예 영사의 노력과 외국인직접투자 혹은 무역 등에서 실질적인 상승 간의 직접적인 우연한 관계가 존재하는지를 결정하는 것이다. 입증되지 않고 식별될 수 있는 증거는 이러한 목적으로 향하는 확실한 지점이 될 수 있다. 그러나 강력한 사실 혹은 메트릭스 등만이 지금 개발 중이다. 이러한 방향에서 한 가지 조치는 외교단 주둔은 한 국가의 수출과 체계적으로 연계되고, 수출은 개설된 각각의 추가 영사관의 경우에 6에서 10퍼센트 사이로 증가하는 것처럼 보이는 것을 제시하는 연구이다.[83] 이러한 사실은 연구에 의하여 강화된다. 이것은 대사관과 영사관 등은 무역의 중요하고 적적한 결정요인임을 보여주었다. 특별하게 비-경제개발협력기구의 수출목적지를 고려할 때이다.[84] 아직도 양자는 데이터세트와 연구에서 특정해서 명예 영사들을 구분하지 않기 때문에, 명예 영사를 위한 사상자 문제는 여전히 열려 있다. 또한, 명예 영사의 대표성과 관광에 대한 이들의 영향력 등에 관한 문제는 질적과 양적 연구를 위한 개척지로 남는다.

공개 질문에도 불구하고, 브릭 국가들의 부상과 같이, 고위에서 저위 정치로 외교 초점의 이동과 다극 세계의 부상 등은 국가들에게 외교력을 행사하기 위한 매우 효율적이고 효과적인 방식을 평가하도록 요구하고 있다. 국제공동체 회원국들은 경제, 개발 수준과 지정학적 위치

83 Rose, 'The Foreign Service and Foreign Trade', paper (revised draft); and Rose, 'The Foreign Service and Foreign Trade', *The World Economy,* pp. 22–38를 보라.

84 van Bergeijk, *Economic and Commercial Diplomacy;* and Yakop and van Bergeijk, *The Weight of Economic and Commercial Diplomacy*를 보라.

등에 의하여 다얀한 그룹을 대표한다. 아직도 모두는 외교에서 발생 중인 변화를 완전히 익히기 위하여 명예 영사를 활용할 수 있는데, 특별하게 이들을 국제무역, 관광과 투자 증을 진흥하는데 활용함으로써 말이다. 이러한 활동들은 국가들이 자신들의 경제에 상업적인 가치 사슬을 상승시키고 이들을 매우 성공적으로 만드는 하나의 장치를 제공하는 것이다. 공경 할만 하지만—적절한—명예 영사 제도는 이러한 노력에 매우 귀중한 공헌을 만들 수 있는 것이다.

제4장

통합 유럽에서 영사 업무

아나 마르 페르난데스 *Ana Mar Fernádez*

서론

새로운 천년이 시작되면서, 영사 업무는 유럽 아젠다의 최우선 사항이 되어 왔다. 유럽연합 외부로부터 혹은 국제 테러리즘 등의 이민 유입의 증가와 같은 현상으로 창출되는 안보와 공공질서 등으로 바라보는 새로운 도전들은 유럽 연합의 외부 국경선에 대한 통합된 관리를 강화하기 위한 수단으로 영사 협력의 전략적인 역할을 진화시켜 왔다. 동시에, 2004년 쓰나미 혹은 2006년 여름 동안 레바논 위기 등과 같은 사건들은 자신들이 해외에 있을 때 유럽 연합 시민들에 대한 영사 보호와 조력 등에 관한 높은 정도를 보장하는 수단으로서 해외 영사 협력 강화의 부가가치에 유럽기관과 유럽연합 회원국 등 사이에 새로운 인식을 발전시켜 왔다.

본장에서는 통합 유럽의 프레임워크에서 영사 업무의 발전을 살펴본다. 특별하게, 본장에서는 초정부 영사 협력 채널의 점진적인 제도화와 유럽연합의 조화로운 규칙과 관행 등에 대한 점증하는 추이 등의 결과로부터 발생하는 정치 행정적 협력의 유형을 살펴본다. 본장에서는 유럽 통합이 유럽 연합 회원 국가들의 영사 서비스의 활동에서 변화를 위한 촉매제가 되어 왔다. 이것은 정부간 협력 네트워크의 일부가 되어 왔고 공동체 규범과 절차 등에 의하여 적극적으로 정보 제공되어 왔다. 그렇지만, 이러한 변화의 과정이 유럽 영사 행정 분야의 부상을 위한 길을 깔아 놓았다고 언급하는 것은 성급하다 할 것이다. 한 순간, 영사 업무의 통합 관리는 지속적으로 국가가 주로 통제하는 과정이 될 것이다.

본장은 세 부분으로 나누어진다. 첫 번째 섹션에서는 국가 주권의 변화의 대리인으로서 유럽연합의 역할과 특별하게 현대 외교 등에 대한 개관을 제공한다. 두 번째에서는 영사 기능에 관한 주요 특성을 설명하고 영사 조력과 보호 체제에서의 발전에 특별한 주의를 기울이는 유럽연합 회원국에 의하여 영향 받는 주요 분야에 대해서 간략한 소개를 제공한다. 세 번째 부분에서는 일반 비자정책 프레임워크에서 수행 중인 입법조화에 관한 분석을 제시하는데, 특별하게 지역 영사 협력에 대한 여러 양상들이다. 이 부분에서는 협력의 주요 특징을 살펴보고 이것의 실질적인 실행을 평가한다. 본장은 유럽의 해외 영사 분야를 위한 기반을 놓는 것에 대한 주요 도전들에 대한 몇 마디 언급을 하면서 끝난다.

통합 유럽에서 외교

유럽연합은 주권 행사를 변화시킨다. 장 보댕Jean Bodin이 16세기 주권의 개념을 발전시키려고 시작할 때, 이것은 법적, 재정적, 경제적이고 정치적인 통일성의 기준으로 규정되어—영토—온 경계가 있는 공간에 적용된다. 주권 사상은 주어진 영토에 대한 자율적이고 영속적이고 조직화된 권력의 총합으로서 인식되는 근대 사회와 함께 부상되었다. 이러한 맥락에서, 정치 관계란 본질적으로 국가내에서 이루어지거나 국가와 국가의 관계에서 이루어지는 것이다.[1]

20세기 후반에, 일련의 상호의존과 중첩되는 과정 등이 이러한 파라다임에 다음과 같은 의문을 제기하기 시작하면서 부상되었다. 국제사회의 다변화와 국가 공동체의 초국가화, 뿐만 아니라 소련 붕괴 혹은 국제 테러리스트 위협 등과 같은 현상 때문에 안보와 공공질서의 논리에서 변화 등이다. 이러한 추세들은 엄격하게 국가 차원에 기반 한 정치적, 경제적, 사회적 전략 등의 단점을 들어내면서 독점적인 권위 행사에 도전을 하게 되었고, 다양한 유형의 정부 간 협력과 공-사 파트너십 등을 포함하는 새로운 협력 기획 채택을 증진시켜 왔다.

외교는 이러한 변화로부터 벗어날 수 없다. 국제관계에서 새로운 시나리오는 새로운 유형의 외교 거버넌스를 위한 길을 열어 놓았다. 제2차 세계대전 이래로, 지역과 국제기구 등은 확산되어 왔다. 정치 교섭의 새로운 영역들이 구성되어져 왔다. 국가 외부로부터 나오는 새로운 행위자들은 매우 복잡해져 왔고 외교는 더 이상 국가의 배타적인 영역이 아니다. 어느 정도, 주권국가 간의 관계에 기반 한 외교는 권력 공유에서의 하나의 활동이 되어 왔다. 주권국가 간의 관계에 기반 하는 고전 외교가 사라지지 않는 반면에, 우리가 관찰하는 것은 협력에 관한 창의적인 공식에 의존하려는 늘어나는 경향인데—국제사회에서 발견되는 새로운 추이를 다루기 위해서이다.

유럽연합이 논점의 대상이다.[2] 1950년대 이래로, 새로운 초국가 정치질서의 형성은 겹쳐져 있다—제거 되지 않고—웨스트팔리아 모델은 주권과 이것과 동시에 외교 등을 변환시켜 왔다. 유럽 차원에서, '연합외교associative diplomacy'[3]—즉 가장 최근의 추이들 중에 하나인 유럽대외

1 M. Egeberg, 'The Institutional Architecture of the EU and the Transformation of European Politics', in *Multilevel Union Administration: The Transformation of Executive Politics in Europe* (Basingstoke: Palgrave Macmillan, 2006), p. 18.

2 자세한 내용을 위해선, B. Hocking and J. Bátora (eds), 'Diplomacy and the European Union', *The Hague Journal of Diplomacy,* special issue, vol. 4, no. 2, 2009.

3 R. Barston, *Modern Diplomacy* (New York: Longman, 1992).

협력청European External Action Service의 창설로 통합 유럽의 맥락 안에서 외교의 진보적인 다국가화—의 지속적인 역할은 제2차 세계대전 이후 유럽에 의하여 직면한 도전들을 집단적으로 대처하기로 결정했던 여섯 개 국가들의 실용주의에 기원을 둔다. 당시와 마찬가지로 정부들이 상호 협력에 참여하는 주된 동기는 공공 정책 제공자로서의 효과성을 향상시키고 이를 통해 그들의 정당성을 유지하려는 의지가 반영된 것이었다.[4]

유럽 통합 프로젝트는 새로운 국제 질서에 대응하기 위해 회원국들에 의해 수립된 것이었으나 '유럽화'에 관한 문건들에서 강조하는 바와 같이 이 프로젝트는 각국 정부에 영향을 미쳐 그들로 하여금 기관의 운영 방식, 정책의 내용, 정의가 추구하는 가치 등을 조정하도록 강요하는 것과 같았다.[5] 구조적 측면에서 외무부는 상임대표위원회나 정치안보위원회와 같은 새로운 제도적 역학에 참여해야 했다. 공공 정책, 특히 외교 정책과 관련해서는, 1970년 다비뇽 보고서Davingon Report, 유럽경제공동체 회원국가들의 미래 외교정책보고서가 채택된 이후로 국가 정책 결정 과정이 점차 정부 간 협력의 틀 안에서 이루어지게 되었다. 마지막으로, 외교관들 역시 사고방식을 변화시켜야 했다. 여기서 언급된 행정적 및 정치적 발전은 공동체에 속한다는 개념에 내포된 새로운 가치와 신념을 수용하지 않고서는 불가능했을 것이다. EU 이사회 의장국을 맡는다는 것은 그 대표적인 사례이다. 6개월 동안 순번제로 의장직을 맡은 회원국은 외부 행정을 연합의 이익을 위해 활용해야 하며, 자국의 외교관들이 국가 이익과 유럽 공동 이익의 방어를 어떻게 조화롭게 결합할 수 있는지

---

4 A. Milward, *The European Rescue of the Nation-State* (London: Routledge, 2002)를 보라.

5 S. Bulmer and C. Lequesne, 'Introduction', in *The Member States of the European Union* (Oxford: Oxford University Press, 2005), pp. 1-20; and M.P. Vink and P. Graziano, 'Challenges of a New Research Agenda', in *Europeanization: New Research Agendas* (Basingstoke: Palgrave Macmillan, 2007), pp. 3-20를 보라.

보여주어야 했다.[6]

종합하면, 유럽통합 과정은 외교업무가 일상에 기반 하여 관리되는 방식에서 변화를 강화시켜 왔다. 2009년 12월 리스본 조약의 발표는 아마도 유럽 외교의 부상에 직면해서 고전 외교의 재 개념화로 향하는 이러한 트렌드에 대한 개선된 표현 중에 하나일 것이다.[7] 사실, 조약 내용에 대한 이러한 새로운 수정에 따르면, 유럽연합 이사회의 초대 영구 의장인 예전 벨기에 수상 베르만 반 롬푸이Herman van Rompuy—당시 국가 혹은 정부 수반 차원에서 유럽연합을 대표하는—도 아니고 유럽연합고위외교안보정책대표자인 레이디 애쉬톤Lady Ashton—외교위원회를 책임지고 유럽연합 위원회 부의장들 중에 한 사람—도 국가의 권한위임을 가지지 않는다. 새로운 유럽 대외활동청European External Action Service은 미래 유럽 외교의 행정적 기구로서 이사회 사무국 고위 관료들, 집행위원회 대표단, 그리고 EU 회원국 외무부 출신의 대표들이 모인 이질적인 조합으로 구성되어 있었다. 즉, 원칙적으로 보자면 초국가적 가치가 스며든 외교적 기구로 설립된 것이다.

또한 리스본 조약은 유럽연합의 일반 외부 대표는 유럽 위원회가 담당하되 공동외교안보정책CFSP과 관련된 문제는 예외로 한다고 명시하고 있다. 이러한 조치들은 유럽연합의 외부 대표 역할이 부분적으로 '탈

6 Simon W. Duke, 'Preparing for European Diplomacy?', *Journal of Common Market Studies*, vol. 40, no. 5, December 2002, p. 853. 또한 A. Schout, 'The Presidency as Juggler: Managing Conflicting Expectations', *EIPASCOPE*, no. 2, 1998, pp. 1-9를 참고하는데, 온라인 http://www.eipa-nl.com/public/public_eipascope/98/scop_2/story1.htm; A.-C. Svensson, *In the Service of the European Union: The Role of the Presidency in Negotiating the Amsterdam Treaty (1995-1997),* Ph.D. dissertation (Uppsala: Uppsala University, 2000)에서 이용할 수 있고, R. Bengtsson, O. Elgström and J. Tallberg, 'Silencer or Amplifier? The European Union Presidency and the Nordic Countries', *Scandinavian Political Studies*, vol. 27, no. 3, 2004, pp. 311-334.

7 S. Duke 'Providing for European-Level Diplomacy after Lisbon: The Case of the European External Action Service', *The Hague Journal of Diplomacy,* vol. 4, 2009, p. 211.

국가화denationalization'된다는 것을 의미하며 이는 유럽연합차원에서 외교가 작동하는 방식에 대한 구조적 변화이자[8] 더 나아가 유럽 정치 체제 내에서 회원국의 대표 시스템에 대한 근본적인 변화를 의미한다. 그럼에도 불구하고 해외 영사 문제의 경우에서 볼 수 있듯 현재로서는 이러한 외교 실천의 변화 속도와 성격에 대한 통제권을 유럽연합회원국들이 포기한 것은 아니라고 할 수 있다.

유럽 영사 보호와 조력 레짐

영사 보호와 조력 등의 분야에서, 유럽화Europeanization의 현상은 1992년 유럽 시민권European citizenship의 개념이 만들어지는 환경에서 찾아야만 한다. 마스트리히트 조약—유럽공동체 조약TEC, Treaty of European Community의 8조—은 유럽 회원국 국민들을 위한 이러한 법적 지위를 소중히 담고 있고, 이들에 대한 일련의 권리를 부여했다. 유럽연합 내에서 이러한 권리는 주로 이동의 자유와 거주권에 중점을 두었다. 유럽연합 국경을 넘어서는 모든 유럽 시민은 자국이 대표되지 않은 제3국에 있을 때 다른 회원국으로부터 외교 및 영사 보호를 받을 권리가 있고 그 국가의 국민과 동일하게 대우받을 권리가 있다(유럽공동체조약 제20조). 1995년 12월 19일, 유럽연합이사회는 이러한 보호 권리의 행사 규칙을 보장하고 동시에 앞서 말한 것과 같은 지원이 제공되는 방식을 보다 구체적으로 하기 위한 두 가지의 결정을 채택했다.[9]

영사 보호 및 지원 시스템은 유럽 시민권이라는 핵심 문제의 그림

---

8 A.M. Fernández, 'Change and Stability of the EU Institutional System: The Communitarization of the Council Presidency', *Journal of European Integration,* vol. 30, no. 5, 2008, pp. 617–634.

9 Decision 95/553/EC.

자 속에서 채택된 비교적 주변적인 사안이었다. 그러나 이러한 초기 결정이 채택된 지 10년 후, 이 문제는 유럽 기관과 유럽연합 회원국 모두에게 우선 과제가 되었다. 2001년 9월의 테러 공격, 2002년 10월 발리 폭탄 테러, 2004년 12월 동남아시아 쓰나미, 2006년 7월 레바논 위기와 같은 사건들은 전통적으로 간과되었던 외교의 이 차원을 유럽과 각국의 정치 의제의 최우선순위로 끌어올렸다. 영사관이 다루어야만 할 긴급 상황들—피난, 신원증명과 대규모 송환—은 유럽 시민들이 지속적으로 여행할 때 그리고 국제 테러 혹은 자연 재해 등과 같은 이러한 현상이 영사 조력을 필요로 하는 경우의 숫자의 상황을 증폭할 순간마다 해외 영사 조력의 새로운 전략적인 중요성을 강조했다.[10] 이러한 사건들은 유럽 국가들이 상대적으로 제한적인 해외 주재 영사를 가지고 있는 이러한 유럽 시민들의 취약성을 고찰할 뿐만 아니라 유럽공동체 조약의 20조에 의하여 제공되는 영사 보호에 관한 유럽시스템의 약점을 드러냈다. 사실상, 조항은 일반적이고 개별적인 사례만을 규정하고, 자연재해, 전쟁 혹은 제3국에서 해당 국가를 대표하지 않은 상당한 단체의 시민들에게 영향을 미치는 인도주의 위기 등과 같은 예외적인 상황을 고려하는데 실패한 것이다. 이것은 2004년 12월 경우인데, 유럽연합 회원국의 중대한 숫자가 재난에 의하여 영향 받은 국가에서 아무런 대표성을 가지고 있지 않았을 때이었다(17개국이 태국에 공관을 가지고 있었던 반면에 스리랑카에는 6개국만이 공관을 가지고 있었다).[11]

---

10 2006년 발간된 영사 보호에 관한 플래시 유로바로미터Fash Eurobarometer에 따르면, 유럽연합 거주민 절반이 향후 3년 동안 유럽연합 외부로 여행할 계획을 가지고 있다. 동일 조사에서, 이것은 이러한 사람들(23퍼센트)의 극소수만이 자신들의 나라가 외교 대표를 보유하고 있지 않다면 그들은 모든 유럽 회원국의 영사 조력을 활용할 권리를 보유하고 있음을 인지하고 있는 것을 나타났다. European Commission, 'Consular Protection', Flash Eurobarometer, no. 188, December 2006.

11 European Commission, 'Green Paper on Diplomatic and Consular Protection', 28 November 2006 (COM (2006) 712 final).

2006년 레바논 위기와 2008년 뭄바이 테러 공격 등에서 반복된 이러한 상황은 해외 위기 예방과 관리 등에서 유럽연합의 협력을 강화하는 부가가치에 대한 반성을 촉발 시켰다. 2000년 이래로, 구속력이 없는 다양한 지침들이 공동외교안보정책에 대한 이러한 차원을 강화하는 목적으로 채택되었다.[12] 그렇지만, 이 문제에 대한 질적인 도약이 2006년이 되어서야 만들어졌다. 2006년 내내 여러 제안들이 유럽연합 회원국들과 해외에서 회원국의 영사 서비스 간의 협력 장치를 개선할 목적으로 유럽 제도 등에 의하여 상정되었다.[13] 한 가지 주목할 것은 이러한 제안이 핵심적인 쟁점에 대한 의견일치를 반영 했던—긴밀해진 협력의 혜택—반면에, 동일한 것이 이러한 협력이 어떻게 발생하는지의 사례에서 언급될 수는 없는 것인데, 특별하게 해외 사절을 통한 유

---

12 'Guidelines on Cooperation between Member States' Missions and Commission Delegations in Third Countries and within International Organizations in CFSP Matters', doc. 12094/00; 'Guidelines on Consular Protection of EU Citizens in the Event of a Crisis in Third Countries', doc. 7562/01; 'Guidelines on Consular Protection of EU Citizens in the Event of a Crisis in Third Countries', doc. 15754/03; and 'Guidelines on Consular Protection of EU Citizens in Third Countries', doc. 10109/2/06 REV 2를 보라. 2006년 유럽연합은 유럽연합으로부터 10,000킬로미터 멀리 떨어진 특정 국가 안에 있는 유럽 국적자들의 대규모 대피의 경우에 군사 • 영사 당국의 기획과 조정 능력을 평가하기 위하여 대피활동연습연구(EVAC06)를 착수했다는 것은 언급할 가치가 있다. Council of the EU, Report of the Council Presidency on the ESDP, doc. 10418/06, 12 June 2006; and Livre Blanc du Gouvernement Français sur la sécurité intérieure face au terrorisme (Paris: La Documentation Française, 2006), p. 75를 보라.

13 'Guidelines on Consular Protection of EU Citizens in Third Countries', doc. 10109/2/06 REV 2; Michel Barnier, *For a European Civil Protection Force: Europe* Aid (Barnier Report보고서 알려진) (Brussels: European Commission, 9 May 2006)를 보는데, 온라인 http://ec.europa.eu/commission_barroso/president/pdf/rapport_barnier_en.pdf; 에서 이용할 수 있습니다. European Commission, 'Communication to the European Council: A Citizen's Agenda', COM(2006)211 final, 10 May 2006; Council of the EU, COCON, 10109/06, 2 June 2006; European Commission, 'Communication on the Implementation of The Hague Programme', COM(2006) 331, 28 June 2006; and Council of the EU, 'Closer Consular Cooperation', doc. 16231/06, December 2006.

럽 위원회의 역할과 관련해서 말이다. 여기에서 흥미로운 점은 제안들은 지방 영사 협력의 리더십에 대한 두 가지의 다양한 비전으로 이루어졌다. 특별하게 프랑스와 영국 등과 같은 대국과 같은 회원국들이 소위 '주도 국가'가 이끄는 고전적인 수평적인 협력에 바탕을 두는 모델을 주장한 반면에,[14] 유럽 위원회는 해외 사절(위원회가 다른 회원국보다도 더 많은 대외 사절을 가지고 있다는 사실에 기초하여) 혹은 미래의 진정한 '유럽영사관Euroconsulates'의 개설의 가능성 등에 대한 영사 조력 기능의 속성을 요구하는 중이다. 놀랄 필요도 없이, 이러한 제안들은 다른 정부들에 의하여 강력한 비판을 받았는데, 이것이 위원회의 대외적 대표성을 위한 법률적인 권한위임을 명백하게 넘어서는 것이라고 주장했던 프랑스, 영국과 포르투갈 등이었다.[15] 사실상, 1963년 영사 관계에 관한 비엔나협약에 따르면—위원회는 서명 당사자가 아닌—영사보호와 조력 등에 관한 기능은 국가의 배타적인 책임이고, 이와 같은 기능에 관한 이러한 행동은 지향력directional power하에서 나오는 것이다. 위원회 사무국의 고위급 관리가 지적했듯이, 위원회는 우리가 갖고 있지 않는 시민들을 좀처럼 보호할 수 없다.[16] 이에 따라서, 한 순간, 그리고 해외에 있는 유럽연합 사절의 설정과 같은 리스본 조약에 의하여 예견되는 제도 개혁에 관한 완전한 운용을 기다리면서, 이것은 우위를 차지했던 영사 협력에 관한 첫 번째 모델이었다. 하나의 사례로서, 스페인인 지금 적도 기니에서 주도 국가이다.[17] 영사위기 관리에서 유럽 파트너

---

14 Council of the EU, 'Lead State Concept', doc. 10715/07, 12 June 2007. In December를 보는데, 유럽연합 이사회는 영사 분야에서 주도국 개념에 관한 실천을 위한 구속력이 없는 지침을 채택했다.

15 'Summary Report of Public Hearing of 29 May 2007' on the Green Paper on Diplomatic and Consular Protection (Brussels: European Commission, 2007), p. 5, 온라인 http://ec.europa.eu/justice_home/news/consulting_public/consular_protection/summary_public_hearing_en.pdf에서 이용할 수 있습니다.

16 2007년 11월 13일 브뤼셀에서 유럽연합 이사회 사무국에서인터뷰.

국가에 대한 대표성 사절에 대한 이러한 경향이 확정된다면, 이것은 유럽연합 회원국들이 지속적으로 유럽연합의 우산 아래에서 외교정책 행동을 기꺼이 조정한다면, 그래도 그들은 이러한 협력에 대한 정부간 자발적인 본질을 변화시키려고 하지 않는다는 생각에 비중을 두게 될 것이다.

영사보호와 조력 분야에서 정부 간 혹은 공동체의 협력의 본질 등을 둘러싼 논쟁을 넘어서서, 이것은 3국에서의 유럽 통합의 인식을 강화시키는 것 이외에 이러한 협력 형태의 주요 영향력들 중에 한 가지는 전 세계적으로 유럽 시민들에게 제공되는 영사 보호를 강화해 왔서 외부적인 투사를 가지고 법률 공동체의 발전에 기여해 왔다는 것이 명백하게 보인다.[18] 이러한 면에서, 이것은 또한 유럽의 정체성과 연대성 등의 생각을 강화하는데 기여해 오고 있다. 동시에, 영사 서비스의 관점으로 보면—특별하게, 3국에서 집합적인 보호에서 지속적으로 중요한 역할을 수행할 가능성이 높은 영향력을 가진 회원국들— 정부 간 영사보호 시스템의 설립과 발전 등은 최소한 다음과 같은 세 가지의 중요한 결과를 가진다. 다루어야 할 상당한 숫자의 사례들의 증가, 행동을 위한 조정 협정서 채택의 결과로서 현존하는 행정관행 적용, 마지막으로 덧붙일 중요한 말은, 더 이상 자국의 동포만이 아니라 모든 유럽연합 시민들의 서비스라는 결과로서 공무원들의 사고방식의 변화 등이다. 프랑스 외교관들은 2008년 보호와 조력 체제에 관한 이러한 재설정을 경험했었다. 뭄바이 테러 공격이 프랑스의 유럽연합 의장직 동안 발생되었기 때문이었다. 결과적으로, 유럽연합 시민들의 송환을 조정하는 것이 프랑스의 책임이었다.

---

17 2009년 10월 26일 바르셀로나에서 스페인 외교관과의 인터뷰.

18 *Ministerio de Asuntos Exteriores y de Cooperación [Spanish Ministry of Foreign Affairs and Cooperation], Recopilación de Órdenes Circulares Vigentes* (Madrid: Ministerio de Asuntos Exteriores, 2005), p. 266.

유럽의 비자외교: 협력에서 통합으로?

영사 보호와 조력 등에 더해서, 3국에서 영사 사무실과 외교단 중에서 영사 섹션 등의 주요기능들 중에 하나는 비자 연장과 관련되는 것이다. 비자 발급은 전통적으로 국가가 자국 영토에서 외국국적자의 출입국에 예방적인 통제를 행사함으로써 영토 주권의 행동으로 간주되어 왔었다. 일반적으로, 이러한 기능은 양자 조약에 기초해서 규제 되어 왔다. 무역과 항해, 우호, 시설물 혹은 특별 영사 회의 등의 조약의 경우에, 국가들은 통상적으로 다른 국가 영토에서 각자 국민들을 위한 출입국의 자유에 관한 호혜성의 원칙에 따라 운용 되어 왔다.[19] 이러한 면에서, 비자 체제는 낮은 집중도의 외교 도구로 부상되어 왔다. 외국 국적자에게 비자를 발급하거나 혹은 거부할 때, 국가는 자국민의 국적과 관련하여 외교정책 태도를 간접적으로 견지하는 중이다.[20]

유럽연합 회원 자격은 이러한 권력들의 수행을 변화시켜 왔다. 이것은 지금까지도 회원국의 관할로 종속되어 오고 있다. 현재, 이러한 지역 안의 대다수의 회원국들의 역량은 유럽 통합 과정과 특별하게 자유, 정의와 안보 등의 분야에 관한 대외적인 차원의 진화 등에 의하여 좌우되어 왔다.[21] 1990년대 말 이래로, 외부 국경선에 관한 통합 관리의 전략적인 의미에서 중요한 변화가 있어 왔다. 유럽연합 외부로부터의 이

---

19 L.T. Lee, *Consular Law and Practice* (Oxford: Clarendon Press, 1991); and J. Núñez, *La función consular en el derecho español* (Madrid: Ministerio de Asuntos Exteriores, 2004).

20 D. Kral 'Visa Policies of the European Union and the United States: Challenges for Transatlantic Partners', European Institute for European Policy, September 2006; and K.D. Stringer 'The Visa Dimension of Diplomacy', *Discussion Papers in Diplomacy,* no. 91, 2004를 참고하라.

21 J. Monar, 'The EU as an International Actor in the Domain of Justice and Home Affairs', *European Foreign Affairs Review,* no. 9, 2004, pp. 395–415를 보라.

주 물결의 증가와 같은 현상에 의하여 창출되거나 혹은 국제 테러리즘이 유럽 정부들에게 공동의 접근방법에 기반 한 새로운 전략에 부응하면서 전통적으로 엄격하게는 국가정책을 비판하도록 이끌어 오는 공공질서와 안보 등에서 바라보는 새로운 도전들이다. 여전히 이러한 분야에서 공동의 행동은 쉽지가 않아 왔다. 이것은 국가 주원을 위한 두 가지의 민감한 분야에서 행동의 자율성을 비판을 의미하는 것이어 왔다. 영토 통제—매우 정확하게, 각자의 영토에 대해서 혹은 통한 이주 흐름의 통제—그리고 비자 외교의 통제 등이다.

이러한 분야에서의 소극성은 제한적인 숫자의 국가들(프랑스, 서독과 베네룩스 국가)만이 처음부터 1985년 6월 14일 센겐 협약Schengen Agreements, 국경 통제를 풀고 여권 없이 자유로운 왕래를 허용하기로 결정한 유럽연합국가들 간의 합의에 서명했고 비자—센겐 비자—를 위한 단일한 모델과 자국민이 회원국의 국경선을 넘기 위하여 비자를 소유해야만 하는 3국 중에 첫 번째 리스트 등으로 채택하기까지 10년이 걸렸다는 사실에서 알 수 있다.[22] 이러한 조치들은 일반 비자 체제와 유럽 비자 외교의 설립 등으로 가는 길목에서 최초로 두 가지 단계이다. 이것들은 유럽연합의 대외 국경선 강화와 외교정책 도구로서 비자 활용 간의 연계를 반영하는 것이다. 2002년 이러한 조치들의 첫 번째로는 비자 신청 과정을 위한 일반 절차의 도입에 의하여 완성되었다.[23] 두 번째로는, '블랙 리스트black lists' 시스템은 1995년과 2005년 사이에 네 가지 사건들로 업데이트 되었다. 이것은 유럽연합의 외교정책의 진화를 강조하는 것이다. 특별하게 2001년

[22] Council Regulation (EC) 1683/95 of the Council of 29 May 1995, Official Journal L 164, 14 July 1995; and Council Regulation (EC) 2317/95 of the Council of 25 September 1995, Official Journal L 234, 3 October 1995를 보라.

[23] Council Regulation (EC) 334/2002 of the Council of 18 February 2002, applicable to Ireland and the UK, Official Journal L 053, 23 February 2002. 또한 'Common Manual', Official Journal C 313, 16 December 2002를 보라. 가장 최근의 수정은 Official Journal L 369, 16 December 2004를 보라.

9/11 테러공격 이후이다. 31개국의 새로운 국가들이 공동 리스트common list에 올렸을 때이었다.

여기에서 논의된 장치는 국제무대에서 유럽연합에 관한 매우 통합적인 이미지의 투사에 기여 해 왔다. 이것들은 유럽연합 회원국들과 3국간의 양자관계에서 변화를 이끌어 왔다. 이것은 긴장 없이 항상 그래 왔던 것은 아니었지만 말이다. 예를 들면, 이것은 스페인과 컬럼비아 간의 관계에 적용되는 사례이다. 이것은 센겐 협정의 서명국으로서 스페인에 의하여 가입된 공동 리스트에 대한 2001년 컬럼비아에 대한 적용의 결과로서 일시적으로 냉랭하게 만들었다. 그 때까지, 컬럼비아 국적자들은 역사적인 연관성 때문에 스페인 행 비자를 필요로 하지 않았다. 다른 사건들에 관하여, 공동 비자 정책은 외교정책에서의 변화를 정당화하기 위하여 국가들이 활용해 왔다. 재차 스페인 정부의 사례로 돌아가 보면, 이것은 스페인이 이주민 방지 수단으로서 공동 리스트에 에콰도르를 포함하려고 2002년 유럽연합 이사회 의장직을 유지하면서 어떻게 자국의 힘을 활용하는지를 보여주는 흥미로운 사례이다.

일반적으로, 유럽의 비자정책이 기본적으로 자유, 정의와 안보 영역에서의 실천과 관련해서 기술적인 문제 해결을 위한 수단으로서 만들어진 반면에—외부 국경선에 대한 통합 관리—이것은 유럽 외교정책 구상에 간접적으로 기여하도록 만들면서 종식되어 왔다. 공동비자 도입과 자국민들의 출입 비자를 요구하는 국가들의 공동 리스트 활용 등은 이에 대한 증명이다. 해외 영사 관행의 점차적인 조화이기 때문이다.

공동 비자 정책의 프레임워크 안에서 영사 통합의 진작은 이것의 발전이 국제적인 맥락과 특별하게 2001년 9/11 테러 공격 등에 의하여 강력하게 좌우되는 점진적이고 점증적인 과정이어 왔다. 사실상, 지방 영사 협력의 시작은 적절한데, 1996년 3월 유럽연합 이사회에 의한 단순한 권고 채택으로 말이다. 이것은 센겐 비자 발급을 위하여 사용되는 기준에 대한 정보 교류를 위하여 3국에서 영사 서비스를 다음과 같이 요구하는 것이다. 외교 책임자 혹은 영사단의 수장 간 열리는 회의, 동시 발생적이거나 이어지는 신청의 존재를 확인하도록 취해지는 공동 조치('비자 쇼핑visa shopping'으로 언급) 등이다.[24] 그렇지만, 중요한 진전은 2002년 일반 영사 훈령CCI, Common Consular Instructions에 이것들의 포함됨으로써 나타났다.[25] 2001년 9/11의 여파로 채택된 이 문서는 실질적으로 현지 영사 협력의 중요성을 제고시켰는데, 불법 이민과 테러 등을 예방하는 수단으로서 3국에서 안정적인 협력 채널을 개발하는 부가 가치에 관하여 회원국들 사이에서 새로운 인식을 반영한 것이다. 이러한 면에서, 이것은 일반 영사 훈령은 불법 이민에 대한 잠재적인 네트워크에 대한 정보 교환과 심사 과정 등을 정립하려는 일반 기준을 요구할 뿐만 아니라 거부된 심사와 발행된 비자 등에 대한 분기별 데이터 교류와 이사회 의장직은 이러한 조치들의 실질적인 실천을 조정 감독이라는 것 등을 언급할 가치가 있다.

유럽연합의 외부 국경선의 안보를 강화하기 위한 의지는 최근에 수많은 사례들에서 목도하는 비자 분야에서 현지 영사 협력에 대한 이러한 개선 이면에 있는 중요한 이유이어 왔다. 예를 들면, 벨기에와 스페인 등의 명령을 따라서, 보완 조치가 해당 도시 안의 비자 신청을 하기 위하여 공식적으로 승인된 행정기관, 여행사와 관광 가이드 등과 같은 비 국가 행위자와의 조화로운 협력을 목적으로 2002년 7월 일반 영사 훈령을 도입했다.[26] 몇 개월 후인 2002년 11월, 유럽연합 이사회는 비자 신청뿐만 아니라 이주 관리들과의 정보 등에 대한 월 단위로 데이

24 Council Recommendation of 4 March 1996 relating to 'Local Consular Cooperation regarding Visas', Official Journal C 080, 18 March 1996.

25 Common Consular Instruction, Official Journal C 313, 16 December 2002.

26 the Council Decision of 12 July 2002 on the adaptation of parts III and VIII of the CCI, 2002/585/EC를 보라.

터 교환을 위한 국제 테러리즘 네트워크의 잠재적인 유치지역인 국가들에 주재하고 있는 외교단에게 요청했다.[27]

이러한 청원은 네 가지 경우로 강화된다. 첫째, 2003년 2월, 이사회는 외교 공관과 영사실 등을 대상으로 하는 센겐 *조약*acquis의 효과적인 실행과 비자발급에 대한 최적의 관행 안내 등을 위한 권고 20쪽 이상의 카탈로그를 발행했다. 권고는 위험이 고조화 된 지역과 높은 숫자의 신청에 직면하는 허구의 영사 대표성에 기반 하는 것이다. 조치들에는 영사관 안전, 양식 완성, 인터뷰 지원자, 위조문서 감정, 문서시스템의 기능과 정보기술 인력의 훈련 등을 포함하는 쟁점들을 관리했다.[28]

둘째, 2003년 6월 이사회는 이민과 관련된 위험부담을 평가하기 위한 공동의 접근방법을 발전시킬 필요성과 관련하여 그리스 의장직에 관한 결정을 채택했다. 이러한 목적을 달성하기 위하여 살펴본 주요 방식은 비자 거부에 주어진 이유 비교와 공동 비자 획득을 위한 필요조건에 대한 세세하고 비슷하게 만들어진 리스트에 순응에 집중되었다. 부가적으로, 이사회는 3국에서의 영사관 조정을 *제 자리에서*in situ 평가하기 위한 전문가 집단 창설을 승인했다.[29] 셋째, 2003년 12월 프랑스 정부는 '회원 국가들이 또 다른 회원국에 의하여 3국에서 대표될 가능성을 추진했는데 프랑스가 이미 회원국 간에 공정한 배분에 따르는 그 3국에서 대표하고 있을 때 조차이다.[30] 공동 비자 발급은 대표 국가를 대

---

27 Council of the EU, *Adoption of Conclusions on Intensified Consular Cooperation,* doc. No. 14525/02, Visa 170 Comix 663, Brussels, 20 November 2002.

28 Council of the EU, *Catalogue of Recommendations for the Correct Application of the Schengen Acquis and Best Practices: Issuing of Visas,* doc. no. 6183/03, SCH-EVAL 7, VISA 27, COMIX 83, Brussels, 7 February 2003.

29 Council of the EU, *Improving the Efficiency of an Intensifying Consular Cooperation between the Member States in Third Countries,* doc. no. 10529/03, VISA 106, COMIX 390, Brussels, 16 June 2003.

30 Council of the EU, *Initiative of the French Republic with a View to the Adoption of a Council Decision Amending Point 1.2 of Part II of the Common Consular*

신해서 이루어지는데, 후자의 우선 승인과 함께 말이다. 영연방 국가들 간에 확장된 관행에 기반 했던 이러한 이니셔티브는 공동영사훈령에 새로운 부칙 18조 도입으로 2004년 10월 구체화되었다. 이것은 개입의 근거를 특정했는데, 공동 비자 발급을 위한 대표성 리스트와 함께 말이다.[31] 마지막으로, 2006년, 현지 영사 협력 제고의 길을 중도 하차케 하는 두 가지가 다음과 같이 취해졌다. 우선 현지 영사 협력 회의에서 위원회 사절의 대표의 체계적인 참여를 허용하고,[32] 반면에 두 번째—그리고 아마도 비자 정책의 정치적 형성이라는 견해에서 보면—비자발급 정책에 대한 모든 조항들을 통합하기 위하여 새로운 입법 도구의 설립이다. 공동체 비자법Community on Visas.[33] 한 순간, 2009년 7월 유럽 의회와 이사회 등에 의하여 채택되고 2010년 4월 일반 영사 훈령을 대신하도록 예상된 후자의 제안은 해외 영사 업무의 비자발급의 관리를 조화롭게 하는 것을 목적으로 하는 점진적인 법률 과정에서 마지막 조치를 나타내는 것이다.

그렇지만, 영사협력과 관련되어 이사회가 제안한 조치 실행의 정도 평가는 불균형적인 평가를 나타낸다. 이사회의 바람을 수행하면서, 2004년과 2005년 동안 내내 전문가 집단이 이주 압력과 비자 발급 숫자 등에 의하여 전략적으로 간주되는 3국 도시에서 현지 영사 협력을 평가하기 위하여 네 가지 임무들을 수행했다. 평가된 도시들은 카이로(2004년 5월), 뉴델리(2004년 10월), 리마(2005년 5월 그리고 북경(2005년 11

Instructions and Drawing Up a New Annexe Thereto, doc. no. 14701/03, VISA 184, COMIX 682 OC 710, Brussels, 11 December 2003.

31 Council of the EU, *Common Consular Instruction,* annexe 18, doc. 11272/2/04 REV 2, 11 October 2004를 보라.

32 Doc. 10529/03 VISA 106 COMIX 390, 4-5 December 2006.

33 European Commission, 'Draft Proposal for a Regulation of the European Parliament and of the Council Establishing a Community Code on Visas', COM 2006 (0403) final, COM 2006 (0142), 19 July 2006.

월) 등이다. 전문가들이 내린 결론은 전반적으로 부정적이다. 정보교류가 거의 없고, 각각의 수도로부터의 모니터링 부족, 공무원들의 이니셔티브 부족, 특정 국가 지역 누락 등이다.[34] 카이로와 뉴델리의 경우, 전문가들은 비자 처리 과정에서 특정 대사관이나 영사관이 비자 발급에 대해 파트너들에게 통보하지 않는 등 불규칙성이 존재한다고 강조했다.[35] 리마의 경우 결과가 더 긍정적이었는데 이는 주로 영사관 간 정보교환을 위한 IT 시스템인 'SchengenNet Peru'의 도입 덕분이었다. 마지막으로 베이징의 경우, 보고서는 유럽연합과 중국 간에 2004년 3월에 체결된 '승인받은 여행지 현황'ADS, Approved Destination Status협정 이후 협력이 최근에 증가했다고 언급했다.[36] 그러나 보고서는 신청서에 공통 도장이 없고, 대사관들이 합의한 단일 신청서 양식의 중국어 번역본이 없다는 등의 결함이 존재한다고도 지적했다.

이러한 낙심하게 만드는 결론은 순번제의 유럽연합 이사회 의장직에도 불구하고 영속적으로 유럽연합 회원국에 부과된 현지 영사 협력을 위한 책임을 위임할 가능성을 제기했다. 이미 언급했던 바와 같이, 이러한 생각은 공동비자 신청과 발급 책임을 가진 또 다른 회원국가의 영사에게 책임을 주는 하나, 여러 혹은 모든 유럽연합 회원국들을 위한 프랑스의 제안에 바탕을 두는 것이다. 선정 국가는 정상적으로 거래하거나 주재국과의 역사적인 관계를 유지하는 신청 숫자에 의하여 '주도적인 영사관'으로 불리워지고 있다. 그렇지만, 유럽연합 회원국들은 이

---

34 A. Kirkpatrick, *La política común de visados de la Unión Europea (Madrid: Dirección General de Asuntos y Asistencia Consulares–Ministerio de Asuntos Exteriores y de Cooperación,* 2006), p. 7, 저자의 허락을 받아 인용된 내부 문서.

35 예를 들면, Council of the EU, *Report on Schengen Local Cooperation during the Irish Presidency,* doc. 12373/04, 17 September 2004.

36 2004년 9월 1일부터 발효된 여행 허가 지역 협정의 목적은 단체 관광으로 유럽을 여행하기를 바라는 최소한 5명의 중국 시민 그룹을 위한 셴겐 공간을 위한 단기 비자를 위한 신청 과정을 촉진하는 것이다.

러한 관행의 확대를 매우 마지못해서 바라보아 왔다. 관행은 영사 조력 분야에서 '주도 국가'의 그것과 유사한데, 여기에서 기능 위임은 위기 상황의 일시적인 관리를 넘어선다는 것을 가지는 차이점이다. 따라서, 예를 들면, 적도 기니와 온두라스 등에서 스페인이 프랑스를 제외하곤 모든 센겐 조약을 대표하고 그리고 알바니아, 방글라데시, 보츠와나 혹은 브루키나 파소 등에서 스페인은 프랑스에 의하여 대표되는 반면에, 프랑스는 마지못해서 경험을 일반화 해 왔다. 이것인 이주 물결 특별하게 불법이민에 대한 통제 상실을 의미하기 때문이다. 사실상, 권한 위임 -이론상으로는 영속적으로—은 책임을 가지는 국가는 자신 '만'의 비자를 신청할 때 활용되는 동일한 정도의 근면성을 가지고 행동해야만 된다는 것을 의미한다. 그렇지만, 이것은 또한 문제가 있는 국가가 불법 이민의 위험부담 평가를 위한 유일한 책임을 진다는 것을 의미한다.[37] 이것은 극복하기 곤란한 신뢰에 관한 근본적인 문제를 창출하는데, 특별하게, 어떤 스페인 외교관이 지적했던 바와 같이, 1986년 (그 당시) 유럽공동체에 가입은 유럽연합의 남서 국경선이 되어 온 결과로 진입의 주요 관문들 중에 하나가 된 스페인과 같은 국가를 위해서 말이다.[38]

별다른 반대 없이 충족된 한 가지 제안은 공동비자 사무실 설립에 관한 것이다—즉, 신청서 제출을 위한 합동센터의 설립이다. 이것은 회원국가 영사관 안으로 '흡수'되는 것이 아니라 오히려 자율성과 권한을 가진 동일한 건물 영사 섹션에서 함께 하는 것이다. 2004년 보스니아-헤르체코비나에 합동 대사관을 설치했던 프랑스와 독일 등은 이러한 공동 현지 시스템 이면에 있는 중요한 세력들이다. 이와 같은 융합된 영사관이 의미했던 부가가치에 대해서 물어보면, 프랑스 외교관은 이러한 것의 설립은 공동 비자 정책에 대한 매우 균형적인 실행을 보장한다

---

37 Kirkpatrick, *La política común de visados de la Unión Europea*, p. 15.
38 2006년 3월 23일 바르셀로나에서 스페인 외교관과의 인터뷰.

고 응답했다.[39] 유사한 노선으로, 공동 영사 서비스 창설은 유럽연합 회원국들을 위하여 상당한 예산을 절감할 수 있다고 지적한 것 이외에 어떤 독일 외교관은 이것은 또한 다양한 차원의 정보와 관계자 훈련 등의 존재와 연결되는 문제들을 해결할 수 있다고 말했다.[40]

다른 한편, 매우 논쟁이 되는 것으로는 비자 신청을 처리하기 위하여 미래의 '유럽영사관' 창설에 관하여 유럽연합 집행기관에 제안된 아이디어이다. 이것은 결국 보호와 조력 등을 위한 유럽 영사 서비스를 설립하기 위한 집행기관의 제안과 연결되는 것이다. 두 가지 사례에서, 영사 협력을 유럽연합 해외 사절의 방패 하에 가정적으로 떨어지는 초국가 제도적 프레임워크 안에서 가져오게 하는 아이디어는 집중적인 초-정부주의에서 공동체주의적인 방식으로 사절들을 떼어 놓게 하는 영사 협력 활동에서의 지지와 실질적인 변화 등에 대한 유럽연합 회원국의 거부와 대립하게 된다.[41] 이러한 면에서, 강력한 초국가적인 법률에 기반한 유럽의 영사 범위의 부상은 멀고도 아마 도달할 수 없는 목표라 할 것이다.

현재로서는 유럽연합 회원국 정부들이 자발적 협력에 기반 한 거버넌스 방식에 대한 지지가 증가하고 있다. 영사 보호 및 지원의 경우, 현재의 협력 형태는 위기 상황의 예방 및 관리와 같은 특정 사례에만 제한되므로 일반적인 규칙으로 간주될 수 없다. 비자 분야에서의 영사 협력은 더 큰 공동 약속을 요구하는데, 최근 몇 년 동안 이 분야에서 상당한 진전이 있었음에도 불구하고, 유럽연합 회원국들은 여전히 외국인

---

39 2007년 2월 16일 바르셀로나에서 프랑스 외교관과의 인터뷰.

40 2006년 3월 28일 바르셀로나에서 독일 외교관의 인터뷰.

41 *'Communication de M. Robert del Picchia sur le livre vert de la Commission européenne relatif à la protection diplomatique et consulaire des citoyens européens dans les pays tiers'*, 온라인 http://www.senat.fr/ue/pac/E3376.html, last accessed on 10 October 2007에서 이용할 수 있습니다.

의 입국 및 체류 권리를 관리하는 문제를 하나의 국가에 위임하거나 공동으로 처리—더 말할 것도 없이 초국가적 기구에 위임하는 것에 대해서는—하는 데 대해 꺼려하고 있다. 이는 국가 주권과 관련된 매우 민감한 정책 영역이기 때문이다.[42]

결론적으로, 이 분야의 결과는 종합적으로 볼 때 혼재되어 있다. 영사 협력의 실행은 그러한 협력이 만들어낼 수 있는 상호 신뢰에 달려 있다. 이를 강화하기 위해서는 각국 정부와 행정기관이 자국의 이익을 방어하는 것이 일반적인 이익을 방어하는 것과 상충하지 않으며, 오히려 전자가 후자에 의존한다는 확신을 가져야 할 것이다.

결론

유럽 통합은 힘의 사용을 변환시킨다. 유럽연합은 회원국가, 행정조직, 정책 구상과 내용, 자국의 이익에 대한 형성과 태도에 대한 정의 등에 영향력을 지닌다. 그렇지만, 이러한 변화는 다음과 같이 국가가 통제하는 과정이다. 정부는 유럽연합 압력에 적응하고 저항하고 동시에 자국의 이익에 따라서 유럽 통합의 방향에 영향을 미치려고 노력한다.

영사 업무의 '유럽화'가 적절한 사례이다. 국제관계에서 새로운 도전들은 유럽연합 우산 아래에서 영사 거버넌스에 관한 새로운 협력 계획 채용으로 이끌어 왔다. 해외 영사 업무 관리가 변화하여 왔다. '주도국가' 혹은 '우월한 영사관' 등과 같은 개념이 영사 보호와 조력 그리고 비자 발급 등에 대한 분야에서 보여주는 바와 같이, 외교 세계 안에서 새로운 '적절함의 논리'[43] 개발을 위한 조건이 만들어져 왔는데, 집단

42 2007년 3월 15일과 2007년 3월 16일 등 브뤼셀에서 유럽연합 집행위원회, DG 법무와 내무부 등의 두 명의 고위 관리들과의 인터뷰.

43 J.G. March and J.P. Olsen, 'The New Institutionalism: Organizational Factors in

이익 수호에 기반하는 이익을 규정하고 노력을 정하는 새로운 방식이다. 즉, 유럽연합 회원국들은 공동 문제에 대한 공동의 해결책을 개발하기로 교훈을 얻었다.

그렇지만, 비자 확대에 관한 특별한 경우에 보아 온 바와 같이, 이것은 문제 혹은 저항이 존재했음을 의미한다. 이 분야에서 모든 권한 위임은 두 가지 분야—국경선과 비자 외교—에서 전통적으로 국가 주권에서 보면 매우 민감해 왔던 권력 양도라는 유럽연합 국가들의 소극성으로 인하여 지체가 되어 왔다. 이러한 면에서, 영사 규칙과 관행 등의 조화는 국가에서 유럽 영역으로의 정치 안으로 변화를 반영하고, 동시에 권력 이전에 관한 이러한 과정에서 본질적인 어려움을 표시하는 것이다.

유럽연합 회원국들은 지속적으로 유럽연합 국경선 안팎에서 유럽연합 시민의 안전을 넓히고 강화하기 위한 수단으로서 현지 영사 협력에 관한 부가가치에 대해서 인식하고 있었다. 게다가, 정부도 자신들도 특별하게 경제위기 시 기능에 대한 위임 유형 혹은 영사 공유 등에 대한 혜택을 무시하지 않았음을 보여주어 왔었다. 이러한 관행들은 영사행정의 유지와 관련된 인적 물적 비용 저감 이라는 이중적 혜택을 표시하는 동시에 전 세계적인 영사 관리를 보장하기 때문이다. 여전히 유럽대외협력청의 기능의 구성과 양식modality 등에 관한 논의가 밝히는 바와 같이, 유럽연합 회원국들은 유럽 외교 건물을 유럽차원에서 회원국가의 주권을 개조하기 위한 정치 기회로서 지속적으로 여긴다.[44]

일반적으로, 해외 영사업무의 '유럽화'를 분석할 때 이익은 이것은

Political life', *The American Political Science Review,* vol. 78, no. 3, 1984, pp. 734–749.

44 A.M. Fernández, '*Les Etats membres et la représentation extérieure de l'Union Européenne*', *Annuaire Français de Relations Internationales,* vol. X, 2009, pp. 583–594.

우리가 유럽외교가 직면하고 있는 새로운 전 지구적인 도전과 유럽연합 회원국들이 자신들만의 그리고 유럽연합 이익 등에서 이러한 외교의 규칙과 관행 등을 재정의하도록 준비하는 정보 등을 분석할 수 있는 렌즈lens라는 사실에 입각하는 것이다.

현재로서의 주요 결론은, 유럽연합 회원국들이 협력 시스템에 점점 더 의존하더라도, 유럽위원회가 더 중요한 역할을 하게 될 초국가적 형태의 거버넌스로의 전환 가능성은 거부하고 있다는 점이다. 따라서 유럽연합 회원국들은 주권 행사를 정부 간 협력 형태로 전환할 의향은 있지만, 그 주권을 완전히 포기할 준비는 되어 있지 않다. 이와 관련해, 진정한 의미의 유럽 외교 공동체—미래 유럽 정치 통합의 정점—가 만들어지기까지는 아직 갈 길이 멀다.

제5장

유럽 영사 서비스에서 새로운 경향:
유럽연합 인접국의 비자 정책

마라 웨세링 *Mara Wesseling*
제롬 보니파스 *Jérôme Boniface*

서론

2004년 이후 그리고 2007년 다시 한 번 확대가 이루어지면서, 유럽연합은 12개 회원국들을 통합했을 뿐만 아니라, 새로운 인접국을 향하여 자체의 외부 국경선을 확대했다.[1] 확장은 인접국들과 유럽연합 회원국가들 간에 새로운 기대와 희망 등을 불러일으켰을 뿐만 아니라 예전에는 일반적으로 무시되어 오던 도전과제들을 노정시켰다. 확장의 외부 결과에 대한 첫 번째 반응으로, (당시) 유럽연합 집행위원의 외교담당 크리스토퍼 패튼Christopher Patten과 연합공동외교안보정책CFSP 고위대표자 하비에르 솔라나Javier Solana 등은 2002년에 다음과 같이 언급했다. '인접국에서 안보, 안정, 번영을 달성하지 못한다면 그로 인한 부정적 파급효과가 결국 유럽연합에 대한 위험을 증가시키게 될 것이다.'[2] 여러

1 이들 국가들은 유럽 인접정책에 포함되는 16개국들이다. 알제리아, 아르메니아, 아제르바이잔, 벨라루스, 이집트, 조지아, 이스라엘, 요르단, 레바논, 리비아, 몰도바, 모로코, 팔레스타인 자치정부, 시리아, 튀니지아, 우크라이나 등이다.

2 Joint letter by Commissioner Patten and High Representative Solana on the 'Wider

회원 국가들의 우려가 촉발되면서, 이것은 유럽근린정책European Neighbourhood Policy, 유럽연합의 유럽 영토의 동쪽과 남쪽에 있는 국가들을 연합에 연결하려는 유럽 연합의 대외 관계 도구. 이러한 국가, 주로 개발도상국에는 언젠가 유럽 연합의 회원국이 되거나 유럽 연합과 더 긴밀하게 통합되기를 원하는 일부 국가가 포함. 출처: 위키백과의 결과를 가져왔다. 이것의 일반적인 야심은 공식적으로 다음과 같이 요약된다. '유럽근린정책은 유럽연합과 인접국 간의 새로운 분리선의 출현을 예방하기 위하여 구상된 것'이다.[3] 그러나 중부와 동부 후보국 등과의 예전 통합 프로그램과는 달리 확장은 유럽근린정책 툴박스 안에 확실하게 포함되지 않았다.[4]

행동을 위한 여러 우선 사항들이 유럽연합과 새로운 인접국 등을 위한 안정, 안보 그리고 번영 등을 제고하도록 만들어졌다. 중요한 안건은 정치 경제 개혁의 실천이었다. 이것은 민주주의, 인권과 법치주의 등을 위한 적절한 존중뿐만 아니라 결국은 커다란 번영과 높은 생활수준 등으로 이끌도록 강화되기를 기대하는 것이다. 규제 융합과 표준근사치 등은 인접국 개혁 아젠다 지원을 위한 하나의 방식으로 여겨졌고 인접국들에게 유럽연합의 내부 시장 안으로 통합하도록 했다. 그렇지만, 이러한 통합의 정확한 형식은 지금까지도 매우 애매하게 남아 있다. 그러나 처음부터 유럽근린정책의 주요 목표는 비회원국가에 대한 유럽연합의 국내 규칙을 확장함으로써 유럽연합의 가장 가까운 외국 지역을 통한 안보공동체를 창출하기 위해서였으며, 특히 지리적으로 인접한 이웃 국가들을 대상으로 유럽연합의 규정을 비회원국으로 확장시키려는 것이었다.[5] 국경을 통제하고, 마약과 인신매매와 가장 중요한 불법 이민

Europe', 8 August 2002.

3 European Commission, *The Neighbourhood Policy Strategy Paper,* COM(2004)373 final, Brussels, 12 May 2004, p. 3.

4 그렇지만 이것은 장기적인 면에서 유럽연합 가입할 가능성을 배제하지 않는다.

5 S. Lavenex, 'EU External Governance in "Wider Europe" ', *Journal of European Public*

등에 싸워서 '유럽근린정책의 센겐화Schengenization'에 길을 깔아 놓는 것이다.[6]

아직도 몇 가지 유럽근린정책 목적의 실천을 위하여, 유럽연합은 유럽연합 회원국들의 대사관과 영사관 네트워크에 전적으로 의존하고 있다. 본장에서는 유럽연합의 공동비자정책을 통하여 유럽근린정책 국가들에서 영사업무의 변화를 고찰하는 것이다. 비자발급은 유럽연합과 인접국들 간의 관계에서 매우 논쟁적인 문제이어 왔는데, 유럽근린정책의 두 가지의 대조되는 야심 간의 중요한 모순을 나타낸다. 한편으로 유럽연합은 이웃 국가들과 정치적, 문화적, 경제적 관계를 강화하고자 하면서도 유럽근린정책 국가들의 국민들은 유럽근린정책에서 약속한 바와 같이 유럽연합과의 긴밀한 관계를 기대하고 있었기 때문에 영사관이 이를 충족시켜주지 못할 때 실망감을 감추지 않았다. 반면에, 유럽연합은 외부 국경을 통해서 사람들의 이동을 통제하고 제한하기를 원했다.[7] 외교문제와 국내 관심 간의 이러한 '고전적인 딜레마'는 매우 복잡하기까지 해서 만들어졌다. 이 분야에서 공동의 유럽적인 필요조건 때문이다. 상반되는 목적들 간에 조화를 이루기 위하여, 늘어나는 비자 신청숫자에 대처하기 위한 역량을 제고하기 위하여, 그리고 매우 일관된 영사 협력을 보장하기 위해서 등은 유럽연합에게 영사 활동 관리에 관한 새로운 도구와 새로운 방식 등을 개발하도록 재촉해 왔다. 이러한

Policy, vol. 11, no. 4, 2004, pp. 680–700; and K.E. Smith, 'The Outsiders: The European Neighbourhood Policy', in T. Balzacq and S. Carrera, *Security versus Freedom? A Challenge for Europe's Future* (Aldershot: Ashgate, 2006), p. 211.

6 R. Zaiotti, *'La propagation de la sécurité: l'Europe et la Schengenisation de la Politique de voisinage', Cultures et Conflits,* no. 66, 2007, pp. 61–76.

7 J. Boniface, M. Wesseling, K. O'Connell and A. Ripoll Servent, *Visa Facilitation Versus Tightening of Control: Key Aspects of ENP,* e-study of the European Parliament AFET Committee (Brussels: European Parliament, February 2008), 온라인 http://www.tepsa.eu/docs/visa_facilitation.pdf에서 이용할 수 있습니다.

점에서, 유럽근린정책은 전례가 없는 시험을 위한 중요한 시험실이 되어 오고 있다.

본장에서는 비자신청과 관련하여 유럽 영사 서비스를 개선하기 위하여 유럽연합 집행기관에 의하여 추진되는 세 가지의 옵션들을 다음과 같이 살핀다. 유럽연합 회원국가 영사관들 간의 협력제고, 공동 영사 대표성, 영사 업무 아웃소싱 등이다.[8] 세가지 옵션들 각각은 유럽근린정책 안의 영사 업무에 관한 특별한 맥락에서 하나씩 살펴 볼 것인데, 유럽연합 회원국과 유럽근린정책 국가 등을 위한 각 옵션의 장단점을 구별하기 위해서이다. 더욱이, 외교에도 영향을 미치고 있는 중인 공공정책에서 새로운 트렌드가 나오고 있다. 이러한 트렌드에는 시민, 양질의 영사 서비스 전달에 대한 정부,[9] 비국가 행위자 포함[10] 그리고 특별한 민간 부문 뿐만 아니라 유럽적인 맥락에서 국내외정책 간의 긴장[11] 등으로부터 높은 기대를 포함했다. 본장에서는 외교에서 이러한 매우 일반적인 트렌드를 고려할 것이고 세 가지 옵션들이 어떻게 이러한 트렌드와 연관되어 논의되는지를 평가할 것이다.

이어지는 섹션에서는 유럽근린정책에 참여 중인 국가에서 유럽 비

---

8 European Commission, *Proposal Amending the Common Consular Instructions on Visas for Diplomatic Missions and Consular Posts in Relation to the Introduction of Biometrics Including Provisions on the Organization of the Reception and Processing of Visa Applications,* COM(2006)269 final, Brussels, 31 May 2006.

9 R. Jones-Bos and M. van Dalen, 'Trends and Developments in Consular Services: The Dutch Experience', *The Hague Journal of Diplomacy,* vol. 3, 2008, pp. 87-92; A.M. Fernandez, 'Consular Affairs in the EU: Visa Policy as a Catalyst for Integration?', *The Hague Journal of Diplomacy,* vol. 3, 2008, pp. 21-35; and M. Heijmans and J. Melissen, 'The Rising Challenge of Consular Affairs: Cinderella in the Limelight', *Clingendael CDSP Paper,* June 2006.

10 Jones-Bos and van Dalen, 'Trends and Developments in Consular Services', pp. 87-92; Fernandez, 'Consular Affairs in the EU', pp. 21-35; and Heijmans and Melissen, 'The Rising Challenge of Consular Affairs'.

11 S. Riordan, 'Reforming Foreign Services for the Twenty-First Century', *The Hague Journal of Diplomacy,* vol. 2, 2007, pp. 161-173.

자정책의 맥락을 소개한다. 이어지는 세 개의 섹션에서는 비자에 대한 유럽 영사 서비스 개선을 위한 옵션을 살필 것인데, 위에서 언급한 바와 같이 말이다. 마지막 섹션에서는 인접국 안에서 비자발급을 촉진하기 위하여 공동체 차원에서 유럽연합집행기관에 의하여 제안되는 심층적인 상세한 부분을 다룬다.

유럽근린정책에서 영사 업무

이동성—혹은 매우 정확하게 이에 대한 부족—은 유럽연합과 인접국 간의 지속적인 논쟁 지점이어 왔다. 문제는 주로 아홉 개의 중부와 동부 유럽연합 회원국들이 셴겐 지역에 가입해서[12] 유럽연합 안에 국경이 없는 지대를 확대한 반면에 동시에 3국 시민의 입국에 대한 매우 엄격해진 조건을 부과했을 때인 2007년 12월 이후 매우 예민해지기까지 했었다. 셴겐 지역 확대에 대한 후자의 결과는 전 지역에 대한 중요한 영향력을 지녔다. 셴겐 협약의 새로운 회원국들은 동쪽 인접국들과의 광범위한 국경선을 공유하기 때문이다.

주민들의 이동이 일상적이고 상대적으로 용이했던 526킬로미터나 되는 폴란드-우크라이나 국경과 같은 지역에서, 국경선을 넘나드는 것이 갑자기 매우 어렵게 되고 말았다. 더욱이, 셴겐 레짐의 확대와 사실상의 높은 비자 비용 부담 등은 자유로운 이동에 대한 강력한 저해 요인을 형성했다. 35와 60유로 사이에서, 셴겐 비자 가격은 관련 대다수 주민들에게는 극도로 비싼 것으로 남고 결국 인접국과 유럽연합 간의 합법적이고 자유로운 여행을 방해하는 것이다.

12 체코 공화국, 에스토니아, 헝가리, 라트비아, 리투아니아, 몰타, 폴란드, 슬로바키아와 슬로베니아 등이 2007년 12월 셴겐 지역에 합류했다. 몰타를 제외한 모든 국가들은 중부와 동부 유럽 국가들이다.

유럽연합과 인접국 간의 새롭게 강화된 관계형성의 전망으로 인하여 상당한 기대가 높아졌다. 그렇지만, 이러한 희망은 급격하게 참담한 실망으로 전환되었다. 유럽연합 회원 국가들은 이동성을 전달하기 위한 각별한 의지를 보여주고 인접국 시민들을 위한 비자발급을 촉진하지도 않았기 때문이다. 예를 들자면 우크라이나에서는 유럽연합의 영사관에서 굴욕적인 경험에 대한 이야기가 언론에 자주 보도되거나 여론으로 자주 표현되었는데 이는 까다로운 절차[13]로 인해 지연되는 시간과 어려움 그리고 영사관 직원들이 업무를 수행할 때 내비치는 지나친 의심을 지적하는 경우가 많았다.

예를 들면, 어린이 합창단이 센겐 비자를 위한 신청서를 제출했을 때 자격을 증명하기 위하여 키이후Kiev 포장도로에서 노래를 강제로 부르게 했다고 보도된 바 있다.[14] 이러한 종류의 이야기들은 유럽근린정책 파트너 국가들에서 매우 익숙하고 일반시민들 사이에서 분노와 좌절을 촉발시키는데 심각하게 기여해서 그들에게 일반적으로 전달하는 유럽연합의 가치 중심 신뢰감을 어떻든 간에 저감 시킨다. 유럽연합은 민주주의 원칙, 법치주의와 인권 등을 모니터링할 때, 위선이라고 의심받는다. 인접국에서 일반적인 인식은 유럽연합은 근본적으로 무역과 경제 목적 등을 추구하는 데만 관심 있는 반면에 유럽연합은 근본적인 권리 원칙에는 형식적인 관심만 기울인다는 것이다. 유럽근린정책에 관한 유럽연합의 야심에서 이러한 모순은 깊은 좌절감을 야기시키고 인접국 지역 안에서 유럽연합의 부정적인 이미지를 지속적으로 확산시키는 중이다. 유럽연합 회원국의 영사관들은 응답할 필요가 있다. 유럽연합이

---

13 I. Kruse and F. Trauner, *EC Visa Facilitation and Readmission Agreements: Implementing a New EU Security Approach in the Neighbourhood,* CEPS working document, no. 290, (Brussels: Centre for European Policy Studies, 2008), p. 14.

14 P. Runner, 'EU Warns Ukraine on Upcoming Elections', *EU Observer,* 15 September 2007.

비자정책에 대하여 더 많은 것을 전달하려고 노력해야 되는 이유이기 때문이다. 인접국 시민을 위한 근본적인 쟁점만이 아니라[15] 비싼 개혁 수용의 정도가 유럽인접정책 액션 플랜과 인접정책의 총제적인 성공 등 역시 매력적인 인센티브를 유럽연합의 역량으로 창출할 의무가 있기 때문이다.

그러나, 선린인접관계와 국내 안보 우려 간에 맞닥뜨리는 유럽연합의 딜레마는 유럽연합 정책결정의 전례가 없는 성격에 의하여 매우 복잡하게 만들어진다. 3 국적자의 자유로운 이동 분야에서, 광범위하고 복잡하고 다층적인 이해관계와 우선사항 등에 대한 망은 종종 자체적으로 모순된다. 유럽연합 집행기관 부처들 안에서도 다양한 견해가 존재하는데, 예전 유럽연합외부행동RELEX, EU External Action 그룹핑과 새롭게 설립된 국내문제총국Home Affairs Directorate General, 유럽연합 집행위원회와 유럽연합 회원국가 뿐만 아니라 회원국 자체 간에도 존재한다. 이러한 복잡한 제도적인 현실은 비자 분야에서 핵심적인 중요 사항이다. 단기비자 발급을 위한 절차와 조건 등을 규율하는 일반 비자정책은 이동에 대한 합동 유럽연합 접근방법을 형성하는 경향이 있지만, 이러한 공동정책의 실천은 자신들만의 영사관 네트워크를 통하여 유럽연합 회원국들의 권한으로 떨어진다. 아직도 우선사항, 신청과 제한 등은 하나의 유럽 외교 부서에서 다른 것까지 다양해서, 인접국정책의 총제적인 일관성을 위협하고 있다. 이것은 주로 유럽연합집행기관에 의하여 추진된다. 인접국 시민에게 비자를 발급할 때, 국가이익과 우선 사항 등은 빈번하게 유럽연합의 일관성을 압도하게 된다.

---

15 N. Wichmann, *The Intersection between Justice and Home Affairs and the European Neighbourhood Policy: Taking Stock of the Logic, Objectives and Practices,* CEPS working document, no. 275 (Brussels: Centre for European Policy Studies, 2007), p. 15.

예를 들면, 유럽연합의 새로운 회원국들은 동유럽 인접국에게 비자를 발급할 때 기존 회원국들보다도 상당히 관대해지는 경향이 있다—이들 국가들을 묶어주는 오랜 기간의 역사적이고 문화적인 연계 때문만이 아니라 새로운 회원국 정부가 자신의 직접적인 인접국과의 선린관계 유지가 자신들을 안정화시키거나—우크라이나의 경우과 같이—혹은 민주화 하는데—벨라루스와 같이—도움 줄 것이라고 믿기 때문이다. 폴란드 영사관에서, 벨라루스 시민에게 비자발급은 순수하게 기술적인 문제만이 아니라 이것은 명백한 정치적인 제스츄어이다! 모든 종류의 우려들이 다음과 같이 비자발급의 기저를 이룬다. 국가 노동시장 보호가 이것들 중에 하나가 될 수 있다. 몇몇 유럽연합 회원국들은 이러한 포인트를 자신들의 아젠다에 우선사항으로 만들어 놓고 있다. 반면에 다른 국가들은 그렇지 않다. 이에 따라서 회원국들의 첫 번째 카테고리는 자신들의 영토로 기꺼이 여행하려는 인접국 출신의 실업자에게 비자 발급을 제한하는 경향이 높다.[16]

유럽연합 회원국들이 비자를 발급하는 비일관성에 대한 또 다른 사례로는 인접지역의 동부와 남부지역에서 센겐 비자 거부율에서 존재하는 큰 차이에서 관찰될 수 있다. 2007년, 남부 유럽근린정책에서 센겐 비자 신청의 약 25퍼센트가 거부된 반면에, 이것은 좀처럼 동부에서는 5퍼센트까지 도달하지 않았다.[17] 수치를 더 깊이 들여다보면 유럽연

16 J. Boratynski et al., *Visa Policies of the European Union Member States: Monitoring Report* (Warsaw: Stefan Batory Foundation, June 2006), p. 33. 보고서에서는 동유럽 내부의 실업자와 학생 층 사이에서 거부율을 인용한다. 프랑스는 2005년 말 이 지역 인구 수요의 50퍼센트를 거부한 반면에 폴란드만이 수요에 4퍼센트 만을 거부했다.

17 이러한 것들은 일괄 비자 (SCH/Comex (94) 25) 발급에 대한 통계정보 교환에 대하여 1994년 12월 22일 센겐 집행위원회의 결정에 순응해서 회원국에 의하여 제공되는 지표에 근거하는 것이다. 2003년 데이터의 경우엔, Council document no. 7496/04 VISA 51 COMIX 195, 10 May 2004를 보는데, register.consilium.europa.eu/pdf/en/04/st07/st07496.en04.pdf에서 이용할 수 있습니다(2008년 1월 20일 접속). 2004년 데이터의 경우엔, Council document no. 9749/05 VISA 134 COMIX 377, 3

합의 영사관들 사이에서도 큰 차이가 있다는 것을 알 수 있으며, 일부 유럽연합의 국가들은 다른 국가들보다 명확하게 더 개방적인 태도를 보이고 있었다. 수요 숫자로 보는 커다란 차이가 다음과 같이 강조되어야만 한다 : 몇몇 유럽연합 회원국들은 커다란 비자 수용에 직면하는 반면에 다른 국가들은 매우 적은 숫자의 수요만 받아들인다. 이것은 유럽연합 회원국의 영사관 비자 수요를 신청하는 방식에 영향을 미치는 경향이 있다. 이에 대하여 다음 세 개의 섹션에서는 이러한 영사관들이 협력을 강화함으로써 유럽근린정책의 국가들로부터 증가하는 비자 수요에 대응하는 방식을 다룰 것이다.

영사관들 간의 협력 강화

영사업무에서 협력은 1990년대 중반부터 유럽연합 아젠다에서 나타났다.[18] 이 기간 동안 유럽 내부 시장 탄생을 보았다. '유럽 시민'은 자유롭게 여행하고 거주할 수 있다. 체계적인 국경 검문이 폐쇄되는 지역에서 통제를 유지하기 위하여, 센겐 협정의 형태로 보상조치가 서명되었다.[19] 이 협정은 내부 안전을 보장하기 위한 경찰과 사법 협력 등에 중

June 2005보는데, register.consilium.europa.eu/pdf/en/05/st09/st09749.en05.pdf에서 이용할 수 있습니다(2008년 1월 20일 접속). 2005년 데이터의 경우엔, Council document no. 6813/06 VISA 61 COMIX 196, 19 July 2006를 보는데, register.consilium.europa.eu/pdf/en/06/st06/st06813.en06.pdf(2008년 1월 20일 접속). 2006년 데이터의 경우엔, Council document no. 10700/07 VISA 187 COMIX 556—12/06/2007 보는데, register.consilium.eu ropa.eu/pdf/en/07/st10/st10700.en07.pdf에서 이용할 수 있습니다. 2007년 데이터의 경우엔, Council document no. 8215/08 VISA 130 COMIX 282, 8 April 2008 보는데, register.consilium.europa.eu/pdf/en/08/st08/st08215.en08.pdf에서 이용할 수 있습니다.

18 A.M. Fernandez, 'Consular Affairs in the EU: Visa Policy as a Catalyst for Integration?', *The Hague Journal of Diplomacy*, vol. 3, 2008, pp. 21–35.

19 온라인 http://europa.eu/scadplus/leg/en/lvb/l33020.htm 그리고 P. Hobbing, 'Integrated Border Management at the EU Level', in T. Balzacq and S. Carrera (eds), Security

점을 두었지만, 셴겐 협정은 유럽연합과 제3국 시민을 위한 매우 직접적인 영향력뿐만 아니라 유럽연합 회원국의 영사 업무를 위한 중요한 파급효과 등을 가졌다. 셴겐 협정은 셴겐 지역 안에서 자유로운 이동을 허용하지만 확대된 자유의 대가는 유럽연합의 외부 국경에서 통제 강화로 이어졌다.

이전 장에서 논의한 바와 같이, 모든 유럽연합 시민을 위한 영사 조력과 보호 등은 1990년대 동안 유럽연합법에 자리 잡게 되었다. 이것은 또한 공동 비자정책이 유럽연합 안에서 그리고 유럽연합으로 여행하기 위하여 (셴겐) 비자 소지를 필요로 하는 제3국적자의 자유로운 이동을 보장하는데 필수적인 것임을 이 시기 동안 명확해지게 되었다. 2005년에 채택된 공동영사훈령CCI, Common Consular Instructions은 공동 비자 정책의 초석인데, 셴겐 단일비자발급을 위한 공동 규칙을 제공했다. 비자 신청에 관한 행정절차를 맞추는 법률교재 채택과는 별도로, 유럽연합 회원국들은 현지영사협력LCC, Local Consular Cooperation에 관한 심층적인 이니셔티브와 이것을 보완할 필요성을 반복해서 주장했다.

'효율성 제고와 3국에서 현지 셴겐 협력 강화에 관한 집행기관의 결정'에는 이러한 이니셔티브들은 다양한 차원에서 취해져야만 한다고 언급되었다. 첫째로, 유럽연합 회원국 차원에서, 국가당국은 다른 유럽연합 회원국들의 영사관들과의 협력에서 영사서비스를 적극적으로 준비하고 정보 제공하며 그리고 지원하고 있다. 현지 차원에서, 유럽연합 영사관들은 불법 이민의 위험성과 같은 최고의 관행과 정보를 교환하기 위하여 만나야만 한다. 의장직에 있는 유럽연합 회원국은 협의와 조정 과정을 주도해야만 하고 모든 유럽연합 영사관 직원을 위한 공동 훈련을 정기적으로 조직해야만 한다. 더욱이, 유럽연합 의장직과 관련 집행기관

versus Freedom? *A Challenge for Europe's Future* (Aldershot: Ashgate, 2006), p. 155을 참조하라.

등은 현지 영사 협력에서 반복되는 문제를 다루는데 책임이 있다.[20]

현지 영사 협력이 구상되고 해결책을 제공하는 방식은 유럽연합 회원국에게는 매우 매력적이다. 공동영사훈령에 적시된 바와는 다음과 같다 : "지역 영사 협력의 형태, 범위 및 강도는 현지 상황을 반영해야 한 하며 이러한 협력은 *비공식적*이고 *임시적*인 방식으로 수행될 수 있다."[21] 이렇게 내재된 유연성built-in flexibilit은 회원국들이 영사 업무의 유럽화에 대해 가지는 소극적인 태도와 잘 맞아떨어지는 것이었으며, 유럽 집행위원회나 유럽 영사 서비스로의 권한 이양을 요구하지 않는 다른 도구들을 선호하게 만들었다. 영사 서비스와 특별하게 비자 발급 등은 국가 영토로 진입 허가와 어떤 조건 하에 결정하는 유럽연합 집행위원회에게 허용하는 국가 주권에 대한 민감한 쟁점과 너무 긴밀하게 연계되는 것이다.[22]

유럽연합의 소국뿐만 아니라 대국 등은 그들은 이 분야에서 아무런 협력 없이 영사 업무의 전체 부담을 지울 수 없음을 인식한다, 특별하게 유럽근린정책 파트너 국가들에서, 비자 신청 건수는 2003년과 2007년 사이에 엄청나게 늘어났다—100 만 명에서 300만 명 이상. 2007년, 전 세계적으로 전체 센겐 비자 신청의 25퍼센트가 유럽근린정책에 의하여 취급되는 16개국으로부터 나오는 것이었다.[23] 비자 신청에

20 예를 들면, Council of the European Union, 'Council Conclusions on Improving the Efficiency of and Intensifying Local Schengen Cooperation in Third Countries', press release, 2768th Justice and Home Affairs Council meeting, Brussels, 4-5 December 2006.

21 European Commission, *Common Consular Instructions,* adopted November 2005, chapter VIII, art. 1.

22 Boniface, Wesseling, O'Connell and Ripoll Servent, *Visa Facilitation versus Tightening of Control.*

23 이러한 지표는 센겐에 참여 중인 유럽연합 회원국들이 비자에 관한 자신들의 통계를 공유하는 이사회 문서에 기반 하여 계산되는 것이다. 이슬라엘 시민들은 비자 의무에서 면제되더라도, 이스라엘 주재 영사관은 유럽연합으로 여행하기 위한 비자를 필요

관한 현지 영사 협력을 통한 책임 부담은 압도적인 수요를 다루기 위한 한 가지 방식이 되어 왔다.

또한, 비자 의무는 유럽연합 회원국 영토로 비정기적이거나 바람직하지 않은 입국을 예방하는데 필수적이다. 제3 국적자가 유럽연합 영토 안에서 불법적으로 거주하기 위한 단기 여행체류를 이용하는 데 우려가 많음에 이어서, 유럽연합 회원국들은 그들에 대한 통제를 강화해 왔다. 공동 비자 정책에 대한 일관된 실행에 도달하기 위하여, 협력은 필수적이다.[24] 영사관들은 공동으로 이민 위험부담을 평가하고 '비자 쇼핑'을 막기 위하여 다른 센겐 혹은 유럽연합의 비-센겐 국가들에게 정보제공 등을 하는데 공유하는 이해관계를 가진다.[25] 심층적인 협력과 내부 안보 강화 등을 위한 중요한 도구는 2009년에 운용되기 시작한 비자정보시스템VIS, Visa Information System이다. 이 시스템은 모든 비자 신청과 거부 등을 추적하기 위하여 영사관을 지원하는 것으로 짜여져 있

로 하는 팔레스타인 지구에 거주하는 시민들로부터 수많은 신청 서류를 받는다. 이러한 이유 때문에, 이스라엘 주재 비자 신청은 고려되는 것이다. 2003년 데이터의 경우엔 no. 7496/04 VISA 51 COMIX 195, 10 May 2004를 보는데, 온라인 register.consilium.europa.eu/pdf/e n/04/st07/st07496.en04.pdf에서 이용할 수 있다. 2004년 데이터의 경우엔, Council document no. 9749/05 VISA 134 COMIX 377, 3 June 2005를 보는데, 온라인 register.consilium.europa.eu/pdf/en/05/st09/st09749.en05.pdf에서 이용할 수 있다. 2005년 데이터의 경우엔, Council document no. 6813/06 VISA 61 COMIX 196, 19 July 2006를 보는데, 온라인 register.consilium.europa.eu/pdf/en/06/st06/st06813.en06.pdf에서 이용할 수 있다. 2006년 데이터의 경우엔, Council document no. 10700/07 VISA 187 COMIX 556, 12 June 2007를 보는데, 온라인 register.consilium.europa.eu/pdf/en/07/st10/st10700.en07.pdf에서 이용할 수 있다. 2007년 데이터의 경우엔, Council document no. 8215/08 VISA 130 COMIX 282, 8 April 2008에서 보는데, 온라인 http://register.consilium.europa.eu/pdf/en/08/st08/st08215.en08. pdf에서 이용할 수 있다(가장 최근 접속은 2008년 10월 15일). 또한 J. Boniface and M. Wesseling, *'La politique de voisinage face au délicat dilemme de la mobilité'*, *Eipascope*, vol. 3, 2008, pp. 25-30를 참고하라.

24 A. Meloni, *Visa Policy in the European Union Structure* (Berlin and New York: Springer, 2006), p. 156.

25 *Common Consular Instructions*, chapter VIII, art. 1 and 2.

는데, 하나의 데이터베이스 안에 과거와 현재 센겐 비자 신청에 관한 모든 데이터를 가지고 있고 유럽연합 회원국 간에 이 정보의 교류를 허용하고 있다.[26]

현지 영사 협력이 영사 서비스를 제고하고 '정책 형성'[27]을 개선하는데 도움을 주더라도, 유럽연합 영사관들이 공동비자정책을 관리 실천하는 방식은 인접 정부뿐만 아니라 유럽연합 내외에서 민간 자유 방위단체 등으로부터 상당한 비판을 불어 일으켜 왔다.[28] 마그레브Maghreb, 북아프리카의 모로코, 알제리, 튀니지에 걸친 지방에서 비장 신청자와의 인터뷰는 절차의 불투명함, 비자 거부 경우에 설명 부족과 영사관 밖에서 대기 행렬 등을 강조했다.[29] 우크라이나에서 시행된 유사한 인터뷰는 영사 직원에 의한 비자 신청에 관한 개탄스러운 처사를 언급하는데, 차별감과 긴 절차 등이다. 또한, 스테판 바토리Stefan Batory 재단은 인접 동부 파트너 국가 출신 여행객들은 비자 신청의 최종 결과보다는 더욱 중요한 것으로 절차에 관한 비우호적인 처사와 연속 등을 인지한다.[30]

유럽근린정책 파트너 국가들에서 부정적인 여론은 장기적인 시기로 해로울 수도 있고 인접국 정부와 유럽연합 간의 관계형성에 심각하게 영향을 줄 수 있다. 이러한 정부들은 스스로 정치적 '균열'로 빠지고 여론에 의한 압력에 놓이게 되기 때문에, 이것은 유럽연합에 좀 더 용

---

26 Boniface, Wesseling, O'Connell and Ripoll Servent, *Visa Facilitation Versus Tightening of Control,* p. 4.

27 Meloni, *Visa Policy in the European Union Structure,* p. 156.

28 바토리 재단Batory Foundation은 이러한 투쟁의 선두자로서 잘 알려져 있다. 예를 들면, J. Boratynski *et al., Neighbours and Visas: Recommendations for a Friendly European Union Visa Policy* (Warsaw: Stefan Batory Foundation, September 2006)를 참조하라.

29 L. Bonelli, *'Demander un visa Schengen: expériences individuelles', Cultures et Conflits,* vol. 50, no. 2, 2003, pp. 53-62.

30 J. Boratynski *et al., Visa Policies of the European Union Member States: Monitoring Report* (Warsaw: Stefan Batory Foundation, June 2006).

이 하게 접근을 필요로 하는데, 정부들은 어떤 보상 없이 유럽연합 생산품과 회사 등에 대한 상당한 문호개방 비판을 우려해서 주민의 자유로운 이동에 대한 타협에 도달하는데 실패를 나타냈다. 비자 문제에 대한 강력한 태도를 유지하는 반면에, 이에 따라서 유럽연합은 유럽연합과의 대화를 추진할 때 자신만의 주민의 시각에서 너무 부드럽게 바라봄으로써 자국을 개혁하는데 헌신하는 약간은 귀중한 근린 파트너들을 상실하게 된다.

유럽연합 회원 국가들은 공동영사훈령과 예견된 공동체비자법 등에 제시된 절차를 개선하고 걸맞게 함으로써 이러한 불만들에게 반응한다. 예를 들면, 후자인 공동체비자법은 영사관들에게 비자 거부를 위한 동기를 파악할 필요로 한다. 절차의 조정은 영사관들에게 비자 신청에 관한 투명성과 동등한 대우 등을 개선시키는데 도움 준다. 더욱이, 비자 정보 시스템의 두 번째 목적은 비자신청에 관한 평가에 속도를 내게 하고 정부 허가를 받은 선량한 여행가들을 위한 신청을 촉진한다. 최적의 관행을 공유하는 것은 몇몇 대사관과 영사관 등에게 필요로 하는 비자신청 절차와 서류 등에 대한 정보 웹사이트를 개설하도록 해 주었다. 그럼에도 불구하고, 유럽근린정책 파트너 국가들 주민들의 자유로운 이동에 대한 장애와 이러한 면에서 영사 당국에 의하여 행해지는 역할 등이 자주 언급되어 오고, 가장 중요한 것은 아닐지라도, 유럽연합과 유럽연합의 가장 긴밀한 파트너 간의 관계를 약화시키는 논의의 핵심 포인트로 남는다.

또한, 정보공유는 정보가 불완전하거나 결정이 전달하지 않을 때 문제를 내포한다. 보넬리Bonelli는 다른 여행 때문에 프랑스 대사관으로부터 거부당한 어떤 튀니지 시민의 비자신청 거부 사례를 인용한다.[31]

---

31 Bonelli, *'Demander un visa Schengen: expériences individuelles'*.

비자정보시스템의 도입 후 다른 유럽연합 회원국이 내린 결정을 자동으로 수용하는 사례는 더욱 증가할 것이며, 이는 제3국 국민들의 입지를 약화시키게 된다. 비자정보시스템을 통한 정보 교환과 관련된 다른 문제로는 데이터 보호 장치의 부족과 프라이버시 침해의 우려가 있다.[32]

유럽근린정책 파트너 국가 시민들의 자유로운 이동을 위한 점증하는 수요가와 유럽연합 쪽으로부터 늘어나는 안보 우려 등은, 어느 정도, 다음과 같이 충돌하고 있는 중이다. 유럽연합 회원국 영사관들은 충돌 지점에 서 있고, 충돌하는 목적 간의 균형을 찾으려고 노력하는 중이다. 현지 영사 협력은 높은 수요와 거북스러운 안보 조건 등에 의하여 더딘 절차의 질과 속도 등을 개선하도록 허용하는데, 아직도 이러한 필요조건에 대한 합의점은 없다. 회원국들에게 있어 영사 현지 협력의 또 다른 중요한 이점은 주권을 유럽연합에 이양하지 않고서도 업무량이 많은 영사관의 부담을 덜어줄 수 있다는 점이다. 그러나 앞서 언급한 바와 같이, 영사관 간의 정보 교환과 관련하여 지역 영사 협력에는 몇 가지 위험 또한 내포하고 있었다.

공동 영사 대표

유럽근린정책 국가들에 대한 대사관과 영사관 등의 분포는 매우 불균형적이다. 몇몇 국가들—예를 들면, 우크라이나, 이집트와 이스라엘—은 자국 영토에 거의 모든 유럽연합 회원국들의 영사 업무 서비스를 진행하는 반면에, 다른 국가—예를 들면, 아제르바이잔, 아르메니아와 몰도바—들은 소수만을 유지하고 있다(표 1를 보라). 특별하게 유럽연합의 소국들은 전 세계적으로 대사관과 영사관 네트워크 유지를 수용하는

32 E. Brouwers, *Digital Borders and Real Rights: Effective Remedies for Third Country Nationals in the Schengen Information System* (Leiden: Brill, 2008).

여분의 재정적 행정적 비용을 감당할 수 없다. 1963년 영사 관계에 관한 비엔나협정에서 자세하게 설명한 바와 같이, 대사관과 영사관 등은 전 세계적으로 국가의 대표성을 많이 보장하기 위하여 다른 국가에 대한 자국 이익 보호를 위임하거나 부지를 공유한다. 유럽근린정책 국가와 관계에서, 유럽연합 회원 국가들은 두 가지 옵션을 활용한다.

2006년 5월에 유럽연합 집행위원회는 공동신청센터CAC, Common Application Centres 도입을 위한 제안을 발표했다. 이것은 유럽연합 회원국가 영사관들 사이에서 노력 활용을 위한 법률적인 프레임워크를 설립한 것이다.[33] 이러한 시험은 유럽근린정책 파트너 국가들에서 영사 서비스를 위한 지속적인 수요에 대응하고, 생체 측정 기술biometric technology 도입 비용을 저감 하고 비자 신청자에 대한 서비스 전달을 개선하도록 구상되었다. 공동신청센터는 두 개 이상의 유럽연합 회원 국가들의 영사 직원들로 나누어 져서, 비자신청을 받기 위하여 한 건물 안에서 이들의 노력을 활용하는 것이다. 신청은 결정에 책임지는 유럽연합 회원국들에게로 전달된다. 신청자가 방문하기를 바라는 국가 영사는 비자 발급의 여부에 대해서 결정을 취한다. 이에 따라서 이것은 관행상 주권이 전달되지 않고 각각의 유럽연합 회원국은 비자 신청에 대한 독자적이고 자율적인 결정을 지속적으로 할 수 있음을 강조하는 것이 중요하다.

---

33 European Commission, *Proposal Amending the Common Consular Instructions on Visas for Diplomatic Missions and Consular Posts in Relation to the Introduction of Biometrics Including Provisions on the Organization of the Reception and Processing of Visa Applications,* COM(2006)269 final, Brussels, 31 May 2006.

도표 1 : 유럽근린정책 국가들의 영사외교 서비스

	BE	BU	CY	CZ	DE	DK	EL	ES	EST	FI	FR	HU	IE	IT	LA	LI	LU	MT	NL	OS	PO	PT	RO	SE	SL	SVK	UK	Total
Algeria																												18
Algiers	X	X		X	X	X	X	X			X								X	X	X	X		X			X	15
Annaba																												1
Oran								X			X																	2
Armenia																												8
Yerevan		X			X		X				X			X							X		X				X	8
Azerbaijan																												9
Baku		X			X		X				X			X	X						X		X				X	9
Belarus																												17
Brest																					X							1
Grodno																X					X							2
Minsk		X	X	X	X				X		X			X	X	X					X		X			X	X	13
Vitsyebsk															X													1
Egypt																												28
Alexandria							X	X						X													X	4
Cairo	X	X	X	X	X	X	X	X		X	X	X	X	X		X		X	X	X	X	X	X	X	X	X	X	24

도표 1 *(계속)*

	BE	BU	CY	CZ	DE	DK	EL	ES	EST	FI	FR	HU	IE	IT	LA	LI	LU	MT	NL	OS	PO	PT	RO	SE	SL	SVK	UK	Total
Georgia																												**14**
Poti		X																										1
Tbilisi		X		X	X		X		X		X			X	X	X			X		X		X				X	13
Israel																												**32**
Eilat																											X	1
Jerusalem	X						X	X			X			X										X			X	7
Tel Aviv	X	X	X	X	X	X	X	X		X	X	X	X	X	X	X			X	X	X	X	X	X	X	X	X	24
Jordan																												**15**
Amman	X	X	X	X	X		X	X			X	X		X					X		X		X	X			X	15
Lebanon																												**17**
Beirut	X	X	X	X	X	X	X	X			X	X		X					X	X	X		X				X	16
Tripoli																											X	1
Libya																												**18**
Tripoli	X	X	X	X	X		X	X			X	X		X				X	X	X	X	X	X			X	X	18
Moldova																												**11**
Chisinau		X	X	X	X						X	X			X	X					X		X				X	11

도표 1 *(계속)*

	BE	BU	CY	CZ	DE	DK	EL	ES	EST	FI	FR	HU	IE	IT	LA	LI	LU	MT	NL	OS	PO	PT	RO	SE	SL	SVK	UK	Total
Morocco																												38
Agadir								X			X		X														X	4
Casablanca	X						X	X			X			X					X		X						X	8
Fez											X																	1
Marrakech											X																X	2
Nador								X																				1
Rabat	X	X		X	X	X		X		X	X	X	X	X					X	X	X	X	X	X			X	18
Tangier								X			X																X	3
Tetouan								X																				1
Syria																												21
Aleppo											X																	1
Damascus	X	X	X	X	X	X	X	X		X	X	X	X	X					X	X	X		X	X		X	X	20
Tunisia																												18
Tunis	X	X		X	X	X	X	X			X	X	X	X				X	X	X	X	X	X				X	18
Ukraine																												40
Berehove												X																1

도표 1 *(계속)*

	BE	BU	CY	CZ	DE	DK	EL	ES	EST	FI	FR	HU	IE	IT	LA	LI	LU	MT	NL	OS	PO	PT	RO	SE	SL	SVK	UK	Total
Kharkiv																					X							1
Kiev	X	X	X	X	X	X	X	X	X	X	X	X	X	X	X	X			X	X	X	X	X	X	X	X	X	25
Donetsk		X		X																								2
Lutsk																					X							1
Lvov				X																	X							2
Mariupol			X				X																					2
Odessa		X					X														X		X					4
Uzhhorod												X														X		2
Total	12	18	10	15	15	8	17	18	3	5	24	12	7	17	7	7	0	3	12	9	22	7	15	8	3	7	23	304

위 도표는 다음 출처를 기반으로 작성되었다:

- EU 셍겐 국가: 유럽연합 이사회(Council of the EU)의 문서 '회원국 외교 공관 및 영사관에서 발급한 단일 비자에 대한 통계 정보 교환'(2008년 4월 8일, 문서 번호 8215/08). 참고: 룩셈부르크는 유럽근린정책 국가들에 영사관이 없다.
- 아일랜드: 아일랜드 외교부(Department of Foreign Affairs) 웹사이트를 기반으로 작성되었으며, 명예 영사관을 포함한다. 자세한 내용은 온라인에서에서 확인할 수 있다. (http://foreignaffairs.gov.ie/home/index.aspx?id=285)
- 영국: 영국 외무부(British Foreign Office) 웹사이트를 기반으로 하며, 명예 영사를 포함하지 않았다. 자세한 내용은 온라인에서 확인할 수 있다. (http://www.fco.gov.uk/en/about-the-fco/embassies-and-posts/find-an-embassy-overseas/)

비엔나 협약에 특정된 바와 같이, 국가들은 3국으로 몇 가지 혹은 전체 영사 기능을 이전하기로 결정할 수 있다. 예를 들면, 베네룩스 국가들은 15년 전 모로코에 공동신청센터를 개소했고 2007년 초 인도에 또 다른 센터를 설립했다.[1] 2006년 프랑스와 독일은 공동 영사서비스를 설립하기 위한 협정에 서명했고 모잠비크에 양국의 첫 번째 영사 서비스를 개시했다.[2] 유럽연합의 첫 번째 시범사업pilot project—'공동비자신청센터'로 불리우는—이 2007년 4월 25일에 몰다비아 수도 키시너우Chisinau에 개설되었다. 공동비자센터 도입으로 기대하는 것은, 시범사업이 오스트리아, 헝가리, 슬로베니아와 라트비아 등에 의하여 주도되고 헝가리 영사관의 "중립 빌딩neutral building'에 유치되었다. 프로젝트에는 에스토니아, 덴마크, 스웨덴, 아이슬란드, 룩셈부르크, 벨기에, 핀란드, 스위스, 그리스와 슬로바키아 등이 이어서 가입했다. 크로아티아가 가까운 시기에 공동신청센터에 가입을 위한 교섭을 시작해 오고 있다.

키시너우 시범사업은 유럽연합 회원국가와 몰다비아 시민 등을 위한 성공적인 것으로 입증되었다. 이것은 유럽연합 회원국들 중에 소수만이 대사관 혹은 영사관 등을 가지고 있는 국가 안에서 영사 대표성을 제고하는데 도움이 되었다.[3] 공동비자센터 설립에 관한 교섭이 발생할 때, 유럽연합 회원국가 11개국들만이 몰도바에서 영사서비스를 수행하고 있었는데, 11개국들 중에 4개국만이 셴겐 지역에 참여했다. 이것은

1 온라인 http://www.thehindubusinessline.com/2007/04/17/stories/2007041702932100.htm에서 볼 수 있는데, 최근 접속으로는 2009년 10월 18일.

2 온라인 http://www.france-allemagne.fr/Accord-cadre-diplomatique-franco,2815.html에서 볼 수 있는 최근 접속으로는 2009년 9월. 또한 http://www.france-allemagne.fr/Les-colocalisations-franco,2811.html, 최근 접속으로는 2009년 9월 14일.

3 'Opening of a Common Application Centre in Moldova', press release, MEMO/07/153, 25 April 2007, http://europa.eu/rapid/pressReleasesAction.do?reference=MEMO/07/153&format=HTML&aged=0&language= EN&guiLanguage=en에서 이용할 수 있습니다. 최근 접속으로는 2008년 11월 28일.

몰다비아 시민들은 유럽연합으로 입국하기 위한 비자신청을 위하여 우크라이나 혹은 루마니아 등에 있는 경쟁하는 영사관으로 예전부터 여행할 기회가 자주 있었음을 의미했는데, 적어도 한 번이지만 가끔은 더 말이다. 이에 따라서 이러한 키시너우 시범사업은 공동비자센터는 유럽연합 회원 국가들의 소수 영사관들이 있는 국가에서 영사 대표성을 제공할 수 있음을 증명해서, 제3 국적자가 유럽연합 영사 서비스로 접근을 촉진했다.

유럽연합 회원국들은 공동신청센터로부터 혜택을 받는다. 그들은 재정적이고 행정적인 부담 공유를 허용해주기 때문이다. 직원 중복, 사무실 공간, 대기실 시설과 문서의 진위를 검증하기 위한 하이테크 장비 등은 한 센터 안에서 협력만으로는 한계가 있다. 얼굴 영상과 지문 등에 필요로 하는 최산 기술은 각별히 고가이고, 이러한 장비의 공동 사용은 비용을 최소화 하는 방향에 기여한다. 또한, 공동 장비의 활용은 비자신청 기준의 일치와 심지어 공동 비자 정책의 실행 등을 강화하는데, '비자 쇼핑' 가능성을 저감시키는 것 말이다. 부가적으로, 하나로 모아진 접근성은 데이터수집 보호 필요조건을 충족하고 데이터의 안전과 보호 등을 확보하는 것 등이 더욱 용이해지게 만든다.[4]

예전 상황의 개선에도 불구하고, 공동신청센터는 영구적인 영사 대표성을 제공하지 않는다. 이러한 사소한 비판에 대한 문제는 몰도바 여론 사이에서 지속적으로 의견 개진되었다. 오스트리아, 라트비아와 슬로베니아 영사들은 영구적으로 몰도바에 주재하지 않고 잠깐씩 키시너우에 갈 수 있는 것을 불만을 표출했다. 비자신청 절차를 끝내는 인터

---

[4] European Commission, *Proposal Amending the Common Consular Instructions on Visas for Diplomatic Missions and Consular Posts in Relation to the Introduction of Biometrics Including Provisions on the Organization of the Reception and Processing of Visa Applications.*

뷰가 필요하다면, 시민들은 영사가 키니서우로 올 때까지 약속을 잡고 기다릴 필요가 있어서 절차가 심각할 정도로 지체되었다.[5]

그럼에도 불구하고, 몰도바에서의 시범사업의 결과는 유럽연합 회원국들의 영사관을 다른 공동비자센터를 개설하도록 유도해 왔다. 예를 들면, 한 사람이 2007년 10월 5일 몬테니그로 주재 슬로베니아 대사관에 취임했다. 비-유럽연합 시민들이 슬로베니아, 오스트리아, 헝가리와 폴란드 행 비자 신청을 할 수 있게 되었다. 또 다른 비자신청센터가 오스트리아, 프랑스, 헝가리, 라트비아와 네덜란드 등 행 센겐 비자를 위하여 슬로베니아 외교부 (2008년 5월 1일) 안에 개소되었다.[6] 더욱이, 유럽연합공동비자대표센터가 2009년 4월 8일 튀르키에 주재 헝가리 총영사관에 개소되었는데, 에스토니아와 슬로베니아 등을 위한 센겐 비자를 발급하기 위해서이다.[7]

간단히 말해서, 공동영사 대표성의 주요 장점은 유럽연합 회원국들에 대한 행정적 재정적 부담을 저감하고 제3 국적 시민들을 위한 영사 서비스에 대한 접근성을 제고했다. 비용 삭감과 개선된 영사 서비스를 전달하기 위한 또 다른 창의는 다음 섹션인 유럽근린정책 국가들에서 민간 부문과의 협력에서 논의된다.

---

5 온라인 http://social.moldova.org/news/visa-application-center-accepts-first-application-42058-eng.html에서 이용할 수 있습니다. 최근 접속은 2009년 9월 14일.

6 명백하게, 슬로베니아는 유럽연합과 센겐 회원 국가이다. 류블랴나 소재비자신청 센터는 주로 슬로베니아 내에서 거주할 권리를 갖지만 다른 유럽연합 회원국가의 여권 혹은 슬로베니아 여권을 소유하지 않는사람들을 위한 주로 활용된다. 그들은 결과적으로 센겐 지역 안에서 여행할 센겐 비자를 필요로 하게 된다.

7 온라인 http://www.mfa.gov.hu/kulkepviselet/Istanbul/en/en_Hirek/090407cac_isztambulban.htm에서 이용할 수 있습니다. 최근 접속은 2009년 11월 4일.

영사 업무의 아웃소싱

(신) 자유주의 사상에 영향 받는 자유 시장은 경제를 운영하는데 가장 효율적인 방식인데, 몇 가지 공공 서비스를 포함하는 정부와 민간 부문과의 협력은 지난 30여 년 동안 매우 인기가 있어 왔다. 다양한 전략—예를 들면 민-관 파트너십, 민영화, 자유화와 아웃소싱—들은 보건, 사회기반시설 프로젝트와 심지어 안보까지도 산출하는데 채택되었다. 이러한 점에서, 외교 문제는 장기간 특별한 사례로 여겨졌다. 주권은 너무나도 원초적이어서 민감한 분야에서 민간 행위자들의 연계를 허용하지 않는 것으로 간주되었다. 그렇지만, 전 세계적으로 대사관과 영사관 숫자의 성장은 또한 민간 행위자와의 제고된 협력과 역시 예전에 자체적으로 제공되었던 영사 업무의 아웃소싱 등으로 이끌게 되었다.

예산 삭감, 위에서 언급했던 바와 같이 행정의 본질과 기하급수적인 비자 신청의 증가 등을 고려하면, 몇몇 영사 서비스는 민간 부문으로 비자 신청절차 부분을 아웃소싱하기로 결정했다. 이것은 민간 기업-예를 들면, 컴퓨터 공학회사CSC, 트라비사Travisa와 브이에프에스 글로벌VFS Global—들이 지금은 비자신청 절차에 대한 행정 업무를 책임지고 있다. 예를 들면, 이것은 개인 서류 검증이 포함되고, 정확하게 신청양식을 채우도록 도움주고, 영사직원과의 인터뷰를 잡고, 비용을 수금하고 영국의 경우에 생체정보 등을 요구함을 의미한다.

유럽연합의 경우에, 브이에프에스 글로벌은 '비자신청 과정의 전체 생애주기와 관련한 판단을 요구하지 않는 과정'을 인수하기 위하여 유럽연합 16개국과 접촉을 가져는데,[8] '대사관들에게 평가와 인터뷰 등에

8 이들 국가들에는 오스트리아, 벨기에, 불가리아, 체코 공화국, 덴마크, 프랑스, 독일, 그리스, 아일랜드, 이탈리아, 몰타, 네덜란드, 포르투갈, 스웨덴, 스페인 그리고 영국 등이다.

대한 핵심 업무에 대하여 전적으로 초점을 두도록 할 수 있게 했다.'[9] 브이에프에스 글로벌은 유럽근린정책 국가(매년 140만 명의 신청자)들로부터 모든 비자 신청의 거의 절반을 차지하는 국가 우크라이나에서 유럽연합 여덟 개의 회원 국가들을 위한 비자 절차를 수행했다. 동 회사는 또한 이탈리아 영사관을 대표해서 모로코에 두 개의 비자신청 센터를 운영하고 있다.

아웃소싱 찬성론자들은 이것의 주요 이점은 영사 역량을 가진 문제를 해결하는 것인데, 비자신청을 위하여 더 빨라지고 매우 효율적인 절차를 보장해주는 것이다. 지속적인 효율성은 길어진 개점 시간을 통하여 일반적으로 실현되는데, 많은 카운터, 잘 만들어진 주차장과 대기실 등을 갖춘 대형 빌딩이다. 이것은 윈윈 상황으로 설명된다. 영사관은 자신들의 부지 앞에 길다란 대기선을 피할 수 있기 때문이다. 이것은 안전을 강화하고 이러한 이미지에 대한 부정적인 영향을 저감시킨다. 이것은 또한 영사관에게 비용 삭감을 도와준다. 소수 인력, 사무실 공간과 몇몇 경우에 기술 장비 등이 필요로 하 기 때문이다. 또한, 이것은 시간을 절약해준다. 영사관들은 필요한 모든 문서를 갖춘 완벽한 서류를 받기만 해서, 발급 혹은 거부 등에 대한 즉각적인 결정을 허락하기 때문이다. 다른 한 편으로, 신청자들은 더 빨라진 절차와 수요자 친화적인 환경 등으로부터 혜택을 받는다. 그러나 가장 중요한 것으로, 우크라이나에서 몇몇 유럽연합 외교관들이 지적했던 바와 같이, 아웃소싱은 단순하게 영사관에게 비자 신청에 관한 더 많은 숫자를 진행시키도록 허용해 준다.[10]

반대로, 아웃소싱 반대론자들은 이것은 절차의 질과 속도 등을 제

9 VFS Global Website를 보는데, 온라인은 http://www.vfsglobal.com/, 최근 접속은 2008년 11월 30일.

10 인터뷰는 2007년 10월 18일 우크라이나 주재 네덜란드 대사관에서 행해졌다.

고시키지 않아 왔고 이유 없는 거부에 관한 늘어나는 숫자로 이끌기 까지 했음을 언급한다.[11] 그들은 아웃소싱은 도시의 다른 지역의 길다란 대기 행렬을 보여준다고 주장한다. 동일하게, 그들은 소비자 서비스는 민간 회사와 반드시 행할 필요가 없다고 강조한다. 더욱이, 신청자들은 센겐 비자를 신청할 때 늘어난 비용에 직면하는데, 민간 회사에 의하여 제공되는 서비스 추가 비용으로 25유로를 지불해야만 하기 때문이다.[12] 이에 따라서 아웃소싱은 유럽연합 회원국에 대한 재정 부담을 완화하지만 이것은 유럽연합으로 여행하기를 원하는 3국출신 개인을 위한 비용이 올라가고 있다.

가장 근본적인 문제는 국가안보와 주권 등과 긴밀하게 연관된 영사 업무가 아웃소싱되어야만 하는 지이다. 비자 발급 혹은 거부 등은 특정 영토에 대한 접근을 걱정스럽게 만들어서 국가의 핵심 기능과 관련되는 것이다. 이러한 업무의 아웃소싱(부분)은 문제가 있는 것으로 볼 수 있다. 이것은 자신들의 결정에 신뢰를 유지하고 자신들의 결정의 결과를 완전하게 이해하기 위한 상황에 대한 광범위한 조망이 모자란 행위자에 대한 주권의 이전을 의미하는 것이다. 이것은 또 다른 맥락에서, 주디스 버틀러Judith Butler가 무법천지에서 운영 중이고 모든 권력에 책임을 질 필요가 없는 '적은 주권petty sovereigns'이라는 새로운 낱말어구를 만들어 냈다.[13]

---

11 P. O'Donnell, 'Ukrainians Hit by Increase in Obstacles to EU Visa Applications', *European Voice*, vol. 13, no. 13, 4 April 2007. 또한 Boniface, Wesseling, O'Connell and Ripoll Servent, *Visa Facilitation Versus Tightening of Control*를 보라.

12 유럽연합에서, 이와 같은 추가 25 유로에 달하는 수수료는 세겐 비자만을 위하여 사용되는 것이다. 프랑스, 벨기에와 스페인 영사관 등은 5 유로에 달하는 낮은 수수료를 부과한다. 이들 국가들은 영사관에 전화하고 비자 신청을 하기 위한 데이터를 얻기 위한 콜 센터 시설을 활용만 하기 때문이다. 영국 정부는 다른 모델을 사용하는데, 비자 신청자에 대한 공공조달 절차를 통하여 아웃소싱 서비스를 채용하고 비자 신청자에 대한 아무런 추가 비용을 부과하지 않는다.

13 J. Butler, *Precarious Life: The Powers of Mourning and Violence* (London and

비자 신청을 다루는 회사들이 스스로를 모든 공식적인 정책결정에서 권한이 없는 중개자로 설명하더라도, 비자신청절차 완성에 대한 상당한 실수가 해소되었다. 신청자와 정책결정자 간의 개인적인 권위를 대체함으로써, 이례적인 사례의 경우가 희미해졌다. 신청 사례가 표준 신청 형식과 일치하지 않아서 책임 있는 정책결정자와의 자신들의 상황을 직접적으로 설명할 기회로부터 배제당하기 때문이다. 이에 따라서, 비자신청센터가 비자발급에 대한 최종 결정에 책임이 없을 지라도, 그들은 신청자 사전선발에 영향을 미친다. 더욱이, 우리가 이들 회사에 대하여 아웃소싱 중인 서비스에서 점증적인 증가를 보게 되는데, 신청 형식 수집만을 가지고 시작하고, 완벽 서류 작성을 진전시키고, 생체인식 수집을 포함하고, 그리고 미래에 아마도 신체와 비경 체크를 수행하는 것으로 확대하는 것 등이다.[14]

아웃소싱은 또한 데이터 보호와 사생활 등과 관련하여 윤리적인 문제를 제기한다. 유럽연합 집행위원회는 데이터 보호 필요조건이 아웃소싱 경우에 고려되어야 할 필요가 있는 공동영사훈련을 수정하기 위한 제안을 인정한 바 있다.[15] 유럽연합 회원국가들 간에 비자 신청을 위하여 필요한 서류에서 여전한 약간의 변형이 존재하지만, 영사관들은 일반적으로 비자 신청자로부터 점점 더 많은 인증을 요구하고 있는데, 금융 수단, 보험 증서와 (곧바로) 생체인식 확인 등과 같은 민감한 정보들이다. 데이터 보호 규칙은 인력과 비밀스런 정보를 영사관에 저장하고 이관하는 것과 관련하여 존중될 필요가 있다. 이러한 이유 때문에, 유럽연합집행위원회는 민간 회사에 의하여 수집되는 센겐 비자 신청

New York: Verso, 2004), pp. 56–66.

14 'Business India', 18 November 2008, 온라인 http://www.vfsglobal.com/images/Business%20India_Nov08.pdf에서 이용할 수 있습니다. 최근 접속 날자는 2008년 11월 30일.

15 European Commission, COM(2006)269 final, p. 4.

데이터는 데이터 보호에 관한 유럽연합 훈령 95/46에 기반하여 유럽의 법률적인 프레임워크에 의하여 보호되어야만 한다고 주장한다.

공고한 데이터 보호 프레임워크를 위한 필요성은 상상의 문제가 아니라는 것이다. 영국 언론에 의하여 보도된 이후 독립적인 탐사기관의 보도에서 확인된 바와 같이, 모든 사람이 브이에프에스 글로벌이 개최했던 인도, 나이지리아, 러시아 등에서 50,000명까지의 비자 신청의 인적 자료에 접근하는 것이 가능하게 되었는데, 웹사이트의 주소에서 단순하게 숫자를 변경하면서 말이다. 이와 같은 기술적인 빠져나갈 구멍은 2005년 12월 처음 보도되었지만, 2007년 5월까지 계속 존재했다. 브이에프에스 글로벌 비자 신청 웹사이트가 강제 폐쇄될 때까지이다. 이것은 신청자의 사생활의 침해를 의미할 뿐만 아니라 신분도용을 위한 심각한 위협을 노정시켰다. 독립탐사기관의 보도는 브이에프에스 글로벌과 영국 내무부와 외교부 등이 공동으로 운영하는 영국 비자신청에 책임을 지는 부서인 영국 비자부서Ukvisas 등에 의한 '조직적인 실패'를 살펴보았다.[16] 데이터 보호는 온라인 신청을 위한 책임의 확대와 자신들의 온라인 신청 지위를 추적하도록 신청자를 위한 서비스 등에 매우 중요한 것이 될 것이다.

여러 유럽연합 회원국가 영사관이 이미 비자신청 절차에 대한 부분을 아웃소싱하기 시작했지만, 유럽연합 집행위원회는 유럽 연합 회원국가 관행들을 융합하기 위한 법률적인 프레임워크를 제안함으로써 이니셔티브를 규제하려고 노력한다.[17] 그렇지만, 아웃소싱은 아웃소싱의

---

16 the report of the Independent Investigator, L.M. Costelloe Baker, on breach of data security in the VFS online UK visa application facility, which is operated through VFS websites in India, Nigeria and Russia, 온라인 http://www.ukvisas.gov.uk/resources/en/docs/2258700/4437398/imthemedreportVFSsecuritybreach에서 이용할 수 있습니다.

17 European Commission, *Proposal Amending the Common Consular Instructions on Visas for Diplomatic Missions and Consular Posts in Relation to the Introduction*

여부가 유럽연합 회원국에 전적으로 남겨놓는지의 선택과 유럽 공공의 조랄 하에선 필요하지 않는다.

위에서 설명했던 영사 업무에서 세 가지의 개혁들을 고려할 때, 모든 옵션들은 현지 상황에 적용되고 이것을 실천할 것인지에 대하여 유럽연합 회원국에 대한 상당한 재량권을 부여하는 융통성이 있는 반응으로 단순하게 구상된 것이다. 아직도 유럽연합 집행위원회는 특별하게 인접국에 헌신적이고 비자발급을 촉진하고 결국은 공공 유럽연합 비자정책의 일관성을 강화하는 공동의 법률적인 프레임워크를 설정하는 여러 이니셔티브를 추진해 오고 있다. 공동체 차원에서 취해지는 이러한 이니셔티브들은 영사관, 공동영사대표성과 위에서 논의된 영사 업무의 아웃소싱 간에 유일한 협력을 넘어서는 것이다.

유럽연합 비자정책의 개선

영사 업무 개선을 위하여 위에서 언급했던 해결책들은 유럽근린정책 파트너국가들로부터 오는 비자신청을 위한 혼재된 결과로 유도해 왔다. 이것은 계속해서 자국 시민들이 다루어지는 방식과 유럽근린정책의 구체적인 성과 등에 늘어나는 불만족을 표시해 왔다. 유럽연합으로 여행을 촉진하고 유럽근린정책을 지키기 위하려는 유럽근린정책 파트너들로부터의 가장 압력을 받은 요구에 부응하기 위하여, 유럽연합 집행위원회는 유럽연합 회원국들에게 두 가지의 새로운 법률 도구를 통하여 합법적인 자유 여행을 독려하도록 권유했다—재차 유럽연합의 가장 긴밀한 파트너들을 새로운 해결책이 시험 중인 시험실 안으로 탈바꿈시키면서 말이다. 이러한 면에서, 인근 국가 안에서 있는 유럽연합 영사관

---

of Biometrics Including Provisions on the Organization of the Reception and Processing of Visa Applications.

들은 이러한 새로운 시험들의 최전선에 있는 것이다.

첫째, 비자 촉진 협정은 유럽연합과 몰도바, 우크라이나와 조지아 등과 같은 세 개의 유럽근린정책 파트너들 간에 서명되었다.[18] 첫 번째 두 개의 협정들은 2008년 1월 효력이 발생되었는데, 몰도바와 우크라이나 시민들에 관한 특정 카테고리를 단기 체류비자(90일) 발급을 위한 절차 촉진으로부터 혜택을 받도록 허용해 주었다. 이러한 협정들은 국가 목표에 부합하도록 요구되는 증명 서류의 축소를 제공하는 조항들을 포함한다. 이것들은 또한 다중입국 비자 발급을 위한 단순화된 기준들을 설정하고 이것들은 비자신청 과정을 위한 기간을 촉진한다. 비자 발급 결정은 지금 영사 직원이 신청서를 받은 10일 후안에 취해질 것이다. 부가적으로, 비자 비용은 특정 부류의 사람에게는 면제되는데, 예를 들면 친척, 공무원 가족, 지방과 중앙정부 공무원, 학생과 언론인 등등이다.[19] 반면에 나머지 부류에 대한 비용은 35유로인데, 센겐 비자 60유로가 전 지구적으로 인상된 것은 우크라이나와 몰도바 등에게는 적용되지 않음을 의미하는 것이다.

---

18 비자 촉진 협정은 전 세계에 있는 여러 다른 3세계들과 서명했지만, 서부 발칸 국가와 동유럽 인접국들은 확실하게 이러한 과정에서 눈에 띄는 것이다.

19 이러한 부류의 사람들은 다음과 같다. 가까운 친척 배우자, 자식(입양 포함), 부모(후견인 포함), 조부모와 손자. 공식 사절의 구성원, 국가와 지방 정부 구성원과 의회, 헌법재판소와 최고재판소, 어린 학생, 대학생, 대학원생과 연구 목적 혹은 교육 훈련 등을 위한 여행을 수행하는 교사 동반, 장애인과 이들을 동반하는 인물, 인도주의 이유로 자신 여행의 필요성을 증명하는 서류를 제출해 오던 사람인데, 긴급한 의료 치료 받거나 심각한 병을 앓고 있는 가까운 친척을 방문을 포함하고, 국제 스포츠 이벤트에 참여하고 이들을 수행하는 사람, 대학교와 다른 교환 프로그램을 포함하는 과학 문화 예술 활동에 참여하는 사람, 자매도시에 의하여 조직되는 공식적인 교류 프로그램 참가자, 언론인, 연금 수령자, 국제 운송 운전사와 승객운송서비스, 기차 승객, 국제 열차 안의 냉동차 운전사와 승무원, 18세 미만의 청소년과 21세 미만의 부양아 등이다. 이와 같은 모든 부류의 사람들은 우크라이나와 몰도바 등과의 양자 협정을 신청하는데, 18세 미만의 청소년과 21세 미만의 부양아에 속하는 부류를 제외하곤 말이다. 우크라이나 국적자들만 신청하는 반면에 다른 부류의 사람 국제 전시회, 회의, 심포지움, 세미나 혹은 유사한 이벤트 등에 참여하는 전문직 몰도바 사람들만 신청한다.

둘째, 지역 국경 교통LBT, Local Border Traffic 규정이 2006년 채택되었는데, 유럽 연합 회원국들에게 특정 국경 교통 레짐 설립과 관련하여 인근 3국들과의 양자 협정을 맺도록 권한을 부여했다. 이러한 규정은 국경 지역에 거주 중인 주민들을 위한 육지 국경 이동을 용이하게 해서 유럽 연합의 외부 국경선을 규정하는 일반 규칙을 무시한다는 기준들을 규정하고 있다. 특정 재량권이 인접국과의 지역 국경 교통 협정의 실천에 대하여 유럽연합 회원국들에게 넘겨주어 왔다. 예를 들면, 지역 국경 교통 허가의 유효성은 1년에서 5년까지 지속될 수 있고, 비용도 특정의 일반 조건을 존중하면서 유럽 연합 회원국에 의하여 결정되어야만 한다.[20] 또한, 협약 시행은 지역 국경-교통 허가는 영사관 혹은 유럽연합 회원국들이 지명하는 모든 행정 당국 등에 의하여 발행될 것이라고 생각한다. 유럽연합의 모든 회원국들은 인접 몰도바와 우크라이나 등이 서명하거나 이러한 협정에 서명을 교섭 중이라고 말한다.

비자 촉진과 지역 국경-교통 협정 등은 즉각적인 도전들에 대한 단기적인 대응이다. 이것들은 유럽 영사관들에 대한 압력을 완화하고 이들에게 자신들의 서비스를 매우 효율적으로 전달하도록 허용함을 의미하는 것이다. 몇몇 유럽연합 외교관들이 지적한 바와 같이, 이러한 유형의 협약들은 영사관의 업무 부담의 저감으로 이끌 것이다. 이것들은 다층 입국 비자 허가를 촉진하기 때문이다.[21] 아직도 광범위해진 유럽근린정책 프레임워크를 고려하면, 이러한 유형의 협정들은 전체 유럽근

---

20 Regulation (EC) no. 1931/2006 of the European Parliament and the Council of December 2006, laying down rules on local border traffic at the external land borders of the member states and amending the provisions of the Schengen Convention, *Official Journal of the European Union,* 30 December 2006, art 11: 'The fees corresponding to the administrative costs for processing applications for the local border traffic permit shall not exceed the fees charged for processing applications for short-term multiple-entry visas'.

21 2007년 10월 18일 목요일 우크라이나 네덜란드 대사관에서 필자들의 인터뷰.

린정책 지역과 함께 미래 관계를 위한 장기적인 해결책을 구성하지 않는다. 이러한 협정들은 기본적으로 쌍무적이고 모든 유럽근린정책 국가들을 위한 공동의 규칙을 수립하지 않는다. 이것들은 이러한 협정에 진입해 왔던 인접국에서 유럽연합의 공동 비자정책의 일관성을 개선하는데 도움 줄 수 있지만, 차이도 지역차원에서 유지된다. 유럽근린정책 국가들을 위한 궁극적인 목적인 유럽연합과의 완전하고 확정적인 비자거부임이 명백하다. 주로 최근 시작된 동부 파트너십으로 동쪽 인접국들은 완전 비자 자유화로 향하는 약간의 진전이 만들어진 반면에,[22] 남부 인접국들은 이러한 면에서 심각한 실망에 직면하고 있다. 비자 촉진 협정이 남부 인접국에게로는 제안되지 않았음을 적시하는 것이 놀라운 일이다. 이것들이 될지 어떻지에 관한 것은 의문이다. 모든 경우에, 이러한 법률 도구들은 유럽연합 영사관들이 기능하는 방식에 다음과 같이 심층적인 영향을 미친다. 이것들은 전체 업무 부담을 저감할 가능성이 있지만 이것은 여전히 인접 시민들은 유럽연합으로 매우 용이하게 여행할 수 있을 것인지는 불명확하다.

결론

유럽근린정책에 참여하고 있는 16개국들은 유럽연합을 위한 전략적 파

22 ‘Supporting mobility of citizens and visa liberalization in a secure environment is another important aspect of the Eastern Partnership. It will promote mobility of citizens of the partner countries through visa facilitation and readmission agreements; the EU, in line with its Global Approach to Migration, will also take gradual steps towards full visa liberalization as a long-term goal for individual partner countries on a case-by-case basis provided that conditions for well-managed and secure mobility are in place’; see Council of the European Union, Joint Declaration of the Prague Eastrern Partnership Summit (Brussels: Council of the European Union, 2009) p. 7.

트너를 형성하고, 유럽연합은 이들 국가들과의 순조롭고 강력한 관계를 유지하는데 높은 관심을 가진다. 유럽연합과 인접국 그리고 센겐 지역의 확장 등간의 정치 경제적 상호작용의 집중도는 인접국으로부터 나오는 비자 신청에서 가파른 증가로 이끌었는데, 유럽연합 회원국과 유럽근린정책 국가 시민 간의 린치핀Linchpin으로서 영사관의 역할을 강화하고 있다.

본장에서는 인접국 안에서 있는 유럽연합 회원국 영사관들에 의하여 개발되어 온 현지 영사 협력, 공동 영사 대표성, 그리고 영사 업무의 아웃소싱 등과 같은 세 개의 옵션들을 논의했다. 이러한 이니셔티브들은 유럽근린정책 국가 안에서 유럽연합 회원국 영사관들을 위하여 유의미한 혜택을 가진다. 세 가지의 모든 이니셔티브들은 재정적이고/혹은 행정적인 부담 공유를 통하여 영사관에 대한 높은 압력을 완화하는데, 정보교류, 영사 대표성 혹은 민간 회사로의 몇 가지 영사 업무의 이관 등이다. 부가적으로, 이니셔티브들은 유럽 비자 정책에 대하여 상당히 조정된 실행으로 인하여 비자 신청자에 전달되는 서비스 질을 잠재적으로 개선할 수 있는데, 비자 신청할 때 유럽 연합 회원국에 대한 더욱 확대된 대표성 혹은 더욱 개선된 환경 말이다. 지역 국경-교통 협정과 비자 촉진 협정 등에 대하여 본장에서 언급되었던 이니셔티브들은 이들의 범위에서 다르다. 두 가지 이니셔티브들은 유럽연합과 유럽근린정책 파트너 국가들 간의 양자 협정이기 때문이다. 이와 같이, 이것들은 영사 업무 자체에 대한 내부 기능을 변화하지 않지만, 대신에 다층 입국 비자 도입을 통하여 업무 부담에 대한 직접적인 영향을 가진다. 이에 따라서, 유럽 연합 회원국의 시각에서 보면, 이러한 모든 혜택들은 일반적인 경향이 예산을 저감하면서 더욱 나아진 서비스를 전달하도록 영사관에게 요구하는 시간에 환영받는다.

유럽근린정책 국가 출신의 비자 신청자들은 일반적으로 부담 공유와 개선된 서비스 등의 장점으로부터 혜택 받는다. 그렇지만, 본장에서는 새로운 도전들에 대처하기 위한 창의적인 해결책 도입은 역시 유럽근린정책 국가 출신의 비자 신청을 위한 약간은 불리한 면을 가지고 있다. 예를 들면, 시스템 법규를 다른 나라 조직과 비슷하게 만든 절차는 비자 신청을 책임지는 비자정보시스템 혹은 민간 회사 등을 통하여 다른 유럽 연합의 영사 서비스에 의하여 만들어진 결정에 관한 자동 수용으로 이끌 수 있다. 이것은 잘못된 결정 위험 부담을 늘릴 개연성이 있다. 이러한 이유 때문에, 정책결정 절차의 투명성과 신뢰성 등은 근원적인 의미이다. 상당한 일관성이 필요하다. 그렇지 않으면 영사 협력에 관한 선택적인 특성은 유럽근린정책 시민들에 의하여 *따로따로 시키는* 공동 비자정책의 조화(즉, 지역 유럽연합 영사관들이 그렇게 바란다면)로서 쉽게 인식될 수 있다. 공동신청센터는 결국 '시간제 영구 대표부'로서 간주될 수 있는 반면에, 민간 회사로의 아웃소싱은 기본적으로 비자신청을 위한 높은 비용을 의미한다. 짧게 말해서, 이러한 이니셔티브들은 인접국에서 유럽연합까지 시민들을 위한 접근을 개선하지만, 이러한 것들은 근본적으로 엄격한 안전 조건을 유지하는데, 유럽근린정책 시민들에 의하여 반드시 인식될 필요가 없는 긍정적인 영향이다. 비자 정책에 관한 유럽 연합에 관한 부정적인 인식은 유럽 연합을 위한 관심의 원천으로 남고 유럽근린정책의 목적에 해악을 끼칠 것이다.

좀 더 시각을 넓히자면, 지방 영사 협력, 공동 영사대표성과 영사 업무의 아웃소싱 등은 외교에서 매우 일반적인 경향을 반영하고 있다. 첫째, 위에서 언급했던 것처럼, 본장에서 파악했던 세가지의 이니셔티브들은 높은 질의 영사 서비스를 위한 관심에 모부(부분적으로 일부) 대응하는 것이다. 아직도 심층적인 개선을 위한 지속적인 노력이 요구된다. 둘째, 아웃소싱 행정적인 영사 업무는 외교에서 비 국가 행위자의 개입에 관한 구체적인 사례이다. 업무를 전문화된 회사로 이전하는 것이 상당한 장점이 있는 반면에, 이것은 비자 신청 절차 개선을 위한 중립적인 '윈-윈 상황'은 아님을 강조해야만 한다. 아웃소싱이 국가 주권과 투명성과 신뢰성 등에 관한 민주적인 가치 등에 영향을 미친다. 이것은 신청 절차의 '비 재판적인' 부분만을 관심가질 때조차도 말이다. 셋째, 영사관들은 '국가이익'을 위하여 봉사하는데 동시에 아직도 영사관들은 '유럽적인 정책'을 실행해야만 한다. 영사협력과 공동영사훈련 등은 적절한 대외 관계와 국내 안전 필요조건 간의 긴장에 대응하는데 중요한 시도이다. 유럽연합은 비자정책에 대한 '안보적인 것securitarian, 안보를 가장 우선순위에 두는과 매우 '자유주의적인 접근방법 간에 균형을 발견할 필요성이 있는데, 공동 유럽비자정책을 유지하지만 이미지 손상을 피하고 기대에 부응하면서 말이다.

외교에서 일반 경향에 부응하는 것 이외에, 지방 영사 협력, 공동 영사 대표성과 영사 업무의 아웃소싱은 미래에 많은 주목을 필요로 하는 일반적인 (최소한) 두 가지 이상의 특성을 가진다. 첫째, 이 세 가지 옵션 모두 더 큰 유연성을 제공해줄 수 있으며 유럽연합 회원국들이 이러한 옵션을 실행할지 여부와 실행 방식을 자유롭게 결정할 수 있도록 하는 것이다. 둘째, 제안된 해결책은 얀 멜리센과 마이케 오카노-헤이지만스 등이 '협력외교'로 불려왔던 것에 대한 모든 형식인데, 정부, 공사 3당사자 간의 다양한 형태의 협력이다.[23] 이것은 영사 서비스 전달은 매우 이종적이 되어가고 있음을 의미한다. 비자신청 철자 부분이 민간 회사 혹은 다른 유럽연합 회원국 등에 의하여 집행되기 때문이다. 이종성은 또한 예산 삭감, 영사 서비스와 더 나은 서비스 등을 위한 높

---

[23] J. Melissen and M. Heijmans, 'Consular Affairs and Change in Diplomacy', paper presented at the annual meeting of the International Studies Association, 48th Annual Convention, Chicago IL, United States, 28 February 2007, 온라인 http://www.allacademic.com/meta/p180995_index.html에서 이용할 수 있습니다.

은 수요 등을 다루기 위한 적절한 해결책을 나타낸다 해도, 이것은 또한 영사 업무의 복잡성을 증폭시키는 것이다. 부가적으로, 절차는 더 투명해질 수 있고, 데이터를 정확하게 보호하는데 커다란 어려움이 존재하고, 결정에 책임을 질 수 있고 한 번 결정이 이루어지면 호소할 누군가를 규정하는 것은 매우 어렵게 될 것이다.

결론을 내리자면, 영사 업무에서 적응이 필요해지고 불가피하지만, 새로운 구조가 공공에 봉사하도록 구상되어야 하는데, 영사 업무에 소비되는 정부의 행정정 재정적 부담 완화를 살펴야 하는 것은 물론이다. 유럽근린정책 파트너 국가 시민들의 유럽연합으로의 자유로운 이동을 늘리는 것은 유럽근린정책의 성공과 신뢰성 등이 필수적인 동시에 영사관을 비자 신청에 과부하에서 해방시키는 중요한 방식이 될 것이다.

제 2 부
강대국의 영사 서비스

제6장

영사업무의 변환: 미국의 경험

도나 해밀턴 *Donna Hamilton*

서론

두 가지 쟁점들이 21세기에 들어서서 영사 업무를 변환시키고 있는 중이다. 첫 번째는 안보이다. 9/11 공격에 대한 반응은 미국의 영사 기능에서 전환점을 찍었다. 비자 절차, 여권과 비자 형식, 그리고 위기 상황 관리 등이 극적으로 변화했다. 특히 미국 국토안보부와의 관계가 강화되었으며, 영사 부서의 지휘부는 국경 보안에서 더 큰 정책적인 역할을 맡게 되었다.

두 번째 쟁점으로는 인터넷을 통한 정보 접근이다. 이용가능한 정보의 양과 이러한 정보로의 접근 속도 등 양자는 이용할 수 있어야만 할 것에 대한 기대를 제고시켜 왔다. 사람들은 즉각적인 대답을 기대하는데—특별하게 위기 시에—이것은 24시간 케이블 뉴스 채널에서 이용 가능한 정보와 동일하다.

한편, 영사 서비스에 대한 수요가 확대되고 해외여행이 증가하면서 미국 국무부는 국제 입양과 부모에 의한 아동 납치 문제에서 새로운 책임을 부여받게 되었다. 이와 같은 새로운 환경에 부합하기 위한 기술을 활용하는 것은 여행객 요구 충족과 높은 질의 서비스 제공 등에 대처해야만 하는 하나의 도전이다.

본 장에서는 미국 국무부의 영사 업무부서가 어떻게 이러한 도전들에 대처하고, 효율적으로 사람들을 다루고 안보 필요조건을 살피는지 등을 논의한다. 본 장은 국무부 내부에서 영사 업무에 관한 조직과 역사 등에 대한 간략한 검토와 함께 시작하면서 영사와 외교 기능 간의 관계를 논의한다. 그런 다음 본장은 영사 서비스에 대한 선진화 된 기술 적용—비자와 시민 서비스—와 영사 기능에 관한 결과론적인 변화 등을 살펴본다. 마지막으로, 본장은 영사 서비스가 어떻게 대중에게 적극적인 접근방법을 채택하는지를 살피는데, 봉사의 수단으로서 인터넷을 활용하면서 말이다. 이러한 접근방법은 연구에 대한 반응 중에 하나와 필요성의 기대와 적극적인 봉사에 대한 위기까지 대중에 대한 관계 형성을 변화시켜 왔다.

영사와 외교관

2008년 9월 26일 미국 대통령 후보 존 맥케인John McCain과 바락 오바마Barack Obama 등 간의 첫 번째 토론에 이어서, 방송 기자들은 많은 유권자들과의 인터뷰를 가졌다. 하나의 장면이 특별하게 충격적이었다. 인터뷰했던 개인이 이 토론은 자신이 이해하지 못하는 외교정책에 관한 것이라고 논평했다. 그는 후보자들이 국내문제를 논의하는 미래에 관한 토론을 기대했었다. 이러한 견해는 외교에 관한 수많은 미국인들의 태도를 반영한다. 세간의 이목을 끄는 특정 외교정책 쟁점들—글로벌 경제, 이라크와 아프카니스탄 분쟁, 그리고 테러리즘 등과 같은—이 공공 아젠다 중에 맨 위를 차지하지만, 워싱톤에 있는 외교관과 외교정책 전문가 등의 진행 중인 활동은 좀처럼 미국인 개인들에게 와 닿지 않는다. 국제뉴스는 다가가기가 어렵고, 수많은 뉴스 기관들이 해외 지국을 폐쇄하고 텔러비전 네트워크들은 핫이슈 만을 보도하기 때문이어서, 미국인들을 전 세계 대부분 지역에서 외교활동에 대하여 정보를 제공 받지 못하는 상태로 놓이게 한다. 외교정책 싱크탱크, 국제비정부기구와 학계 등으로 구성된 전통외교를 위한 국내 유권자들은 미국 사회의 미세한 부분을 대표하는 것이다.

영사 업무는 다르다. 영사 관리는 해외로 여행하고 거주하는 대부분의 미국인과 미국 방문을 희망하는 대부분의 외국인 등에게는 대사관의 얼굴이다. 영사 문제뿐만 아니라 비자와 여권 서비스 등에 관한 정보는 수요가 많이 있다. 해외에서 위기 시 동안, 대중들은 해당 지역에 미국인 여행과 거주에 관한 정보 때문에 영사 인력에 의존한다. 사랑하는 사람이 부상 혹은 사망에서 자녀 유괴까지 해외에서 극도로 감정적인 상황에 있는 개인은 영사직원으로부터 즉각적인 도움을 구하려고 한다. 9/11 이래로, 특별하게 안전 유지와 자유로운 여행 등에 관한 우려로 비자 문제는 중요한 대중의 관심사이다. 이러한 안보 관심사는 다른 몇 가지의 외교 쟁점에 관한 세간의 이목을 끄는 지위에 대한 영사 기능에 특정의 모습을 고양시켜 왔지만, 영사 업무의 핵심은 국내에서나 해외에서 사회의 모든 차원에 있는 개인들과의 직접적인 접촉으로 행해진다.

짧은 역사

미국 국무부는 1789년 설립되었고, 외교 서비스와 영사 서비스 등을 포함했다. 영사와 외교 기능은 다른데, 수도에 주재하는 사절과 외국 정부와 외교 관계를 유지하는 반면에 영사관은 항구와 상업 센터 등에 주재하고 선적과 국제 상업 등과 관련된 특정 업무를 수행한다. 대사와 영사 등은 미국 대통령에 의하여 임명되고 처음에는 급여를 수령 하지 않았는데, 독자적으로 자립할 수 있는 사람만 임명했거나 영사의 경우에 급여와 관련 상업 활동 등으로부터 삶을 영위할 수 있는 사람들이었다. 외교 기능에 관한 대중의 이해는 극도로 제한적이었다. 반면에 영사 임무는 매우 광범위하게 이해되었는데, 특별하게 상업에 종사하는 사람들 사이에서 말이다. 외교관과 영사 등의 임명은 이들이 외국에서 임무를 수행한다는 점에만 매우 유사하다.

영사 서비스는 조지 워싱턴George Washington 대통령 재임 기간 동안 급격하게 늘어났다. 그의 재직 동안, 영사 서비스 '자체가 유럽 전역, 서인도와 북아프리카 등으로 확대되고 아시아에도 대표단을 유지했다.'[1] 동일 자료에 따르면, 1800년까지, 70개의 영사직이 존재했는데, 이것들 중 절반이 비 미국인으로 채용되었다. 1800년까지도, 외교관들은, 파리, 베를린, 헤이그, 리스본, 마드리드와 런던 등에만 파견되었다.

초창기에 영사 업무는 상당한 이니셔티브를 필요로 했다. 1790년 마르티니크Martinique, 서인도 제도 남동부의 프랑스령 섬에 파견되었던 영사인 풀와 스키피스Fulwar Skipwith는 곤란한 상황에 직면했다. 그의 임명 시기가 바스티유 감옥 함락 연도에 새롭게 부임해서 도착했다. 마리트니크도 동일하게 그 당시 프랑스를 강타했던 정치적 소용돌이의 영향을 받고 있는 중이었다. 새로운 영사는 아무런 공식적인 지위 없이 마르티니크의 험악한 해변에 당분간 쳐박혀 있었다. '프랑스 식민 총독이 [그]를 영사로 인정하지 않았는데, 다른 일을 하느라 바쁜 파리 외교부로부터의 훈령을 받지 않았기 때문이었다.'[2]

부임 시기가 좋지 않았던 또 다른 영사는 페루 리마 카야오 Callo 항구 주재 영사 윌리엄 튜더William Tudor이다. 당시 미국이 1822년 페루

1 Charles Stuart Kennedy, *The American Consul: A History of the United States Consular Service, 1776–1914* (New York: Greenwood Press, 1990), pp. 19–20.

2 Kennedy, *The American Consul,* pp. 23–24.

독립을 승인한 이후에 일어난 일이다. 보스턴에서 120일간의 항해 끝에 도착한 그는 그곳에 일찍 도착했음을 알게 되었다. 그러나 스페인은 여전히 그 항구의 통제권을 포기하지 않은 상태였다. 추가 지시를 요청하고 회신을 받는데 까지 8개월을 기다리는 것보다 그는 스페인 당국에 신임장을 제출하고 답변이 도착하는 동안 업무를 수행하기로 결정했다. 그는 독립군이 카야오Callo에 입성할 때 영국 군복을 입고 맞이하려다 끔찍한 일을 겪은 영국 영사보다는 운이 좋은 편이었다. 독립군은 해질녘에 도착하여 그를 스페인 장교로 오인하고 발포하였고 총상으로 사망했다.[3]

19세기 동안 미국은 확장과 발전을 거듭하면서도 대체로 내향적인 성향을 보였다. 외교적 노력은 특히 남북 전쟁에서 양측의 지원을 구하려는 사람들에게 중요했지만 미국은 여전히 국제 정치에서 근본적으로 고립된 상태를 유지했다. 1829년 12월 8일 미국 대통령 앤드류 잭슨Andrew Jackson의 미 의회 연두교서의 언급에서 이러한 고립을 허용했던 자급자족을 다음과 같이 표명했다. '우리나라는 국가 강점을 구성하는 모든 것을 완비한 축복받은 나라이고, 우리나라는 우리의 이익을 유지하는 것이 완벽하게 갖추어졌다.'[4]

미국이 19세기 내내 정치적으로 고립된 채로 남았지만, 제조업과 국제 무역의 급속한 성장은 능력 있는 외교관과 영사 등을 위한 커다란 필요성으로 이끌었다. 19세기가 끝날 무렵 미국은 해외에서 영향력을 추구하고 아시아와 라틴 아메리카에서 더 큰 존재감을 구축하면서 확장주의 시대로 접어들었다.

대략 1890-1920년 부터 진보의 시대 동안, 국민들은 정부 개혁을

---

3 Kennedy, *The American Consul*, pp.55-56.

4 James D. Richardson (ed.), *A Compilation of Messages and Papers of the Presidents, Volume II* (Project Gutenberg E-Book no. 10858), p. 1,006

요구했는데, 부패와 정부 고용에서 편파 등의 일소를 포함한다. 미국 상업에서 영사 대표의 가치가 인정되었지만, 영사 서비스는 일반 대중에 의하여 우호적인 측면으로 여겨지지 않았다.

> 원래 영사 서비스는 [. . .] 안 좋은 명성을 가졌다. 역사학자들은 영사에 대한 좋은 이야기를 거의 하지 않았는데, 자주 그들을 무능력하고, 부패하고, 갱생의 여지가 없는 알코올 중독자이거나 혹은 기껏해야 돈으로 움직이는 정치가 등으로 표현했다. 이 기간 소설에서도, 영사는 영웅으로 전혀 대우하지 않았다. 영사가 등장인물로 나타나더라도, 그는 실패한 인물, 인정사정없는 관료 등으로 묘사되었다.[5]

영사 서비스 개혁을 위한 적기가 찾아왔다.

1905년 미국 국무장관 엘리후 루트Elihu Root와 상원의원 헨리 캐봇 로지Henry cabot Lodge 등이 하원을 통한 영사개혁 법안을 밀어붙이는데 합세했다. 개혁은 제도 남용을 바로 잡는데 목적이 있었는데, (1) '대규모로 수수료 제도에 관하여 기존의 해악을 유지하던 서비스에 관한 부분적이고 부정확한 기본급', (2) 국가의 상업적 필요성에 매우 유연하고 즉각 반응하는 조직의 필요성, (3) 일자리에 적합함보다는 오히려 정치적 임명에 의존하고 미국에서 정치변동에 따른 직업에서 임기가 경험의 이점을 무시한다는 사실, 그리고 (4) 영사 관리에 대한 감사의 부족 등을 포함하는 것이다.

서비스 개혁 압력은 1906년 3월 워싱턴에서 영사개혁 회의에서 정점에 이르렀다. 1906년 8월 5일에 법률로 서명되고, 그리고 현재까지 지속되고 있는 전문적인 입장에서 영사 서비스를 자리 잡게 했던 로지법Lodge Act이 통과될 때이었다.

영사단과 외교단은 양자를 미국 외교단으로 통합했던 1924년 로저스 법Rogers Act까지 분리된 채로 남았다. 로저스 법은 외교뿐만 아니라

---

5 Kennedy, *The American Consul,* preface p. viii.

영사단으로 진입과 외교단 내부에서 승진 등을 위하여 실적주의merit system를 부여했다. 하나의 통합된 조직 안에 외교와 영사기능을 통합시킨 로저스 법에 의하여 만들어진 외교단의 근본 구조는 현재까지도 계속되어 오고 있다. 이러한 통합이 항상 만족할만한 조화를 이루어 오지 않아 왔다. 통합 직후 발표된 한 문서에서는 '마침내, 미국 영사관은 여권과 비자사무실 등보다도 가장 유명한 것이 되었다'고 언급했다.[6] 이러한 언급에 표현된 견해에도 불구하고, 외교 관계 공동체 안에서 영사업무의 인식은 종종 외교보다는 낮은 것이어 왔다. 로저스 법 통과 직후에, 영사의 상업적인 책임이 독자적인 대외상업부서Foreign Commericial Service로 이관되었다.[7]

20세기 동안, 여권과 비자 발급 등의 비중이 커지면서, 이 두 가지가 영사 부서의 주요 기능이 되고, 세 번째가 해외에 있는 미국 시민들의 보호가 되었다. 1952년 이민과 국적법Immigration and Nationality Act이 비자 판정을 위한 법적 근거를 마련했다. 20세기에 이민이 나중에 폭발하면서, 비자 심사가 잠재적인 불법 이민을 판단하는데 초점을 두었다.

최근, 영사국은 국내문제에 점점 더 관련되고 있는데, 해외 입양과 국제적친자유괴IPCA, international parental child abduction 등의 분야에서 책임성을 부가하면서 말이다. 이 두 가지는 거대한 국내의 구성요인을 가지고 있다. 이러한 변화들은 수많은 숫자의 미국 시민과 외국 국적자 등을 직접적으로 다루는 외교단의 일부로서 그리고 국내 문제에 최대로 연관되는 미국 국무부의 일부로서 영사기능의 성격을 강화해 오고 있다.[8]

---

6 'Consuls, Diplomats', *Time Magazine,* vol. VIII, no. 22, 29 November 1926.

7 대외교역부서는 1927년 국무부 내에 설립되었고 1980년 상무부로 이관되고 마국 대외교역부서가 되었다.

8 Emory Richard Johnson, Thurman William Van Metre, Grover Gerhart Hueber and David Scott Hanchett, *History of Domestic and Foreign Commerce of the United States,* publication no. 215A (Washington DC: Carnegie Institution of Washington,

현재 조직

미국 국무부의 외교부서는 약 12,018명의 직원들로 구성되는데, 해외 269개 지역에서[9] 근무 중인 공직자와 전문가[10] 등이 포함된다. 외교 공무원들은 시험 절차를 거쳐서 고용되고 근무 기간을 획득한 이후 경력직 임명을 받는다. 직업 외교관는 반대로 정치적 임명은 해외에 있는 대사직과 국내 근무 부차관보 이상 등으로 한정된다. 대사급 임명의 약 70퍼센트가 경력직 출신이다.[11] 해외 근무 외교 공무원뿐만 아니라 국무부 안의 많은 보직들이 있다. 국무부도 모든 부서 안에 책임자와 직원 등으로 내부에서 근무 중인 약 9,000명 이상의 공무원들이 일하고 있다.

영사는 외교단 내부 안의 다섯 개의 기본 전문 조직들 중에 하나인데[12] (다른 전문 조직은 정치, 경제, 공공외교와 관리 등이다). 간부들은 이미 전문성으로 선발되어 근무에 들어간다. 외교관은 전문성에도 불구하고 간부들 간의 일반적인 경험과 지식 등을 독려 한다. 모든 외교관들은 경력 초에 최소한 한 번은 영사 근무를 한다.[13] 정상적인 경력은 공직자에게 재직하는 동안 최소한 두 가지의 다른 기능적인 전문성에 근무하는 길을 가는 것이다. 모든 전문직 출신의 외교관들은 고위 외교관으로 승진과 부대사 혹은 대사 등과 같은 고위급 부처간 직 등으로 경쟁할 수 있는 자격이 부여된다.

1922).

9 2009년 6월 현재 6,899명의 일반 행정요원과 5,119명의 전문가 등이 근무하고 있다.

10 Bureau of Human Resources, Department of State, 'HR Fact Sheet', 30 June 2009.

11 Matthew Lee for the Associated Press, 'Inside Washington: Political Ambassadors Persist', *The American Academy of Diplomacy*, 28 May 2009.

12 'Foreign Service officer (FSO)' and 'Foreign Service generalist' 등은 상호교환적으로 사용한다.

13 영사 근무에 필요한 조건은 이러한 전문성에 적합하고 수많은 숫자가 초급 영사직이다.

현대 외교 서비스 중 특히 해외 공관에서 외교 업무와 영사 업무 간의 구분이 다소 흐릿해진 측면이 존재한다. 영사 관리들은 빈번하게 외교 관리들과 협상하고, 외교 문서를 발송하고, 현지 공동체와의 접촉을 발전시킨다. 반면에 다른 전문직 관리들은 당직 근무자, 근무 이외 시간에 영사 긴급사항을 처리하고, 주요 위기 동안 이송을 조력하고 비자 문제 응답 등을 처리하는 것이다. 대사들은 자신들의 직책에서 완벽하게 정보 제공 받고, 중대한 영사 문제에 자주 관련되는데, 영사 사례에서 빈번하게 미국 시민과 미디어 등에 직접적으로 다루어진다.

그럼에도 불구하고, 영사와 외교 기능은 분리된 채로 남아 있다. 매우 기본적인 차원에서, 영사 직책을 가진 직원들만이 합법적으로 비자를 발급하고, 공증 서비스를 수행하고 외국 법정에 있는 시민의 이익을 대표할 수 있다. 이러한 것들이 전통적인 '영사 기능'이다. 대사관과 총영사관 등에 있는 미국 국무부 직원들은 정치, 경제, 영사, 공공문제와 관리 섹션 등으로 나누어지고 직원들은 하나의 섹션에 특정되어 파견된다. 영사국은 국무부 내에서도 독립적인 단위체이고 영사 문제에 책임진다. 반면에 외교 기능은 수많은 지리적이고 기능적인 부서 전체에 분산된다.

20세기 중반에, 미국 안팎으로의 여행이 폭증하면서, 영사국은 내부 관리와 해외에서의 영사직 업무를 감시하는데 책임을 가져 왔다.

영사 업무는 국무부 내부에서 얼마 되지 않는 '수량화할 수 있는' 분야들 중에 하나이다. 늘어나는 숫자의 사건과 각 사건에 필요로 하는 시간 등으로 바라보는 늘어난 업무량을 살펴봄으로써, 미국회계감사원 Government Accountability Office은 다음과 같이 관찰했다.

> 인력 부족의 경우에, 국무부는 추가 인력 자원을 요청하는 장치를 가지고 있다. 예를 들면, 영사업무 부서는 본부 혹은 해외에 추가 직원을 위한 필요성을 특정한

다면, 이것은 인사부서가 새로운 직책을 만든다. 추가적으로, 직책은 또한 영사 소포를 통하여 자신들의 필요성을 설명할 수 도 있다—업무 통계와 직원 조항 등을 자세하게 설명한 영사업무 부서에 매년 제출하는 보고서.[14]

업무량은, 특히 비자, 20세기 중반에 급격하게 늘어났고 수많은 비자 섹션이 대사관 주변에 뱀처럼 줄 서 있는 신청자들의 긴 줄로 혼잡했다. 영사 섹션은 자주 너무 많아 감당하기 힘들 정도이었고, 업무는 반복적이고 기진 맥진하게 만들었다. 그러나 영사 업무가 변화하기 시작했다. 정보기술의 적용으로 수동식 비자 직인을 없앴고, 신속한 커뮤니케이션은 일반 대중에게 국무부와의 좀 더 긴밀해진 접촉을 가져다주었다. 21세기, 영사 업무는 더 높은 위상을 획득해 왔다. 많은 직원과 업무 등이 노련한 관리를 필요로 한다는 인식 때문만이 아니라 국경선 안보에 대한 정책 초점 때문이었다.

기술과 보안

자동화의 기본원리

세 가지의 기본—영사 조회 및 지원 시스템CLASS, Consular Lookout and Support System—은 현재 미국 영사 기술의 근간이고 미국 영사 서비스에서 심층적인 기술 발전을 위한 구성 요소를 제공한다. 이것들은 귀중한 자원인데, 과거 15년 동안 자동화의 점진적인 과정을 반영하고, 운 좋게도, 이것들은 9/11 이후 부각 된 안보 우려에 대한 반응을 촉진하는데 제격이었다.

14 US Government Accountability Office, 'Border Security: Reassessment of Consular Resource Requirements Could Help Address Visa Delays', GAO-06-542T, 4 April 2006. This document includes a detailed review of consular resource shortages post-9/11.

더 커진 효율성과 개선된 보안 등을 위한 필요성은 영사 기능의 자동화를 위한 추진력을 제공했다. 외교관들을 워싱턴에 있는 입국 금지자 데이터 베이스에게로 접속시킬 필요성이 냉전 시대 보안에 대한 우려로 인하여 작동되었다. 비자 자격이 없도록 판명된 개별 이름을 포함하는 '입국 금지자 명단Lookout books'은[15] 마침내 자동화비자검증시스템AVLOS, Automation Visa Lookout System으로 알려진 컴퓨터 시스템으로 진화되었다. 시간이 지나면서 입국 금지자 데이터 베이스는 비자 거부자로 알려진 사람들뿐만 아니라 부적격으로 갈 수 있는 테러 혹은 범죄 활동 등에 관련된 것으로 의심되는 사람들을 포함하는 데까지 확대되었다. 그리고 영사업무 부서는 다른 이민과 법 지행 기관 등과 입국 금지 명단을 공유하기 시작했다.

자동화비자검증시스템은 텔렉스 시스템telex system을 활용하면서 해외 사무소와 연결된다. 이것은 시간은 정확해지만 더디고 신뢰할 수 없었다. 1980년대 말, 영사 업무부서는 최대 비자발급 건수로부터 자동화비자검증시스템에 최고 속도 접근권을 획득했는데, 이들에게 명단 체크 데이터에 더 신속하게 접근할 수 있도록 부여했고 기계판독 가능한 비자MRV, machine readable visa 생산을 촉진했다. 이것은 비자서류의 보안에서 유의미한 진전을 나타내는 것이었다. 1990년대 초 자동화비자검증시스템은 영사 조회 및 지원시스템으로 통합되었는데, 확장된 기능을 갖춘 기술적으로 정교해진 시스템이다. 고속선로의 사용, 영사조회 및 지원시스템의 개발과 기계판독 가능한 비자 생산 등은 문서의 질, 효율성과 보안 등에서 유의미한 진전을 의미했다. 그렇지만, 임무 수행을 위해 필요한 시간과 자금bandwidth 그리고 새로운 컴퓨터 시스템 등이 고가이고 1990년대 초에는 연방정부 전체적으로 긴축 재정의 시기였다. 가장 명

15 비자 부적격은 Immigration and Nationality Act of 1952, the McCarran-Walter Bill, Public Law no. 82-414에 규정되어 있다.

백한 최신 기술의 장점에도 불구하고, 재정지원이 상대적으로 적은 큰 자리 이상으로 확대되지 않았다.

1990년대 초반의 긴축 재정에 대응하여, 정부 전체적으로 하나의 운동이 개시 되었다—앨 고어 미국 부통령의 '정부 재창조 계획Reinventing Government initiative'—추가 비용 창출을 위한 서비스 비용fee-for-service 접근방법 활용을 확대하기 위해서였다. 전통적으로 미국 재무부의 권한이었던 비용은 그렇게 하기(영사 업무 부서를 위하여 이것은 여권과 이민 비자 등을 위한 비용에 포함하는 것)를 지속했더라도, 몇몇 기관들은 새로운 비용을 유지하기 위한 권한을 부여받았다. 1993년 세계무역센터World Trade Center 폭탄 테러 이후, 미국 하원은 비자 입국 금지자 명단 시스템을 업그레이드하고 컴퓨터화하기 위하여 비자발급에 관한 추가 요금 징수 등을 승인해 주었다.[16]

새롭게 생겨난 두 가지 비용—기계 판독 가능한 비자 비용과 여권 신속비용passport expedite fee—등은 국무부에 의하여 유지되었고, 이러한 비용들에 의하여 창출되는 자금은 1990년대 말까지 모든 부서와 국무부 등을 함께 묶어주던 기밀이 아닌 커뮤니케이션 네트워크에 재정 지원되었다. 초고속 커뮤니케이션 라인과 안전한 비자 포장의 프린팅 등을 활용하는 비자 입국금지자 명단 시스템 체크를 포함하는 기계 판독 가능한 비자 시스템은 2000년까지 모든 직책에서 실행되었다. 영사 자동화와 일반적으로 영사 기능 등은 추가 비용과 고속 커뮤니케이션의 이용 등으로부터 혜택 받았다.

미국 국무부의 기본적이고 기밀이 아닌 커뮤니케이션 네트워크는, 일반적으로 '인트라넷intranet'으로 불리우는, 모든 직책에 고속 연결망으로 통합되고 영사와 비자 데이터, 비자와 여권이름 체크, 최신 여행 정보,

---

16 Section 104, Public Law no. 103-236, Foreign Relations Authorization Act, fiscal year 1994 and fiscal year 1995 as amended.

주민등록번호 그리고 이메일 등을 포함하는 기밀이 아닌 정보를 수행한다. 이와 같은 커뮤니케이션 시스템은 영사통합데이터베이스CCD, Cosular Consolidated Database에 정보를 공급하는데, 해외에 거주하고 여행 중인 미국 시민들의 등록 데이터, 그리고 비자신청자의 기록 등을 포함하는 광범위한 데이터 풀이다. 영사통합데이터베이스는 대부분의 영사시스템의 심장일 뿐만 아니라 관리 정보의 핵심적인 자료이다.

9/11: 영사 기능을 위한 분수령

2001년 9월 11일 미국의 세계무역센터와 국방부 등에 대한 영향을 과장하는 것은 불가능하다. 이 사건은 국제 테러의 위협에 대한 미국 정부와 미국민 등의 관심에 초점을 두었다. 공격 이후의 면밀한 조사에 대한 수많은 양상들 사이에서, 국경 안전이 리스트의 맨 위에 있게 되었다. 미국 입국자들을 위한 보안 검색의 첫 번째 단계로서, 비자 기능이 강력한 관심의 초점이었다.

전통적으로 거의 혹은 아무런 관심을 갖지 않아 왔던 비자 신청의 양상들이 갑자기 중요성이 부각되었다. 기관 간의 데이터 공유, 여행자에 관한 정확한 신분확인, 문서 보안, 심지어 비자 인터뷰까지 모두가 면밀하게 검토해야 한다. 이러한 절차들이 어떻게 정상적인 여행을 방해하지 않고서 여전히 테러리스트와 범죄자 등에 의하여 미국 방문을 막을 수 있도록 개선되고 강화될 수 있는가? 이것을 할 수 있는 한 가지 방법은 잠재적인 위협을 특정하고 배제시키면서 실질적인 국경 감시, 합법적인 여행자의 승인 등을 구축하기 위한 기술을 활용하는 것이다.

개선된 정보 공유가 첫 번째로 요구되는 필요조건이다. 1980년대와 1990년대 동안, 미국 정부에서 자동화는 예측 가능한 과정을 이어지게 했다. 각 부서와 기관 등은 자신만의 필요에 부합되도록 자신만의 시스템을 개발해 오고 있다. 영사 업무부서·이민귀화국INS, Immigration and naturalization Service 등과 같은 관련 임무를 행하는 기관들 사이에서 조차도, 자동화된 정보는 독선적이고 광범위하게 공유되지 않았다. 이민귀화국과 미국 세관 등과 같은 영사 업무 부서 등이 잠시 동안 기밀이 아닌 입국 금지자 명단 정보를 공유했더라도, 신원확인에 대한 새로운 접근방법의 발전은 항상 긴밀하게 조정되지 않았다.

법 집행과 정보기관 간 그리고 함께 정보 공유는 이민귀화국과 세관 등과의 공유보다도 더욱 곤란해지기까지 했다. 법 집행 데이터 보호와 정보 분류 등에 대한 우려 때문이다. 정보 보호를 위한 인센티브는 이것을 공유하는 것보다도 더욱 강력하다. 이러한 데이터 공유 문제들은 9/11 위원회의 조사에 관한 주요 관심사이었다. 위원회는 '현재 보안의 필요조건은 기관들 간의 정보에 대한 과도한 칸막이와 과잉 분류 등을 조장 한다'고 결론 내렸고 정보 절차는 '보안과 공유 지식 간의 개선된 균형을 회복하기 위하여 공유를 위한 인센티브를 제공 한다'고 권고했다.[17] 9/11 위원회의 보고서는 또한 '대통령은 주요 국가안보기관들을 정보 혁명 안으로 진입시키도록 정부 전반에 걸친 노력으로 이끌어야만 하고' '"믿을 수 있는 정보 네트워크"를 창출하기 위하여 전체 기관에 걸친 합법적인 정책과 기술적인 쟁점 등에 관한 해결책을 조정해야만 한다'고 권고했다.[18]

위원회의 보고서 출판 직전까지도, 미국 하원은 개선된 정보 공유, 비자 신청자에 대한 심사와 비자 안의 생체인식 포함 등을 요구하는 많

---

17 National Commission on Terrorist Attacks on the United States (consisting of Philip Zelikow, Executive Director; Bonnie D. Jenkins, Counsel; and Ernest R. May, Senior Adviser), *The 9/11 Commission Report* (New York: W.W. Norton & Co., 2004), p. 417

18 National Commission on Terrorist Attacks on the United States, *The 9/11 Commission Report*, p. 41

은 법률들을 통과시켜 왔다. 법률에는 2001년 10월 26일의 미국 애국법Patriot Act, 2002년 강화된 국경보안 및 비자입국 제한법Enhanced Border Security and Visa Entry Reform Act 그리고 2002년의 국토안보부법Homeland Security Act 등을 포함했었다. 그 후에도 여전히, 2004년의 정보개혁 및 테러예방법Intelligence Reform and Terrorism Prevention Act 등은 외교관과 비자 갱신에 관한 제한된 부류 등을 제외하곤 모든 비자 신청자들은 개인 인터뷰를 받도록 요구하고 있다. 부가적으로 이름 확인 조건들도 완벽하게 정부 전체의 검토를 보장하도록 부과했고, 영사 관리들의 훈련이 확대되었다. 이러한 입법의 결과로, 영사조회 및 지원시스템에서 비자 신청 숫자가 34,400,000명으로 늘어났다.[19] 2002년의 국토안보부법은 미국의 모든 국경선 국내 담당 기관들을 하나의 정부 부서 통합했고 비자 기능에 대한 관리도 미국 국토안보부 정책으로 부여했다. 이러한 변화는 국토안보와 영사 업부 부서 간의 지속적인 고위급 조정을 필요로 하게 했다.

미국 정부 기관들 간의 정보 공유에 더해서, 테러리스트 심사 정보를 공유할 때 외국 정부와의 협력을 획득하는 것은 9/11이후 높아진 관심을 받았다. 2003년 9월 16일, 백악관은 미국 국무부에 다음과 같이 지시했다.

> [...] 특정 외국 정부와의 협력 제고를 위하여 [...] 하나의 제안을 제시하는데, 미국이 비자 필요조건을 포기해 왔던 이러한 국가들과 시작으로, 참가 정부에 관한 테러 심사 정보에 적절한 접근을 수립하기 위해서이다.[20]

---

19 2008년 10월 12일-18일 한 주 동안, 영사조회 및 지원시스템의 질문 숫자는 600,000개 이상인데, 비자와 여권 조사 간에 거의 비슷하게 나누어졌다. Office of Consular Systems Development, Office of the Executive Director and the Bureau of Consular Affairs.

20 Homeland Security Presidential Directive no. 6: 'Directive on Integration and Use of Screening Information to Protect against Terrorism', 16 September 2003, 온라인 http://www.dhs.gov/xabout/laws/editorial_0607.shtm에서 이용할 수 있습니다.

이러한 책임은 영사 업무부서의 정책과 공공업무실 안에 새로운 국제 프로그램국에게 부여되었다. 이 사무실은 테러리스트 심자 정보 공유에 관한 양자 협정 교섭을 주도하게 되었다. 이것은 테러리스트 심사 센터에 의하여 미국을 위하여 움직이는 것이다.

데이터 교류는 '현존하는 첩보 혹은 정보 공유 관행을 대신하지는 않는다. 대신에 이것은 어떤 사람이 테러리스트로 알려지거나 의심된다고 현재 데이터로 특정되는 당사자인지 판단할 수 있는 비자, 이민과 법 집행 공직자를 위한 체계적인 장치를 제공하는 것'[21]이다. 협약은 테러리스트로 알려지거나 의심받는 용의자에 관한 공개적인 정체성 정보를 제공하는데, 이름 전체와 출생지 등을 포함한다. 가명, 출생지, 여권번호, 국적과 생물학적 신원확인방법 등도 역시 가능하다면 제공될 수 있다. 현재까지, 협정은 15개국과 서명되었다.

이러한 변화와 새로운 필요조건 등은 미국 국무부에서 정체 차원에서 무한한 압력을 가지고 있다. 영사 쟁점들이 갑자기 국무부 안에서 핵심적인 관심 사항인데, 다른 기관과 국무부의 관계와 하원과의 업무 대처 등이다. 영사 부서의 리더십이 하원 관계에서 매우 깊숙하게 연관되었고, 집중적인 언론 감시를 받고 있고 국경선 안보를 포함하는 절차적이고 정책 문제에 대해서 다른 기관과의 조정에서 주도하고 있다. 부서는 외부지향적이 되었는데, 대중과 정책에 인풋을 위하여 해외 근무자 등에게 영사 업무 절차를 설명 지지하도록 다가가고 있는 중이다. 학생 비자 신청은 떨어지고 있다. 비자 획득이 늦어진다는 인식 때문인데, 영사 업무 부서의 리더십은 미국 전역을 여행하고, 외국 학생들을 여전히 환영하고 있다는 메시지를 가지고 유학생 엔지오와의 회합과 캠퍼스를 탐방하고 있다. 기관 간 메시지는 "안전한 국경, 열린 문"이라

21 White Paper, HSPD-6, 28 January 2008.

는 내용으로, 미국이 외국 방문객을 환영하면서도 자국 안보에 필수적인 수준의 검열을 유지할 수 있다는 점을 강조했다.

생체인식: 변화에서 사례연구

9/11 이후의 변화는 현장에서의 영사 업무를 변화시켰으며, 이는 워싱턴의 높은 관심을 반영한 것이었다. 비자 절차와 기술이 대대적으로 변화했으며, 새로운 법률은 노동 집약적인 새로운 조건들을 부과했다. 생체 인식에 대한 요구 사항이 이러한 변화를 잘 보여주는 사례이다.

통상적인 기술 개발 과정에서 영사국은 지문 스캔과 안면 인식 기술을 비롯한 생체 인식 기술의 사용을 오랫동안 모색해 왔다. 그러나 이러한 접근방법들은 기대치가 크면서도 한편으로 전 세계적으로 활용되기엔 지나치게 노동집약적인 것처럼 보였다. 생체 인식에 대한 관심은 여행객들의 신원 파악의 필요성 때문에 이루어졌다. 신분 위조는 수년 동안 비자 신청을 오염시켜 왔다. 이 문제에 두 가지 주요한 원인으로는 변형된 비자와 가짜 신분 추정 등이다. 사진을 통합시킨 기계판독 가능한 비자는 이러한 문제를 해결하는 일보 진전된 것이었지만, 사진조차도 다층적인 신분과 가명을 가진 사람들을 판별해내기에는 충분하지 않았다. 1990년대 말, 이민귀화국은 자동화생체인식감정시스템IDENT, automated biometric identification system을 간단히 소개했다. 다른 것들 중에서도, 이것은 이민법 위반 시 이민귀화국에 의하여 체포된 사람들의 집게손가락의 디지털 이미지를 파악하는 것이다. 동일 기간 동안에, 영사 업무부서는, 이민귀화국과의 긴밀한 조정으로, 멕시코 출신 신청자를 위한 새로운 국경선 카드를 개발했다. 이 카드는 모든 신청자들의 디지털 집게손가락 스캔을 포함했다. 이것은 자동화생체인식감정시스템 데이터베이스와 비교가 안 되고 카드 자체에 박아 넣은 것이다.

9/11 이후 2002년 제고된 국경보안법[22]은 모든 입국 문서에 생체 인식을 포함할 것을 요구했다. 대응으로, 영사 업무부서는 집게손가락 이미지에 대한 디지털 캡처와 지문인식 등을 포함하는 기계판독 가능한 비자 시스템을 확대했다. 이 시스템은 2005년까지 모든 부서로 확대되었다. 그렇지만, 완벽하게 효과적이 되기 위하여, 시스템은 완벽한 지문 기록을 보유했던 법집행 시스템과 양립할 필요성이 있었다. 그래서 영사업무 부서는 자체 시스템을 열 가지의 모든 이미지를 정확하기 포착하는데 까지 확대했다. 영사 관리들이 이러한 변화가 신청 절파를 더디게 할 수 있다고 예상했었지만, 놀랍게도, 이것은 그렇지 않았고, 모든 부서에서는 2007년 확대된 시스템을 활용하기 시작했다. 이러한 새로운 시스템은 법 강제 데이터베이스에 반대하는 감시를 허용하는데, 비자 부적격자인 개인에 대한 정확한 신원파악과 신속한 대응 등의 결과를 가져왔다. 이러한 접근방법은 신분위조를 방직했을 뿐만 아니라 이것은 신분에 대한 문제 해결을 위하여 종종 오랜 기간 기다려야 하는 흔한 이름을 가진 사람들을 위한 신청 과정을 간소화한다.[23]

개인 인터뷰 요구 사항이 추가적인 변화를 보이고 있다. 9/11 이전에는 주로 이전 여행 기록을 기준으로 많은 신청자들에게 인터뷰가 면제되었으나, 이제는 거의 모든 신청자를 대상으로 인터뷰를 해야 하면서 특히 멕시코, 브라질, 중국, 인도와 같이 업무량이 급증한 지역의 직원과 시설에 큰 부담을 안겨주고 있다. 일부 공관에서는 공간적 제약으로 인해 하루 12시간씩 인터뷰를 진행하는 2교대 근무제가 도입되기도 했다. 비자 부서의 직원 수가 추가 업무를 처리하기 위해 상당히 증원되었음에도 불구하고 [24] 관리자들은 제한된 자원으로 법적 요구 사항을

---

22 The Enhanced Border Security and Visa Entry Reform Act of 2002, PL 107－703.

23 여기에선 논의되지 않았지만, 여권안전 역시 영사업무 부서 노력의 주된 초점이 된다.

24 직원들에 의하여 보고된 영사 업무량 통계에 따르면, 비-이민 비자에 근무하는 담당

충족시키기 위한 방안을 찾느라 어려움을 겪고 있다.

그래서 이것이 영사업무의 변환을 위하여 의미하는 것은 무엇인가? 비자 줄서기가 여전히 길고 인터뷰하는 것도 여전히 짜증나는 일이지만, 보안 정보는 지금은 정확한 결정을 촉진 하는데 유용 하지 않다. 여행 서류는 여권소지자의 신분을 속박한다는 것이다. 몇 가지 방식에서, 비자 신청에 관한 이러한 개선들—특별하게 생체인식 활용과 확대된 데이터 공유—은 성장 과정의 변화이다. 주장하건대, 이것들은 결국 일어나고야 말았는데, 9/11입법 후가 아니라도 말이다. 그렇지만, 이것들이 너무 급격하게 발생되었다는 사실은 비자 업무 인식에서 근본적인 변화 때문인데, 미국 정부 전체뿐만 아니라 외교 생태계 안에서도 말이다. 비자 발급은 항상 미국 여행을 모색 중인 사람들을 위한 첫 번째 단계의 검토이었지만, 이것은 항상 보안을 위태롭게 하는 사람들을 특정하고 가로막는데 중요한 방법으로 이해된 것만은 아니었다.

영사업무와 정보 혁명

대중의 기대에 부응하기

비자 서비스가 보안의 긴급성 때문에 극적으로 변화하는 동안, 전체적인 영사 기능은 21세기의 또 다른 특성에 의하여 변화는 중이다. 그것은 바로 정보 혁명이다. 기술이 보안의 필수조건을 충족하는데 사활적이 도구인 반면에, 이것은 또한 공공의 정보 욕구와 기대 등을 충족시키기 위한 기반을 제공한다.

자의 근무 시간은 1997년 예산년도 대략 700,000명에서 2007년 예산년도 1,200,000명으로 늘어났다. 신청자 숫자는 동일한 기간에 6,500,000명에서 7,700,000명으로 늘어났다.

최근 *뉴욕 타임스*New York Times 사설에서는 미국 대중의 정부에 대한 기대에서 변화를 상세하게 다루었다.[25] 2008년 민주당 여론조사 요원 마크 겔만Mark Gellmann에 의하여 수행된 조사에서, 응답자의 60 퍼센트가 '연방정부는 일반인들에게 자신들이 직면한 문제를 도와주는 데 충분하지 않다'는 것이 최고의 관심사이었다. 이것은 정부의 지원 역량에 대한 불신을 시사했던 예전 조사와는 변화가 있음을 나타내는 것이다. 2009년 건강 보험에 관한 논쟁이, 외국 여행과 관련된 상황에서 도움을 줄 수 있는 정부의 책임이 항상 높아 왔고 계속될 것이라는 기대, 국내 정책의 새로운 분야에서 정부의 관여에 대한 일반 국민들의 수용에는 한계가 있음을 보여준다. 외국 환경에서 부상되는 문제들은, 종종 언어와 익숙지 않은 법과 관습 등과 관련된 어려움, 큰 걱정과 무력감 등을 조성하게 된다. 미국 영사는 국내에서 정부 당국에 대하여 기대하는 것을 넘어서는 방식으로 거기에서 도움을 제공해 주어야만 하는 것이다.

미국 국무부는 약 500만 여 명의 미국인들이 해외에서 거주하고 6,000만 명이 매년 해외를 여행한다고 추정한다.[26] 해외여행 증가에 관한 하나의 지표로는 여권 신청 숫자이다. 이것은 지난 20여년동안 1987년 회계 연도 480만 명에서 2007년 회계 연도 1830 만 명까지 증가해 왔다. 이러한 지표들이 2007년 서반구여행이니셔티브Western Hemisphere Travel Initiative의 실행으로 어는 정도 영향을 주었다고 할 수 있더라도,[27] 이것들은 외국 여행이 증가하고 있음을 확인해 준다.[28] 여행객의 대다수는 자신들의

25 Mark Mellman, 'Another Country', *New York Times,* op-ed, 17 September 2008.

26 Estimate of residents provided by the Bureau of Consular Affairs/OCS; estimate of travellers from the US Department of State/USAID Strategic Plan, fiscal years 2007/2012.

27 서반구 여행이니셔티브는 여권을 가진 캐나다, 멕시코와 카리브 등에서 오는 비행기로 미국을 입국하는 사람들에게 필요하다. 여권 량은 2007년 회계연도에 50 퍼센트로 증가 되었다. 여권 량은 2009년 육로 횡단을 위한 여권 필요조건이 효력을 발휘할 때 다시 한 번 확실하게 올라 갈 것이다.

여행을 영사 직원과의 접촉을 할 필요 없이 수행하더라도, 많은 여행들은 불가피하게 더 많은 조사와 외국에 있는 영사 서비스를 위한 더많은 요구 등을 의미하는 것이다.

비자를 위한 직원 채용 차원과는 반대로, 해외 대사관에 있는 해외거주 시민 서비스의 직원 채용 차원은 여행과 정보 요구 등에서의 증가를 따라가지 못해 왔다. 해외 영사 서비스에서 들어가는 근무 시간은 과거 15년 동안 지속적으로 변화하여 왔다.[29] 한편으로, 체포 건수, 억류와 사망한 미국인들이 증가해 오고 있다. 해외를 여행하고 거주 중인 미국인들을 조력하는 것 이외에, 해외시민서비스OCS의 영사업무실 부서는 서비스를 국가 간 입양 부모와 해외 부모 자녀 유괴 사건 등에 제공한다. 해외 시민 서비스도 해외에서 발생하는 사건에 관한 조사를 관장하고 해외에서 발생하는 대규모 긴급 상황에 대응하여 태스크포스를 조직하고 있다. 긴급 상황, 개인적 접촉과 다른 비정기적인 의무 등을 필요로 하는 민감한 사례 등에 충분한 시간을 쏟기 위한 영사 직원들을 위하여, 영사 업무부서는 정기적인 정보와 기본 서비스를 제공하기 위한 기술에 지속적으로 의존해 왔다.

증가하는 여행 이외에서, 상승하는 기대는 최소한 부분적이었다. 일상에서 만연된 기술 활용 때문이다. 사람들이 정보와 커뮤니케이션 등을 위한 인터넷과 휴대폰에 의존하면서, 이들은 정부 사무실이 이러한 미디어 활용에 쉽게 접근할 수 있기를 기대한다. 2008년 미국 대통령 캠페인은 정보기술의 전례 없는 활용을 만들었다. 선거 직후에, 오바마 대통령 당선인 인수 팀은 국민과의 직접 소통의 수단으로서 웹사이트를 개설했다. 정부 대응의 정의가 전화로 도움을 요청하는 사람에게

28 해외여행에 대한 지속적인 증가는 요즈음 경제 위기 때문에 불확실하다.

29 직원채용과 업무 통계 등은 영사업무통계시스템에 있는 직책으로 보고된 데이터를 활용한다.

도달할 뿐만 아니라 웹에서 사용자 친화적인 자동화 정보와 조력에 신속하게 접속하는 것을 포함하면서 변화해 오고 있다. 국민을 관리하는 데 영사 업무 부서를 위한 도전—국내외적으로—은 자동화 된 정보와 개인 서비스 간의 균형을 발견하는 것이다. 이와 같은 균형을 맞추기 위해서는 정보 기술을 최대한 활용하여 긴급 상황에서 신속하고 정확한 정보를 제공하고 워싱턴의 사안 담당자와 현지 영사관 직원의 업무를 지원하는 자동화된 지원 구조를 개발해야 한다. 정보 기술에 대한 의존도가 높아짐에 따라, 대중에게 제공되는 정보의 접근성과 영사 업무의 투명성이 증가하면서 영사 업무의 성격도 변화하고 있다.

인터넷을 활용하기

인터넷은 미국 대중과 특정 나이 그룹 등을 위한 정보의 근원적인 원천이다. 이것은 근본적인 정보 출처라는 *것*이다. 정보에 대한 즉각적인 접속을 위한 필요조건은 21세기에 들어서면서 대중의 기대에서 일차적인 변화들 중에 하나이다. 컴퓨터의 부팅 시간 속도를 빠르게 하기 위한 새로운 소프트웨어를 다룬 최근의 뉴욕 타임스 기사는 '사람들에게 몇 분씩 기다리라고 요구하는 것은 어리석은 일이다'라면서 빠른 부팅 소프트웨어를 만든 회사의 마켓팅 이사의 말을 인용했다. 기사는 '잠깐의 컴퓨터가 작동하지 않은 시간조차도 참을 수 없는 정보 중독 사회에 대한 국가의 신속 부팅 시스템 제공'에 대해서도 언급 한다.[30] 기대는 결국 변화 중이라는 것이다.

영사 업무부서는 일찍부터 인터넷과의 관계를 발전시키기 시작했다. 1993년 전 미국 부통령 엘 고어의 '리인벤팅 거번먼트' 이니셔티브의

30 Matt Richel and Ashlee Vance, 'In a New Age of Impatience, Cutting Computer Start Time', *New York Times,* 26 October 2008.

충격으로 구축되면서, 영사 업무부서는 1995년 2월에 공식적으로 자체 홈페이지 http://travel.state.gov를 개설했다. 홈페이지 구조는 2004년 7월 업데이트 되고 재차 2006년 사이트의 외관과 분위를 바꾸었고, 사이트를 변화시키기 위한 내용관리 시스템과 지속적인 포맷과 브랜딩을 가진 각 페이지 등을 활용했다. 계약업체들은 귀중한 기술적인 전문식견(예를 들면 그래픽 디자인, 사이트 조성과 네비게이션)를 지속적으로 제공하고 변화하는 기대를 충족하기 위하여 페이지를 유의미하게 업그레이드 한다. 영사 업무부서의 디렉토리는 신선한 내용을 제공하고, 영사 업무 부서의 공공문제실은 전체 사이트를 관리한다. 중앙 웹사이트에 더해서, 대사관과 영사관 등은 자신만의 사이트를 관리한다. 이러한 웹사이트에서 영사 부분은 지방 영사 서비스, 근무시간과 특별한 현지 상황 등에 관한 특별 정보를 포함한다. 이러한 웹사이트들에는 직접적으로 접촉할 수 있거나 영사 업무부서의 웹사이트로부터 링크를 활용 한다.[31]

웹 기술 활용에서 성장의 지표로서, 1997년 예산년도에서 영사 업무 웹사이트는 960만 페이지 뷰page view, 사이트 내 각 페이지의 방문횟수를 기록했다. 2007년 예산연도의 3억2천1백만 페이지 뷰와 비교해서 말이다. Travel.state.gov는 하루에 83만 이상의 방문횟수를 가진다.[32] 웹사이트에는 국내외의 영사 업무의 모든 양상에 관한 정보를 포함한다. 통화 녹음 정보와 인쇄정보지 등과 같은 초기 접근방법과는 반대로, 웹사이트는 접촉을 촉진한다. 사이트의 등장은 시간이 가면서 진화되어 왔는데, 지속적으로 매력적이고, 사용자 친화적이고 웹사이트를 돌아다니기가 용이하게 되었다. 문서변경도 빨랐다. 몇몇 최근 개선사항들은 국가별 특별 정보를 위한 내용 목록을 포함하는데, 주요 도시와 자

---

31 Travel.state.gov pops up first of the non-sponsored links for a Google search of 'travel information', 'foreign travel', 'US passports' and 'US visas'.

32 웹페이지 의견의 숫자에 대한 정보는 영사업무 부서의 공공문제실로부터 얻었다.

연 환경을 보여주는 국가와 각 대사관 혹은 영사관 웹사이트의 시민 서비스 분과와 연결되는 링크 등이다.

2008년 5월, 해외시민서비스의 영사 업무 부서실은 'Students Abroad'(www.studentsabroad.state.gov)라고 부르는 새로운 웹사이트를 개설했다. 이 사이트의 목표는 해외에서의 안전한 거주에 관한 중요한 정보를 대학생들에게 제공하기 위하여 젊은이들에게 호소하는 구상을 활용하는 것이다. 공격적인 홍보를 활용하면서, *뉴욕 타임스*와 *워싱턴 포스트* 등에서 보도된 기사를 포함하고, 해외시민서비스는 대중뿐만 아니라 국제교육 공동체와 학생 여행 단체 등과의 사이트를 홍보했다. 이들은 새로운 사이트를 환영했다. 현재까지 사이트에는 30만 명 이상이 있다.

미국 국무부와 해외 근무자 등은 또한 트위터를 활용하는데, 트윗처럼 대중에게 여행 정보, 경고와 관리자의 메시지 등을 보낸다. 많은 근무자들도 역시 페이스북 계정을 가지고 있고 이것을 통하여 영사 정보를 전달하는데 활용한다. 예를 들면, 벨리즈Belize 수도 벨모판Bellmopan 주재 미국 대사관은 적절한 관리자 메시지를 포함하는 영사 페이스북 계정을 가지고 있다. 코스타리카 수도 산호세 주재 미국 대사관은 미국 시민 실종 시 위치파악을 위하여 조력을 모색하기 위한 페이스북 계정에 정보를 게시했다.

대중에게 여행 정보를 제공한다는 생각이 새로운 것이 아닌 반면에서, 새롭다는 것은 이용 가능한 정보의 양이고, 새로운 정보를 이용가능하게 만드는 속도와 접근의 용이성 등이다. 기본적인 영사 기능이 동일하게 남는다 하여도, 이러한 기능의 집행은 기술에 의하여 변환 되어왔다.

이러한 균형을 이루기 위해서는 정보 기술을 최대한 활용하고, 긴급 상황에서 신속하고 정확한 정보를 제공하는 자동화된 지원 구조를 개발해야 한다.

영사정보 프로그램

대중에게 여행 정보 제공과 대중에게 위협 정보를 제공하는 보안상의 필요조건 등은 영사정보프로그램CIP, Consular Information Program에서 충족된다. 이 프로그램은 국민에게 실시간에 근거해서 여행 상황을 제공하기 위하여 인터넷 기술의 장점을 최대한으로 활용 한다. 프로그램은 시간이 흐르면서 정보지와 녹음된 메시지 등을 통하여 위험 지역에 관하여 여행자에게 경고를 하는 원래의 '여행 안내travel advisory'로부터 현재 인터넷에 기반하는 다층적인 정보 소식까지 진화 되어 왔다. 영사정보프로그램은 미국 시민들에게 해외에서 자신들의 안전에 대한 잠재적인 위협에 대해서 정보제공할 뿐만 아니라 일반 정보를 제공하는 의도로 삼단으로 구성된 여행권고 프로그램이다.

프로그램 요인들은 특정 국가 정보이다. 이것은 여행자들에게 특정 국가에 대한 여행준비를 위한 정보를 제공할 수 있도록 기본 정보를 제공하는 것이다. 여행 경고travel alerts인데, 미국 시민에 대한 즉각적인 안전 위협을 노정시키는 상대적으로 단기적인 가상황에 대한 정보를 배포하는 것이다. 여행 경보travel warnings인데, 이것은 미국 시민들이 특정 국가 여행을 늦추는 것이다. 상황이 위험하거나 불안정하고/하거나 미국인을 조력할 정부의 역량이 대사관의 폐쇄 혹은 축소 등으로 인하여 제한적이기 때문이다. 이러한 요인들은 해외 여행객과 거주민 등과 관련된 일반 정보를 제공하는 용지에 의하여 보완된다. 이것들에는 '2008년 부재자 투표Vote Absentee 2008', '2008년 허리케인 시즌Hurricane Season 2008' 등과 같은 다양한 정보를 포함한다.

영사정보프로그램을 위한 많은 정보들은 해외 근무자들로부터 나오는 것이다. 이것은 특정 국가 정보인 경우에 특별하게 적용된다. 이것은 일상적이지 않은 입국 혹은 출구 필요조건, 의료 서비스와 시설 등에 대한 배경, 도로 안전과 불안정과 범죄 지역 등을 포함한다. 이러한 정보는 모든 국가에게 이용가능하고 정기적으로 업그레이드될 뿐만 아니라 유의미한 변화가 있을 때마다 그러하다.

여행 경고와 여행경보 등에 가장 많이 포함되는 위협 정보는 1990년의 항공안전 및 보안에 관한 법률Aviation Security Improvement Act에 개요가 서술된 특정 기준에 따라 미국 국무부에 의하여 평가된다. 이 법은 1988년 팬암Pan Am 103편 폭파 사건에 대한 대응으로 통과되었다. 런던과 뉴욕 간을 비행 중인 737항공기가 스코틀랜드 로커비 상공에서 테러리스트 공격으로 폭발된 사건인데, 탑승 중인 243명의 승객과의 11명의 승무원뿐만 아니라 지상에 있던 11명의 사람 등이 사망했다. 기준들은 처음부터 항공 보안 위협 평가에 초점이 맞추어진 법에 명시되었다. 미국 국무부는 후에 이것들을 모든 위협 정보를 평가하는데 채택했다. 위협 정보는 특별하고, 신뢰할 만하고 의문의 여지가 있어서는 안되는 것이다. 법률은 또한 장벽을 설정했다—일반적으로 '이중 잣대 정책 없음'으로 알려진—미 국민에 대한 위협 정보를 알리기 위해서이다. '이중 잣대 정책 없음'은 정부에게 공무원들에게 이용가능하게 만들어진 보안 정보에 대해서 국민에게 정보제공을 해주도록 요구하는 것이다. 예를 들면, 해외 주재 미국 대사관이 보안상의 이유로 직원의 여행을 제한하거나 출국 허가를 받는다면, 이러한 정보는 공표해야만 한다는 것이다. 위협에 관한 즉각적인 공지를 필요로 할 상황에서, 직원은 대사관에 등록된 미국인에게 관리자 메시지를 전달하고 직원 웹사이트에 정보를 추가하도록 국무부와 조율하게 될 것이다.

여행경계와 여행경보 등에서 제한적인 보안 정보는, 대사관과 영사관, 정보, 오픈 소스open sources, 소프트웨어의 소스 프로그램이 공개되어 있는 것, 다른 정부 등을 포함하는 모든 자료로부터 수집된 위협 정보 근거하는 것이다. 매우 자주, 어떤 직원은 특별하게 여행경계와 여행경보 등을 요구할 것이고 특정 언어럴 제공할 것이다. 정보의 원천에도 불구하고, 미국 국무부의 외교안보 부서는 이것을 위협이 특정되고, 믿을만하고, 의문의 여지가 없다고 결정되는지를 검토한다. 이들이 이러한 결정을 내린다면, 해외시민서비스는 적절한 언어를 개발과 함께 영향을 미치는 직원들과 함께 작업하고 미국 국무부 내부에 경보를 해제한다. 그런 다음 경보는 즉각적으로 인테넷과 기록 시스템 등을 통하여 국민들에게 공표되는데, 두 가지는 필요하다면 근무시간 후에 배포를 허용하는 것이다.

쌍방향 서비스

다른 대부분의 상업적인 웹사이트처럼, 영사 업무부서의 웹페이지도 역시 쌍방향적인 역량을 가지고 있는데, 사용자들에게 특정의 기본 서비스를 용이 하게 획득할 수 있도록 허용 해준다. 여권과 비자 신청 두 가지는 온라인에서 이용가능하다. 여권 신청은 웹페이지 상의 링크를 통하여 추적할 수 있다. 인터넷에 기반 하는 등록 시스템은 미국 시민들에게 인터넷 사이트에 직접 해외 여행 혹은 거주 등을 등록하도록 허용해준다. 이러한 시스템은 미국인들이 해외 대사관 등록을 하기 위하여 가는 귀찮고 가끔은 무시되는 절창을 대체한다. 인터넷 등록의 용이성은 위기 상황에서 여행객 위치를 파악하는 역량을 상당히 개선한다. 등록 데이터는 보안 시스템 안으로 수집되어 영사통합데이터베이스CCD, Consular Consolidated Database로 전환되는데, 개인정보보호법에 따라서 직원, 국무부와 필요한 정보에 접근하는 태스크포스 등에게 허용된다. 등록 시스템이 2005년 온라인 되면서, 150만 명의 이상의 등록자가 녹음되었다.

다양성 비자 복권Diversity Visa lottery를 위한 등록은 2005년 완전히 전산화되었다. 이 기간 이전에, 켄터키 영사 센터가 매년 1500만 건의 서류 신청을 받았다. 이것은 종이에서 전산화 과정까지의 변화가 초기

3년 동안 345.69톤으로 추정되는 종이를 없애고 건평 농구 경기장 3개 규모의 공간을 확보한 것으로 여겨진다. 이러한 필요조건들이 개도국 신청자들에게는 불리할 것이라는 우려에도 불구하고, 다양한 국가 출신의 상대적인 신청 숫자가 변하지 않았음을 경험으로 보여준다. 전자문서 정리 시스템도 역시 이중 혹은 삼중 신청자를 특정하고 신청자의 신원을 확인하고 과정상의 위조 기회를 박탈하는 방식들을 포함하는 것이다.

전화문의 처리

'리인벤팅 거번먼트' 이니셔티브의 또 다른 결과물은 정부 공직자들이 수행할 필요가 없었던 이러한 서비스들을 하지 않기로 약속하는 구상이었는데, 정부 공직자들을 구해주는 것인데 —이러한 경우에 영사 직원—'정부 소관'인 업무에 속하는 것인 경우인데, 이것은 개인 사생활 보호 혹은 법적인 판단을 필요하거나 민감한 업무를 일반적으로 의미하는 것이다. 영사 서비스의 경우에, 이것은 바쁜 영사 직원과 혼잡한 전화교환대 등으로부터 멀리 떨어져서 기본적인 문의를 돌리기 위한 방식의 발견을 의미했다. 웹페이지는 이것을 하는 하나의 방식이지만, 많은 숫자의 문의에 응할 수 있더라도, 이것은 사람들이 원하는 개인적인 접촉을 제공할 수 없는데, 특별하게 긴급 상황을 다룰 때이다. 미국인들은 사람과 통화하기를 원하고 한도 끝도 없는 녹음 메시지를 원하지 않는다.

정보 기술의 진화와 민간 산업에 의한 콜 센터call centers의 발전은 일반 정보를 제공하고 전화를 선별할 때 특별하게 효과적이었는데, 영사 담당자가 적절한 사람과 통화 할 필요가 있는 사람들과 연결하는 것 말이다. 그들은 또한 비자 혹은 여권신청 등을 위한 약속을 잡고, 특정 사례에서 영사 자동화 시스템으로 진입하기 위한 데이터를 수집 할 때도 유용하다.

해외시민서비스는 일반 문의에 응답하고 담당 직원에게 직접적으로 사례별 및 조치 호출 등을 전달하도록 2001년 10월 이후로 콜 센터를 활용해 오고 있다. 플로리다 주 레이클랜드Lakeland 콜 센터 통화료는 미국과 캐나다 등 안에서 무료인데, 미국인들에게 필요로 하는 정보와 영사 직원 등에게 자유로운 개인 접촉을 제공하고 있다. 매일 평균 500-600건의 센터로의 통화량은, 대부분이 특정 국가 여행 안전과 보안 문제 등을 가지고 있는, 위기 동안, 콜 센터 역량은 필요에 대처할 만큼 늘어날 수 있고 필요하다면 24/7로 확대될 수 있다. 예를 들면, 2004년 동남아시아 쓰나미tsunami 동안 센터는 35,000 건의 통화를 받았다. 2005년 7월 런던 폭탄테러는 25,000건의 통화를 촉발했고, 2006년 레바논 위기는 25,000건의 통화를 발생시켰다.[33] 위기 시에, 영사 업무 부서 대표들은 살아 있는 정보를 콜 센터에 제공하기 위하여 타스크포스를 구성하고 필요로 하는 역량을 제고시키기 위하여 콜 센터로부터의 통화 통계를 모니터한다.

영사업무 부서도 역시 콜 센터를 활용해 왔다. 해외에서 일반문의에 대처하기 위하여 1990년대 말부터이다. 해외 콜 센터는 기본적으로 일반 문의를 위하여 활용하는데, 비자 신청을 완수하기 위하여 필요로 한 데이터 수집과 비자 약속 잡는 것 등이다. 콜센터의 활용은 1990년대 독립 실행형 로켈 센터에서 해외에서 비자신청의 대부분을 위하여 활동하는 다층적인 기능을 가진 대형 국제 센터까지 진화되어 오고 있다. 비자 콜센터로의 전화는 장거리 전화인데, 아직도 웹에 기반한 자원의 정밀함과 높아진 품직을 가지고, 수많은 신청자들이 전화보다 웹을 선호하고, 영사 업무 부서는 웹에서 무료 약속을 제공하는 방식을 검토 중이다. 해외 근무자들을 위하여, 비자 전화를 콜센터로 직업 연결하는

33 OCS 콜센터 량의 통계는 영사 업무 부서의 해외서비스실에 의하여 제공받았다.

것은 과도한 업무를 하고 있는 전화교환원에게는 환영할만한 구제책을 제공한다. 일반적으로 영사 업무부서의 경우에, 국내외적으로, 웹페이지와 콜센터 등의 활용은 압도적인 다수의 문의를 다루는데, 가장 민감하고 긴급한 것일 때만 영사 직원에게로 넘겨진다.

위기관리: 모든 도구 활용

국내외를 막론하고 주요 위기가 발생하면 미국 대중은 정부가 신속하게 대응하고 정확한 정보를 제공하며 사람들을 위험에서 보호하기를 기대한다. 2005년 허리케인 카트리나Katrina에 대한 대응 실패처럼 위기대응에 실패하면 행정부의 명성이 치명적으로 손상될 수 있다. 위기대응에 대한 성공은 어쩌면 당연하게 여겨지는 부분이 있으며 영사 업무에서 기술 활용의 궁극적인 과제는 다양한 요소들이 얼마나 잘 융합되어 해외 위기 상황에서 미국 국민들에게 도움이 되는가에 달려 있다.

미국 국무부는 해외 위기 상황을 대비하여 자체적으로 운영센터Operations Center를 조직했는데, 미국 국무부와 국무 장관 등을 위하여 해외에서 사건 추이에 대한 중요한 정보를 추적하는 24시간 신경 중추nerve center라고 할 수 있다. 위기 시, 운영센터는 해당지국에 의하여 주도되는 태스크포스를 설립하고—위기에 미국의 일반 시민이 관련된다면—영사 업무부서에 의하여 관리되는 두번째 태스크포스가 만들어진다. 이러한 태스크포스들은 매일 24시간 운영되고 모든 관련부서 담당자들로 구성된다. 영사 태스크포스들은 영사 업무 모든 부서의 지원자들로 구성되고 현장에 있는 일차 태스크포스와 영사 담당자 등과의 긴밀한 협조로 활동이 이루어진다.

위기관리—태스크포스와 연관된 전반적인 노력은, 해외직 혹은 해외근무자와 외국 정부 관리—는 영사 업무에 관한 다른 모든 양상보다도 매우 집중적으로 정보 기술에 의존한다. 자동화 된 시스템은 통화자와의 진행 중인 의사소통을 촉진하기 위하여 정보를 녹화하고 들어오는 문의를 추적한다. 위기 현장에서 태스크포스에게의 전화 의사소통, 재난 지역으로 알려진 사람들에 대한 정보로의 접속, 콜센터와 웹페이지 등을 통하여 현재 정보를 대중에게로 전달, 다른 기관들과의 조정, 국무부 사무실과 외국 정부—이것들 모두는 모든 특정 위기가 진전 시에 개략적으로 예상되며 기획되는 것이다.

영사 태스크포스CTF, Consular Task Force 자동화시스템은 기본적인 기술 플랫폼을 태스크포스 운용뿐만 아니라 영사통합데이터베이스에서 이러한 활동 지원까지 등을 지원한다. 영사 태스크포스는 해외에서 위기에 빠질 수 있는 미국 시민들에 대한, 그리고 혹은 조사와 정보 탐색 등을 위하여 직원들과 해외시민서비스 등에게 허용하는 내부전산망에 기반 한intranet-based 응용 프로그램이다. 소프트웨어는 정치적 소요, 무장분쟁 상황, 지진 혹은 허리케인, 항공기 충돌과 다른 유사 상황 등과 같은 자연재해 등에 활용되게끔 구상된 것이다. 외딴 지역에 있는 영사 담당자들은 어디서나 인터넷을 열어 보세요ONE, Open Net Everywhere 프로그램을 통하여 영사 태스크포스에 접속하고 업데이트할 수 있다. 등록 후 정보와 내부전산망에 기반 하는 등록 등으로부터 나온 이미 등록 미국 시민들에 대한 데이터도 역시 영사 태스크포스 안으로 수합될 수 있다.

현재 상황에서 영사 태스크포스의 발전은 과거 기술을 활용하는 일련의 시도와 오용 등과 관련 있다. 모든 영사 시스템에도 불구하고, 프로그램은 위기와 이와 관련된 모든 것 뿐만 아니라 통화자와 이들의 문의 등에 대한 정보 체계화를 모색하는 초기 기록관리 시스템으로부터 진화되었다. 도전은 위기 상황의 범위를 조정하고, 신뢰하기에 충분할 정도로 정확하고 문의에 반응하기에 충분할 정도로 신속한 응답에 충분할 정도로 적용되었던 시스템을 개발하는 것이었다. 일반적으로 접속 가능한 데이터베이스에 저장된 정보로의 접속과 함께, 내부전산망을 통하여 전 세계적으로 이용가능 했던 웹에 기반한 구조를 포함하는 기술적인 진전은 이러한 시스템을 가능하게 만들었다.

멕시코의 허리케인 대응: 사례연구

기술은 워싱턴의 끝자락에 있는 위기관리에서 핵심인 반면에, 우리가 실질적인 위기 장소에 도달할수록, 자동화 된 해결만으로는 작동되지 않을 가능성이 더 높아진다는 것이다. 멕시코에서 최근의 경험은 적절한 사례를 제공한다.

2005년 10월 허리케인 윌마Wilma는 대서양에서 이제까지 기록된 가장 강력한 허리케인이었다. 이것은 유카탄Yucatan 반도 동부 해안을 강타했는데, 63시간 동안 저물면서, 이 지역 연 강수량의 1.5배를 퍼부었다. 허리케인은 지방 전력망, 통신 네트워크와 항공 그리고 이 지역과 나머지 멕시코 지역을 연결하는 침수된 고속도로 등에 피해를 입혔다. 이것은 칸쿤Cancun, 코수멜Cozumel과 마야 리비에라Mayan Riviera 등의 주요 관광지역을 초토화시켰다. 허리케인에 이어진, 25,000명의 미국 시민들이 일 주일 안에 민간 비행기로 피신했고 180명의 위험한 의료 환자들이 가능한 한 신속하게 수송되었다. 미션 멕시코[34]Mission Mexico는 지역에 담당 팀을 파견했는데, 12,000건 이상의 전화 처리했고 단기 제공된 허리케인 피난소를 위한 구호 팀을 조직했다. 구호 노력의 성공은 허리케인이 강타하기 이전에 피난처를 관광객에게 이송시킨 혜안을 가졌던

---

34 멕시코 시티 주재 미국 대사관이외에, 멕시코 공관은 9 개의 영사관과 13 개의 영사기관 등으로 구성되는데, 주요 관광지와 외국인인 집중적으로 거주 하는 지역 등을 관리하고 있다.

멕시코 정부 당국에 상당한 신세를 졌다.

멕시코 시 주재 미국 대사관과 메리다Merida 주재 미국 영사관 등은 멕시코에 있는 영사 태스크포스를 창설함으로써 태풍을 예측했었는데, 허리케인 강타 이전 관광객의 출국을 조력하고, 영사관에서 지역에 있다고 파악되는 사람들까지 관리자의 메시지를 송부한다. 태스크포스 구성원들은 발신자 정보를 영사통합데이터베이스 안으로 접속했는데, 전임자가 영사 태스크포스 신청을 활용하고 발신자의 상황에 대한 현재 정보를 통과시키면서 말이다. 그들은 또한 의료 사고와 피해지역에서 피난처 상황 등에 관하여 발신자로부터 나온 정보를 수용했다. 이 정도로 쓸모가 있는, 칸쿤과 코수멜 등에 주재하는 영사 기관들은 영사통합데이터베이스에 접속하지 않고, 현장 담당자들은 시스템을 업데이팅하는 아무런 수단을 갖고 있지 않다. 현지 전화 서비스와 대부분의 휴대폰 서비스 등은 이용 불가능하고, 그 지역으로 들어가는 도로들이 침수되었다. 긴급사건 정보가 전화, 휴대용 라디오, 칸쿤 지방 당국과 이메일 등이 이용가능하게 되면서 중계되었다.

허리케인 윌마에 이어서, 미션 멕시코는 커뮤니케이션을 주의와 업그레이딩 등을 위한 기본 요인으로서 특정했다. 이것은 자연 자연가 언제 발생할 수 있는지를 파악하는 것은 불가능하더라도, 멕시코의 경우처럼 카리브와 태평양 해안 혹은 특정 국가의 모든 지역에서의 지진 등에 있는 관광 지역에서 열대성 태풍의 가능성은 높다. 허리케인 윌마의 경험은 우 이 있는 멕시코의 사례에서처럼 말이다. 초단파 무선 네트워크와 위성 전화 등과 같은 전화서비스 파괴로 인하여 영향 받지 않는 신뢰할만한 커뮤니케이션의 필요성을 명백하게 보여 주었다. 이것은 이용 가능한 가장 선진화된 커뮤니케이션 수단의 장점 활용의 중요성을 제시했다. 이것이 이용가능 해지자마자, 이러한 정보역량을 외진 영사관뿐만 아니라 영사 대리인과 함께 그리고 정기적으로 커뮤니케이션 시스템 점검 등을 공유하면서 말이다. 몇 가지 변화는 이미 실행되어 오고 있다. 예를 들면, 유카칸 반도의 영사 기관들은 최근에 영사통합데이터베이스에 접속을 하고 있고, 그리고 이것과 함께, 영사태스크포스 신청에도 접속하고 있다. 그러나 위기에 대비하는 문화를 조성하려면 통신망의 추가적인 취약점을 예상하고, 중복되고 겹치는 통신 시스템을 구축하면서도 새로 온 직원에게 기술을 교육하고, 새로운 통신 시스템이 개발될 때마다 이를 지속적으로 파악해야 하는 노력들이 필요하다.

이와 관련된 영역으로는 모든 수준에서 팀 리더의 필요성과 위기 상황이 전개될 때 명확하고 일관된 지침이 필요하다는 점이 있다. 모든 종류의 정보—임무 수행 전화 목록, 멕시코 당국을 위한 이음과 접촉 정보, 그리고 현지 비행과 공항 당국과의 발전된 행동 계획 등—는 재난 지역에 파견된 태스크포스 구성원과 인력 등에게 용이하게 접근가능하고 최신이라는 것이다. 워싱턴과 해외시민서비스 콜센터 등에 있는 태스크포스와의 정보 조율도 역시 필요성이 있는 것이다. 멕시코 경험이 주목을 필요로 하고 위기 대응을 제고할 수 있는 지역을 강조하는 반면에, 이것도 역시 기술이 만능이 아님을 보여주는 것이다. 커뮤니케이션은 재난 현장에서 작동되지 않을 수 있고 관련된 사람들은 지원 접근방법에 의지할 필요가 있을 것이다. 사전 기획, 현존 시스템 점검, 쉽게 이용 가능한 기본 정보와 명백한 당국의 전화 등은 커뮤니케이션이 두절될 때 혼돈의 초기 시간과 당일 동안 무난하게 운영되는 조력 노력을 유지하는 것이다.

결론

본 장에서는 미국에서 영사업무의 진화를 설명한다. 보안 문제와 대중의 기대 등이 기술에 의하여 촉진되는 변환을 추동해 왔던 것처럼 말이다. 기본적인 영사 기능은 20세기 중반 이래로 이것들이 해오던 바와 동일 한 것이지만—비자와 여권 판정을 내리고, 위험에 처한 시민에 대응하고, 대규모 비상 상황을 위한 조직 기획하고, 그리고 사람과 시설 등을 관리하고—이러한 기능들이 수행하는 방식이 변화되어 왔다. 과정과 서류 등은 매우 안전하고, 정보는 쉽게 대중에게로 흘러가고, 해외 근무자와 미국 국무부 등은 앞서서 대중의 필요와 기획 등을 예상하고, 영사 리더십은 기관 간의 논의에서 정책적인 역할을 가지고 있는 것이다. 보안 필요성은 이러한 수많은 변화들을 추동해 왔고 이것들이 필요로 하는 추가 자원 획득을 위한 명분을 제공한다. 기술은 매우 안전한 비자 과정뿐만 아니라 여행 중인 시민들의 정보의 필요성에 대처하기 위한 역량 등을 강조한다.

영사 업무에 대한 새로운 기술 적응은 확실하게 지속될 것이다. 정교한 생체인식의 활용은 국경 보안을 제고할 것이다. 새로운 커뮤니케이션 접근방법과 인터넷에 관한 창의적인 활용 등은 대중과의 접촉을 진작한다. 모든 기능을 위한 기본적인 영사 지원 시스템은 간소화될 것이고 웹에 기반 한 접근방법으로 이동했다.

영사 프로그램, 그리고 매우 적극적인 접근방법으로의 이동 등은 외교에 중요한 영향을 미친다. 이것들은 매우 구체적인 방식으로 해외에서 외교활동을 강화한다. 예를 들면, 2008년과 러시아 주재 미국 대사관은 약 32,000 건의 비자를 러시아 대학 학생들에게 직업교육 프로그램의 일환으로 발급하고 있다. 이러한 규모의 프로그램을 관리하기 위하여, 모스크바 주재 미국 대사관은 인터뷰 일정, 인터뷰 통합과 신청한 학생 인터뷰만 집중하는 등의 새로운 접근방법을 채택했다. 러시아 주재 전 미국 대사이자 현재 정무담당 차관인 윌리엄 번스William Burns는 프로그램은 "다음 세대 러시아인과 연결하는 커다란 수단인데, 우리 두 사회들 간의 가교를 건설하고 미국에 대한 이해를 열었다"고 말했다.

모스크바 영사 직원에서 미국 대사관은 '미국의 이니셔티브와 힘든 일 때문에 점수를 받을만 하고, 미국 외교에서 영사직원이 수행하는 극도로 귀중한 역할에 관한 또 다른 암시'라고 그는 말했다.[35]

외교의 본질은 변화하고 있는 중인데, 최소한 부분적으로 국내외적으로 더 넓어진 국민과의 점증하는 접촉의 중요성과 대중의 기대에 부응할 필요성 때문이다. 위에서 논의된 바와 같이 영사 기능은 이러한 접근방법에 자연스럽게 적응해 오고 있다. 이것은 일반대중을 직접적으로 다루기 때문이다. 보도와 분석 기능도 모든 사회 부문에서 접촉에 대한 활동으로 인하여 강화된다. 이것은 담당자에게 현지 상황 안으로 혜안을 제공할 뿐만 아니라 현지에서 미국에 대한 이해를 높이는 데 기여한다. 외교관들은 항상 인맥에 의존해 왔지만, 영사 소통 활동과 마찬가지로 기술을 통해 대중과의 접촉 범위가 크게 확장되게 되었다. 미국 전 국무장관 곤돌리자 라이스Condoleezza Rice의 '변환적 외교Transformational Diplomacy' 이니셔티브는, 2006년에 시작된, 제고된 공공 봉사활동 노력의 중요성을 인식했다. 이니셔티브가 영사 업무에 초점을 두지 않았더라도, 이것은 매일 영사 담당자에 의하여 활용되는 이러한 기술들의 채용을 증진했다.

미국 외교부는 1800년대 이후 완전히 변화했다. 당시에는 영사들이 수 개월을 여행하여 부임지에 도착해야 했지만 신임장을 받아줄 정부 관리를 찾기도 어려웠고, 외교관들은 서유럽 일부 수도에만 배치되어 항해선을 통해 본국에 소식을 전하곤 했다. 21세기, 미국 국무부의 해외 근무는 기능이 중복되는 매우 복잡한 환경 안으로 전통적인 외교/영사 이분법을 잘 넘어서면서 이동해 왔다. 커뮤니케이션 제고를 위하여 특별하게 인터넷의 활용을 포함하는 근무 방식은 보편적으로 공유된다.

---

35 Eric Morin, 'Next Stop: USA', *State Magazine,* October 2008, pp. 8–9.

보안 관심은 미국 대사관 부서들이 위협을 노정할 수 있는 개인과 집단 등에 대한 정보를 발전 공유하기 위하여 함께 작업한다. 위기 기획과 긴급 상황에 대한 근무 시간 이후의 책임 공유 등은 미국 시민을 도와주는데 모든 대사관 직원들이 강조하기 위하여 함께 노력한다. 모든 전문 외교관들은 아프카니스탄과 이라크 등에서 종종 지방 팀장으로서 근무하도록 요구받는다. 외교의 본질이 변화해 왔고, 영사 업무의 변환은 이러한 변화의 본질적인 부분이다.

제7장

러시아에서 영사 서비스: 과거 문제, 새로운 도전

타티아나 조노바 *Tatiana Zonova*

서론

러시아 외교는 2009년 자국 영사 서비스 200주년을 기념했다. 러시아 제국과 소련 등의 과거 경험—부정적이던 긍정적이던—은 러시아 연방의 현재 영사 서비스를 위한 특별한 성격을 제공한다. 본 장의 처음 문장으로 영사 서비스 정보의 역사적인 단계를 설명한다. 본장에서도 역시 인도주의 측면에서의 강화와 인권보호, 더 커진 개방과 투명성 등과의 민주주의 이행 문제를 살펴본다. 그런 다음 본 장에서는 러시아 영사 서비스가 어떻게 러시아의 대외정책의 경제적인 요인 강화와 해외에서 관광객과 러시아 사업가 등의 늘어나는 유입 등에 영향을 미치는 세계화 트렌드에 반응하는지를 설명한다. 세계화도 특별하게 독립국가연합CIS내부에서 역시 이주 흐름을 증가시켰고, 보안 문제를 악화시키고 있다. 마지막으로, 본 장은 러시아 외교를 위한 또 다른 도전으로서 영사 서비스에 대한 선진 기술의 활용을 검토한다. 이것은 영사 직원과 고가의 사무 시설 등을 위한 더욱 높아진 기술 자격을 요구하고 있다.

러시아 영사 서비스 역사

정규 영사대표의 탄생

초대 러시아 영사관에 관한 정보는 피터 대제Peter the Great로 까지 거슬러 올라간다. 근대적인 외교 모델이 러시아에 소개되고 있던 중일 때이었다. 그래서 러시아 영사 시스템의 등장은 여러 세기까지 현대 외교보다 먼저 형성되지 않았다. 서구에서처럼 말이다.[1] 주로 개인적인 상업 교역을 증진하는 중이던 첫 번째 서구 영사와 비교해서, 러시아 영사관들은 근본적으로 수출입을 위한 국가의 전략적이고 상업적인 목표를 위하여 설립되었다.[2] 바로 시작부터, 영사들은 국가 외교관으로 통합되었다.

피터 대제는 도시와 항구 등에 러시아의 주재가 해군 건설(1791년 암스테르담과 1711년 베니스 등처럼)과 혹은 중요한 왕조적, 교역과 해양 관련 이익(1715년 파리, 1718년 비엔나, 1723년 카디즈, 1723년 보르도와 1723년 브로츠와프Breslau, 폴란드 남서부 실레지아 지방을 수호 등의 진수를 보여주는데 필수적인 국가에 영사관을 설립했다.[3] 동시에, 러시아의 초대 영사관은 동양(1719년 중국과 1720년 페르시아)에 세워졌다. 같은 시기에 정식 외교 공관이 없는 지역에서 러시아 영사관들도 다양

---

1 예를 들면, Halvard Leira and Iver Neumann, 'Consular Representation in an Emerging State: The Case of Norway', in *The Hague Journal of Diplomacy,* vol. 3, no. 1, spring 2008를 보라.

2 Vladimir Ulyanitsky, *Russkije consulstva za granizeju v XVIII veke* [Russian Consulates Abroad in the Eighteenth Century] (Moscow: Tip. G. Lissner and A. Geshel, 1899); Vladimir Pervenzev, *Konsulskaja sluzhba v Rossii (XVIII–XIX vv)* [Consular Service in Russia in the Eighteenth and Nineteenth Centuries] (Moscow: MGU, candidate's dissertation, 1992).

3 Svetlana Turilova, 'Rukovodstvo vneshney politikoy Rossii' [Foreign Policy Management in Russia], in *Istoriya Vneshney Politiki Rossii XVIII vek* (Moscow: Mezhdunarodnye Otnosheniya, 1998), p.246.

한 외교적 역할을 수행한다는 것은 어떻게 보면 당연한 일이었다. 이와 같은 사실을 뒷받침하는 풍부한 증거가 기록 보관소에 남아 있는데 예를 들면 러시아의 이집트 총영사에게 특별히 외교 활동을 중요시하도록 지시한 문서들이 있다.[4] 이에 따라서 영사들도 외교관 역할을 수행할 수 있었다.

1718년 이래 죽, 영사 업무를 관리했던 *코메르츠 콜레지움*상공회, Kommerz Kollegium으로 명명된 특별 위원회가 러시아 국가의 국내외 상업을 주로 감독했다. 단치히Danzig와 브룬스위그Braunschweig 등에 러시아 회계감독관, 그리고 쿠를란트Kurland, 라트비아 서부와 젬갈레Semigallia, 라트비아와 리투아니아 사이에 분할된 영토였음공국들에 특별위원회 등이 상주했었다. 총영사는 시간이 지나서 토스카나대공국Tuscanny, 이탈리아 중부의 지방, 주도 플로렌스에서 등장하게 되었다. 18세기 말까지 해외에 34명의 러시아 영사관들이 존재했다. 1779년 러시아 여제 예카데리나 2세Catherine the Great는 해외에서 채용된 대사관 직원에 관한 영장을 승인했다. *코메르츠 콜레지움*과 외교문제 *콜레지움* 등은 러시아 영사들에게 훈령을 보냈다. 외교문제 *콜레지움* 직원에 대한 것이었지만, 러시아 영사들은 외교관으로 간주되지 않았다.

수 십 여 년 동안, 러시아 영사들은 자신들이 발령받자마자 받아야만 하는 개별 훈령을 반드시 따라야만 했었다. 1820년 일반 규칙, 모든 러시아 영사들을 위한 권리와 의무 등을 적시한 최초의 러시아 영사헌장을 승인했다. 영사들은 상선을 조력하고 러시아 선박의 출입과 화물 등을 센터에 알려야만 했다. 러시아 정부도 역시 생활용품의 가격, 외국 환율과 현행 관세 등에 관심을 보였다. 영사의 중요한 업무는 현지 상인의 관습과 도매가격 등에 관한 뉴스를 러시아 사업가들에게 전달하

---

4 *Arhivy Vneshnej Politiki Rossijskoj Imperii* GA IV-2, op. 119, l. 139 [Saint Petersburg State Archive IV, folder 2, list 119, p. 139

는 것이었다. 영사들은 조난 사고 혹은 사망 등의 경우에 러시아 국적 어부들을 송환할 의무를 가졌다. 이들의 의무도 역시 여권을 부여하고, 결혼, 출생 혹은 사망 그리고 러시아국민이라는 공증 사건 등에 대한 인증 등을 포함했다. 영사들은 러시아 방문객들에게 현지 관습을 따르고, 이들을 독단적인 결정에 대하여 보호하고, 이들의 법적 주장을 보호해주는 것이었다.

러시아 제국 내의 여행 금지

러시아 황제 파벨 1세(1796-1801)의 동시대인들은 '프랑스 혁명의 선동'의 확산이 그를 패닉으로 몰아넣었다고 증언했다. 이에 따라서 모든 해외여행은 황제의 개인적인 허가를 필요로 하게 되었다. 그의 아들 알렉산더 1(1801-1825)세는, 그의 자유주의적인 견해에도 불구하고, 러시아 *구베르니아*guberniyas, 러시아 제국이 18세기에 설치해 놓은 행정 구역이었다. 이 행정 구역은 1920년대까지 존재했으며 현재의 현에 해당. 위키백과의 책임자들의 여권 발급을 금지 시켰다. 한 사람의 문서를 획득하기 위하여, 그 사람은 러시아 제국의 수도인 성 페테르스부르그(그 당시)의 최고위 공직자에게 특별 부탁을 제출해야만 했었다.

게다가, 모든 지방 주지사들은 황제에게 외국에서 본국으로 귀환했던 러시아인들에 대하여 정보제공을 해야만 했다. 1825년 데카브리스트Decembrist, 1825년 12월, 러시아 제국에서 일부 청년 장교들이 입헌 군주제의 실현을 목표로 일으킨 난이다. 이 데카브리스트의 난은 유럽의 자유주의 사상에 영향을 받아 일어난 일이었다. 위키백과의 무장 폭동에 의하여 부정적인 영향을 가졌던 니콜라이 1세 통치하에, 해외 거주를 위한 새로운 시간제한이 도입되었다. 러시아 귀족들은 5년 동안 나갈 수 있었다. 다른 사람들은 3년이었다. 1840년 새로운 연령자격은 25세 이하의 젊은이들은 해외여행을 금지하도록 했다.

추가적으로, 여행객을 위한 새로운 높은 세율이 부과되었다. 러시아 연방 이민국의 조사에 따르면, 러시아 재무부 규칙은 가장은 5년 외국 여권 비용으로 1,000 은화 루블을 지불할 것을 요구했다.[5] 가족의 모든 구성원(어린이는 제외)과 모든 노예 등은 250 루블을 지불해야만 했다.[6]

규칙은 알렉산더 2세(1855-1881) 치하에서 변화했다. 그 당시 정부는 매년 30루블을 출국세로 낮추었다. 이것은 가장이 지불해야만 했다. 가족과 노예 등은 세금을 면제한다. 대신에 이들의 이름은 가장의 외국 여권에 새겨야만 했다. 그래서 1867년, 5,000명의 러시아인들이 성 페데르스부르그 안에 있는 자신들의 외국 여권을 취득했는데,[7] 여전히 1880년대 말까지 이들의 숫자가 100만 명에 달했다.[8] 그 당시, 이 또한 내부 여권을 갖고 있지 않은 농부들은 러시아 인구의 압도적인 다수를 구성했다. 자신들의 *오브스치나*obschina, 러시아의 농촌 공동체. 농민 보유지는 관습을 좇아 일정 기간씩 재분할하여 경작해 왔으므로, 납세에 대해서 농민은 연대 책임. 1861년 알렉산드르 2세의 농노 해방 때 토지 공유의 새로운 주체로서 미르가 채용되었는데, 동시에 행정의 최말단에 재편. 위키백과를 기꺼이 포기하려는 사람들이 내부 여권을 받도록 하는 권한을 부여받은 것은 20세기 초에 이루어졌다.

19세기 후반에 영사 네트워크

교역과 원양어업 등에 대한 러시아의 점증하는 네트워크와 함께, 영사

---

5 그 당시 1,000 루블화silver roubles는 러시아에서 조그마한 집을 살 수 있었다.

6 Russian Federal Migration Service, *Pasportnaya systema do i posle otmeny krepostnogo prava* [Passport System Before and After the Abolition of Serfdom], 온라인 http://www.fms.gov.ru에서 이용할 수 있습니다.

7 S. Buzhko, *Desyat vekov passportnoy byurokratii* [Ten Centuries of Passport Bureaucracy], 온라인 www.utravel.ru에서 이용할 수 있습니다.

8 Russian Federal Migration Service, *Pasportnaya systema do i posle otmeny krepostnogo prava* [Passport System Before and After the Abolition of Serfdom]를 보는데, 온라인 http://www.fms.gov.ru에서 이용할 수 있습니다.

관 숫자들이 늘어났다. 18세기와 19세기 동안 크리미아, 코카서스와 중앙아시아 등에서 새로운 영토들이 획득되었다. 러시아 제국들은 흑해와 카스피 해 등으로 접근을 획득했고, 이것 직후에 러시아의 영사 네트워크는 지중해에서 중동으로 확대된다. 19세기 중반까지, 러시아는 유럽 국가, 이집트, 페르시아, 스미르나와 트라브존(지금의 튀르키예) 그리고 미국 필라델피아 등에 18개의 총영사관을 보유했다. 러시아는 20개 영사관, 5개의 부 영사관과 86개의 비 경력 영사와 영사 대리인 등을 가지고 있었다. 브라질, 그리스, 벨기에 그리고 몇몇 다른 국가 등에 있는 영사관들은 대사관 안으로 전환되었다. 사실, 러시아는 대사관과 영사관 등을 유지하기 위하여 자금이 부족했다.[9]

발칸에서 영사 네트워크는 극도로 중요한 것처럼 보였다. 19세기 중반에 발칸에는 23개의 러시아 영사관들이 존재했다. 러시아 정부가 영사들을 통해 정교회 신자들에 대한 지원 정책을 수행했던 만큼, 영사들의 활동은 상당 부분 정치적인 것으로 분류될 수 있었다. 발칸 주재 영사들은 자신들의 활동을 무슬림과 기독교인 등의 동등한 권리에 대한 술탄의 칙령에 대한 공식적인 통제에 제한하지 않았다. 영사들은 주재국의 학교와 교회 건물들에 재정 지원했고, 러시아 대학교와 신학 세미나 등에 유학을 위하여 파견할 젊은이와 성직자 등을 선발했다.[10] 러시아 영사들은 종종 현지 반군들에게 원조 제공을 할 때 자신들만의 이니셔티브를 가지고 행동했는데, 러시아 외교부가 오토만 제국 안에 있는 모든 러시아 영사들에게 회보를 다음과 돌린 1863년의 결과이다.

---

9 *Ocherki istorii Ministerstva Inostrannyh del Rossii: Tom I, 860-1917* [History of the Russian Ministry of Foreign Affairs: Volume I, 860-1917] (Moscow: Olma Press, 2002), pp. 300-302.

10 Arkadij Veiner, *Konsuly v chrisianskih gosudarstvah Evropy i Severoamericanskih Sojedinennyh Shtatah* [Consuls in the Christian States of Europe and United States of North America] (Saint Petersburg: *Pravitelstvujuzhi* Senate Typography, 1894).

외교부는 현지 열정과 열의 등이 매우 위험하게 될 것임을 파악했는데, 현재 정치 상황에서 영사들은 모든 성공적인 결과에 지장을 줄 수 밖에 없기 때문이라고 편지는 말하고 있다.[11]

두 번—1860년과 1866년—이나 러시아 외교장관인 고르차코프 대공은 서구 세력들에게 오토만 제국의 기독교 지역에서 러시아의 개종 노력에 가담하도록 요구했다.[12] 그렇지만, 그의 이니셔티브는 아무런 영향일 갖고 있지 않았다. 발칸에서 러시아 제국 정교회 영향력 강화에 관한 시각은 서구 정치인들을 유혹하지 못했다.

1858년 새로운 *유럽과 미국 등에서 러시아 영사들을 위한 영사헌장*은 영사 권리, 의무와 기능 등에 대하여 매우 자세한 내용과 설명 등을 포함했다. 러시아 무역과 해양 관련업 등에 대한 조력은 최상의 중요성이 되는 것으로 전해진다. 경제정보 수집과 전송 등도 특별하게 강조되었다. 그 당시, 러시아 정부는 무장 크루즈선 건조 기획을 했다. 반면에 해군성 장관 콘스탄틴 로마노프Konstantin Romanov 대공은 태평양과 대서양 항구에 러시아 함대의 항해와 친선 방문 등을 진작시켰다. 러시아 태평양 함대Pacific Fleet의 건설이 라틴아메리카와 태평양 지역의 항구에 대한 주요한 활동을 가져왔다. 러시아 무역이 그 당시 거기에서 무의미한 차원이었더라도, 국제적인 위상 때문에 러시아의 신설 영사관들은 이러한 민감한 지역에 설립되었다. 이에 따라서 영사헌장은 특별한 섹션을 군함에 조력하도록 헌정되었다. 헌장은 '한 명의 영사에 대한 이전의 번거로움은 러시아의 명예를 지켜주는 것이라고 유일하게 언명되어 있다. 그래서 영사는 '러시아 무역에 종사하는 사람도 아니고 러

11 Viktoria Khevronina, *'Ministerstvo Inostrannyh Del v Rossii 1856–1878'* [Ministry of Foreign Affairs in Russia, 1856–1878], in Novaya i Noveyshaya Istoria, no. 4, 2002, p. 38

12 *Ocherki Istorii Ministerstva Inostrannyh del Rossii, Tom I* [History of the Russian Ministry of Foreign Affairs: Volume I, 860–1917], p. 426.

시아 해군 함장도 아닌 자신들의 말을 지키거나 자신들의 파트너들을 사기치고 부적절한 행동으로 스스로에게 불명예스러운 행동을 하지 못하도록 하는 것'임을 인식해야만 한다는 것이다.[13]

고르챠코브 대공은 동방과의 러시아 무역도 정치적으로 중요함을 반복해서 강조했다. 그의 의견에서, 중국과의 무역관계는 '우리의 수세기 간에 걸친 오랜 관계를 위한 주요 지원'을 표현하는 것이라고 했다. 극동에서 중국과 러시아의 국경선 획정은, 사할린에서 일본처럼, 아젠다에서 매우 높은 위치를 차지했다. 현존하는 영사헌장은 영사들이 동방에서의 활동에 대한 규정이 부족했다. 사실상 잠시 동안 동방과의 관계를 위한 영사헌장이 전혀 존재하지 않았다. 새롭게 초안 된 영사헌장은 최종적으로 잘 알려진 러시아 변호사인 프리드리히 마르텐Friedrich Marten 위원회에 의하여 러시아 제국 국가협의회로 제출되었지만, 이것은 문제 해결을 하는 데에는 시간이 걸렸다. 초안은 열띤 논쟁을 불어 일으켰다. 이것은 1893년 새로운 영사헌장이 승인될 때까지 끌었다.

그럼에도 불구하고, 경제적이고 상업적인 관계 분야에서 영사 기능은 여전히 19세기 말과 20세기 초 최우선적인 중요도로 남았다.[14] 러시아 민간 기업의 대외 무역 팽창은 지속적으로 집중적인 영사 활동과 더 많은 영사 직원 등을 필요로 했는데, 여전히 외교부 직원 명단에서는 이러한 직책 숫자를 위한 아무런 규정을 마련하지 않았다. 애로사항을 해결하기 위하여, 러시아 상업·산업부는 자신의 대리인을 몇몇 러시아

13 V.M. Chevrolina, *'Is istorii Ministerstva inostrannyh del Rossii vo vtoroy polovine XIX veka'* [History of the Russian Ministry of Foreign Affairs in the Second Half of the Nineteenth Century], in *Materialy naucho-prakticheskoj konferenzii 'Rossiiskaja diplomatija i sovremennot't, posviashennoj 450-letiju Posolskogo Prikasa'* [Conference Papers for 'Russian Diplomacy and Modern Times: 450 Years of Posolsky Prikaz'] (Moscow: Rosspen, 2001), p. 247.

14 Friedrich Martens, *Dnevnik za 1889-1901* [Diary for 1889-1901], AVPRI, f. 340, op. 787, d. 5를 보라.

영사관에 임명했다. 해군성도 항구에서 영사 활동에 참여해야만 했다.[15]

영사 관할권 시스템

동방에서 영사 기능의 주요 특성은 자국민과 이방인 간의 민간과 범죄 문제에서 사법관할을 행사하기 위한 권리를 부여했던 영사 관할권 시스템이었다. 영사 관할권은 서구 국가들이 일반적으로 십자군 시기 이래로 죽 동방에 일반적으로 적용된 오토만 정권의 치외 법권 설정 각서로부터 나온 것이었다.[16] 18세기부터, 러시아도 치외 법권 설정 각서 조항을 수많은 동양 국가들과의 평화조약에서 적용했다.

1774년 쿠트추크-카이나르디지Kutchuk- Kainardji와 같은, 러시아와 튀르키예 간의 조약에서, 러시아는 오토만 제국에 의하여 서구 세력들에게 이전에 부과되어 왔던 모든 특권을 획득했다. 치외 법권 설정 각서 레짐은 러시아 영사들이 영사 관할권을 향유했던 중국, 프러시아와 일본 등과 러시아 관계로 확대되었다. 즉, 이들 국가들에 거주하는 모든 러시아 국민들은 주재국 법률 하에서 소송 혹은 기소 등에 민감하지 않은 것으로 간주 되었다. 특별 영사 법정은 자신들의 사건들을 해결했다. 부가적으로, 영사는 그가 비리를 의심받고 그렇다면 해당 국가로부터 러시아국민을 추방할 자격이 주어졌다.

일반적으로, 영사 관할권의 조건은 양자 협정에 언급되었다. 그렇지만, 페르시아는 이러한 규칙에서 예외이다. 페르시아에서 러시아 영사 법정은 1829년 러시아 특별법에 이것의 활동의 근거를 두었다. 일반

---

15 Pervenzev, *Konsulskaja sluzhba Rossii (XVIII–XIX vv)* [Consular Service in Russia in the Eighteenth and Nineteenth Centuries], p. 28

16 항복조건은 비잔틴 통치자와 십자군, 그리고 후에 오토만 슐탄과 유럽의 기독교 국가들 간에 처음 서명된 조약인데, 서명자들 중에 한 사람이 다른 국가에 머무를 때 향유할 수 있는 치외법권에 관한 것이었다.

법을 제정하려는 모든 시도들—모든 곳에서 그리고 모든 영사 법정 등에 유효한—은 실패했다.

마지막으로, 19세기 말에 영사 법원에 관한 법안 초안이 작성되었으나 끝없는 논란을 불러일으켰다. 당시 국가의 주권 평등 원칙이 국제법에 관련된 문서에서 점차 부각되기 시작했기 때문이다. 영사 관할권과 관련해서도 의문이 제기되었다. 이러한 상황에서 이집트 주재 서구 영사들은 파견국과 접수국 대표들로 구성된 새로운 혼합 법정을 지지하며 영사 관할권에 제한을 두었다. 1875년 러시아 영사들은 전례를 따랐다.[17]

1809년 5월 15일, 러시아 황제 알렉산더 1세—러시아 외교장관 룸잔체브Rumjantsev의 제안으로—는 러시아 외교부 내에서 독립 구조인 원정대expedition로서 영사 업무를 담당하는 법령에 서명했다.[18] 저명한 외교관이자 경험 많은 상업 담당인 프란츠 보렐Franz Borel은 새로운 기관 책임자를 맡았다.[19] 그러나 원정대의 설립에도 불구하고 서구권과 동구권 국가들에 있는 러시아 영사관들은 서로 다른 외무부 부서나 심지어 서로 다른 장관에게 보고해야만 했었다. 19세기 후반에, 영사 임명—뿐만 아니라 이들의 소환—은 외교부 개인기록실 관할에 속해있었으며, 영사들의 일상적인 업무는 내무부 관계 부서에서 지원했다. 또한, 영사 업무의 다기능적 특성으로 인해 경제부서와 외교 정책 부서에 중복된 소속이 발생해 영사 업무에 많은 혼란을 초래했다. 외무부에 정규 영사

---

17 Friedrich Martens, *O konsulah i konsulskoy jurisdiktzii na Vostoke* [On Consuls and Consular Jurisdiction in the East] (Saint Petersburg: *Tipographija ministerstva putei soobshenija,* 1873), p. 292.

18 2009년 러시아 외교부는 200주년 이벤트를 기념했다.

19 후에 보렐은 Franz Borel, De l'origine et des functions des consuls [About the Origin and Functions of Consuls] (Leipzig: Leopold Voss, 1831)에서 자신의 경험을 밝힌 바 있다.

부서를 설치하려는 시도는 관료적 이견과 아마도 영사 업무가 외교 업무보다 열등하다는 인식 때문에 실패하게 되었다. 결국 1917년 3월에 임시 정부가 영사 부서를 설립했다.

20세기 직전의 영사문제

19세기 말까지, 러시아 총영사관, 영사관, 부영사관과 영사 대리기관 등의 전체 숫자는 300개 이상이었다. 그렇지만, 러시아 영사 네트워크는 여전히 다른 '강대국'들의 그것과 비교해서 상당히 낙후되었다. 영국과 프랑스에서, 영사 서비스를 위한 예산 비용은 러시아에서의 이러한 비용보다도 3배 이상 컸다.[20] 예를 들면, 극동(처음 중국 항구, 이러한 항구들은 차 수출을 위하여 중요했다)에 새로운 영사관을 개설하는 유일한 방법은 러시아 외교단에 있는 훈련생들의 숫자를 상당히 줄이는 것이었다.[21] 결과적으로, 러시아 영사 네트워크는 느릿느릿 확대되었다. 동양문화 전문가들은 러시아 외교부의 과도한 유럽 중심주의에 의심을 가졌다. 이러한 경향은 영사 네트워크를 유럽 국가에게로만 확대했기 때문이다.[22]

외교단의 수장들은 아프리카 국가들에 대한 정보 부족에 대해 자주 불만을 표시했다. 러시아의 아프리카 영사 네트워크가 절대적으로 부족하다는 명백한 증거가 있었다. 많은 러시아인 여행자들에게 가장 가까운 러시아 영사관은 마르세유에 위치해 있었으며, 이로 인해 대부

---

20 Chevrolina, 'Is istorii Ministerstva inostrannyh del Rossii vo vtoroy polovine XIX veka' [History of the Russian Ministry of Foreign Affairs in the Second Half of the Nineteenth Century], p. 40.

21 Mikhail Sladkovsky, *Istoriya torgovo-ekonomicheskih otnosheniy narodov Rossii s Kitaem* [History of the Commercial and Economic Relations of Russians with China] (Moscow: *Izdatelstvo vostochnoj literatury,* 1974), p. 112.

22 *Ocherki Istorii Ministerstva Inostrannyh Del Rossii. Tom 1* [History of the Russian Ministry of Foreign Affairs: Volume I], p. 466.

분의 아프리카 국가에서 러시아인들은 문제를 해결하기 위해 외국의 영사관에 의존하곤 했다.

1889년-1890년 노예무역 문제를 논의하기 위한 브뤼셀 국제 회의를 앞두고 니콜라이 오스텐-사켄Nikolaj Osten-Sacken 대사는 러시아 외무장관에게 아프리카 국가들에 관한 정보의 유일한 출처가 신문과 유럽 정부의 공식 간행물들뿐이라고 보고한 바 있다.[23]

러시아 무슬림 순례단은 또 다른 심각한 문제가 되었다. 바다로 메카Mecca로 향하는 수 만 여명의 러시아 무슬림들이 제다Jeddah로 흘러 들어갔다. 러시아 외교관들은 제다는 '메카에서부터 전 세계에 걸친 무슬림 세계의 종교적이고 정치적 움직임'을 볼 수 있는 적절한 관망대임을 알고 있었다.[24] 결과적으로, 제다 주재 러시아 영사관은 19세기 말 설립되었다. 다른 영사관들은 알제리아, 이집트와 사우디아라비아 등에 등장했다.

모스크바 중앙부처와 해외 직원 간의 순환 부족 때문에, 해외를 전혀 경험해보지 못한 직원들은 좀처럼 외국의 내부 문제에 대해서 전혀 이해할 수가 없었다. 시스템의 단점을 치유하기 위하여, 외무 행정은 격년으로 러시아 관리들은 영사관으로 파견근무를 반드시 보내도록 결정했다. 그렇지만, 이러한 업무 여행을 위한 재정은 충분하지 않았다. 세르게이 비트Sergei Vitte (외교부와는 이견을 보인 재정부 장관)는 상황을 악용하려고 노력했는데, 그의 재정부가 영사를 임명할 권한을 갖도록 주장하면서 말이다. 그렇지만, 외교부는 동의하지 않아서 영사관 숫자가 줄어들었다.

영사 네트워크는 일반적으로 필요 이상의 직원들에 충원으로 인하

---

23 *Ocherki Istorii Ministerstva Inostrannyh Del Rossii. Tom 1* [History of the Russian Ministry of Foreign Affairs: Volume I], p. 471.

24 AVPRI, *Arhivy Vneshnej Politiki Rossijskoj Imperii, Otchety MID, Otchet za 1893* [Archives of the Russian Empire's Foreign Policy, Foreign Ministry Reports, Report for 1893].

는 것이어 왔다. 1878년까지 이들의 숫자는 221명이었다.[25] 이들 중 일부는 부영사였으며, 도근 영사 대리인은 임시직으로 구성되어 있었다. 일반적인 경우와 달리 예외도 있었는데 예를 들자면, 1886년 아르헨티나에서 스웨덴 국적의 인물이 총영사가 된 사례가 있다. 러시아 비즈니스와 경제 관계 등의 성장으로 인하여, 새로운 비 경력직 영사들이 유럽, 북미와 극동 등의 항구에서 사무실을 열었다. 이에 따라서 비 경력 영사 담당에 관한 적절한 수정은 영사헌장에 추가되었고 비 경력 담당자를 보유하는 것에 대한 효율성은 러시아 외교부 안에서 반복적으로 논의가 되었다. 19세기 외교 보고서에는 잉여 담당자의 원칙에 반대를 주장하는 수많은 청원들을 포함시켰는데, 외국인들은 러시아 외교정책의 이익을 수호할 준비가 되어 있지 않고 주장하는 작성자들이다. 보고서들 중에 하나는 다음과 같다.

> 외국인들은 열심히 근무하지 않을 수 있지만, 그들에게서 성공적인 근무를 기대한다는 것은 불가능하다. 특별하게 이들의 국적 혹은 개인적인 이해관계가 우리와 충돌할 때이다.[26]

잉여 영사들 중에 러시아어에 대한 실력 부족도 또한 문제이었다. 이들 중 10여명은 좀처럼 러시아인들과 소통할 수가 없었다.[27] 그렇지만, 러시아 정부는 보조 담당관들이 오히려 유용하다고 여겼다. 정확한 기준과 충분한 법률적 기반을 가진, 이와 같은 비경력 영사들은 매우 유용할

---

25 Chevrolina, *'Is istorii Ministerstva inostrannyh del Rossii vo vtoroy polovine XIX veka'* [History of the Russian Ministry of Foreign Affairs in the Second Half of the Nineteenth Century], p. 40.

26 AVPRI, *Arhivy Vneshnej Politiki Rossijskoj Imperii, Otchety MID, Otchet za 1893* [Archives of the Russian Empire's Foreign Policy, Foreign Ministry Reports, Report for 1893], list 218.

27 실질적으로, 부서 직원 명부에서 영사들은 자주 현지 시민이어 왔는데, 특별하게 러시아가 지중해국가들에 관심을 둘 때이었다.

수가 있었다. 게다가, 이것은 러시아 재무의 지속적인 예산 부족은 이러한 원칙을 불가피하게 만들었음이 명백해졌다. 제1차 세계대전 직전, 정규 영사의 숫자는 140명인 반면에 277명이 비 경력 담당자이었다.[28]

일반적으로, 러시아 외교부 주재 영사 담당자들은 외교관이 될 수 없었다. 영사에서 외교관 직책으로 이들의 변경은 좀처럼 드믄 경우이었다. 양 경력들 간의 차이는 영사 담당자의 낮은 급여 이유가 하나이었다. 그리고 러시아 외교관들의 급여는 다른 유럽 '강대국'들보다도 매우 낮았다. 프리드리히 마르텐의 저서 *About Consuls and Consular Jurisdiction in the East*에서는 '낡아빠진' 외교와 영사 서비스 간의 구분은 버려야 한다고 제안했다. 이러한 구분은 주재국에서 영사 접촉을 위한 하나의 장벽이라고 그는 지적했다.[29] 그러나, 다른 국가들에서 뿐만 아니라 영사와 외교 직 간의 부상 중인 정의는 20세기를 기다려야만 했다.

1903년, 마지막 러시아 황제가 제국의 마지막 영사 헌장에 서명했다. 제145조는 해외에 있는 모든 러시아 국민이 해당 영사관에 등록하고, 자신의 여행 목적과 사업 활동의 세부 사항을 설명해야 한다고 규정했다.[30]

소련의 영사 서비스

1917년 러시아 혁명 이후, 소비에트 러시아(USSR, 소련, 소비에트 사회주의 공화국 연방)는 영사와 외교 직 간의 구분을 철폐하고 두 가지

---

28 AVPRI, *Dannye ezhegodnyh otchetov MID,* op. 475, l. 322, f. 159 [Data of the Ministry of Foreign Affairs, Annual Reports, box 475, list 322, folder 159].

29 Martens, *O konsulah i konsulskoy jurisdiktzii na Vostoke* [On Consuls and Consular Jurisdiction in the East], p. 35

30 Elena Safronova, *Stanovlenije e razvitije konsulskoj sluzby Rossijskoj imperii v XVIII-natchale XIX veka* [Formation and Development of the Russian Empire's Consular Service in the Eighteenth and Nineteenth Century] (Saint Petersburg: *Juridicheski press zentr,* 2002), p. 48.

를 통합시킨 최초의 국가가 되었다. 그 직후, 미국에서도, 외교와 영사직 등이 하나의 단일 외교직으로 통합되었다.[31] 이어서 거의 모든 국가에서도 이와 같은 패턴을 따르게 되었다. 대외 무역과 소련 상무 대표부의 설립 등에 대한 국가의 독점 뿐만 아니라 소련으로의 출입국에 대한 제한 등은 영사 기능을 상당히 제한했다. 동시에, 대사관의 영사 섹션은 확대되었다.

1918년 *소련 정부*소브나르콤, Sovnarkom법령은 소련 영사 서비스의 원칙과 규칙을 만든 최초의 법이다. 2조에서는 비 경력 영사를 위하여 규정했다. 여기에는 다음과 같이 적혀 있다.

> 노동자와 농민 정부는 지방 주민들에게 주재국에 소련 영사 혹은 영사관이 존재하지 않을 경우에 바로 영사 권리와 의무 등을 위임하고 있다 고. [32]

그 이후부터, 새로운 명예 영사들이 적절한 법령에 의하여 임명되었다. 젊은 미국 작가이자 저널리스티인 존 리드John Reed와 영국 노동조합원인 존 맥클린John MacLean 등이 각각 워싱턴과 글라스고우 등에 임명되었다. 유명한 스웨덴 사회주의자인 오토 프레트릭 스트룀Otto Fredrik Ström은 스톡홀롬으로 파견되었다. 그러나 소련에 대한 지속적인 미승인으로 인해 새로 임명된 자들은 업무를 제대로 수행할 수는 없는 상황이었다.

1926년부터 효력이 생긴, 영사헌장은 비경력 영사 제도를 삭제했다. 그 이후부터, *외교인민위원회*Narkomindel의 소련 소속원만이 영사 의무를 수행할 수 있었다.[33] 1927년 '소련에 대한 외국 외교와 영사단과 관련된 규정'은 해외영사를 파견국 국적자로만 한정했다.[34] 그 당시 소련에

31 the Rogers Act of 1924을 참조하라.

32 Alexander Jakovenko, *'Institut vneshtatnyh consulov v istorii MID Rossii'* [Out-of-Staff Consuls in the History of the Russian Ministry of Foreign Affairs], in *Diplomatichesky vestnik*, 1993, nos. 3-4, p. 7

33 *Konsulsky Ustav SSSR 1926* [USSR Consular Charter of 1926], pp. 9-10.

의하여 서명된 국제 조약과 협정 등은 비경력 영사에 대하여 승인하기 어려움을 강조했다. 1925년 소련-독일 영사 협정은 이에 대한 유일한 예외이다. 협정에 따르면, 비 경력영사들이 지명*될 수 있*지만, 동시에 소련과 독일은 그들은 이것으로부터 혜택을 받을 수 없다고 선언했다.

제2차 세계대전 이전, 소련과 폴란드 등에 의하여 서명된 영사 협약도 에스토니아와 라트비아 등과의 소련의 무역협정도 체코 공화국과의 영사 협정 등과도 비 경력 영사들을 인정하지 않았다. 후자에는 '영사뿐만 아니라 다른 영사 담당자 등은 체결국의 시민이어야만 하고 외교부의 직원이어야만 함'을 언급하고 있다.[35]

1955년부터 소련은 유엔의 프레임 워크 안에서 영사법의 집대성에 적극적인 역할을 수행했다. 우크라이나와 벨라루시아 등과 함께 한 소련 대표는 1963년 영사관계에 관한 비엔나 회의에 참석했다. 최종 *영사관계에 관한 비엔나 조약*은 일반적으로 소련 대표단에 호의적으로 받아들여졌었다. 소련이 회의의 몇몇 결과들에 동의하지 않았지만 말이다. 회의는 다른 몇몇 국가들과 함께 소련에 의하여 진전시켰던 영사 담당자와 외교관 등을 위한 동등한 면책 특권에 대한 주제를 수용하지 않았다. 소련 대표단도 역시 즉각적인 개입을 필요로 하는 자연재해 혹은 화재 시, 영사 책임자의 동의가 필요하다고 언급된 31조에는 반대했다. 소련 참가자들도 역시 파견국 국적자와의 커뮤니케이션과 접촉 등에 대한 36조는 국내법과 불일치한다고 언급되었다. 74조도 역시 비판에 직면했다. 그 이유—소련 참가자들이 주장했던—는 유엔 비회원국가들의 협약 가입을 곤란하게 만들었기 때문이다.[36] 결과적으로, 소련

34 Oleg Sakun, *'K voprosu ob istorii institute konsulstva'* [Some Considerations on *the History of the Consular Institution], in* Voprosy mezhdunarodnogo prava (Mosъcow: Juridicheskaja literatura, 1963), pp. 240–241.

35 Sakun, *'K voprosu ob istorii institute konsultstva'* [Some Considerations on the History of the Consular Institution].

은 회의 최종의정서를 승인했지만 그 당시 비엔나 협정 서명은 기권했다. 페레스트로이카개혁·개방, perestroika 시기 들어서야만 소련은 협약에 가입했다.[37]

1970년대 중반, 헬싱키 협정Helsinki Process영향으로, 데탕트 분위기가 조성되었다. 소련 정부는 새로운 규정 령을 발표했다. 이것은 내무부와 외교부 등에게 출입국 관행을 자유화도록 요구하는 것이었다. 세계 여론은 소위 헬싱키 협정의 '3 바스켓'(인권)의 실천을 예의주시했다. 세계인권선언에 관한 몇몇 언급뿐만 아니라 국제법과 국제 조약 등에 대한 준수 등은 새로운 소련헌법 조항이 되었다.[38] 그렇지만, '사람들의 자유로운 이동'에 대한 희망은 또 다른 냉전의 물결의 여파와 소련 내부 체제의 단속 등으로 점점 사라져 갔다.

이러한 환경 속에서, 소련공산당의 중앙위원회는 '해외 여행 계획이 있는 사람들과의 어떻게 하면 조직적인 활동을 개선할 수 있는가'라는 주제로 문서를 발간했다. 특별하게, 이 문서에서는 소위 해외로 나가는 허가를 모색하는 사람들의 도덕적이고 정치적인 성분 등에 관한 고려를 요구했다.[39] 소위 *레부세니크*refusnik—즉, 출국 비자 신청을 거부당한 사람—들의 숫자가가 늘어난 결과로 인해서 이었다.[40] 미하일 고르바쵸프가 소련 대통령으로 등장하면서, 소련으로부터의 이주의 물결이 매우 늘어나게 되었다. 1990년 법률은 유대인, 독일인과 그리스인

---

36 몇몇 소련의 동맹국들 동독, 베트남과 북한 등은 그 당시 유엔회원국들이 아니었다.

37 Oleg Khlestov, *'Venskaja Konvenzia o konsulskih snoshenijah'* [Vienna Convention on Consular Relations], in *Sovetskoje gosudarstvo i pravo* (Moscow: IMO, 1963), no. 11, pp. 113–119.

38 *Konstituzia Sojusa Soventskih Sozialisticheskih Respublik, 1977* [Constitution of the Union of Soviet Socialist Republics, 1977], article 29.

39 Nicolas Werth and Gaël Moullec, *Rapports secrètes sovietiques 1921–1991* [Secret Soviet Relations, 1921–1991] (Paris: Gallimard, 1994), p. 452.

40 논의를 위하여, 본장의 필자는 1987년까지 그녀의 출국비자를 거부 당했다.

등을 국가 비자로 해외 나달 수 있는 법률적인 가능성을 보장해 주었다. 1991년 이스라엘로의 이주민의 숫자가 1986년보다도 100배 이상이나 되었다.[41] 그들이 러시아를 떠나는 것을 막는 유일한 예외상황은 국가 안보에 관련된 경우만 해당되었다.[42]

러시아 연방의 영사 서비스: 새로운 도전에의 직면

영사부서와 이것의 임무

1993년 러시아 연방 헌법(제2조)는 다음과 같이 언급되었다.

> 인간, 그의 권리와 자유는 최고의 가치가 될 것이다. 이것은 인간과 시민의 권리와 자유를 인정하고 존중하며 그리고 보호하는 것은 국가의 의무가 될 것이다.

따라서 이것은 해외를 자유롭게 여행하고 귀국할 수 있는 러시아 시민들의 권리를 보장하는 것이다.[43] 러시아 연방의 국경선은 개방되었고 수백만 명의 러시아인들이 해외로 여행해 왔다. 약 3천만 명의 러시아 국적자들이 현재 매년 국경선을 건너가고 있다. 다른 한편, 러시아로 들어가는 외국인들의 이동도 역시 상당히 늘어나고 있다. 2008년 러시아 연방의 비자 시스템을 가진 300만명의 외국 국적자들이 러시아를 방문했다.[44] 현재, 러시아 외교부의 영사 부서—160명의 외교관들이 근무

41 Arkadi Levin, *'Sozialny kontekst emigrazii v Israil: 1988–1992'* [The Social Context of Emigration to Israel: 1988–1992], in *Soziologhichesky Journal,* 1997, nos. 1–2

42 Federal Migration Service, *'Rasvitie pasportnoj systemy v uslovijah ukreplenija administrativno-komandnoj systemy v SSSR i v period perestroika v Rossii'* [Passport System Evolution in the Process of Administering System Consolidation in the USSR and in the Years of Perestroika]를 보는데, 온라인 http://www.fms.gov.ru에서 이용할 수 있습니다.

43 *Konstituzia Rossiiskoj Federazii, 1993* [Constitution of the Russian Federation, 1993], article 27.

–는 외교부의 최대 부서가 되어 왔다.[45] 이러한 업무들 중에서 러시아 영사관과 명예영사 등의 관리가 있다. 또한 영사 부서 책임 아래에 있는 것은 38개의 외교부 지역 공관과 러시아 내의 지부 등뿐만 아니라 국제공항과 국경선 등의 영사 분과 등이다. 영사관들은 투표권을 행사할 때 외국에 있는 러시아 시민들을 조력하기 위하여 선거 운동기간 동안 적극적이다. 영사부서는 러시아 기관 간 태스크포스에서 적극적인 역할을 수행한다. 이것은 해외에서 효율적인 투표 관리에 책임을 지는 것이다. 영사부서도 역시 연방 입법 활동과 규범적인 문서 등을 작성하는데 적극적인 역할을 수행한다. 물론, 영사 활동을 위한 규범적인 기반이 여전히 완벽하지 않다. 예를 들면, 러시아는 지금까지 새로운 영사헌장을 수행해 오지 않고 있다. 러시아 외교부 영사 부서 국장인 안드레이 카르로브Andrey Karlov는다음과 같이 언급했다.

> 우리는 영사 활동의 모든 구성원들이 특별한 인간적인 관계를 가지고 있다는 합당한 이유를 가지고 있다고 주장할 수 있다. 영사 서비스를 개선하기 위하여 외교부는 13 개의 조항의 행정 규정을 만들었다. 이것들은 모든 영사 기능을 세밀하게 설명한다. 이러한 규정들은 외교부 역사에 전례가 없고 우리의 업무를 더욱 투명하게 만드는데 목적이 있다. 이것들은 우리 국적자들과의 상호작용을 매우 단순화시킬 것이다.[46]

러시아 영사 네트워크의 지정학적 분포와 주요 기능

현재, 러시아는 142개국에 위치한 234개의 영사관을 가지고 있다. 몇몇 국가들—우크라이나, 독일, 중국과 미국 등과 같은—은 네다섯 개의 영

44 Director of the Consular Department of the Russian MFA Andrey Karlov's press conference, *RIA Novosty,* 22 April 2009.

45 Interview with A. Karlov, *in Diplomat,* February 2009; interview with A. Denisov, Deputy Minister for Foreign Affairs, *Rossijskaja gazeta,* 15 May 2009.

46 Andrey Karlov's press conference, RIA Novosty, 22 April 2009.

사관을 유치하고 있다. 반면에 튀르키예와 이탈리아 등에는 세 개의 영사관(명예 영사와 대사관 내에 있는 영사 담당 등은 제외)들이 존재한다. 종합해서, 러시아 영사 서비스는 2500명 이상의 인력을 채용한다. 2008년에만, 러시아 영사 담당 직원들은 4백만 건의 다양한 활동을 수행했다. 부가적으로, 러시아 연방 내부에서 활동 중인 외교부서들 중에 38개가 영사 의를 수행하고 이들의 활동은 영사부서의 경쟁력에 속한다. 대외 관계 발전과 교류와 관광의 집중화 등과 함께, 해외 영사직 숫자에서 지속적인 성장은 발생하고 있는 중이다. 최근에 새로운 총영사관이 광조우(중국), 라시트(이란), 에르빌(이라크), 그리고 하이파(이스라엘) 등에 개설되었다. 플로브디브(불가리아), 파타야(태국), 취리히(스위스), 베로나(이탈리아), 그리고 체르니코브(우크라이나), 등에는 명예 영사가 있다. 제노아(이탈리아), 안탈리아(튀르키예) 등에 있는 영사관은 총영사관 지위로 올라갔고 총영사관은 바스라(이라크)에도 개설될 예정이다.

그렇지만, 해외 러시아 영사직 숫자의 확대와 이들 직원들은 근래에 러시아인들의 해외여행·거주 뿐만 아니라 외국 시민들의 러시아로 입국하는 영사서비스 수요에 관한 어마어마한 성장에 대처하기란 충분하지도 않고 도저히 그렇게 될 수 없을 것이다. 이러한 환경을 가지고, 러시아 영사 서비스는 다음과 같은 방식으로 전문적인 역량 차원으로 제고하려고 노력하는 중이다.

출입국에 관한 러시아 연방법은 1996년부터 발효되었다. 이것은 영사서비스를 러시아 연방에 의하여 서명된 러시아 법과 국제조약 등과 부합된 러시아 국적자들의 권리를 보호하도록 요구되어 진다.[47] 영

[47] Federalny zakon, *'O vyezde is Rossiiskoj Federazii i viezde v Rossiiskuju Federaziju'* [federal law, 'On the Entrance and Exit to and from the Russian Federation'], article 4.

사 담당자들은 러시아 영사관에 문의하는 러시아 국적자와 외국인 등의 숫자가 눈사태와 같이 증가하고 있음을 언급한다. 영사직원들은 이러한 업무에 충분하지 않다. 예를 들면, 업무에서 명백한 증가에도 불구하고, 매년 공휴일 2백만 명의 러시아 관광객들이 방문하는 튀르키예 안탈리아 주재 총영사관은 3명의 외교관만이 근무하고 있다.

전통적인 영사 서비스와는 별개로, 러시아 영사관들은 국가와 공공조직 등과의 협력이라는 새로운 형식을 개발해낸다. 예를 들면, 공공협의회가 그리스 주재 러시아 대사관의 영사부서의 후원으로 설립되었는데,[48] 적절한 법률적인 조력을 제공하기 위해서이다. 러시아인과 독립국가연합 국가 국적자 등은 현장에서 무료로 법률 조력을 받을 수 있다.

러시아 영사관들의 새로운 임무들에는 해외에 있는 러시아 비즈니스를 지원하기 위한 상담과 정보 등이다. 사업가들은 외국파트너, 세금과 관세법, 등록 규칙과 러시아 재화와 서비스를 위한 할인점 등에 관한 상당한 량의 데이터를 제공했다. 러시아 시장으로 진입하는 외국 파트너들에 관한 합법적인 감사도 자주 필요로 하고 있다. 예를 들면, *소브레멘니크*Sovremennik로 불리우는 모스크바 극장은 최근에 극장 빌딩을 재건축하기 위하여 아일랜드 건설회사와 계약을 협의했다. 계약 조건은 상당한 이문이 남는 장사처럼 보였다. 다행스럽게도, 외교부 영사 담당 부서는 아일랜드 건설회사가 사기꾼에 의하여 설립된 선불방식을 목적으로 한다는 사실을 적발했다.[49]

1990년대 동일한 영사 부서가 부패를 조장했다는 비판의 주체가 된 것은 유감스러운 일이다.[50] 부서도 역시 법을 위반하면서 이윤 남는

---

48 그리스 내부에서 러시아 어를 구사하는 디아스포라는 전 세계에서 최대 러시아 디아스포라들 중에 하나이다. *Spravochnik rossijskogo sootechestvennika* (Moscow: 2006), p. 40를 보라.

49 *Rossiyskaya gazeta,* 18 May 2008.

50 Interview with V. Pavlovski, (then) Director of the Consular Department of the

장사를 했던 몇몇 민간 회사의 중개를 통하여 새로운 여권을 발행해왔다. 지금은 상황이 변하였다. 영사부서는 비즈니스 여행으로 파견된다고 확인된 공식 기관 사람들에게만 여권을 발급한다. 영사 부서가 중간 대리인을 수단으로 해서 자체 사업을 중단하자마자, 여권 발급 숫자가 3배로 줄어들었다.[51]

현재, 러시아 영사 서비스는 불법 이민 전선과 중심의 위협에 놓여 있다. 자신들의 명확하고 진짜 의도를 검증하기 위하여 러시아 비자를 모색하는 사람들을 인터뷰하는 것이 일상적인 관행이다. 이것은 재입국의 법률적인 관행이 왜 특별한 의미를 획득하는지이다. 특별하게 러시아 법을 위반하는 외국인의 입국, 추방과 이송 등일 경우이다. 이주 정책에 관하여, 새로운 재입국 협정은 국가정책의 효율적인 도구가 되었다. 주요한 랜드마크는 러시아가 유럽연합과 체결한 재입국협정Readmission Accord이다. 러시아가 외국과 실현할 의도인 다른 수많은 유사한 프로젝트들도 언급할 가치가 있다. 첫째, 불법 이민의 근원이 되는 것들을 언급했는데, 우크라이나, 카자흐스탄, 북한, 레바논 그리고 튀르키예 등과의 협정이 부분적으로 이루어졌기 때문이다.[52] 아젠다 중에 가장 논란이 되는 것이 시민권 문제이다.

러시아 연방의 영사 서비스는 러시아로 귀국하려는 해외 동포 조력에 관한 2006년 정부 프로그램 실행에 적극적인 역할을 수행했다. 매년, 영사관은 5만명의 남녀에게 러시아 시민권을 부여하거나, 1만명의 사람들이 시민권 이탈을 다루기도 한다. 영사관들은 자신들의 시민권을 바꾸려는 200만명 이상의 사람들을 보유하고 있는 자기 나름대로 강력

Russian MFA.

51 Interview with V. Pavlovski.

52 Konsulskaja sluzba [The Consular Service], 온라인 http://www.mid.ru에서 이용할 수 있습니다.

한 전자 데이터베이스(이것은 1992년이래로 운영 중)를 가지고 있다. 주여 임무는 독립국가연합인데, 러시아 원주민들의 거대한 디아스포라 diaspora를 가진 소위 '멀리 떨어진' 국가—이들 중에는 독일, 이스라엘, 미국, 스페인과 프랑스 등—들이 뒤를 잇는다. 프로그램은 또한 러시아의 인구학적 문제 해결을 의미한다. 새로 온 사람들이 인구학적 상황이 곤란한 '시범 지역'으로 초청받기 때문이다. 잠시동안, 러시아 영사관에 의하여 등록된 약 38,000명의 잠재적인 이주자들이 존재하고[53] 연방 이주서비스는 러시아 연방의 가장 매력적인 지역에 이주자의 숫자는 수만 여 명이 되고 있다.[54]

러시아 연방의 영사 서비스는 독립국가 연합 등을 포함하는 동료 탈 소련 국가들과의 관계에 가장 높은 우선권을 부여한다. 독립국가연합자문위원회 모임이 정기적으로 열린다. 협력 협정은 아제르바이잔, 아르메니아, 벨라루스, 카자흐스탄, 키르키즈스탄, 타지키스탄과 우즈베키스탄 등어 서명했다. 이러한 국가들에 주재하는 러시아 영사관들은 러시아 문화와 언어 등을 홍보하고 현지 러시아 공동체와의 긴밀한 접촉을 유지한다. 총제적으로, 러시아 디아스포라는 약 3천만 명에 숫자에 달하는데, 이들 중 대부분은 탈 소련 영토에 거주하고 있다.[55] 오시(키르키즈스탄) 주재 러시아 총영사관은 두 가지 가장 빈번한 질문은 다음과 같다 : "어떻게 하면 러시아 시민권을 취득할 수 있나요?", "러시아에서 일자리를 구하려면 어떻게 해야 하나요?" 이다.[56]

영사관들의 다양한 기능들 중에는 해외에 있는 러시아 기념관들의

---

53 Interview with Pavlovski.

54 *Federalnaja migrazionnaja sluzba Rossiiskoj Federazii* [Federal Migration Service of the Russian Federation], 온라인 http://www.fmsrf.ru에서 이용할 수 있습니다.

55 예를 들면, 카자흐스탄에 거주 하는 500만명 이상의 러시아인들.

56 Interview with the Consul-General of Russia Garegin Agasarian in a Kyrgyzstan newspaper, *Eco Osha*, 5 December 2007.

안전을 위한 대비이다. 러시아 군인묘지들이 35개 이상 국가들에 있고, 헝가리, 독일, 이탈리아, 몽골, 폴란드, 슬로바키아, 체코 공화국, 핀란드, 일본과 루마니아 등에 8천명 이상이 잠들어 있다. 러시아 국방부와의 협력을 필요로 하는 작업이고 또한 정부 간 협정의 주제이기도 하다.[57]

명예 영사 제도의 재 수립

1991년의 체제 변화도 역시 명예 영사 제도에 대한 영사 활동을 변환시켰다. 명예 영사의 역할은 1970년대의 아젠다로 회귀했는데, 1976년의 소련의 영사 헌장이 소련 시민과 외국인 등의 잉여 영사들을 위한 법적인 근거(97-99조)를 제공했을 때였다.[58] 그렇지만, 이러한 옵션은 *페레스토로이카* 까지 실행되지 않았는데,[59] 관행이 명예 영사의 지위와 임무 등을 위한 새로운 기준과 법적 규정 등을 적용시킬 때였다. 영사 헌장에 기초한 명예 영사 제도에 관한 1988년의 규정은 명예 영사의 기능을 매우 구체적으로 만들었다. 그럼에도 불구하고, 소련 시절에 유일하게 1명의 명예 영사가 취임했었고, 그리고 이것은 라틴 아메리카에 이었다. 반대로, 1992년 이래로 러시아 정부는 많은 명예 영사직을 만들어 왔다. 해외에 거주 중인 러시아 시민 혹은 주재국 혹은 제3국의 시민 등이다. 명예 영사 활동에 관한 법적 근거를 공식화 했던 새로운 세트의 규정은 1998년 10월 13일 효력을 발생했다. 2009년까지, 84명의 명예 영사가 있었는데, 이들 중 6명은 미국에, 이들의 숫자는 지속적

57 Interview with Valery Loshinin, (then) Russian Deputy Minister of Foreign Affairs, 온라인 http://www.-60.ru에서 이용할 수 있습니다.

58 *Konsulsky ustav, 1976* [Consular Charter, 1976], pp. 97–99.

59 Vasili Ivanenko, *'Institut pochetnogo konsula inostrannogo gosudarstva v pravovoy sisteme Rossii'* [The Institution of Honorary Consuls of Foreign States in the Russian Legal System], in *Pravovedenie,* no. 3 (242), 2002, p. 186

으로 늘어나고 있는 중이다. 잠시 동안, 모든 러시아 연방 명예 영사들은 주재국 시민들이다. 러시아 외교의 독트린은 이들을 문화와 경제 관계의 발전을 제공하는 효과적이고 예산절약도구로서 이들을 간주한다는 것이다.[60] 이것은 또한 정규 영사관들이 상호 간에 설립될 수 있는 반면에 명예 영사관들은 일방적으로 개설할 수 있다고 간주되는 것이 중요하다는 것이다.

비자 정책 문제에 직면하기

대중의 필요와 기대에 부응하는 러시아 외교의 중요한 요소는 비자 정책이지만 이 정책은 여러 국가의 영사 활동 중에서도 가장 일관성이 없는 영역 중 하나로 남아 있다. 러시아 인들은 지금 출국비자가 필요 없어서 아무 곳이나 여행할 수 있지만, 예전 사회주의 국가들과의 무사증 교류는 더 이상 존재하지 않는다. 반대로, 센겐조약에 가입국들은 비자를 위한 복잡한 절차를 가진다. 예를 들면, 에스토니아는 최근 모스크바에게 러시아 인접국을 위한 용이한 비자 시스템이 2009년 만료되었다고 통보했다.[61] 폴란드는 폴란드 영토를 통한 무비자 통과에 대한 양자 협정을 맹렬히 비난해 왔다. 그리고 칼리닌그라드 지역과의 접촉[62]은 매우 골치가 아픈 문제되어 왔다.[63] 리투아니아와 관련해서, 당신이 자동차로 여행한다면, 당신은 정규 리투아니아 경유비자가 필요하다. 반

---

60 *Russkaya Konslskaya Sluzhba* [Russian Consular Service], 온라인 http://www.mid.ru에서 이용할 수 있습니다.

61 *Russian–Estonian Consular Relations,* 온라인 http://www.mid.ru에서 이용할 수 있습니다.

62 *V svjazi s prisojedinenijem Respubliki Polsha k Schengenskim soglasheniam* [After the Republic of Poland has Joined Schengen], 온라인 http://www.mid.ru에서 이용할 수 있습니다.

63 칼린그라드는 소련 붕괴이후 러시아의 소수민족 거주지이었다.

면, 철도 여행자는 사전 표를 예약해야만 한 다음 리투아니아 영사관(신청은 무료이지만, 외국 여행 비자는 필요하다)에 의하여 먼저 *니힐 오브스타트*nihil obstat, 가톨릭에서 출판된 책과 같은 책을 발의 또는 임명에 대한 검열을 정당화하는 반대 없음 선언. 위키백과를 위하여 24시간 기다려야만 한다. 설령 그렇다라도, 여행자들은 리투아니아 철도역에 정차하는 동안 기차를 떠나서는 되지 않는다.

2005년부터, 러시아와 다른 독립국가연합(유라시아경제연합 비회원)[64] 등의 주민들은 국경을 넘기 위하여 내부 여권을 더 이 상 사용할 수 없다. 그들은 외국 여권을 사야하고 수많은 형식상의 절차들을 해결해야만 한다.[65] 조지아와 투르크메니스탄 등의 경우, 비자가 필요하다.

최근 비자발급 시스템 개선을 위한 여러 조치들이 만들어졌음을 알 필요가 반드시 있다. 이들 중에는 다층-비자 시스템과 하이테크 비자 콜센터이다.[66] 의심할 것도 없이 비자 콜 센터는 효율적이지만 이것들인 부가 비용을 포함한다.

미국 비자 신청자들은 인터넷을 통하여 비자 신청양식을 채울 수 있도록 부여한다면, 러시아도 이와 같은 전자 시스템을 도입했다. 서비스는 미국 시민만을 염두에 둔 것이었다. 그렇지만, 미국 주재 러시아 영사관들은 영사관으로 직접 신청서를 보내는 신청자들을 실망키시고 비자 신청할 때 신청자가 영사실 담당에게 나타나게 하도록 요구한다. 이것은 신청자의 신원 검증만을 행하는 것이어서 공식 인터뷰가 시행될 것이다. 2008년 11월 1일부터 비자 발급 절차를 간소화하고 개선하

---

64 Russia, Belarus, Kazakhstan, Kyrgyzstan and Tajikistan take part in the EvrAsES (Euro-Asiatic Economic Community).

65 Itoghi raboty consulskoj sluzby v 2005 [Consular Service Activity in 2005], 온라인 http://www.mid.ru에서 이용할 수 있습니다.

66 나는 모스크바 주재 영국 비자 콜 센터는 매우 효율적임을 개인적으로 알고 있다. 모스크바 주재 이탈리아 영사관도 자국의 서비스를 개선해 오고 있다.

여 관련 보안 조치를 강화하도록 하기 위해서 영사관은 비자 신청자가 영사 사무소에 직접 서류를 제출할 수 없는 경우, 비자 처리 서비스 기관을 권고하여 신청과 관련된 문의를 진행할 것을 안내하고 있다.

비자 체제 간소화에 대한 풍부한 협정에도 불구하고—주로 유럽연합 국가와 러시아 간에—대부분의 러시아인들을 위하여, 비자 획득은 여전히 악몽이다(특별하게 공유일 시즌 동안). 줄을 길게 서고, 긴급 비자 등록을 위한 많은 돈을 지불하고, 수많은 행정 문서 숫자를 수집하는 것 등이다.[67] 수많은 고문이 모든 영사 직원들과는 상당히 떨어진 도시와 마을 등에 거주하는 사람들을 기다린다.

비자 시스템은 사람들의 이동과 관광 등에 불리하게 영향을 미친다. 최근까지, 러시아인들은 키프러스와의 무비자 시스템을 가지고 있었지만, 키프러스가 유럽연합에 가입한 이후 상황이 급격하게 변했고, 러시아 관광객 유입이 10-15퍼센트까지 줄어들었다.[68] 휴일 외국으로 가려는 러시아인들은 특별한 곤란에 직면한다. 영사관 밖에 긴 줄을 서고 기다리는 것을 피하려고 노력하면서, 러시아인들은 현재 비즈니스 센터(항상 신뢰하지 않지만)를 주소를 쓴다. 이것은 상당한 정도의 돈이 비자에 사용된다는 것이다. 호혜적으로, 러시아를 방문할 계획이 있는 수많은 외국인(2007년, 러시아로 270만 명의 방문객들이 있다)들도 러시아 영사관들에서 비자 발급을 위한 신청에 대해서 불평한다.[69] 불

---

67 나의 학생들은 자주 서구 영사관들에 자신들의 은행계좌 내용을 자세하게 제출하도록 요구 받는다. 심지어 그들이 거주지, 하루 세 끼의 식사와 건강보험 등을 보증하는 공식 초청장을 가질 경우에도 말이다. 정직하게 말하자면, 모든 러시아 학생들이 은행계좌를 가지고 있진 않다. 그래서 그들 중 몇몇은 자세한 내용 요구를 거절한다. 반면에 다른 학생들은 친구들로부터 돈을 빌려서 채운 며칠 동안만 찍혀진 은행 계좌를 제출한다.

68 *Rossiyskaya Gazeta,* 20 November 2004.

69 러시아-아랍 비즈니스 위원회 기념식 참가자들은 러시아 입국비자의 어려움에 대해서 불평했다 (Vremia Novostey, 10 August 2008, 온라인 http://www.vremya.ru에서 이용할 수 있습니다). 모스크바 주재 유럽 연합 집행위원회 대표인 마르크 프랑코

가피한 행정 절차와는 별개로, 방문객들은 종종 매우 적은 방에 모여야만 한다. 대부분 러시아 영사 부지는 주민 간의 접촉이 제한절일 때 철의 장막Iron Curtain 시대로 거슬러 올라간다. 러시아 주재 수많은 외국 영사관들은 동일한 낙후된 기준들을 가지고 형성된다.

현재 비자정책은 불법 이민과 테러리스트 위협 등에 직면하는 시도에 의하여 좌지우지된다는 것은 매우 명백하다.[70] 그러나 통계에 따르면 비자 절차를 깨고 상당한 숫자의 사람—대부분은 아니지만—들이 정상적인 관광 비자를 가진 사람들과 입국하고 있는 것으로 나타났다.[71] 한편으로, 비자 콜센터의 장비와 영사 인력 등에 대한 비용이 지속적으로 올라가고 있다. 지문 채취, 교차 심문(완곡하게 "인터뷰"라고 하는), 재산 증빙, 수입에 대한 질문(이미 초대 비용, 왕복 항공권 및 건강 보험을 지불했더라도), 은행 계좌 잔고 기준 및 기타 당혹스러운 절차들은 사생활과 인권을 직접적으로 침해하는 것이다.

영사관이 어떻게 자체의 버거운 비자 부담을 줄일 수 있는지와 수십여년 동안 변화하지 않은 이끼가 뒤덮인 절차가 수정될 수 있는지 등을 위한 방법을 생각해보는 것이 하나의 도전이 될 것이다. 최근 서명된 양자 협정에 따르면, 러시아인들은 더 이상 비자를 필요로 하지 않거나 90개 나라들과 간소화 된 비자 레짐을 향유한다. 러시아와 이스라엘 간의 최근에 도입된 무비자 레짐의 사례—영원한 테러 공격 위협에 놓여있는 국가—는 문제에 대한 매우 합리적인 접근방법이 실현가능함을 명확히 한 것이다. 당신이 공항에서 비자를 곧바로 받을 수 있는 튀

Mark Franco)는 러시아 비자에 대한 유럽인들이 직면하는 장벽은 유럽연합 내부에서 비자를 갖고 있는 러시아인들이 직면하는 그것과 비교된다고 언급했다. 2007년 12월 6일 온라인 잡지 *All Europe.ru*에서 볼 수 있다.

70 나는 아직껏 이러한 정책의 효율성을 확실하게 보여준 어떤 연구와 마주쳐본 적이 없다. 나는 영사 담당자가 정말로 누군가의 악의적인 의도를 특정할 수 있는지 의문이다.

71 이탈리아 외교부에서 고위 공무원과의 인터뷰.

르키예도 역시 적절한 사례가 될 수 있다. 비자 시스템 개혁에 유리하게, 우리는 러시아 시민에 대한 비자 거부 숫자가 지속적으로 줄어들고 있음을 보고 있는 중이다. 2005년 이래로, 미국 비자 거부 숫자가 25퍼센트에서 15퍼센트로 줄어들고 있다.[72] 나른 서구 대사관들은 2퍼센트에서 4퍼센트로 변화를 보인다.[73]

외국 사업가와 미팅에서 러시아 연방 외교장관 세르게이 라브로브Sergey Lavrov는 러시아-유럽연합 관계의 확대를 다음과 같이 옹호했다.

> 러시아와 유럽연합 간의 무비자 시스템은 영광스러운 합동 프로젝트가 될 수 있다. 러시아 지금 당장 무비자 시스템을 도입할 준비가 되어 있다. 이러한 무비자 레짐은 모두를 아우르는 협력과 경제 관계 등의 발전에 매우 유리하게 될 것이다.[74]

하이테크 혁명

더 커진 효율성과 커뮤니케이션 속도 등을 위한 필요성은 영사 기능의 자동화를 추동한다. 시대에 뒤지지 않기 위하여, 러시아 외교부는 실질적으로 새로운 기술에 투자해 왔다. 실시간 비자 내부전산망에 대한 고속 커뮤니케이션은 러시아 연방 영사부서와 전 세계의 영사실 등을 연결한다. 공유 전자 데이터베이스와 실시간 인터넷 교류는 일상적인 관행이 되어 왔다. 웹 기술들은 비자 피드백 형식, 여권과 영사 기록 등에 도움이 된다. 이것 모두는 행정 절차를 신속하고 서비스와 정책결정의 질을 제고시킨다.

새로운 기술은 신세대 여권과 비자 등의 출현으로 특별한 의미를

72 *Itoghi raboty konsulskoj sluzby v 2005* [Consular Service Activity in 2005], 온라인 http://www.mid.ru에서 이용할 수 있습니다

73 Interview with Pavlovski.

74 2008년 12월 10일 유럽비지니스 협의회 회의에서 세르게이 라브로브의 기자 회견.

가지게 되었다. 2009년까지 비자, 여권, 초청장과 시민권 등을 새롭게 자동화 된 정보 시스템 프로그램AIS은 10개 영사실에서도 실현되었다. 이와 같이 새로운 컴퓨터 프로그램은 현재 32개 영사직에서 시험 중이고 2009년 말까지 시스템은 18개의 다른 영사실로 확대될 예정이다. 이 프로그램은 러시아 시민들에게 자신들의 신청양식을 채우고 인테넷을 통하여 새로운 여권을 위하여 자신들의 신청서를 보내기 위한 가능성을 제공한다. 신청도 역시 서류의 준비 상태를 검토하고 영사실에 약속 시간을 잡기 위한 가능성을 가진다. 이러한 프로그램의 기능의 모니터링을 통하여 끊임없이 진행 중이다.

2009년 초, 첫 번째 러시아 센터가 초기 비자 신청을 다루기 위하여 런던에 개소한 다음, 이것은 승인을 위하여 러시아 대사관으로 넘겼고 그 이후에 비자 센터로 다시 돌아오는 것이다. 접수처는 장애인의 필요에 완벽하게 적응한다. 이것은 다른 국가에 대한 비자 센터의 관행으로 확대되었다. 예를 들면, 본과 바르셀로나 주재 러시아 총영사관들은 전자 대기열 시스템을 도입되었다. 이러한 시스템의 결과 분석은 전통적인 커뮤니케이션 도구를 활용하기 위한 옵션—즉, 우편 편지, 전화와 단문 메시지—이 새로운 웹 기술과 함께, 매우 명분이 있음을 보여준다. 이러한 옵션은 이러한 서비스를 모든 비즈니스 과정 안으로 통합되도록 허용한다. 이것 또한 영사실을 위한 비용을 저감한다. 매우 가까운 미래에 새로운 전자 대기열electronic queue시스템이 전 세계에 있는 수많은 다른 러시아 영사관들로 도입된다.

2008년 이래로, 아일랜드, 스페인과 시애틀 등에서의 러시아 비자를 위한 신청자들은 인터넷을 통하여 이것을 요구할 수 있다. 이들은 또한 특별 비자 국과/혹은 상응하는 영사 지구 애부에 위치한 관광 기관 등에서 비자를 신청할 수 있다. 이러한 경험에 관한 우호적인 결과를 고려한다면—즉, 비자 센터로 보내는 정보의 질과 절차 요구를 위한 시간 절약—러시아 외교부 관리들은 전 세계에 있는 러시아 영사실 안으로 이 시스템의 도입을 하는 결정에 대한 만장일치 승인을 표명했다. 그러나 동시에 영사 관계자들은 100개 이상의 영사관에 전자 비자 신청서를 도입할 능력이 있음에도 불구하고 열악한 예산과 취약한 기술 기반, 그리고 부족한 소프트웨어 지원으로 인하여 당분간 웹 기반 기술 개발이 지연되고 있음을 진정하고 있었다.

해외로 나가기 위하여, 러시아 인들은 외국*zagranichny*—내부와는 반대—여권이 필요하다. 이것은 러시아 당국에 의하여 발행되는 것이다. 몇몇 구소련 국가로의 여행은 유일한 예외이다. 외국 여권은 5년 동안 유효하다. 2008년 4월 이래로, 러시아인들은 미화로 약 40달러인 새로운 생체인식 여권을 얻을 수 있다.[75] 러시아연방 이민국 담당자들은 초기 생체인식 여권을 시험했고, 그 당시 당국은 여권 칩chip의 차단율은 매우 높았고 지폐 차단율과 동일했다고 언급한다. 생체인식 여권은 러시아 조폐국Russian Mint, GOZNAK에서 만든다. 이러한 종류의 식별시스템에 사용되는 표준화 된 생체인식은 안면인식이다. 잠시 동안, 러시아 –뿐만 아니라 미국과 유럽연합 국가—는 지문, 망막 스캔 혹은 다른 생체인식 등을 여권 안에 삽입할 예정은 아니다. 여권의 흑백사진은 국경통제소에서 칼러러 나타난다. 2008년 4월 290개 사물실에서만 생체인식 여권을 발급했지만, 전국적인 시스템으로는 1990년 말이 되어서야 시행되었다. 오늘날 러시아 영사관들도 역시 해외에서 사용되는 새로운 외국 여권 발급을 하기 위한 방식을 시험 중이다.

테러리스트 행동 예방, 불법 이민에 대한 통제와 마약과 인신매매 등과의 투쟁 등도 역시 도전 과제가 되고 있다. 새로운 기술은 위기관리 시스템을 위한 도구에서 진전을 허용하는데, 모든 자연재해와 같은

75 구형 외국 여권도 여전히 유효하다.

것이다—예를 들면, 지진, 쓰나미, 홍수 혹은 허리케인 등—모든 영사관은 신속하게 대응하고, 사람들에게 재난 지역을 알리도록 정보제공하고, 이들의 건강과 삶을 구하도록 도와 주어야만 하는 것이다. 전자 커뮤니케이션은 2004년 12월 쓰나미에 이어진 태국의 위기 상황, 2008년 뭄바이 폭탄 데러와 가자에서 진행 중인 상황 등을 다루는데 목적이 있는 활동을 위한 기본 플랫폼을 제공했음은 잘 알려진 것이다.

그렇지만, 영사 서비스의 효율성은 여전히 수많은 과제를 남긴다. 2009년 6월부터 이탈리아 밀라노 주재 러시아 총영사관은 러시아와 외국 손님을 위한 새로운 서비스를 도입했다. 이전의 자발적인 대기 시스템은 자주 심각한 비판의 주제가 되어왔다. 사실적으로, 영사 담당자들은 몇 시간 동안 전화 대기하는 모든 사람들의 통화를 빈번하게 받을 수 없다. 신청자들도 역시 전화로 영사관과 통화하지 못할 때 짜증나게 된다. 민원인들은 전화로 영사관에 연결되지 않을 때 불만을 표시했다. 이러한 문제를 완화하기 위해 영사관은 고객 의견 접수 사이트를 개설하였으며, 여기에서 영사관 관계자들은 부족한 자원과 불충분한 인력에 대해 불만을 토로했다.[76] 현재 비자 신청자는 유료 전화나 이메일을 통해 예약을 진행해야 한다.

결론

초창기부터, 러시아 영사관들은 국가 외교 서비스의 중요한 부분을 구성해서, 이것들은 역사적으로 매우 독자적인 경제적 상업적 행위자인 것처럼 보였던 서구 영사관들과는 차이가 있다. 시간이 흐르면서, 러시아 영사 서비스는 러시아 제국의 상업적 이익을 조직하고 진작시키기

76 온라인 http://www.rumilan.com를 보라.

위한 끊임없는 경쟁력을 획득했다. 그러는 와중에, 러시아 국민들을 위한 다양한 여행금지는, 이것은 지난 19세기 말이 되어서야 해제된, 영사의 업무 량을 눈에 띄게 저감시켰다.

러시아 영사 시스템 안에서 몇몇 유의미한 변화들은 1917년의 러시아 혁명의 여파로 가시적이었다. 대외경제관계에 대한 소련의 독점이 부여되면서, 소련 영사관들은 소련의 대외 경제정책을 진작시킬 때 깊숙이 관여되지 않았다. 소련 사회의 폐쇄성이 부과되면서, 영사 서비스의 업무량이 상당할 정도로 줄어들었다. 제국 시기와 비교해서도 말이다. 제국 시기의 권위주의와 소련의 전체주의 등은 러시아 영사서비스에 특별한 성격을 제공하는데, 특별하게 러시아 시민의 권리와 이익 보호 분야에서 말이다. 해외에서 러시아 시민의 권리와 이익 보호는 영사관을 위한 최우선 사항이 되어 왔다.

러시아 관광객과 해외에 정기적인 접촉을 가지고 있는 러시아인 등의 어마어마한 유입뿐만 아니라 러시아 대외정책에서 경제적 구성요인의 강화 등은 영사서비스를 위한 심각한 도전을 부여하고 있다. 러시아 영사관의 아젠다에 대한 핵심적인 인도주의 쟁점은 소련 해체 이후 러시아 연방 외부에서 거주중인 스스로를 발견한 수백만 명의 러시아인들의 권리를 보호하는 것이다. 새로운 도전들 중에는 러시아 연반에서 동포들의 재정착이다. 그래서 영사관들은 러시아연방이민국, 내무부와 법무부 등과 협력을 할 필요가 있는 것이다.

도전 중인 문제들은 테러리즘에 대한 예방 조치, 불법이민 통제 그리고 마약과 인신매매 등과의 투쟁 등을 포함한다. 모든 자연재해와 함께, 영사관들은 재난지역에 있는 사람들이 파악하도록 정보제공하고 그들의 건강과 삶을 구해주도록 도와주는 것이다.

비자 발급 시스템은 러시아인과 외국인 모두에게 여전히 문제를 발생시키고 있다. 러시아 외무부는 특히 유럽 연합을 포함하여 여러 타국과의 비자 면제 시스템을 추진하고 있다.

해외에 있는 사람들에게 높은 질의 서비스를 제공하기 위하여 러시아 외교부의 영사 담당 부서는 최근의 기술 발전에 뒤지지 않아야만 한다. 오늘날, 이것은 외교부의 가장 하이테크 한 부서들 중에 하나이다. 새로운 전자 비자형식과 디지털 데스트 등 뿐만 아니라 해외여행 혹은 시민권 등록 등을 위한 새로운 여권 혹은 영사 기록 등을 필요로 하는 이러한 러시아 시민들을 위한 디지털형식 등이 제공했다. 러시아 영사 서비스의 하이 테크 데이터베이스에 부여된 것에 더 많은 관심이 부여된다. 확실하게, 이러한 모든 혁신들은 영사 직원과—재정 축소시기에—고가의 사무실 장비 등으로부터 더 높아진 전문적인 기술을 필요로 한다. 이에 따라서 영사 업무는 지속적으로 러시아 외교부의 최우선 사항이 되고 있다.

제8장

중국의 영사 서비스 개혁과 외교 변화

시아 리핑 *Xia Lipping*

서론

중국이 '개혁과 개방화' 정책을 통하여 세계와의 급속한 통합의 과정을 시작했을 때인 1978년 이래로, 점점 더 많은 중국 국민들이 해외로 여행을 다녀오고 있다. 이것은 영사 서비스—특별하게 영사 조력 혹은 영사 보호—가 중국 외교의 필수불가결한 요인이 되도록 만든 중요한 사실이다. 본 장에서는 다중기관 파트너십, 표준화와 자발성 등을 포함하는 세 가지의 중국 영사 서비스의 새로운 특징들을 연구하는 데 목적이 있다. 관련된 정부기관들의 숫자가 늘어나면서 영사 서비스도 다중기관 파트너십을 통하여 제공해야만 한다. 그리고 이것을 효과적으로 만들기 위하여, 영사 서비스는 표준화되어 더욱 더 사전대책을 강구하도록 만들어 왔다. 이러한 새로운 특성들은 중국 외교부가 주도하는 영사 개혁의 결과이다—이것은 폭발적인 영사 업무량으로부터 나오는 압력을 받고 있고—그리고 가치와 관리 등에 의한 중국 외교에서 변화를 반영하는 국가 지도자와 미디어 등에 의하여 부과된 관심이다. 일반 국민들의 요구를 충족하고 국민의 법적 권리와 이익 등을 보호하는 것 등은 중국 외교의 초점들 중에 하나가 되어 왔다. 중국의 영사 개혁에서는 새로운 시대와 함께 외교의 민주화 경향 또한 들여다 볼 수 있다.

간략한 역사

영사 시스템—동양 국가들에선 이국적인 제도—은 19세기 동안 서양 세력들에 의하여 중국에 도입되었다. 중국 역사에서 마지막 봉건 체제인 청 왕조는 1차 아편전쟁(1840-1842)에서 중국 군사 패배의 결과로 1842년 남경조약으로 외국 영사를 강제로 수용할 수밖에 없었다. 그렇지만 중국인 30여 년이 지날 때까지 해외에 영사를 파견하지 않았다. 최초의 중국 영사관은 조국의 보호 때문에 해외 중국 국적자들로부터 강력한 청원에 대한 응답으로 1877년 싱가폴에 개설되었다. 그리고 왕조가 혁명파들에 반대하는 투쟁에서 해외 중국 사업가들로부터 지원을 받을 필요가 없기 때문이었다. 중국은 또한 반란 활동에 혁명파의 개입을 모니터할 수 있었다. 1911년 청 왕조의 몰락 직전까지, 청 정부는 해외에 40개 이상의 영사관을 개설했다.[1] 그렇지만, 정부가 충분한 재정적인 자원을 보유하고 있지 않았기 때문에, 이러한 영사관들의 절반 이상이 현지 해외 중국 커뮤니티에 의하여 충당되었다. 정부의 취약한 입장 때문에 해외 중국인들은 영사 서비스를 거의 누리지 못했다.

청 왕조에 이어서, 중화민국Republic of China정부(1912년 1월부터 1949년 9월까지)는 외교관 영사 분류와 의무 등을 정의하는 일련의 규정들을 선포했다. 영사 시스템은 이 기간 동안 서서히 시간이 지나면서 발전되었다. '중화민국 국부'인 손문은 청 왕조를 전복하기 위하여 그의 혁명적인 노력 동안 해외 중국 커뮤니티로부터 상당한 지지를 받아 왔다. 그래서 신정부는 해외 중국인들의 합법적인 권리와 이익 등을 보호하는

---

[1] Ren Yunxian, 'On the Consular System of Qing Dynasty, *Academic Journal of Zhongzhou,* vol. 5, 2002, p. 105.

데 의미를 부여했다. 해외 중국 국적자의 합법적인 권리 보호와 양자 상업 관계를 발전시키는 것 등은 영사의 핵심 기능으로 선언했다.[2]

1949년 중화인민공화국의 수립이후—그리고 '새로 시작하기' 정책에 따르면—신 정부는 전 국민당 정부에 의하여 수립된 외교와 영사 관계를 이어받지도 않았고 중국에서 외국 외교관과 영사 등의 법적 지위를 인정도 하지 않았다. 중국에 주재하는 외국 대사관과 영사관 등은 폐쇄되었다. 새롭게 탄생한 사회주의 국가인 중국은 사회주의 진영에 가입하고 수립식 직후 사회주의 국가들과의 외교와 영사관계를 수립함으로써 '일 편향lean to one side, 중화인민공화국 초창기 외교정책'을 선택했다. 비사회주의 국가들과의 새로운 양자 관계는 교섭을 통한 평등과 상호 이익 등의 기반 위에 설립되어야만 했다. 1960년대 초에, 중국 안에 13개국 출신의 30개의 외국 영사관들이 있었고 14개의 외국에 14개의 중국 영사관이 있었다.[3] 그렇지만, 1978년 말 개방정책이 선언되기 직전에, 중국과 다른 국가들간에 서명된 7개의 중국 영사관과 3개의 영사조약 등만이 존재했다.[4] 다음과 같은 이유들이 중국 영사관계의 더딘 발전을 설명해 줄 수 있다. 첫째, 두 그룹들간의 대결은 중국 정부의 노력들을 더 많은 국가들과의 외교와 영사 관계를 발전시키는 데 한계가 있다. 둘째, 국가 통제 하에 있는 대외 무역과 취약한 관광산업 등으로,[5] 이것

---

2 Zhou Ziya, *Ambassadors and Consuls* (Chongqing: International Translation Press, 1943), p. 95.

3 Consular Department, Ministry of Foreign Affairs of the People's Republic of China (ed.), *Consular Practice of New China* (Beijing: World Affairs Press, 1991), p. 20.

4 일곱 개 중국 영사관들은 다음과 같다. 폴란드 그다니스크, 스위스 제네바, 파키스탄 카라치, 이집트 알렉산드리아, 일본 오사카, 캐나다 벵쿠버, 탄자니아 잔지바르 등이다. 세가지의 영사 조약들은 1959년 1월, 1959년 6월 그리고 1960년 5월 각각 동독, 소련과 체코슬로바키아 등과 맺어졌다.

5 1952년부터 1978년까지 20여 년 동안, 260.000명의 중국인들이 해외를 여행했다. 매년 평균 약 10,000명이다. People's Daily, overseas edition, 온라인 http://www.snweb.com/gb/people_daily_os/2003/06/13/h0613007.htm에서 이용할 수 있습니다.

은 이러한 종류의 관계(예를 들면, 중국 영사가 한때 중국 외교부에 그는 자신의 영사관에서 해야 할 일을 없다고 보고했다고 전해 진다)들을 발전시키는 데에는 거의 실질적인 혜택이 없는 것처럼 보였다. 그리고 마지막으로, 1950년대 말부터 1960년대 말까지 중국과 몇몇 다른 국가들과의 외교관계 악화는 몇몇 영사관들의 폐쇄로 이끌었다.[6]

중국 외교부의 영사 부서는 여권 섹션과 비자 디비전 등을 기반으로 해서 1955년에 설립되었다. 여권 섹션은 1949년 10월 외교부 행정실 사무국 휘하에 설립되었고 그 이후인 1951년 1월 비자 부서 안으로 발전되었다. 1949년부터 1955년까지 기간 동안, 모든 중국 여권들은 외교부에 의하여 발급되었다. 그런 후인 1956년에 정부 법령은 모든 일반 여권 발급을 위하여 공공안전부MPS, Ministry of Public Safety로 한정하기로 승인했다. 비즈니스가 아닌 목적의 해외여행을 신청하는 국민들은 공공안전부에 의하여 수행되는 매우 엄격한 보안 검열을 통과해야만 했다. 1978년 이전, 외교부는 공식적인 여권발급을 책임지는 유일한 정부기관이었고,[7] 외교부의 영사 부서는 외국 비자 신청할 때 공식적인

---

6 다양한 이유들이 관계악화에 일조하고 있다. 예를 들면, 이데올로기적인 쟁점에 대한 강력한 불일치와 전략적인 이해관계의 차이 때문에, 소련과 중국 간의 동맹은 금이 가기 시작했다. 소련은 1954년부터 1962년까지 중국 안에 있는 12개의 영사관 모두를 폐쇄했다. 1962년 중국과 인도 간의 국경 분쟁의 결과로, 양국은 양국 안에 있는 자신들의 영사관들을 봉쇄했다.

중국과 인도네시아 등은 외교관계를 맺었고 1960년대 중반 9월 30일 운동(인도네시아어로 'Gerakan 30 September', 줄여서 G30S) 때문에 1960년대 중반 영사관들을 폐쇄했다. 1965년 10월 1일 이른 시간에 실패한 *쿠데타*에서 6명의 인도네시아 군 장성을 암살했던 자칭 인도네시아 군인 조직이었다. 이어진 며칠 동안에, 군은 인도네시아 공산당PKI에 대한 *쿠데타* 시도를 비난했다. 대량학살 작전이 곧바로 진행되었다. '인도네시아 공산당의 *쿠데타* 시도'를 도와준 것으로 비난받은 수만여명의 사람들의 사망의 결과를 가져왔다. 인도네시아 당국은 중국을 *쿠데타*를 감행하려는 인도네시아 공산당을 지지했다고 비난했고 양국 간의 양자 관계는 냉각되었다. 부가적으로, 중국 전역에서 혼돈이 존재했던 문화혁명1966-1976 동안, 체코슬로바키아, 덴마크와 스웨덴 등과 같은 몇몇 국가들도 역시 중국 안에 있는 영사관들을 폐쇄했다.

7 현재, 중국의 공식 여권은 세가지 분류로 구분한다. 외교관 여권, 서비스 여권, 공무여권

여권 소지자들을 조력하는 부차적인 기능을 가졌다.

1949년부터 1978년까지 대부분 시간 동안 양 초강대국(미국과 소련)간 대립의 배경이 주어지면서 중국에 직면한 국제 환경은 절대 평화롭지도 순단하지도 않았다. 미국은 대만에 남아 있던 국민당 세력들을 지원했고 공산정권에 대한 적대적인 정책을 추구했는데, 다른 서구 국가들도 중국에 대하여 제재와 봉쇄 등을 부과하도록 유도했다. 소련과의 관계가 1960년대 악화되기 시작하면서 중국에게는 모든 상황이 더욱 나빠지게 되었다. 전쟁의 그림자가 항상 크게 다가와서 국가안보와 영토 보전 등을 유지하는 것이 중국외교의 최우선 사항이었다. 시민들의 이익은 외교관들에게 중요하지 않은 것처럼 보였으며, 다만 몇몇 특별한 시기—외국에 정착한 화교들이 거주국의 적대 세력에 의해 박를 받거나 양국 관계의 악화로 인한 피해자가 된 경우—인 경우에만 관심을 받았다. 외교부는 동포들의 법적 권리를 보호하기 위한 여분의 노력을 해야만 했었다.[8] 그렇지만, 중국 정부가 자국의 해외동포들을 보호하고자 했을 때조차도, 중국의 대외관계 상황을 고려하면, 마음대로 할 수 있는 수단들이 많지 않았다. 예를 들어, 1960년대 인도네시아에서 화교들이 현지 당국에 의해 박해를 받았을 때, 중국은 협상을 통해 문제를 해결하지 못해 수천명에 당하는 자국민을 송황시켜야 했다. 이들 중 대부분은 인도네시아에서 여러 세대를 걸쳐서 살아 온 사람들이었다.

1970년대 중국과 미국 간의 화해가 이루어지면서, 다른 서유럽국가들과의 중국 관계는 유의미하게 개선되었다. 매우 중요하게도 유엔 안전보장이사회에서 중국의 의석이 1971년 회복되었다. 이것은 중국 외교 관계에서 많은 마찰을 완화시켰을 뿐만 아니라 중국 지도자들에

등이다.

8 예를 들면, 중국 외교부는 1978년 베트남에 거주 중인 중국 소수 민족에 대한 베트남의 차별정책에 대하여 여러 차례에 걸친 회담을 가졌다.

게 중국의 국가 경제와 선진국의 그것 간의 커다란 간극을 평가할 기회를 주었다. 빈곤으로부터 중국을 탈출시키고 중국인들의 삶의 기준을 개선하기 위하여, 중국의 '위대한 지도자' 등소평—'중국 개혁의 설계자'로 추앙 받는—은 1978년 말 개혁과 개방 정책을 채택하기로 결정했다. 경제 건설이 전국뿐만 아니라 공산당의 최고 우선 사항이 되었다.

지난 30년 동안 중국 전역의 여러 분야에서 다양한 개혁이 이루어져 왔으며, 영사 시스템도 예외는 아니었다. 외교부와 다른 정부 기관들의 공동 노력 덕분에 중국의 영사 서비스는 점차 개선되었고 몇 가지의 독특한 특징을 지니게 되었다.

중국 영사서비스 개혁의 특질

대부분의 국가에서 영사 관행이 다르기 때문에 영사 서비스의 내용에 대한 이해도 마찬가지로 다양하게 이루어진다. 이를 더 명확하게 하기 위해서는 중국의 영사 서비스는 문서 서비스와 영사 조력 또는 영사 보호의 두 가지 유형으로 분류할 수 있다. 일반적으로 영사 서비스를 신청하는 사람들은 중국 국민이거나 외국 국적의 시민들이다. 그러나 이 장에서는 영사 서비스가 중국 국민들에게 제공되는 서비스만을 특정하여 이야기하고자 한다. 중국의 영사 관행에 있어서 두 가지 유형의 영사 서비스 개혁은 다기관 파트너십 구축, 표준화, 적극적 대응과 같은 특징들을 포함하고 있다. 중국 외교부는 수평적 차원과 수직적 차원에 대한 영사 서비스의 분야에서 다른 정부 기관들과의 협력적인 관계를 형성해 왔다. 다양한 장치들은 과정을 표준화하고 서비스의 질을 보장하도록 준비해 오고 있다. 외교부에 의하여 취해진 접근방법은 전통적인 소극적인 것에서 자발적인 것까지로 변화해 왔다. 외교부는 대중의 필요성을 이해하고 이들의 필요조건을 대처하도록 하는 노력을 취해 왔다.

다중기관 파트너십 구축

서류 서비스에 관한 한, 중국 외교부만이 공식 여권 발급과 공식 비자 보유자들이 외국 비자를 얻을 수 있도록 도와주는데 책임을 가지고 있다. 중국이 외부 세계에 개방한 이후, 중국과 다른 국가 간의 교류는 신속하게 확대되었다. 외교부는 공식 여권을 발급하기 위하여—1990년대 초 이래로—지방차원(혹은 중앙 정부 하의 직접적인 통제하에 있는 지자체)에서 몇몇 국제관계실FAO, Foreign Affairs Offices들에게 점차적으로 권한을 부여하는 결정을 했다. 외교부의 업무량을 줄이기 위해서 이다. 2008년 말까지, 이러한 국제관계실의 숫자가 60개에 도달했다.[9] 중국 대사관과 영사관 등도 역시 새로운 파트너들을 발견해 왔다. 비자 발급에 관한 아주 힘든 업무로부터 해외 영사들을 자유롭게 하는데 목적을 가지고 이들에게 해외 동포들을 조력하기 위한 더 많은 에너지와 시간 등을 부여하기 위해서이고, 외교부는 2007년 3월 경 지방 기업들에게 아우소싱 하도록 몇몇 중국 대사관과 영사들에게 허용했다.

다중기관 파트너십 구축에 관한 이러한 특질은 영사 조력의 영역에서 매우 뚜렷하게 보여진다. 오랜 기간 동안, 해외 국적자에게 조력을 제공하는 것은 외교부의 의무로 여겨졌다. 다른 정부 기관들은 거의 관여하지 않았다. 그렇지만, 최근에, 더 많은 정부 조직—중앙 차원뿐만 아니라 지방 차원—들은 중국 국적자와 해외 기업 등의 합법적인 권리와 이익 등을 보호하기 위하여 함께 활동해 오고 있다(도표 1를 보라). 상업부, 공공안전부, 교육부와 국가위원회의 해외중국문제실 등과 같은 20개 이상의 중앙부처 조직들이 해외 중국 국적자와 기업 등에 대한 보호와 조력을 제공할 때 외교부의 파트너가 되어 왔다. 지방 차원에서,

9 2008년 7월 11일 필자와 중국외교부의 영사부서와의 서면 인터뷰.

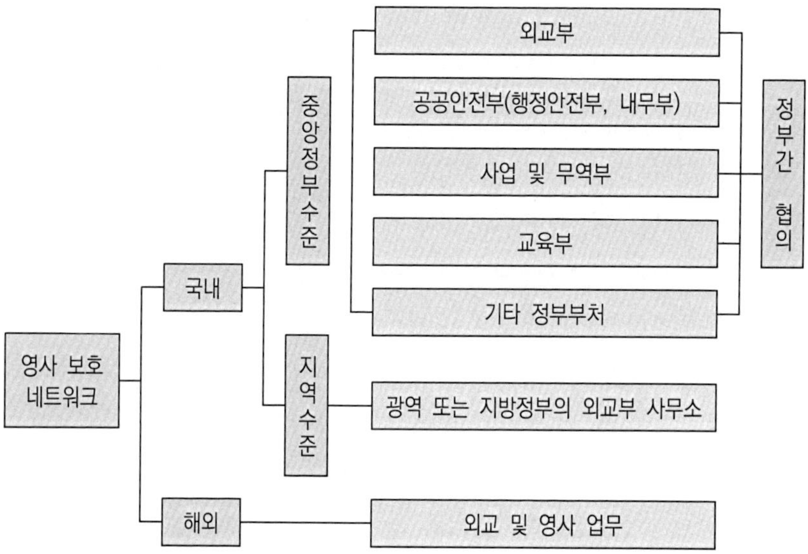

도표 1. 세 가지 수준에서의 영사 보호 네트워크

모든 지방정부들은 자신들만의 국제관계 사무실을 가지고 있다. 몇몇 중소 규모 도시들도 *국제관계실She Wai Chu*이라고 불리우는 특별사무실을 갖추어 왔다. 이러한 사무실의 기능들 중에 하나는 중앙정부 조직을 도와주는 것이고, 특별하게 외교부인데, 이 지방 혹은 도시의 해외동포에 대한 보호를 제공할 때이다. 예를 들면, 중국 중앙정부는 2006년 11월 통가Tonga의 위험 상황에 직면했던 중국인들을 구조하기 위하여 전세 비행기를 파견했다. 통가에 거주 중인 중국 동포의 대부분이 푸젠 성 네 개의 도시 출신이기 때문에—오랜 전통의 해외 이주를 갖고 있는 지역—국제관계실과 푸젠 성의 해외중국문제실과 네 개의 도시 등은 전세 비행기가 성도에 도착했을 때 공항에서 이들 거주민들을 영접하기 위하여 대표들을 보냈다. 이들 대표들 모두는 거주민들을 기다리는 버스를 가지고 이들을 비행기에서 내리자마자 집으로 보낼 준비가 되어 있었다.

외교부의 경우, 영사 보호에 관한 가장 어려운 업무들 중에 하나는 외국에서 경제 협력에 종사 중인 수많은 중국인 근로자들의 안전을 보장하는 것이다. 이들 근로자들은 중국 전역에서 왔고 다양한 회사에서 근무하고 있다. 해외 중국 근로자를 포함하는 사건에 잘 대응하고 자원을 조달하기 위하여, 외교부와 상업부 등은 2009년 7월 '중국 해외근로자 관련 사건처리와 예방에 대한 규정'을 합동으로 시행했는데, '영토 관할권을 종합한 개인 관할권' 규칙을 수립했다. 이것은 계약에 서명하고 외국으로 근로자를 파견하는 기업 등은 근로자의 안전보장에 일차적인 책임을 져야만 함을 의미한다. 반면에 기업이 등록된 지방정부도 이러한 종류의 사건들을 처리할 때 대사관, 영사관과 관련 기업 등을 조력할 의무를 가진다. 즉, 이러한 정부 기관 모두는, 해외에 있는 200개 이상의 외교와 영사단을 추가해서, 세 가지 단계의 영사조력 네트워크를 형성한다(재차 도표 1를 보라).

서비스 표준화

다른 부서들과 협조 중인 중국 외교부는 영사서비스를 표준화 하기 위하여 다양한 종류의 장치를 마련해 오고 있다.

서류 서비스에 관하여, 외교부는 중국인들이 외국 비자를 얻기 위한 절차를 간소화하기 위한 상당한 노력을 기울여 왔다. 2008년 말까지, 외교부는 66개국들과의 외교와 서비스 여권소지자 등에 관한 비자 면제 협정, 41개국들과의 항공사 직원에 관한 비자 면제 협정, 그리고 38개국들과의 비자 간소화협정 혹은 협약 등을 체결해 오고 있다. 1978년 이전, 이러한 협정과 같은 것은 11개뿐이었다.[10]

---

10 Department of Policy Planning, Ministry of Foreign Affairs of the People's Republic of China (ed.), *China's Foreign Affairs,* 2009 Edition (Beijing: World Affairs Press,

부가적으로, 외교부는 중국인들을 위한 비자신청 절차 간소화에 대한 특정 선진국들과의 교섭을 위한 이니셔티브를 취했다. 예를 들면, 2004년과 2005년 중국과 미국 등이 서명한 두 개의 협정에 따르면, 양국은 그 당시 양국 시민에게 1년 동안 유효한 복수 입국 여권, 관광 비자와 학생 비자 등을 발행하게 되었다. 이러한 협정들은 중국 미디어와 국민, 예전 비자분실의 위험으로 고통 받아야만 해서 미국을 떠나게 되어 자신들의 공부가 단절되어야만 했던 특별하게 미국에 있는 6만여 명의 중국 유학생들에 의하여 뜨거운 환영을 받았다.

2001년 중국의 세계무역기구WTO 가입 이후, 점점 더 많은 중국 기업들이 직원들을 해외로 파견할 필요가 있었지만, 종종 그들이 비자를 취득하는 것이 매우 어려웠다. 이러한 문제를 해결하기 위하여, 중국 외교부는 문제 논의를 위하여 관련 외국 대사관과 영사관 등과의 심포지움을 개최하는 장치를 만들었다. 예를 들면, 2008년 외교부는 마국, 영국, 캐나다, 뉴질랜드, 독일과 호주 등과 같은 주요 선진국의 외국 대사관 대표와의 아홉 번의 특별 회의를 열었다. 이것은 또한 아시아태평양경제 협력체 비즈니스 여행카드APEC Business Travel Cards 발급을 적극적으로 재촉해서 많은 중국 기업들이 혜택을 볼 수 있었다.[11] 여권 신청, 발급과 관리 등의 표준화를 개선하기 위하여, 중국의 첫 번째 여권법이 2006년 4월 29일 통과되었는데, 거의 20여 년 동안 존재해 오던 여권

2009), p. 342.

11 아시아태평양경제협력체APEC는 자체 비즈니스여행카드ABTC를 만들었다. 이것은 참가 회원국 경제 안으로 단기 입국을 사전에 보증하고 촉진하도록 허용하는 것이다. 비즈니스여행카드는 개인적으로 비자 혹은 입국 허가를 신청할 필요성을 없애고, 카드가 유효한 3년동안 참가국 경제 안으로 다양한 입국사업가들에게 입국하도록 하는 것이다. 카드 소유자들은 또한 특별 비즈니스여행카드 패스트-트랙 입국과 참가국 경제 안에 있는 주요 공항의 출국 선 등을 통하여 도착시 신속한 입국절차 혜택을 향유한다. Department of Policy Planning, Ministry of Foreign Affairs of the People's Republic of China (ed.), *China's Foreign Affairs,* 2007 Edition (Beijing: World Affairs Press, 2007), p. 357를 보라.

관리에 대한 정부 규제로 대체되었다.

영사 조력과 관련하여, 세 가지 종류의 장치들은 질과 효율성 등을 개선하기로 설정되었다. 조기 경보와 예방 장치, 조정과 긴급 대응장치, 재정보장 장치 등이다.

조기경보와 예방 장치

'예방과 위기관리에 대하여 동등한 중요성을 부여하되, 예방을 우선시 한다'는 원칙에 따라서 중국 외교부는 해외 중국인과 재산의 안전을 위협하는 사건을 예방하거나 줄이기 위해 여행 경보를 발령하고, 출국하는 중국 국민에게 해외여행에 대한 정보와 지식을 제공하며, 해외 기관의 안전 예방 조치를 강화하는 노력들을 기울여 왔다. 중국 외교부의 웹사이트(www.fmprc.gov.cn)에는 영사 보호와 관련된 두 개의 컬럼이 올려져 있는데—즉, '영사 뉴스'와 '해외 여행객들의 주의사항'—이것들은 2008년 영사 정보에 관한 600개 이상의 기사로 동시에 공개 되었다.[12] 추가적으로, 외교부는 조력을 어떻게 구하고 외국에 일하려 가는 민간 부문 직원들에게 교육을 제공하기 위하여 관리들을 파견하는 것 등에 대하여 외국에 있는 중국인들에게 지침을 제공하는 책자도 발간한다.

해외에 있는 중국 외교관과 영사관 등도 현지 상황의 변동에 따른 보안 경고를 공개한다. 예를 들면, 2004년 이래로 러시아 주재 중국 대사관은 인터넷, 신문과 다른 채널 등을 통하여 여러 번 보안 권고를 발표해 오고 있는데, 러시아 거주 중국인들에게 보안 위협의 가능성을 경고하는 것이다. 이스라엘 주재 중국 대사관도 마찬가지로 중국 국민들에게 외출 시 주의할 것과 가족과의 긴밀한 연락을 유지할 것을 권고했다. 외교부와 해외의 중국 대사관 및 영사관에서 발령한 여행 경보는

12 Department of Policy Planning, *China's Foreign Affairs,* 2009 edition, p. 336.

종종 중국의 웹사이트와 신문에 실리는 경우도 있었다.

다른 정부 기관들도 역시 외국으로 나가는 중국인과 기업 등에게 경고 발표하는 자신들만의 웹사이트를 설정했다. 해외에서 안전하게 유학하는 정보를 공개하는 교육부, 해외 투자 안전에 대한 조언과 대외 무역에 관한 뉴스 등을 발표하는 상업부 웨사이트 등과 같은 것이다.

해외 중국 동포와 기업 등의 안전을 위하여, 외교부와 다른 중앙정부 조직 등은 합동예방경고장치Joint Prevention Warning Mechanism를 공동으로 설립해서 활동해 오고 있다. 예를 들면, 2005년 초, 수 많은 어선들이 소말리아 해안에서 지역 반군 혹은 해적 등에 의하여 공격받고 약탈당했는데, 중국 어부들의 생명과 재산 등에 심각한 위협을 야기 시켰다. 2005년 10월 17일, 원양어업 협력 및 조정관리Pelagic Fishery Cooperation and Coordination Management Group—상업부의 국제무역과 경제 문제 담당, 농업부의 어업 부서, 외교부의 영사 업무 부서 그리고 운송부의 해양안전관리 부서 등으로 구성된—는 중국 원양어선 기업들이 더 이상 소말리아 해역에서 조업을 허용하지 않고, 노동용역회사들은 이 부근에서 활동중인 외국 선박에근무하는 데에는 근로자를 파견해서는 안 되고, 그리고 중국 어부들은 소말리아 해역에서는 조업을 해서는 절대 안된다 라는 경고 메시지를 동시에 발표했다.[13]

국무원 비상관리실Emergency Management Office of the State Council의 지침하에, 국가여유국National Tourism Administration과 중국 외교부 등은 2005년 4월 25일 '해외 중국 방문객과 관련된 긴급사태 대처를 위한 비상 계획'를 합동으로 발표했고, 처음으로 중국 관광객들을 위한 예방 경고 장치를 수립 했다. 이것은 관련 정보의 수집과 평가 그리고 경고 메시지의 발표 등을 포함하는 것이다. 예방 경고 메시지들은 상황의 심각성

---

13 *People's Daily,* 21 October 2005, p. 6.

에 따라서 세 가지 차원으로 나눈다. 특정 국가 혹은 지역 등을 여행 중인 중국 국적자들을 위한 보안 권고, 특정 기간 동안 특정 국가 혹은 지역을 여행하지 않는 중국인들을 위한 조언 등이다.[14]

조정과 긴급 대응 장치

영사 조력을 제공할 때 많은 당사자들의 연관은 조정 장치를 필요케 하는 것이다. 해외 중국인과 제도 등의 안전에 관한 부처간 회의라고 불리우는 시스템은 2004년 국무원 하에 있는 관련 부처들이 참가했던 모임에서 설립되었다. 인력을 채우고 효율성과 협력 등을 개선하기 위하여, 영사 보호에 관한 새로운 부서가 2006년 외교부 영사 부서 하에 설립되었고, 2007년 엉사보호 센터로 승급되었다. 영사 보호 센터는 지금 20명의 직원을 가지고 있고 시간이 지나면서 더욱 더 늘어날 것이다. 영사업무 부서의 부 책임자는 센터 책임자와 같이 활동한다.

해외 중국인들과 관련된 긴급상황을 다루는 과정은 표준화 되어 왔다. 외교부와 이것의 기능조직(대사관과 영사관)들은 영사 긴급상황에 대한 준비와 대응 등에 관하여 기본적인 활동 절차를 구축해 왔다. 중국 국적자들은 자발적으로 근처에 있는 중국 대사관 혹은 영사관 등에 등록해서 그들은 긴급상황 시 즉각적으로 연락될 수 있게 되는 것이다. 중국 대사관 혹은 영사관 각각은 24시간 핫라인를 가지고 있다. 북경에 있는 외교부 사무국도 역시 하루 종일 내내 전화 응답을 위하여 근무하는 담당자들을 가지고 있다. 외교부에 의하여 만들어진 긴급 계획에 따르면, 해외 중국인들이 위험에 처하거나 해외 중국 기업들이 과도한 재산권 손실을 받는다면, 외교 혹은 영사 등은 즉각적으로 외교부

14 온라인 http://news.xinhuanet.com/overseas/2006-04/26/content_4476016.html를 참조하라.

에 보고해야만 한다는 것이다. 외교부에 의하여 취해질 수 있는 긴급 조치들은 관련 당사자 대표들로 구성된 팀을 구성하고, 특별자문 핫라인을 개설하고, 원만한 커뮤니케이션을 확보하고, 적절한 정보를 수집하는 것 등등을 포함 한다.[15] 중국인들도 역시 지방 핫라인으로 통화해서 성 차원 혹은 소규모 지자체 차원에서 외교부 사무실로 영사 보호 사례를 보고해야 메시지가 외교부로 전달될 수 있을 것이다. 동시에 담당은 긴급적인 필요성을 가진 거주민들을 위한 즉각적인 도움을 제공할 것이다. 예를 들면, 사무실은 집에 있는 가족 혹은 친구 등에게 위치 발견을 도와주거나 도움을 구하는 사람을 조력하기 위하여 근처에 거주 중인 동료 시민을 찾으려고 노력할 것이다.

위험 장소로부터 중국인들을 피신시키는 중요한 결정 혹은 쓰나미 혹은 허리케인 등과 같은 대규모 재앙에 대한 대응 등은 중국인과 해외에 있는 제도 등의 안전에 관한 부처 간 회의에서 항상 만들어지는 것이다. 영사 보호 센터는 이러한 결의를 실행하는데 주도적인 역할을 수행 한다. 예외적인 상황 하에서, 외교부도 역시 영사 보호 비즈니스를 다루기 위하여 관련 국가 혹은 지역 등에 특별 대표를 파견한다. 예를 들면, 2003년과 2004년 기간 동안, 중국인들과 관련 납치, 총격과 갈취 등의 사건들이 현지 해외 동초들의 개인적인 재산 안전에 대한 심각한 위협을 야기 시켰다. 그래서 그 당시 영사 업무 부서 책임자인 뤄텐강Luo Tianguang이 남아프리카 외교부 현지 관리와 해외 중국인들의 생명과 재산 등을 보호하고 경찰 협력을 강화하기 위한 회의를 개최하기 위하여 남아프리카 요하네스버그로 중국 외교장관 리 자오싱Li Zhaoxing의 특별 사절로 파견되었다. 양측은 경찰 연락관 교류에 합의를 보았다.[16]

---

15 Statement of Luo Tianguang, head of the Consular Department, April 2004, 온라인 http://www.people.com.cn/GB/shizheng/1026/2454084.html, 2004-5-15에서 이용할 수 있습니다.

예산 확보 장치

불충분한 재정은 대부분 국가에서 직면하고 있는 일반적인 문제인데, 중국에서 유사한 문제가 존재한다. 2005년 이전까지는 특별한 영사 보호가 존재하지 않았다. 영사 보호에 필요한 자금은 전체 대사관 혹은 영사관 재정의 일부로 간주 되었다. 외교부의 요청이 있자마자, 중국 재정부는 2005년 12월 영사 보호를 위한 특별 자금을 배당하기 시작했다. 재정은 2007년 말까지 2800만 인민폐RMB에 달해 왔다—외교부는 1949년 중국 건국 이후 중국 중앙정부로부터 이러한 기금을 처음 받아오고 있다. 지방 차원에서, 영사 보호 사례에 대한 적절하고 무난한 조정을 보장하기 위하여, 성과 기초 단체 정부 등도 다양한 채널로부터 기금을 거두어 들이고 있다—예를 들면, 지방정부, 고위험 사업과 수산업에서 상호 조력 등을 위한 의무 보험 등에 의해서 말이다.[17] 국제 활동을 가지고 있는 기업들의 경우에, 이들이 외국으로 인력을 보낸다면 모든 피고용인들은 보험으로 보장해야만 한다—이것은 지금 해외 비즈니스를 수행하기 위한 강제 전제조건이다.[18]

적극적인 접근방식

과거에는 영사 서비스가 소극적으로 제공되었다. 외교관과 영사들은 주로 사무실에서 대기하면서 대부분 신청자들이 먼저 찾아오기를 기다리

16 *Cankao Xiaoxi* [Reference News], 9 September, 2004, p. 9

17 2008년 7월 11일 필자와 외교부 영사담당부서와의 서면 인터뷰.

18 Speech by the head of the Consular Department of the MFA, Wei Wei, at the forum 'Chinese Corporations and Nationals Abroad: What to Do after Finding Themselves in Distress or Difficulties?', held by the magazine *World Affairs* on 5 August 2008, 온라인 http://news.xinhuanet.com/overseas/2008-08/31/content_9743308.htm에서 이용할 수 있습니다.

는게 일반적이었다. 그럼에도 불구하고 외교관과 영사들은 민원인들이 가장 필요로 하는 것이 무엇인지 혹은 민원인의 요구를 충족시키기 위해 어떠한 조치를 취할 수 있을지를 파악하거나 조사하기 위해 사무실을 떠나는 경우는 거의 없었다.

그렇지만, 현재, 상황이 변해 왔고 중국 외교부는 영사 서비스를 제공하기 위하여 매우 사전대책을 강구 하는 접근방법을 취하고 있는 중이다. 예를 들면, 자신의 업무를 해외에 있는 중국 회사의 순조로운 활동을 촉진하는 것으로 자신의 업무를 여기면서, 외교부는 중국석유천연가스그룹CNPC과 중국석유화공SINOPEC 등과 같은 대기업 소유 기업을 방문하고 자신들의 필요와 어려움 등을 표현하기 위하여 이들 기업들의 대표를 초대하고, 해결책을 모색하기 위한 이니셔티브를 취했다.

또 다른 적절한 사례로는 위에서 언급했던 조기 경보와 예방 장치 등이다. 인터넷과 안내 책자 등을 통하여 영사 정보 발표하는 것 이외에, 중국 외교부와 영사 부서 등의 고위 관리들도 자신들의 사무실을 자국민들과 함께 인터넷에 관한 의견을 교환하고, 초청자에 대한 프리젠테이션을 하고, 미디어로부터의 인터뷰를 진행하기 위한 시도를 자신들의 사무실에 과감히 도입했다. 그들은 또한 이러한 면에서 해외여행할 때 안전 주의 조치에 관하여 중국인들의 인식을 제고 하는데 목적이 있는 영사 서비스와 중국 정부의 규칙과 규정 안에서 현재 추이에 관한 정보를 확산시키는 뉴스 브리핑을 개최한다. 중국 대사관과 영사관 등은 자주 현지 보안 상황에 대한 그들에게 브리핑하기 위하여 중국 유학생과 사업가 등을 자주 소집한다.

명백하게, 중국의 영사 서비스는 최근에 유의미한 변화를 경험해 오고 있다. 앞서 언급한 바와 같이, 개혁은 다음과 같이 세 가지 양상으로 요약될 수 있다. *다중기관 파트너십 구축*, *표준화* 그리고 *사전적 행*

동 등이다. 첫째, 중국 외교부는 영사업무를 다루는 유일한 정부가 아니라는 것이다. 이것은 다른 파트너들과의 협력적인 관계를 형성해 오고 있다. 수평적인 차원에서, 이것은 영사서비스를 제공할 때 공공안전부, 상업부, 교육부, 농업부, 국무원의 긴급관리실과 국가 여유국 등등과 협력하고 있다. *해외 중국인과 제도 안전에 대한 부처간 회의* 시스템은 조정을 강화하도록 만들어졌다. 수직적인 차원에서, 지방차원에서 국제관계실은 영사 사건을 처리하는데 외교부를 도우는 데 지속적으로 중요한 역할을 수행한다. 둘째, 수립된 관련 장치로, 전반적인 영사 서비스가 표준화되고 더욱 안전하고 지속적으로 효과적이 되어 오고 있다. 셋째, 소극적인 접근방법은 매우 사전대책을 강구하는 접근방법으로 대체해 오고 있다. 담당자들은 자신들의 사무실을 민원인의 필요와 기대 등을 살피는 데 활용하고 민원인의 수요를 충족시키고자 선제적으로 대응하고 있다. 영사 조력 제공의 핵심은 대응보다는 오히려 예방에 두어 오고 있다.

변화를 만드는 것은 수행하기가 쉽지가 않은 것이다. 확실하게, 중국 영사 서비스에서 극적인 변화는 비교적 짧은 기간에 이루어졌다. 그래서 이러한 극적인 변화를 강조하게 된 원인은 무엇인가?

개혁의 이면에 있는 이유들

일반적으로 말하면, 중국 영사 시스템의 변화는 자연스럽게 외부 압력에 대한 중국 외교부의 대응이라고 할 수 있다. 이러한 압력은 세 가지 원인으로부터 나왔다. 첫째, 해외로 나가는 중국인들의 숫자의 가파른 증가, 둘째, 영사 서비스에 열정적인 중국 지도자의 특별한 정치적 의미, 셋째, 미디어에 의한 영사 사건에 관한 광범위한 취재 등이다. 이러한 세 가지의 요인들은 외교부의 업무량을 배가시키는 것으로 통합되어서,

개혁을 필요로 했다. 그렇지만, 각 요인은 이러한 변화를 제고하는 데 다른 역할을 수행했다.

영사 서비스에 대한 요구를 배가시키는 수많은 아웃바운드 여행자

중국 경제의 급속한 발전으로, 해외여행 중국인들의 숫자가 지난 30여 년 동안 매우 신속하게 유지되고 있다. 차트 1에서는 해외로 나가는 중국인 숫자가 극적인 속도로 증가하고 있음을 보여준다. 1978년부터 2007년까지, 중국의 국내총생산GDP은 매년 평균 9.8퍼센트로 증가하고 있는데, 동일 기간에 세계 경제 연평균 성장률의 3배이었다.[19] 중국의 국내총생산은 2009년 33조5천4백만 위안(미화로 4조9천1백만 달러)에 달했다.[20] 중국 도시 거주민의 1인당 가처분소득은 2008년 미화로 약 2,320 달러에 달했다.[21] 재정적으로 개선된 환경은 중국인들에게 있어 해외에서 휴가를 보내고 자녀들을 타국으로 유학을 보낼 수 있도록 해 주었다.

동시에, 중국 경제는 지속적으로 외부 세계와 통합하고 있고 많은 사람들이 해외로 비즈니스 혹은 일하기 위하여 여행한다. 중국이 2001년 세계무역기구에 가입하면서, 중앙 정부는 '전 세계로 나가자Going Global' 전략을 굳건하게 실천했고 외부 세계에 대한 문화를 더욱 개방해 와서,

---

19 Ministry of Commerce of China, 8 May 2007, 온라인 http://preview.english.mofcom.gov.cn/aarticle/counselorsreport/westernasiaandafricareport/200705/20070504644246.html에서 이용할 수 있습니다.

20 China' GDP expanded 8.7 per cent in 2009; 온라인 http://news.xinhuanet.com/english2010/business/2010-01/21/c_13145167.htm에서 보라.

21 National Bureau of Statistics of China, *National Economic and Social Development Statistical Bulletin 2008,* 26 February 2009, 온라인 http://www.stats.gov.cn/tjgb/ndtjgb/qgndtjgb/t20090226_402540710.htm에서 이용할 수 있습니다.

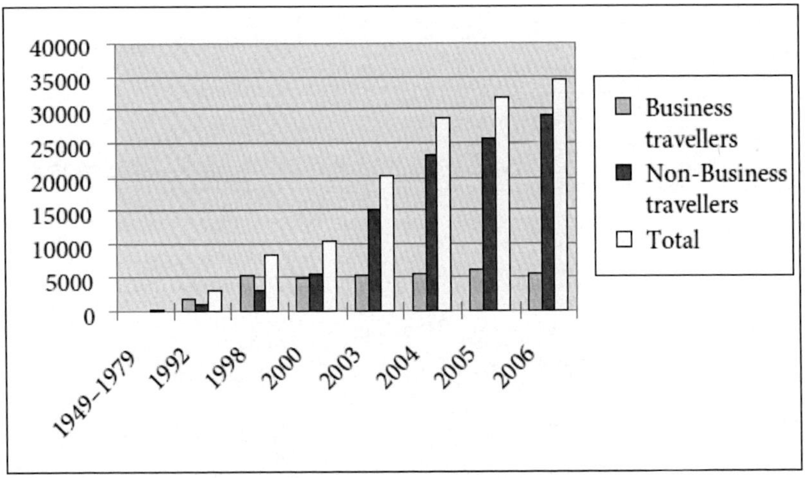

데이터 출처 : 2008년 12월 7일, 중국 외교부 영사 사무국이 주최한 '해외 중국 국민 및 기업의 합법적 권리와 이익 보호' 박람회, 온라인 링크는 아래와 같다: (http://www.fmprc.gov.cn/chn/ziliao/wzzt/default.htm)

차트 1. 중국인들이 중국 본토를 떠나서 해외을 하는 여행자의 수

중국 기업과 중국인들의 해외로 나가는 숫자를 독려했다. 2007년 3월 4일까지, 계약 프로젝트로 675,000명의 해외 중국인들이 활동하고, 원양어업에 40,000명이 종사하고 150,000명의 어부들이 외국 선박에서 근무 중이다.[22] 21세기가 시작되면서, 중국 상업부가 인정한 해외에서 중국이 재정 지원하는 기업들의 숫자가 커다란 폭으로 증가하고 있다. 2002년 이러한 기업은 350개인데, 2013년 510개로 2005년 1,067개로 늘어나고 있는 중이다.[23] 2008년 말까지, 168개국과 전 세계 지역 등에서 중국이 재정 지원하는 해외 기업들은 12,000개 이상이 되고 그리고

22 Ministry of Foreign Affairs of China, 20 March 2007, 온라인 http://www.mfa.gov.cn/chn/zxxx/t301647.htm에서 이용할 수 있습니다.

23 Ministry of Commerce of China, 20 January 2008, 온라인 http://www.mfa.gov.cn/chn/zxxx/t301647.htm에서 이용할 수 있습니다.

해외에서 유학 중인 중국 학생들인 거의 100만 명에 가깝다.[24] 통계적으로, 2008년 45,856,000명의 중국인들이 본토 중국 밖을 여행하고,[25] 세계여행관광이사회World Travel and Tourism Council는 중국 본토 밖을 여행 중인 중국인들의 숫자가 2020년 1억 명에 도달할 것으로 기대한다고 추정했다.[26]

해외여행 중국인들의 늘어나는 숫자는 매우 많은 여권 신청뿐만 아니라 영사 조력을 위한 매우 다변화된 요구 등을 의미한다. 복잡한 국제안보 상황과 특정 국가에서 악화되고 있는 정치 상황 등에 더해서, 이것은 해외 중국인과 기업 등을 위험에 처하게 해서, 영사 보호에 대한 상당한 압력을 양산했다. 영사 보호 사건 숫자가 급속하게 늘어나게 되었다. 불완전한 지표에 따르면, 2004년 20,364 사건, 2005년 29,290 사건과 2006년에도 비슷한 사건들이 31,800개이었고,[27] 중국 외교부의 통계는 2003년 1월부터 2004년 6월까지 영사 보호들 중에 37건의 주요 사건들이 있었다고 밝힌다.[28]

---

24 Speech of He Ping, the Chief of the Consular Protection Centre of China's Ministry of Foreign Affairs, at the lunch ceremony of the 'First Dissemination Month for Casting the Good Image of Chinese Abroad' at Manzhouli, *Qianxi Daily*, 20 August 2009.

25 Department of Policy Planning, China's Foreign Affairs, 2009 edition, p. 332.

26 온라인 http://news.xinhuanet.com/overseas/2006-12/31/content_5554357.htm에서 이용할 수 있습니다.

27 Data from the exhibition on 'The Protection of the Lawful Rights and Interests of Chinese Nationals and Corporations Overseas', held by the Consular Department of the Chinese Ministry of Foreign Affairs, 12 January 2008, 온라인 http://www.fmprc.gov.cn/chn/ziliao/wzzt/default.htm에서 이용할 수 있습니다.

28 Ministry of Foreign Affairs of China를 보는데, 온라인 http://www.fmprc.gov.cn/chn/lsfw/lsxw/t143714.htm에서 이용할 수 있습니다(2005년 1월 2일 접속).

중국 국내정치에서 영사 서비스의 특별한 의미: 개혁을 위한 정책 보장 제공

정부에 의하여 제공되는 공공재의 일부로서 영사서비스도 역시 서비스 지향적인 정부를 구축하기 위한 중국 정부의 노력을 반영하는 것이고, 중국 집권당과 정부 등에 관한 국내적인 명성을 제고하는 매우 중요한 수단으로 간주된다.

중국 정부는 십여 년 동안 경제 발전에서 핵심적인 역할을 수행해 왔다. 경제 부흥이 전국적으로 최고의 우선순위가 되었기 때문이다. 그렇지만, 시장 경제가 특정 단계로 발전되게 되면서, 특정 공공 서비스를 제공할 때 정부의 역할은 집중화 되어야만 할 것이다. 다른 한편으로, 세계무역기구 회원국으로서, 중국은 경제에 대한 정부의 통제를 저감시키기 위한 규칙에 응해야만 했다. 2002년 11월 8일 총서기 후진타오Hu Jintao에 의한 '중국공산당 16차 전국회의 보고서'에서는 정부의 기능을 네 가지 분야로 정리해야만 한다고 처음으로 선언했다. 경제 규제, 시장 감독, 사회 관리, 공공서비스 등이다. 2005년 정부 활동 보고서는 자기 지향적인 정부의 개념을 심층적으로 확장했고 중국 정부는 관리에 혁신을 만들고 대중에게 더 좋은 서비스를 제공해야만 한다고 제안했다. 중요한 정부 부처로서 중국 외교부는 확실하게 따르기 위한 노력을 해야만 한다.

중국 국내정치 안에서, 영사 서비스는 집권당을 위한 특별한 의미를 가진다. 다양한 세대의 중국 공산당CPC리더들 모두는 공산당이 압도적인 다수의 중국인들의 근본적인 이익에 조응하면서 행동해야만 하고, 중국 공산당의 권력이 인민에 의하여 부여되기 때문에 공산당은 인민의 이익을 위하여 이타적으로 활동해야만 함을 강조했다. 그렇지만, 제도적인 장애 때문에, 예전 계획 경제와 정부 관리에 대한 불충분한 감독, 몇몇 정부 관리들의 부패 행위와 악습 등은 종종 인민의 공복'으로서 정부의 이미지를 손상시켜 오곤 했다. 당의 명성을 제고하고 중국공산당에 대한 인민의 신뢰를 고양시키기 위하여, (그 당시) 총서기 장쩌민Jiang Zemin은 '중국공산당은 인민을 위하여 만들어지고 당은 2001년 7월 1일 중국공산당 창립 80주년 기념식 연설에서 인민을 위한 권력을 행사해야 된다'라는 새로운 슬로건을 만들었다.[29] 후진타오 주석은 '세 사람'이라는 그의 사상을 표명했다—즉, '인민을 위하여 나의 권력을 사용하고, 나의 생각을 인민에게 연결하고, 그리고 나의 심장을 인민 복지 추구에 중심을 둔다'[30] 등이다. 이러한 개념들은 정부를 위한 인민의 지지를 강화하고 정부의 정통성에 정당성을 부여하기 위한 공산당 노력의 신호호서 몇몇 학자들에 의하여 간주되어 왔다.[31]

영사 서비스—그리고 특별하게 영사조력과 보호—는 본질적으로 일반 인민들의 권리와 이익 등과 긴밀하게 연관되어서, 중국 정부에 의하여 취해지는 행동을 보여주는 호의적인 창이 되어 왔다. 국가 지도자들은 해외에 있는 중국 국적자와 기업 등을 포함하는 주요 긴급 사건에 대한 진지한 관심을 표명해 왔다. 예를 들면, 11명의 중국 근로자들이 2004년 6월 10일 아프카니스탄에서 테러 공격으로 사망했다는 소식을 알자마자, 중국 주석 후진타오는 언론 발표에서 테러리스트를 비난하고 중국이 13억 명의 인구를 가지고 있지만, 정부는 모든 동포들의 생명을 소중히 여긴다고 언급했다.[32]

---

29 *People's Daily*, 2 July 2007, p. 1.

30 Hu Jintao, 'Speech at the Graduation Ceremony of the Seminar on the Theory of the Three Represents', *People's Daily*, 18 February 2003.

31 Baogang Guo, 'Political Legitimacy in China's Transition Toward a Market Economy', in Lowell Dittmer and Guoli Liu (eds), *China's Deep Reform* (Lanham MD: Rowman & Littlefield, 2006); and David Shambaugh, *China's Communist Party: Atrophy and Adaptation* (Berkeley CA: University of California Press, 2008)를 보라.

32 온라인 http://news.xinhuanet.com/overseas/2006-04/04/content_4380550.htm에서

중국 외교부도 '국민을 우선으로' 그리고 '인민을 위한 외교 수행' 등을 주창해 오고 있다.[33] 중국의 (그 당시) 외교장관 리 자오싱Li Zhaoxing은, 2005년 말에 *인민일보* 기자와 인터뷰할 때, 외교부는 항상 인민의 이익을 마음속에 간직해야만 하고 가능한 모든 수단을 동원하여 해외에 있는 중국 국적자와 기업 등의 합법적인 권리와 이익 등을 보호해야만 한다고 피력했다.[34] 2008년 8월 23일 외교부 영사보호센터 개소식 연설에서 현재 외교 장관 양제츠Yang Jiechi는 영사 보호의 중요성을 강조했고 이것은 중국 공상당과 중국 정부의 이미지에 관련 있고 정부의 행정 역량을 개선하는데 사활적인 것이라고 말했다.[35]

개혁을 촉진하는 대대적인 언론 보도

부분적으로 영사 사건에 관한 빈번한 속출 때문에 그리고 부분적으로 국내정치에서 영사 서비스에 관한 특별한 중요성 때문에, 영사 서비스 -그리고 특별하게 영사 보호—는 미디어의 초점이 되어 왔다. 해외 중국 국적자와 기업 등의 합법적인 권리와 이익 등을 보호하는 것이 중국에서 가장 중요한 공식 신문인 *인민일보*의 머릿기사로 실리게 되었다.[36] 예를 들면, 중국 신화사 통신은 2006년에 '해외 중국인의 안전이 관심거리가 된다'라는 제목으로 696건의 기사를 실었다.[37]

이용할 수 있습니다.

33 Department of Policy Planning, Ministry of Foreign Affairs of the People's Republic of China (ed.), *China's Foreign Affairs,* 2004 Edition (Beijing: World Affairs Press, 2004), p. 457.

34 *People's Daily,* 20 January 2005, p. 1.

35 온라인 http://www.gov.cn/jrzg/2007-08/23/content_725761.htm에서 이용할 수 있습니다.

36 *People's Daily,* 15 December 2004, p. 7.

37 온라인 http://news.sina.com.cn/z/safetyoverseas/; http://news.xinhuanet.com/world/2004-06/23/content_1541296.htm; and http://news.enorth.com.cn/system/2004/06/

저널리스트들도 역시 중국의 영사법과 규정 등을 어떻게 강화할 것인지에 대하여 몇몇 전문가들을 인터뷰했고 해외에 있는 중국인들의 안전을 보장하도록 주요 선진국 정부에 의하여 취해진 조치들을 보도했다. 이러한 보도들에는 두 가지의 효과를 가진다. 한 편으로, 그들은 중국 정부에 대한 귀중한 제안을 제공한다. 다른 한편으로, 이것들은 중국정부에게 이러한 면에서 자신들의 행동에 대하여 사려있고 중국인들에게 만족스런 응답을 주기 위하여 노력하도록 독려한다. 중국인들은 세계 다른 부분에 있는 자국의 카운터파트와 중국 정부 간의 비교를 하게 될 것이기 때문이다.

즉, 위에서의 요인들 때문에, 영사서비스를 제공하는 외교부의 영사 업부 부담이 질과 양에서 늘어났다. 한 편으로, 점점 더 많은 해외 중국인들과 기업 등은 점점 더 많은 영사 필요의 가능성을 의미하는 것이다. 다른 한편으로, 영사 섭시으에 관한 특별한 의미와 대대적인 미디어의 주목 등은 영사 서비스의 질에 대한 더 높아진 요구를 하게 되었다. 이러한 면에서 어떤 무관심도 확대될 것이다. 중국 외교부는 부담을 공유하고, 장치를 구축하고 해외에서 위험부담 회피에 대한 중국인들의 인식을 제고하고 영사 조력 사건 숫자를 저감하려고 사전에 예방하는 접근방법을 취하기 위하여 더 많은 파트너들을 모색한다. 그러는 와중에서, 중국 정부의 개획의 일환과 중국의 새로운 통치 철학을 보여주기 위한 방편으로서 영사 서비스 개혁은 협동적인 노력, 표준화된 서비스와 사전예방적인 접근방법 등에 의해서만 달성될 수 있는 것이다.

03/000795955.shtml을 보라.

영사 서비스 개혁과 중국 외교의 변화

외교의 양도할 수 없는 부분으로서, 영사 서비스는 중국 외교에서 광범위해진 변화를 살펴보기 위한 적절한 플랫폼으로서 작용한다. 중국의 영사 개혁은 중국 외교의 가치와 관리 등에서 약간의 변화가 존재함을 시사하는 것이다.

냉전 동안 외교는 정치 외교로 정의될 수 있었다. 개별 시민들의 이익은 어느 정도 외교와는 무관한 것처럼 여겨졌다. 그러나 냉전 이후 세계화 시대에, 경제외교와 공공외교 등이 점차적으로 일반외교의 주요 부분이 되었다. 개별 시민의 이익은 더 이상 중국의 외교 노력에서 무의미한 요인이 아니다. 일반 시민의 요구에 부응하고 해외국적자의 합법적인 권리와 이익을 보호하는 것 등은 중국 외교의 최고 우선순위들 중에 하나로 자리매김해 오고 있다. 얀 멜리션Jan Melissen은 다음과 같이 지적했다.

> [...] 일반인은 외교 관행에서 지속적으로 가시적이 되고 있는데 특별하게 공공외교와 영사관계 분야에서 이다. 후자에 관하여, 해외에서 자국민-소비자 등을 살피는 것은 외교부의 주요 업무가 되어 왔고, 국내에서 외교부의 명성에 영향을 미치는 강력하게 잠재력을 갖는 외교적 활동 영역이 아마도 존재하지 않는다.[38]

현대 중국의 외교사를 전공한 몇몇 중국 학자들은 중국 외교의 진화를 세 가지 단계로 구분 한다—즉, '정치외교', '경제외교' 그리고 '인민을 위한 외교' 등이다.[39] 중국이 1978년 개혁 개방정책을 채택하기 전에,

---

38 Jan Melissen (ed.), *The New Public Diplomacy: Soft Power in International Relations* (Basingstoke: Palgrave Macmillan, 2005), pp. 23–24.

39 Wang Hong and Wan Jiqiong, 'Research on China's New Diplomacy: Consciousness of Serving the People', *Journal of Sichuan University of Science and Engineering* (Social Sciences Edition), vol. 1, 2008, pp. 44–51; and Shao Feng, 'Diplomacy for the People and the New Connotation of Diplomacy', *Journal of Chinese Academy*

근본적인 우선 사항에 정치적 고려가 부여되었다. 여기에서 하나의 적절한 사례가 있다. 1960년대 양 초강대국 관계의 악화로 야기된 어려운 상황으로부터 중국을 떼어 놓기 위하여, 중국은 아시아·아프리카 국가들과의 관계를 발전시켰고 이들 국가들에 막대한 양의 원조를 제공함으로써 국제 문제에서 이들의 지지를 얻었다. 이것들은 중국의 경제 능력을 벗어나는 것이었다. 1978년부터 1990년대 말까지, 대신에 중국 외교의 핵심은 경제발전을 위한 우호적인 국제환경을 조성하는 것이었다. 이 기간 정책 지침은 '개혁의 핵심으로 경제발전을 취하는 것'이어서, 중국 외교도 역시 '경제외교'가 우선이었다. 두 번째 단계 동안, 인민의 삶의 기준들이 상당히 개선되었고, '서비스 지향적인 정부'와 개인 가치 등이 광범위하게 수용되었다. 결과적으로, '인민을 위한 외교' 개념은 일반인들의 요구를 충족시키기 위하여 제기되었고, 영사 서비스는 외교부와 중국 대사관과 영사관 등의 가장 중요한 임무들 중에 하나라고 선언되었다. 이러한 변화는 최근 수십여년 동안 중국 외교에서 가장 중요하고 가장 명백한 변화들 중에 하나로 간주되었다.[40]

외교 관리의 시각에서 보면, 영사 개혁은 민주화에 대한 트렌드를 보여 주어 왔다. 첫째, 냉전 시기와 비교해서, 중국 외교부는 지속적으로 대외관계에서 주도자이기보다는 오히려 조정자의 역할을 수행해 오고 있는 중이다. 이것은 명백하게 중국의 영사 서비스 개혁에서 나타나고 있다. 외교부는 유일한 영사 서비스 제공자가 아니다. 다른 부서와 지방자치 부서 등도 파트너로서 연관되어 오고 있다. 둘째, 외교가 '탈중앙집권화'되고 있다. 몇몇 학자들은 국가하부 기관(성, 지역 혹은 지

of Social Sciences Institute, 12 August 2004, 온라인 http://www.iwep.org.cn/info/content.asp?infoId=2004에서 볼 수 있습니다.

40 Wang Yizhou, 'China's Foreign Policy (1978–2008): Some Thoughts on its Progress and Insufficiency', *Foreign Affairs Review,* vol. 5, 2

방)에 의한 대외 문제의 '탈중앙집권화'의 현상을 이미 인식해 오고 있다. 대외 문제의 '탈중앙집권화'의 한 가지 중요한 양상은 지방 혹은 성 당국의 국제 상호작용에서 늘어나는 연관성이다.[41] 중국의 영사 개혁에서, 지방 차원의 국제관계실은 점점 더 많은 책임을 공유한다. 끝으로 중요한 말을 하자면, 영사 서비스를 제공할 때 여론은 중국 외교부의 관심을 얻어 왔음을 보여준다. '풀뿌리 시민사회'에서의 쟁점은 최고 수준의 외교의 가장 주요한 것이어 왔다. 외교부는 지속적으로 일반인들의 관심을 고려한다.[42] 중국 영사 개혁 동안, 외교부—다른 정부 기관들과 함께—는 대중의 요구에 대하여 서비스를 맞추기 위하여 열심히 노력해 오고 있다.

결론

1949년 중화인민공화국 건국에서 1978년 중국 개혁개방 초기까지 30년 동안, 영사서비스는 단지 중국 외교의 미세한 영역이었다. 양 초강대국의 위협에 대처가 중국 외교정책의 중심이었다. 1978년 이래로, 해외여행을 하는 중국 국적자들 숫자가 늘어나고 중국 공산당과 정부 등에 의하여 영사 서비스에 대하여 부과되는 특별한 의미 때문에, 영사서비스는 중국 외교의 새로운 핵심이 되었다. 영사 사건에 대한 광범위한 미디어의 보도는 중국정부에게 서비스를 어떻게 하면 개선시킬 수 있는 가에 대한 대중의 제안에 귀를 기울이도록 해 주었다. 인민들에게 양질의 영사비를 제공하는 것은 중국 공산당과 중국정부 등의 명성과

41 Chen Zhimin, *Subnational Governments and Foreign Affairs* (Beijing: Changzheng Press, 2001); and Wilfried Bolewski, *Diplomacy and International Law in Globalized Relations* (New York: Springer, 2007)를 보라.

42 Melissen (ed.), *The New Public Diplomacy,* p. 24.

이미지 등을 개선하기 위한 중요한 방법으로 간주된다.

이러한 배경에서 중국외교부는 다른 정부 기관들과 협력하여 영사 시스템을 개혁하기 위한 일련의 조치들을 취해 왔다. 영사 서비스는 1) 다기관 파트너십, 2) 표준화, 3) 적극적인 접근방법 이라는 세 가지의 새로운 특징들을 보여주고 있다. 이러한 특징들은 중국 외교의 가치와 관리의 변화를 반영하는 것이다. 일반적인 국민들의 관심사가 외교부의 최우선 과제가 되었으며, 각 부서들은 '국민을 위한 외교'라는 개념적 지침 아래에서 업무를 수행해나가고 있다. 또한, 더 많은 영사 서비스의 제공자와 적극적인 접근 방식은 외교 내 민주화 경향을 보여주는 것이다.

개혁은 압력에 의해서 촉발된다. 중국의 개혁이 심화되고 외부 세계에 더욱 개방적이게 되면서 중국외교부는 자국민들의 변화하는 요구에 영사 서비스를 맞추기 위해 더 많은 조치를 취해야 하는 압박감을 느끼게 될 것이다. 그러나 앞서 말한 세 가지 중요한 새로운 특징은 변하지 않을 것이다. 이는 중국외교부가 문제를 해결하는 올바른 방향을 제시할 뿐만 아니라, 대중의 의지와 국제 외교의 민주화 추세에도 부합하기 때문이다.

제 3 부
영사제도의 역사

제9장 과거 수많은 영사들의 삶

제10장 스페인 영사 서비스의 역사:
자신만의 제도

제11장 네덜란드 영사 서비스:
식민과 상업 국가의 이익 속에서

제12장 프랑스 영사 서비스의 역사

제9장

과거 수많은 영사들의 삶

할바르 레이라 *Halvard Leira*
이베르 B. 뉴만* *Iver B. Neumann*

서론

현대 국제 사회를 지탱하는 여러 제도들 중에 영사 제도만큼 널리 퍼져 있거나 오랜 역사를 지닌 제도는 드물다. 그러나 동시에 영사 제도만큼 그 자체적인 범위 외에서는 거의 관심을 받지 못하는 제도 또한 드물다. 영사들은 대사 와 외교부의 소외 받던 사촌 정도로 여겨져 왔던 경향이 있어 왔다. 그들은 일반적으로 법적이고 경제적인 문제들을 다루어 왔었다. 그러나 외교적인 대표성이 모자란-혹은 부적절한-경우에, 이들은 또한 정치문제에 관한 자신들의 파견된 정치 형태polities에 보고해 왔다.[1] 이러한 기능은 공식적이고/승인된 대외 주권이 부족한 국가와 영토 등에서 특별한 의미를 지녀 왔었다. 예를 들면 16세기에서 19세기까지 바

* 본장의 초고는 2006년 3월 켈리포니아 센디아고에서 열린 ISA 47회 연례회의와 2006년 12월 NUPI/DIIS 워크숍 등에서 발표되었다. 필자들은 Friedrich Kratochwil, Richard Mansbach, Jan Melissen, Svend Åage Christensen and Reidar Visser 등에게 감사함을 표한다.

1 우리는 정치적 실체에 관한 일반적인 주장을 만들 때 '정체'polity라는 용어를 사용하고 영사 용어를 위하여 다음 사항에 의거한다. http://untreaty.un.org/ilc/texts/instruments/english/ conventions/9_2_1963.pdf, 2007년 1월 22일 접속.

바리 섭정Barbary Regents, 19세기와 20세기에 발칸에서 오토만 제국, 그리고 19세기에 스웨덴과 연합Union을 이루었던 노르웨이 등과 같은 사례이다.

영사들은 또한 외교를 초월하는 일련의 임무를 수행해 왔다. 영사관이 외교 사절보다 훨씬 이전에 설립되었기 때문에 영사제도의 역사는 단순히 외교사의 한 부분으로 환원될 수 없다. 오히려 영사제도는 외교사, 상업사, 국제법 사이의 회색 지대에서 발전해온 것이다. 이것은 다면적이고 변화무쌍하며 다층적인 영사—다양한 시기에 치외법권에 의한 재판관할권, 자치 지역에서 정치 음모와 해적행위를 위한 지원 제공 등을 통합하는—는 베스트팔렌Westphalia 평화조약으로부터 거슬러 올라갔던 국내외 정책 간에 명확한 구분에 대한 우월한 이해를 약화시키는데 작용한다는 특별하게 이론적인 관심에 관한 것이다.

영사 제도는 국내적이면서 동시에 국제적인 성격을 지니고 있지만 외교와 달리 별도의 '제3의 문화'를 형성하지는 않는다. 영사제도에 관한 지적인 관심은 국제 사회가 변동하는 시기에 정점에 이르는 경향을 보여왔다. 아래에서 더 자세히 다루겠지만, 17세기와 18세기에 국제법 이론가들은 영사 제도의 관행을 설명하는 데 어려움을 겪었으며 나폴레옹 전쟁 기간에는 영사제도에 관한 역사적 고찰들이 나타나기 시작했다. 1920년대 동안, 관심은 실질적인 상호작용과 협력 등에 기반하여 국제정부를 강화할 때 영사의 가능한 변용적인 역할과 영사제도에서 높아졌다. 냉전 종식 이후, 영사제도는 경제역사학자, 외교와 국제법학자 등에 의하여 재차 연구가 이루어지고 있는 중이다.[2]

2 개시 장소는, 활용 가능한 참고문헌을 살펴보면, Jörg Ulbert and Gérard Le Bouëdec (eds), *La fonction consulaire à l'époque modern: L'Affirmation d'une institution économique et politique (1500–1700)* (Rennes: PUR, 2006)이다. 다른 중요한 기고들로는 D.C.M. Platt, T*he Cinderella Service: British Consuls since 1825* (London: Longman, 1971); Leos Müller, *Consuls, Corsairs and Commerce: The Swedish Consular*

'영사'라는 명칭은 다양한 이질적인 기능들을 위해 사용되어 왔다. 한 편으로, 플라트Platt는 영국 영사—1825년 캐닝의 개혁시기 만큼이나 더딘—들이 '영사라는 명칭 외에는 공통점이 없는 해외 개별 국가 공무원 집단'이었다고 회고하고 있다.[3] 정반대로, 영사 기능을 수행 중인 사람들은 수많은 다른 명칭으로 알려져 왔다. 예를 들면, 총영사, 부영사, 영사 대리인, 영사담당자, 특파원과 무역위원 등이다. 1957년 말까지, 영사관계법을 준비하고 있을 때, 주렉Zourek은 '통일성에 관한 완전한 부족이 해외에서 영사 대표들에 대한 일반적인 속칭으로 적시된다'라고 한탄했다.[4] 외교 대리인 계급이 비엔나와 엑스 라사벨Aix-la-Chapelle (1815년과 1818년 각각) 회의 등에서 성문화 된 반면에, 영사 타이틀의 법전화는 1963년 비엔나협약으로만 탄생되었다. 최소한, 여기에서 연구 중인 역사적으로 형태가 없는 그룹은 이러한 사람들의 거주하는 정치형태에 대하여 서로 이질적인 사람들의 이익을 대표하고, 이들의 기능은 어느

Service and Long-Distance Shipping, 1720–1815 (Uppsala: Acta Universitatis Upsaliensis, 2004); P.D. Coates, *The China Consuls: British Consular Officers, 1843–1943* (Hong Kong: Oxford University Press, 1988); Barbara J. Brooks, *Japan's Imperial Diplomacy: Consuls, Treaty Ports and War in China, 1895–1938* (Honolulu HI: University of Hawaii Press, 2000); Steve Murdoch, *Network North: Scottish Kin, Commercial and Covert Associations in Northern Europe, 1603–1746* (Leiden: Brill, 2006); Niels Stensgaard, 'Consuls and Nations in t*he Levant from 1570–1650', Scandinavian Economic History Review,* 1967, pp. 13–55; and Vsevolod Slessarev, 'Ecclesiae Mercatorum and the rise of Merchant Colonies', *The Business History Review,* vol. 41, no. 2, 1967, pp. 177–197 등이다.

3 Platt, *The Cinderella Service,* p. 13. 사토의 최신판은 '아무런 정확한 의미가 없는 동시에 보편적으로 용어 정의를 수용하고 있다'고 언급한다.; Ernest Satow (edited by Lord Gore-Booth), Satow's Guide to Diplomatic Practice (London: Longman: 1979, new edition), p. 211를 보라.

4 Jaroslav Zourek, 'Report on Consular Intercourse and Immunities', UN doc. A/CN.4/108, extract from the *Yearbook of the International Law Commission, 1957,* vol. II, pp. 71–103, at p. 81, 온라인 http://untreaty.un.org/ilc/publications/yearbooks/Ybkvolumes(e)/ILC_1957 _v2_e.pdf에서 다운로드 받을 수 있습니다(2006년 2월 25일 접속).

정도 상업과 관련된다는 것이다.

방법론적으로 보자면, 외교는 정부의 기록보관소에서 들여다볼수도 있지만 영사제도는 훨씬 더 복잡하고 종종 혼란스러운 역사를 가지고 있으며 나아가 현대적인 영사제도는 서로 다른 여러 고전적 영역에서 파생되었다. 사법적이고 상업적이며 정치적이고 대표성의 기능들은 다양한 시기에 그리고 다양한 장소에서 다양한 의미를 지녀 왔었다. 본 장에서의 초점은 유럽에 있다. 다른 역사적인 영사와 같은 사무실들은 이것이 2차 밀레니엄 시기에 전 지구적으로 발전 확산되면서 영사제도에 대하여 별다른 영향을 갖지 않는 것처럼 보이기 때문이다.[5] 유럽 국가들조차도, 원전 자료가 부족하다. 라이스G.W. Rice는 예를 들면 영국과 관련하여 '1800년 이전 뚜렷하게 흩어지고 파편적인 공식 자료들을 증폭할 수 있는 개인 영사의 서신에 관한 극단적인 희소성'이 존재한다고 논평한다.[6]

이어지는 장에서는 본론으로 들어가기 이전에 영사들이 외교 및 상업사에서 어떻게 다루어져 왔는지 간략히 논의할 것이다.

---

5 이런 사무실의 사례들로는 서력기원 일천년도에 '인도의 몇몇 사람들 사이에 있었던 외국인들을 위한 특별 판사'이다. Zourek, 'Report on Consular Intercourse and Immunities', p. 73를 보라. 더욱이, 서력기원 이천년 첫 번째 세기에 인도양에 있는 이집트 무역 공동체들 사이에서 *와킬 알 투자르*wakil al-tujjar 그리고 14세기와 15세기에 말라카에 *사반다르*shabandar 사무실 등도 가진다. 와킬 알 투자르는 현지 정부에 의하여 공동체 지도자에게 인정받고, 사빈다르는 당국과 다른 상인들 간에 상호작용하면서 상인 공동체의 대표이지만, 이해되기로는 이들이 술탄에 의하여 중간 상인으로서 엄선되거나 상인 공동체 자체적으로 선발되는 지 다양하다. Philip D. Curtin, *Cross-Cultural Trade in World History* (Cambridge: Cambridge University Press, 1984), pp. 115, 130 and 245; and K.N. Chaudhuri, *Trade and Civilization in the Indian Ocean: An Economic History from the Rise of Islam to 1750* (Cambridge: Cambridge University Press, 1985), p. 112를 보라.

6 G.W. Rice, 'British Consuls and Diplomats in the Mid-Eighteenth Century: An Italian Example', *The English Historical Review,* vol. 92, 1977, pp. 834-846, at p. 834.

전통적 관점: 외교관의 조력자 역할을 하는 영사

외교 등장에 관한 업적들은 영사들을 세 가지 방식들 중에 하나로 다룬다. 첫 번째로는 이것을 전혀 언급하지 않는다는 것이다. 그리고 앤더슨M. S. Anderson의 기념비적인 설명은 이에 대한 핵심적인 사례이다. 외교 집필자들은 영사를 다루는 두 번째 방식은 이들을 외교의 선도자로 바라본다는 것이다. 초기 근대외교에 관한 가렛 매팅글리Garrett Mattingly의 표준 설명은 이러한 접근방법의 하나의 사례이다. 그는 상주 대사관과 이에 따른 이와 같은 외교 등의 주요 선도자들 중에 한 사람으로서 레반트 Levant, 동부 지중해 및 그 섬과 연언 제국 거주 이탈리아 영사들을 언급한다. 그러는 와중에 제임스 데르 데리안James Der Derian은 '원초적인 외교'의 지시문 아래에서 *외국인 소유재산 몰수권*droit d'aubaine(사망한 외국인의 재산권은, 그의 배우자의 추방으로, 왕에 의하여 왕의 계승자의 추방으로 왕에 의하여 몰수되는 법)으로부터 거슬러 올라가는 상주 외교를 위한 문제와 상인의 활동 등을 논의한다. 그러나 그는 영사를 확실하게 언급하지 않는다. 세 번째 접근방법은 외교관과 영사 등을 균형적으로 진화해온 두 개의 페르소나personae로 바라본다는 것이다. 해밀턴과 랑혼Hamilton and Langhorne 등은 이러한 접근방법의 좋은 예이다.[7] 이 저자들의 영사 제도에 대한 관심사 안에서영사 제도는 외교의 전신으로 간주된다. 역사를 되돌아가서 보는 것은, 점차적으로 외교 지향적인 국가 외교관 안으로 통합되는 외교관의 보조로서 영사에 대한 조망을 창출

---

[7] M.S. Anderson, *The Rise of Modern Diplomacy, 1450–1919* (London: Longman, 1993); Garrett Mattingly, *Renaissance Diplomacy* (Boston MA: Houghton Mifflin, 1955), pp. 58–60; James Der Derian, *On Diplomacy: A Genealogy of Western Estrangement* (Oxford: Basil Blackwell, 1987), p. 87; and Keith Hamilton and Richard Langhorne, *The Practice of Diplomacy: Its Evolution, Theory and Administration* (London: Routledge, 1995), p. 34.

하면서, 미래 제도에 대한 역사를 판독하는 것은 매우 미묘한 조망을 만든다.

외교관의 조력자로만 간주되는 그들의 지위 때문에 영사들은 외교에 관한 국가 역사에서 대부분 잊혀진 존재가 되었다.[8] 영사에 대해 언급될 경우 주로 해외에 있는 자국 영사들에게만 이목이 집중되었으며, 자국 내에 있는 외국 영사들에게는 비교적 관심이 적었다. 기존 연구는 대체적으로 특정 국가의 영사 업무에 집중하거나 더 큰 연구에서 일부분으로만 다루어졌으며, 많아야 두 국가를 비교하는 정도에 그쳤다.[9] 다른 연구자들은 특정 지역에서 특정 국가의 영사 서비스에 집중하는 경향을 보이기도 하였다. 일부는 특정 국가에 특히나 관심을 보이기도 했으며[10], 또 다른 연구자들은 여러 파견국가들을 비교하기도 했다.[11] 앞선 연구들은 주로 중상주의 국가들이 장거리 무역을 촉진하기 위해 영사 서비스를 창설한 추진 요인에 특별한 관심을 기울기는 경향이 있

8 예를 들면, D.B. Horn, *The British Diplomatic Service, 1689-1789* (Oxford: Oxford University Press, 1961), pp. 237-238; Jean Baillou et al., *Les Affaires Etrangères et le Corps Diplomatique Français,* two volumes (Paris: CNRS, 1984); Knud J.V. Jespersen and Ole Feldbæk, *Revanche og neutralitet, 1648-1814: Dansk udenrigspolitisk histoտrie, bd. 2* (Copenhagen: *Danmarks Nationalleksikon,* 2002); and Olav Riste, *Norway's Foreign Relations: A History* (Oslo: *Universitetsforlaget,* 2001). At the British 영국 FCO 웹사이트에서, 영국 영사의 역사는 영국 대외 관계역사에서 매우 도외시 된 분야로 설명된다. 온라인 http://www.fco.gov.uk/servlet/Front?pagename=OpenMarket/Xcelerate/ShowPage&c=Page&cid=1007029395879에서 볼 수 있다 (2006년 2월 20일 접속).

9 Platt, *The Cinderella Service,* for an example of the first; Müller, Consuls, Corsairs and Commerce, for the second; and Leos Müller and Jari Ojala, 'Consular Services of the Nordic Countries during the Eighteenth and Nineteenth Centuries: Did They Really Work?', in Gordon Boyce and Richard Gorski (eds), *Resources and Infrastructures in the Maritime Economy, 1500-2000* (St Johns NF: International Maritime Economic History Association, 2001), pp. 23-41 for the third 등을 보라.

10 예를 들면, Coates, *The China Consuls; and Brooks, Japan's Imperial Diplomacy.*

11 예를 들면, Stensgaard, 'Consuls and Nations in the Levant from 1570-1650', pp. 13-55

다. 반면 후자의 연구들은 영사와 주재국 사회가 어떻게 상호작용을 해왔는지 그리고 영사들이 주재하고 있는 국가에 어떤 영향을 미쳤는지에 초점을 맞추고 있다.

영사 제도의 성장을 기능적인 측면에서 접근한다면, 경제역사학의 관점을 따라 다음과 같이 설명할 수 있다. 서로 다른 집단 또는 개별 단위 간의 경제적 상호작용이 일정 수준에 도달하게 되면 해외 무역 공동체(또는 디아스포라)가 형성되는 경향이 있다. 이러한 공동체 중 일부는 거주형태이거나 일부는 끊임없이 다른 지역 혹은 국가로 이동을 거듭한다. 무역 지역을 포괄하는 중앙 적 권위체가 없을 경우, 공동체 내부나 주재국 사회의 요구에 따라 이러한 공동체의 성장은 보통 그룹 내에서 일종의 지도력을 가진 존재의 등장을 유발한다. 이러한 지도자들의 역할은 경제적, 조직적, 정치적, 종교적, 외교적 업무를 아우르면서 매우 다양한 모습을 나타내며 지도자는 세습, 동료 간 선출, 파견국의 선출 또는 지명에 의해 공적인 직위에도 오를 수 있다. 이러한 제도가 확립되면 이를 가능하게 한 상호작용이 그 제도를 확산시키고 여기에 적응하도록 만들게 된다.

이러한 설명으로부터 나타나는 것은 영사 같은 제도들이 어떻게 주권 국가 혹은 국제국가 시스템 등의 존재에 논리적으로 의존하지 않는가이다. 이들의 등장을 위한 전제조건은 모든 특별한 형식의 정부형태가 아니라, 한 가지 특별 단체 혹은 정부형태 이상에 대한 구성원을 포함하는 경제 활동의 실체라는 것이다. 이에 따라서, 영사 제도의 역사는, 협의적으로 인식하면, 외교의 역사와는 독자적으로 분리해서 이해해야만 한다는 것이다(이러한 규칙에 대한 예외는 현대 외교직의 경력 영사에 대한 것이다. 그들은 영사직에서 시간을 들이기 위하여 생겨나는 통상적인 외교관이다. 외교관들이 다양한 문화 간의 단절estrangement이 발생하는 경우중재하는 역할을 수행하고,12 외교가 이러한 중재를 촉진하는 '제3의 문화'로 간주될 수 있는 반면에 영사들은 전통적으로 별도의 문화적 정체성을 형성하지는 않았다. 특정 시기와 장소에서 일부 영사들이 문화적 단절을 중재하는 역할을 맡는 경우는 있었으나, 이는 즉흥적으로 이루어지는 것이었으며 외교단처럼 제도화된 모습은 아니었다. 문화적 차이가 클 때는 영사들이 파견국을 위해서 외국의 관행을 이해할 수 있도록 돕는 주요 협상가였을 것이라고 짐작할 수 있다. 그러나 현지 상인들이 중요한 무역상대국의 영사가 되었을 때, 그들이 다른 문화에 대한 특별한 지식을 지니고 있었음에도 자신의 문화적 정체성을 유지했다. 해외에 영구적으로 정착한 상인들이나 특정 지역에서 경력을 쌓은 전문 영사들은 이중 문화를 체득했다고 볼 수 있다. 그러나 이러한 문화적 역량은 다른 영사들이 즉시 인식할 수 있는, 특정한 '세계 속에서의 존재 방식being-in-the-world'을 이루는 일반화되고 광범위한 모델의 습득을 포함하지는 않았다. 오늘날까지도 '영사 문화'라고 일컬을 만한 특정한 개념은 존재하지 않는다. 영사들은 당면한 거래를 성사시키기 위해 필요한 정도를 넘어 소원해진 관계를 중재하지 않으며, 체계적인 소외를 극복하는 일에 관여하지 않았다. 그러나 이런 소원함이 무역에 방해가 되지는 않았다. 영사들이 수행하는 다양한 업무를 고려할 때, 그들의 접근 방식은 지리적 거리뿐 아니라 사회적, 문화적 거리 및 실질적 어려움으로 인한 거리까지 중재하던 것으로 요약될 수 있다. 외교관들이 문화적 관행에 참여하는 존재라면, 영사들의 관행은 대체로 실용적이었다.

---

12 Der Derian, *On Diplomacy*, pp. 42-43. 데르 데리안에게 있어서, 소원한 관계에서 중개의 필요성은 국제 사회에서 본질적인 체계적인 소외로부터 발생하고, 어떤 특별한 국가와의 직접적으로 연관되지 않는 외교적인 삼자 문화의 존재에 밀접하게 연관된다는 것이다. 소원한 관계는 더욱이 '상징적인 권력과 사회적 제약' 등에 의하여 중개된다는 것이다.

영사제도의 등장

지난 천 년 동안에 발전되어 온 영사제도에 관한 연속적이지 않고 가장 가능성 있는 회고적이지 않은 전례 등 사이에서, 우리가 잘 알고 있는 한 가지 고대 제도—그리고 가장 오래 될 가능성이 높은—는 그리스 *프록시니아*Greek Proxenia, 한 시민이 국가의 명예 칭호를 받는 대가로 자신의 비용으로 외국 대사를 초청하는 협정. 시민은 proxenos 또는 proxeinos라고 불렸다. 위키백과이다. 이것은 공동체 혹은 자신들의 대표 등에 대한 개인의 손님-우정guest-friendship(xenia)의 확대로 특징되었다. *프록시니아*는 그가 대표했던 외국 정부에 의하여 가장 흔히 임명되었던 주재국 정부의 시민이었지만, 그는 또한(최소한 스파르타의 경우) 주재 정부에 의하여 임명될 수도 있고, 그리고 어느 정도 직함은 물려받아서, 그는 자주 어린 시절부터 훈련받을 수 있었다. 비 국적자를 위한 법적인 틀의 부족이 부여된다면, *프록시니아*는 그가 때표 했던 외국의 합법적인 대표뿐만 아니라 상업적인 대리인 등으로 활동했다. *프록시니아*도 역시 모든 종류의 첩보를 제공할 때 중요했다.[13] 기원에서, 지위와 기능이 전혀 없었던, *프록시니아*는 유럽에서 2000년이 지난 후에 발전된 영사 네트워크의 전조가 되었다.

고대 그리스도 *프로스타타이*prostatai의 존재를 알고 있었다. 그는 폴리스와 이것(아테네의 *메토치*metoeci와 같은) 안에 거주 중인 외국인 간에 중개자로서 행동했고, 외국인 스스로들에 의하여 선택되었다. 프로스타타이도 그리스 식민지 개척자가 그리스 외부에서 정착할 때 선출

13 Frank Adcock and D.J. Mosley, *Diplomacy in Ancient Greece* (London: Thames and Hudson, 1975), p. 11; André Gerolymatos, *Espionage and Treason: A Study of the Proxenia in Political and Military Intelligence-Gathering in Classical Greece* (Amsterdam: J.C. Gieben, 1986), pp. 8-9뿐만 아니라 Frank Santi Russel, *Information-Gathering in Classical Greece* (Ann Arbor MI: University of Michigan Press, 1999)에서 첩보의 은밀함을 도외시하는 비판적인 논평 등을 참조하라.

되는 중개자에게 부여된 명칭이었다. 예를 들면, 헤로도투스Herodotus는 그리스 폴레시스poleis가 어떻게 기원전 6세기에 이집트 나우크라티스Naucratis 항구 주변에 배타적인 지구가 부여되었는지, 그리고 이것들이 어떻게 몇몇 종류의 항구의 감독관 혹은 치안판사 등으로 프로스타타이를 제공 했는지 등을 자세하게 설명한다.[14] 물론 '영사'라는 타이틀은 라틴어이고, 로마에서 처음 사용되었다. 로마는 공화국 동안 두명의 선출직 국가수반이 영사로 알려진 곳이다. 이 타이틀은 로마 제국 동안에도 존재했고, 이것의 중요도가 상당히 축소되었지만 말이다. 로마 통치가 확대되면서, 로마인들도 역시 비 시민이 관련된 법적 사건 해결을 위하여 특별사무실을 설립했다. *집정관 페레그리누스*praetor peregrinus, 기원전 30년부터 서기 212년까지인 로마 제정 초기에 로마 시민이 이닌, 제국의 자유 신분의 속주민을 나타내는 데 사용된 용어. 페레그리누스들은 서기 1, 2세기 로마 인구의 대다수를 차지. 위키백과 사무실은 기원전 3세기에 중반에 설립되었다. 그는 시민과 외국인 간뿐만 아니라 외국인 간 등의 사건 해결에 책임이 있었다. 주레크에 따르면, 그는 '"국제적인" 무역 관계와 외국 법으로부터 차용된 것'[15] 등으로부터 제기되는 규칙 하에서 사건을 처리했다. 다양한 종류의 외국인들 간에 만들어진 구분과 이것들이 자신들만의 관습에 따라 거주(그리고 재판받도록)하도록 허용된다는 사실 등은 자주 영사와 관련된 치외법권 관할권의 사례에 대한 선구자로 후에 여겨진다.

---

14 Zourek, 'Report on Consular Intercourse and Immunities', p. 73. Prostate 는 정치 지도자를 위한 용어로 일반적으로 가장 많이 활용된다. Herodotus, *The Histories,* book II, ch. 178 (London: Penguin Classics, 2003)를 보라. 나우크라티스의 프로스타타이 특별한 성격은, 이들이 전체 도시 혹은 이들 동료들의 지도자, 일반적으로 알려지지 않는다. Carl Roebuck, 'The Organization of Naukratis', *Classical Philology,* vol. 46, no. 4, 1951, pp. 212-220를 보라. 우리는 무역업자들의 상당한 과거 식민지들을 알지만 우리는 이것들이 어떻게 조직되었는지는 알고 있다. 예를 들면, Gil Stein, *Rethinking World Systems: Diasporas, Colonies and Interaction in Uruk Mesopotamia*(Tucson AZ: University of Arizona Press, 1999)를 보라.

15 Zourek, 'Report on Consular Intercourse and Immunities', p. 73.

그럼에도 불구하고, 치외법권이라는 바로 그 개념은 근대 초기까지 의미가 거의 없음을 적시해야만 한다. 영토 주권의 명백한 개념이 존재하지 않기 때문이다.[16] 오히려 법의 '인적 적용 원칙principle of personality of laws'이 적용되었다. 즉, 어떤 사건에 적용되는 법은 당사자의 거주 지역이 아닌 해당 당사자의 신분(주체의 지위)에 따라 결정되었다. 이 원칙은 영사 기관의 사법적 권한이 이에 기초하고 있었기 때문에 근대에 이르기까지 영사 제도의 발전을 이해하는 데 필수적이다.

법인격은 서로마 제국에 이어졌던 튜턴 족의 정체에서 잘 정립된 원칙이었다. 7세기 중엽 현재의 스페인 지역에서 편찬된 서코트족 법전Forum Iudicum/Liber Judiciorum에는 다음과 같이 명시되어 있었다. "외국 상인들 사이에 어떤 법적 소송 사유가 발생할 경우, 그것은 우리 재판관이 아닌 그들의 재판관에 의해 심리되고, 그들의 법에 따라 판결되어야 한다."[17] 본서의 지저스 누네스 헤르난데스Jesús Núñez Hernández 장에서 세세한 설명에서 논의했던 바와 같이, 이들 재판관—소위 *텔로나리telonarii*–들은 이에 따라서 관습 해양법에 따라서 사건을 해결했다. 이것은 최소한 로마 제국과 아마도 로도스 법칙Rhodian laws 초기까지 거슬러 올라간다. 이것은 *Book of the Consulate of the Sea*(아래를 보라), 이 책은 수세기 동안 지중해 무역을 지배한 해양법의 개요서. 카탈루냐어에서 유래한 이 문서는 여러 언어로 번역되어 현재 국제 해양법의 기초가 됨. 위키백과에서 후에 성문화되었다. 이베리아 반도의 이슬람 통치자들이 기독교인들이 자신의 법에 따라 자치하도록 허용했고 점차 영토를 확장해나가던 기독교 군주국가에서도 서고트족 법전이 여전히 유효했기 때문에, 이 법은 근대 초기영사 시대까지 이어지

---

16 Shih Shun Liu, *Extraterritoriality: Its Rise and Its Decline* (New York: Longmans, Green & Co., 1925), p. 32.

17 S.P. Scott (ed.), *The Visigothic Code: (Forum Judicum),* Book XI, Title III, Law II (Boston MA: Boston Book Company, 1910), 온라인 http://libro.uca.edu/vcode/visigoths.htm, accessed 12 December 2006에서 이용할 수 있습니다.

며 그 시기 부활한 로마법과 통합되어 대체되었다.[18]

'영사'의 등장

앞서 언급했듯이 '영사'라는 직함은 로마의 몰락 이후에도 살아남아 중세 유럽에서도 사용되었으며, 시 의회의 구성원들이 '영사consules'로 불리기도 했다. 중세에 이르러 '영사'라는 명칭은 이와 관련된 적어도 네 가지 다른 직책을 나타내게 되었다.[19] 연대기적 순서로 보면, 무역 영사와 해상 영사가 먼저 등장했으며, 이는 지난 천년의 초기 세기에 서부 지중해에서 찾아볼 수 있다. 이 두 직책의 차이는 절대적이지 않지만, 무역 영사는 내부 관할권을 가진 상인들의 대표로 시작된 반면, 해상 영사는 무역을 특별히 담당하는 시의 행정관의 형태로 나타났다. 당시의 '영사관'은 이 두 직책을 하나로 결합하여, 지역 또는 외국 상인과 지역 당국이 함께하는 재판소를 구성하여 해상 무역에 관한 분쟁—상인 간, 상인과 당국 간, 또는 상인과 직원 간의 분쟁을 해결했다.[20] 대략 같은 시기에, 해상 영사consulat de la mer에 대한 최초의 언급이 나타난다. 이는 해상 무역을 규제하는 일련의 규범과 규칙으로, 동지중해와의 무역이 증가하

---

18 Jennifer L. Green, 'The Development of Maritime Law in Medieval Spain: The Case of Castile and the Siete Partidas', *The Historian*, 22 March 1996, 온라인 http://www.highbeam.com/doc/1G1-18516919.html에서 이용할 수 있습니다(2006년 12월 6일 접속).

19 이것은 Jörg Ulbert, *'Introduction: La fonction consulaire à l'époque moderne: définition, état des connaissances et perspectives de recherche'*, in Jörg Ulbert and Gérard Le Bouëdec (eds), *La fonction consulaire à l'époque moderne: l'affirmation d'une institution économique et politique, 1500–1700* (Rennes: PUR, 2006), pp. 9–20에 바탕을 둔 것이다.

20 F. Borel, De l'Origine et des fonctions des consuls (St Petersburg: Chez A. Pluchart, 1807), p. 4; Stanley S. Jados, Consulate of the Sea and Related Documents (Mobile AL: University of Alabama Press, 1975), 온라인 http://libro.uca.edu/consulate/consulate.htm, p. xiii에서 이용할 수 있습니다(2005년 9월 2일 접속).

면서 형성된 해상법의 성문화된 형태였다.[21] 영사들은 이 법전을 기반으로 결정을 내렸다.

바다*에서* 영사—바다에 관한 것이 아니라—도 사법권을 가졌고, 그리고 캐러번 혹은 선박 등과 함께 여행했다. 이들 또한 외국 마을 혹은 항구에 있는 동안 상인 그룹의 지도자이었다. 이러한 임시 사무실로부터 상주 해외 영사실로 등장했다. 바다에 있는 영사들은 자신들의 국내 당국에 의하여 임명되고 외국 땅에 대한 상업식민지의 사법 책임자가 되었다.

점차적으로 다양한 의미들이 부상되었다. 무역 영사와 바다 영사 등은 지속적으로 흐릿하게 만들게 되었다. 바다 영사가 바다에서 영사 강화와 함께 대부분의 실질적인 적절성을 상실했다. 부상된 것은 외국 정부에서 동포 식민지의 리더이자 재판관 등으로서 영사이었다. 울버트 Ulbert에 따르면, 용어에 관한 이러한 첫 번째 활용은 1117건으로부터 나왔지만,[22] 흔히 있는 일이지만, 기능이 용어를 앞선다. 지중해 동부 끝자락에서, 콘스탄틴노블에 있는 외국인 식민지—법인격 원칙 하에서—들은 몇가지 종류의 자율성과 최소한 9세기와 10세기부터 자신들만의 특별 재판간을 가졌다.[23] 12세기 이래로 쭉, 이러한 재판관들은 영사로 알려졌는데, 서부 지중해로부터 수입된 타이틀이 되었다.

동부 지중해와의 서유럽 무역에서 상승은 밀접하게 십자군과 긴밀하게 연계되었고, 그리고 영사 역할에서 점진적인 변화로 이끌었던 것처럼 보인다. 상업 분쟁 해결을 위한 일반적인 사법적인 역량을 가지기

21 Borel, *De l'Origine et des fonctions des consuls,* pp. v–xvi; 본서에 있는 Núñez Hernández의 장에서 보다 상세하게 설명된다.

22 Ulbert, 'Introduction', p. 12.

23 Zourek, 'Report on Consular Intercourse and Immunities', pp. 73–74. 945년의 러시아-비잔틴 조약에서, 키이후Kievan 상인들은 자신들을 보호하고 이들 간에 분쟁을 해결해야만 하는 한 명의 관리를 제공 받았다.

보다는 오히려, 영사는 자신들만의 정부형태에서 기원되었던 상인들에게 책임이 있게 되었다. 여기에서 우리는 현재까지 이들과 함께 남는 영사에게 핵심적인 자질에 투자하는 중요한 역사적인 단절을 가진다. 1060년과 1230년 사이에, 이탈리아 항구도시(피사, 제노아와 베니스)들은 조약을 비잔틴 제국과 동부 지중해의 무슬림 통치자 등과 맺었다. 이것은 도시국가들에게 중앙 항구에 있는 자국민들에 대한 상업적인 관할권을 가진 동포들을 구축하기로 허용되었다.[24] 1230년부터 신성로마제국 황제와 시실리 왕 프레드릭 2세와 '사라센 왕자' 아부이삭Abbuisac 등 간의 조약이 주목할 만하다. 이것은 코르시카에서 무슬림 영사를 허용했기 때문이다.[25] 이에 따라서 상주 영사를 포함하는 이러한 조약들은 3세기까지 유사한 외교조약을 앞서는 것이다. 황금 군단Golden Horde으로 더 잘 알려진 킵차크 칸국Khipchak Khanate은 흑해 북부 연안을 따라서 있는 정착지에 제노아 영사를 허용했다.[26]

동부 지중해의 유럽 의회는 점차적으로 자신들의 해외동포들에 대한 민·형사 관할권을 부과했고, 궁극적으로 자신들의 해외동포들이 주재국의 일반 사건에 연관되는 사건에도 관여하게 되었다. 오토만 제국의 마지막 세기 동안, 이들은 현지 당국과는 실질적으로 독자적이게 되었다.[27] 이러한 추이에 관한 전통적인 이해뿐만 아니라 바로 그 자리에

---

24 Borel, *De l'Origine et des fonctions des consuls,* pp. 13-14. 무슬림 국가에서 기독교 상인들에 대한 최초의 보호 허가는 1133년으로 거슬러 가는데, 모로코 안의 피사 거주민들의 권리를 담당했다. Zourek, 'Report on Consular Intercourse and Immunities', p. 73를 보라.

25 이것은 북 아프리카 안의 하프스Hafsid 왕조를 연 아부 자카리야 야히아Abu Zakariya Yahya였을 가능성이 매우 높다. Borel, *De l'Origine et des fonctions des consuls,* pp. 16-17를 보라.

26 Berthold Spuler, *The Muslim World: A Historical Survey. Volume Two: The Mongol Period* (Leiden: Brill, 1969), p. 393, fn. 30; 이러한 주제에 관한 참고문헌은 pp. 506-507에서 발견 된다.

27 Müller, *Consuls, Corsairs and Commerce,* p. 77.

근동 주재 영사자리가 생긴 것 등은 유럽인들이 어떻게 특별한 권리를 보장할 수 있는지를 강조하는 것 중에 하나인데, 아마도 양자의 혼합을 통하여 권력 혹은 위신 등을 통해서이었다. 이러한 해석은 불가피하게 유럽중심적이다.

내부 관할권은 최소한 8세기 이래 지속적으로 아시아에서 외국 상인 그룹에게 부여되었다. 그리고 영사에게 이러한 내부 관할권—최소한 시작부터—은 특별한 혜택보다는 오히려 후에 *밀레*millet, 오스만 제국에서 기장은 고백 공동체가 자체 법에 따라 스스로를 다스릴 수 있는 "개인법"과 관련된 독립적인 법정다. 종종 "시스템"이라고 불림에도 불구하고 19세기 이전에는 오스만 제국에서 현재 회고적으로 기장이라고 불리는 조직이 전혀 체계적이지 않았음. 위키백과 시스템으로서 오토만 제국으로 알려진 무슬림 정부 형태에서 종교 소수자들이 조직했던 내부 규칙 시스템의 맥락에서 이해될 수 있는 것이다.[28] 유럽 상인들은 유라시아 무역 시스템의 가장자리에 있었고, 아랍식 영어로 진입할 수밖에 없었다. 무슬림 정부 형태의 경우에, 초기 영사들은 평화를 유지하고 무역 공동체 내부에서의 분쟁을 해결하는데 유용했고 유럽 상인들은 단순하게 무역 지속을 허락받기 위하여 터무니없는 세금을 바쳐야만 했다.[29] 무슬림의 시각에서 보면, 특권들은 일방적으로 부과되었고 어느 때라도 철회할 수 있었다.

동부 지중해에서 특별한 충성을 가진 상주 영사 설치로 발전된 것은 외국 항구 주재 영사들 사이의 균열이었다. 그들은 자신들의 동포들을 보호했고 재판했던 외국 항구 주재 영사와 해양의 사법 분쟁을 다루었던 바다 영사간의 균열이었다. 이러한 분업은 점차적으로 서부 지중

---

28 Neils Steensgaard, 'Consuls and Nations in the Levant from 1570 to 1650', *Scandinavian Economic History Review*, vol. 15, no. 1, 1967, pp. 16–19.

29 Curtin, *Cross-Cultural Trade in World History*, p. 247; and John M. Hobson: *The Eastern Origins of Western Civilization* (Cambridge: Cambridge University Press, 2004), pp. 47–48.

해로 피드백 되었다. 통상적으로 상인들에 의하여 선출되는 특별 항구에서 상인들의 대표가 된 영사들이 있는 지역이었다. 이에 따라서 선출되는 많은 영사들이 외국인이기 때문에, 이들은 자주 현지 당국과의 갈등이 벌어질 경우에 자신들만의 동포들을 대표한다. 이러한 직함 하에 있었던 최초의 영국 영사는 이러한 유형이었고, 15세기 말에 지중해 항구에 임명되었다.[30] 이러한 영사들은 영국과 좀처럼 접촉하지 않았다.

북부 유럽에서, 다른 외국인에 의한 또 다른 외국인에 대한 관할권은 한자 동맹Hanseatic League의 대표의 그것과 같은 제도를 통하여 설립되었다.[31] 독일 안에 한자 도시들의 상인들은 북유럽의 주요 무역 항구에 규모가 큰 사무실Kontor—즉, 상인공동체—/을 조직했는데, 노브고로드Novgorod, 구소련 유럽부 서북부, 러시아 연방 공화국 서부, 레닌그라드의 동남쪽에 있는 도시. 12-15세기 도시 공화국의 수도, 브루제Bruges, 벨기에 서북부의 도시, 운하에 의해 그 해항 제브류혜와 연결되어 있음, 베르겐Bergen, 노르웨이 남서부의 항구 도시, 중세 스칸디나비아의 상업 중심지과 런던(대저울) 등이다. 다양한 도시들의 상인의 네트워크가 되면서, 이들은 일종의 공식화된 리더십의 필요성을 보았다. 런던에서, 이들의 대표들은 '최소한 1282년 초까지 특정의 중요한 사법 권력을 행사했고,' 베르겐에 사무실을 열었다.[32] 그들은 '뤼베크Lübeck, 독일 북부의 발트해에 면한 해항으로서 조선업 및 기타 공업이 왕성한 도시, 중세의 중요한 한자 도시.에 본부에 책임을 지닌 18명의 협의회와 2명의 대표 등으로 구성된 자신들만

30 Platt, *The Cinderella Service*, p. 5. 대부분의 북유럽국가들은 지중해에 자신들의 첫 번째 영사들을 두었다. 예를 들면, 첫 번째 스웨덴 영사들은 17세기에 리스본과 카디즈 증에 임명했다. Müller, *Consuls, Corsairs and Commerce*, p. 40를 보라.

31 *미텔롤터*Mittelalter사전에서, 예를 들면 부시장과 영사 등이 상호 참조된다. 온라인 http://netzwerk.wisis.de/lexikon/18.htm, accessed 17 February 2005에서 이용할 수 있습니다. 또한 Borel, De l'Origine et des fonctions des consuls, p. 20를 보라.

32 Hyman Palais, 'England's First Attempt to Break the Commercial Monopoly of the Hanseatic League, 1377-1380', *American Historical Review*, vol. 64, no. 4, 1959, pp. 852-865, at p. 854.

의 집행부'를 가졌다.[33] 영국에서, 한자 상인들의 활동은 외국인 관할권에 대한 성문화로 이끌었다.[34]

이들에게 부여하는 한자 대표의 활동과 특권 등은 그 이후에 정해진 임무들이 어떻게 '영사' 타이틀로 수행 중인 사람들의 임명이 이루어지기 전에 북해 근처에서 영사들의 임무 수행을 보여준다. 같은 방식으로, 1404년에 영국 왕 헨리Henry 4세는 프러시아, 덴마크, 노르웨이, 스웨덴과 독일 중에 거주하는 영국 상인들에게 다음과 같은 권리를 부여했다.

> [...] 자유롭게 그리고 꺼리낌 없이 자주 모이고 만나고 그들이 좋다고 생각하는 몇몇 편리하고 진실 된 곳에서 언제든지 행복하고, 그리고 그들은 그들 간에 확실하게 능력있는 사람을 선택하고 선호하는 이러한 장소에서 대표를 위하여 사람들이 복종하게 하라.[35]

이러한 상업 총독gubernatores mercatorum들은 거주하거나 방문하는 '모든 그리고 한 사람의 영국 상인들을 지배하고 다스릴 수 있는 특별 권력과 권한' 등을 부여하는데, 총독들이 관할권을 가진 항구, 상인들 간의 분쟁을 판결하기 위한 권리를 포함하는 권력, 영국 상인과 현지 상인 그리고 당국 간의 중개자로 활동하고, 그리고 상인 공동체를 위한 문서를 만들고 확인하는 권리 등이다. 동일한 권리가 한자 도시들과 거의 동시에 네덜란드 등에 있는 상인들에게도 부과되었다.[36]

---

33 Torolf Rafto, 'Hansan: Norge', *Kulturhistorisk leksikon for nordisk middelalder,* vol. VI (Oslo: Dreyer, 1961), pp. 207–213, at p. 209

34 Richard Hakluyt and Edmund Goldsmid (eds), *The Principal Navigations, Voyages, Traffiques and Discoveries of the English Nation*, vol. 1 (Edinburgh: E. & G. Goldsmid, 1885–1890), pp. 121 and 122, 온라인 http://onlinebooks.library.upenn.edu/webbin/metabook?id=hakluyt, accessed 2 September 2005에서 이용할 수 있습니다.

35 Hakluyt and Goldsmid (eds), *The Principal Navigations, Voyages, Traffiques and Discoveries of the English Nation,* pp. 137–141.

국가통제의 증대

이 책에서 누녜즈 에르난데즈Núñez Hernández는 13세기 중반 바르셀로나에서 왕이 자신의 의회에 해상 영사를 매년 임명하고 자신에게 충성을 맹세하도록 맡겼다고 언급했다. 유럽에서 재정-군사 국가들이 성장하고 주권 체제가 형성되면서 국내 사법 절차가 점차 성문화되었고, 국가가 영사 제도를 점차 더 많이 통제하기 시작했다. 군주의 권력 집중은 상인들이 자체적으로 영사를 선출하는 관행을 종식시켰다. 또한, 상인들을 집단적으로 다루기 위해 상인들의 의사를 무시하고 특정 "국가"를 위한 영사를 임명하는 지역 통치자들의 사례도 있다. 따라서 영국의 첫 공식 덴마크-노르웨이 주재 영사인 존 폴 경은 1671년 덴마크의 크리스티안 5세에 의해 임명되었으며, 이는 영국의 찰스 2세의 동의를 받은 것으로 추측된다.[37] 국가를 위한 봉사자로서 영사의 역할이 더욱 강조되면서 프랑스에서는 1681년에 콜베르에 의해 최초의 실제 영사 규정이 발표되었으며, 1690년에는 프랑스 영사들에 대한 최초의 지침이 뒤를 이어 발간되었다.[38] 본서의 울버트의 장에서 자세하게 설명한 바와 같이, 콜베르는 그가 1669년 취임한 이래로 영사 제도 개혁에 대한 작

---

36 그렇지만, 우리는 '15세기 말 이전에, 네덜란드, 스웨덴, 노르웨이, 그리고 덴마크 등에 영국 영사가 존재했다'는 주렉의 주장을 검증할 수 없어 왔다. Zourek, 'Report on Consular Intercourse and Immunities', p. 74를 보라.

37 Violet Barbour, 'Consular Service in the Reign of Charles II', *American Historical Review,* vol. 33, 1928, pp. 553-578, at p. 556; and Murdoch, *Network North,* p. 156.

38 Zourek, 'Report on Consular Intercourse and Immunities', p. 75; and Géraud Poumarède, *'Le consul dans les dictionnaires et le droit des gens: émergence et affirmation d'une institution nouvelle',* in Jörg Ulbert and Gérard Le Bouëdec (eds), *La fonction consulaire à l'époque modern: L'Affirmation d'une institution économique et politique (1500-1700)* (Rennes: PUR, 2006), pp. 23-36, at p. 25. 푸마레데Poumarède는 이러한 것들을 왕을 대신하여 업무를 수행하는 누군가를 의미하는 영사에 관한 구체적인 프랑스의 첫 번째 사례임을 찾아낸다.

업을 해 왔었다. 16세기와 17세기 내내, 영사들은 지속적으로 국가(혹은 국왕)에 의하여 임명되었다. 이에 따라서 파견국(지금까지 대부분의 국가들, 직간접적인 방식으로)은 외국 항구에 있는 동포에 대한 통제와 책임을 확정했고, 그리고 영사에게 정체의 일반적인 이익을 위한 명료해진 책임을 부여했다.[39]

더 강력해진 국가통제가 파견국 자신만의 시민에 대한 지속적인 통제와 관련된 것만은 아니라 더 나아진 정치적 정보를 위한 필요성과 긴밀하게 연관되었다.[40] 이에 따라서 이것은 국가들이 중요도에 따른 다양한 도시에서 정규적인 '상주원'을 갖는 것이 일상적이었다. 상주원들은 직접적으로 국가 혹은 대안적으로 국가와 가장 긴밀한 외교대표 등과 소통했다. 영사관들이 설립되면서, 상주원들이 자주 영사로 전환되었는데, 정치적, 경제적 그리고 대표적 기능이 많아지게 되면서 였다. 이러한 상주 영사들은 수도가 아닌 도시, 본국에 외교 대표(예를 들면 미국주재 스웨덴과 같은)가 없는 국가 등에서 발견될 수 있었고[41], 마지막으로 공식적으로 주권이 없는 영토(예를 들면 노르웨이)도 마찬가지이다.

점증하는 무역 네트워크와 북부와 중부 유럽의 국가 시스템의 통합 등으로, 영사 제도는 지중해와 발틱해에서 서유럽까지 확대 되었다. 확대는 처음에는 더디었고, 그런 다음 16세기와 17세기 등에 장거리와 엄청난 교역 등의 증가로 매우 급격하게 퍼지게 되었다. 새로운 시장들

---

39 Platt, *The Cinderella Service*, p. 7.

40 Barbour, 'Consular Service in the Reign of Charles II', p. 556; and Horn, *The British Diplomatic Service*, pp. 237–238.

41 Müller and Ojala, 'Consular Services of the Nordic Countries during the Eighteenth and Nineteenth Centuries', pp. 27–29. 미국은 18세기 즈음 영사 서비스를 설립했을 때, 이것의 임무들 중에 하나는 정치와 군사 *부서에 보고하는 것이었다. Richard Hume Werking,* The Master Architects: Building the United States Foreign Service, 1890–1913 (Lexington KY: University Press of Kentucky, 1977), p. 2를 보라.

이 많은 국가들에게 열리게 되었고 상업 국가들은 지속적으로 자국민에 의한 교역을 기꺼이 지원했다. 예를 들면, 스웨덴에서, 17세기 말 동안 영사와 외교 기능 간의 균열이 생기게 되었는데, 일반적으로 1651년 상공회의소의 설립의 결과이었다. 이것은 1906년까지 스웨덴 영사 서비스를 지배했다.[42] 본서의 커스텐과 반 네르 즈완 등의 장에서 적시했던 바와 같이, 헬싱괴르Elsinore 주재 네덜란드 영사는 '발틱 해 통행료를 감독하고 을 위하여 네덜란드 상선에 부과된 세금을 추정하고 감독하는 책임을 졌다.'

파견국들은 영사의 사법적 권한을 성문화함으로써 해외에 있는 자국민에 대한 통제를 강화하고자 했다. 이에 맞서 수용국들은 자국 영토 내의 주권을 보장하기 위해 "왕은 자신의 영역에서 황제와 같다rex in regno suoest imperator"라는 원칙에 따라 동일한 권력을 취하는걸 제한하고자 했다. 따라서, 17세기 동안 영사들은 자신들이 예전 향유했었던 수많은 특권과 면책특권 등을 상실했고, 그들에게 불리한 의견들이 일반적으로 매우 적대적이 되었다. 주렉은 이에 대한 주요 이유로는 '민형사 사건에서 영사에 의하여 누려왔던 예전 관할권이 영토 국가주권과 절대적으로 양립하지 않게 되었다'라고 의견을 개진한다. 이와 더불어, 외국 영사들은 종종 상인이었기 때문에 중상주의 국가들은 외국 상인들에게 특권을 부여하기를 꺼렸다. 마지막으로, 영사들은 외교 대표부의 성장과 병행하여 영향력이 줄어드는 어려움을 겪었다. 비록 17세기 전반에 영사들이 주재국 국민에 대한 법적 권한을 상실하기 시작했지만

42 덴마크에서, 유사한 조직이 1848년까지 지속되었다. 반면에 1834년까지 오토만 제국 안의 '영국' 영사는 레반트 회사Levant Company에 의하여 임명되었다. Müller and Ojala, 'Consular Services of the Nordic Countries during the Eighteenth and Nineteenth Centuries', pp. 40-41; and Peter Byrd, 'Regional and Functional Specialization in the British Consular Service', *Journal of Contemporary History*, vol. 7, nos. 1/2, 1972, pp. 127-145, at p. 130를 보라.

대부분 19세기까지 주재국 내 자국민에 대한 법적 권한을 유지했다. 이는 최초의 근대 영사 협정인 1769년 프랑스와 스페인 간의 파르도Pardo 협정에서처럼 양국 간 영사 문제를 규제하는 방식으로 나타났다.[43] 이처럼 법의 인격주의적 원칙의 잔재는 영토 주권과 함께 조화롭게 공존하였으며 이제는 거주국가가 아닌 출신 국가를 기반으로 하고 있다.

영사들은 여전히 항구 상인들 사이에서 일반적으로 임명되었다. 대안적으로, 그들은 본국으로부터 파견되었다. 엄격해진 국가 통제는 후원을 위한 더 많은 여지를 의미했다. 영사라는 타이틀은 상인적인 경험보다는 오히려 정치적인 연결을 따르는 분야이다.[44] 가장 노골적인 사례들은 원거리 영사관으로부터 남아도는 모든 인력을 선발하면서 프랑스에서 남아 있는 부재 영사 등과 함께 프랑스 외교에서 발견될 수 있었다.[45] 수많은 사건들에서, 국가 이익은 후원 행위에 제한되었다. 1809년에, 영국 외교부 관리들은 수많은 영사들은 '황무지 안에 있는 길 잃은 양과 같고,' 상인에 따라서 이들은 선보다 더 많은 해약을 끼친다고 불평했다.[46]

일반적으로, 17세기에서 19세기까지 영사 서비스의 경쟁력은 극도로 다양했었다.[47] 이들 각각의 경쟁력에도 불구하고, 법치주의가 외국

---

43 밀수에 관한 스페인과 영국 간에 1739년 파르도 협약으로 혼란이 되지 않았다. Consular Intercourse and Immunities', UN doc. A/CN.4/131, extract from the *Yearbook of the International Law Commission, 1960*, vol. II, pp. 2-32, 온라인 http://untreaty.un.org/ilc/publications/yearbooks/Ybkvolumes(e)/ILC_1960_v2_e.pdf, p.4(2006년 2월 25일 접속)4에서 이용할 수 있습니다. 또한 Zourek, 'Report on Consular Intercourse and Immunities', p. 75을 보라.

44 Barbour, 'Consular Service in the Reign of Charles II'; Platt, The Cinderella Service, p. 9; and Coates, *The China Consuls*

45 Barbour, 'Consular Service in the Reign of Charles II', p. 562; and Steensgaard, 'Consuls and Nations in the Levant from 1570 to 1650'.

46 Platt, The Cinderella Service, p. 11.

47 Byrd, 'Regional and Functional Specialization in the British Consular Service', pp. 128 and 130.

항구에 있는 영사를 포함하기 위하여 확대되면, 연대기적으로 '경력' 영사(즉, 해당 정부에 의하여, 그리고 로부터 파견된 파견 정부의 시민)라고 부를 수 있는 것과 명예 영사(모든 정부의 시민이지만, 통상적으로 주재국 시민) 간의 설립된 구분이었다.

17세기와 18세기에 영사의 사법적 기능이 중요성을 잃어감에 따라서 원칙적으로 영사는 자국과 자국 상인의 상업적 이익을 돌보는 역할로만 남게 되었다. 이러한 변화는 일부 경우에 직함의 변경을 초래하여 영사들이 '무역 대리인'으로 알려지는 결과를 가져왔다. 이 구분은 주로 지위의 차이였던 것으로 보이는데 영사는 주재국의 인가서exequatur를 받아야 했던 반면, 대리인은 그러한 인정을 받을 필요가 없었기 때문이다. 이 규칙의 가장 눈에 띄는 예외는 북아프리카의 바르바리 국가들에서 찾을 수 있다. 이곳에서 영사들은 다른 지역의 일반적인 영사보다 외교관에 더 가까운 존재로 여겨졌다. 그러나 바르바리 국가들은 오스만 제국의 공식 속국으로 외교관을 임명하거나 접수할 권한이 없었기에 이 대표자들에게 사절이나 대사의 공식적인 직함을 부여할 수 없었다.[48] 외교 문제를 위하여 덴마크 조직에서, 바르바리 국에 있는 이러한 영사들은 직책에서의 충원, 보수, 그들이 해결했던 독자적인 정부 구조의 존재 등에서 다른 영사직과는 구별되었다. 외교적인 성격은 1808년부터 하나의 에피소드에서 뚜렷하다. 알제리아 주재 덴마크 영사는 진행 중인 전쟁 때문에 그는 그해 덴마크로부터 아무런 선물도 받지 못했다고 통치자에게 알려야만 불운을 가졌다. 영사는 즉각 쇠사슬에 묶였고 노예노동 형을 받았다. 벌써 다음 날 다른 유럽 영사들은 통치자에게 공동 대책을 제시해서 덴마크 영사를 석방했다. 이러한 행동은 정기적인 외교단에서 발견될 수 있는 것과 완전하게 동일한 것이다.[49]

48 Platt, *The Cinderella Service*, p. 10, fn. 2; 또한 Sir Godfrey Fisher, *Barbary Legend: War, Trade and Piracy in North Africa, 1415–1830* (Oxford: Clarendon, 1957).

상호 영사 대표 조약—뿐만 아니라 자신들 동포들에 대한 완전 혹은 부분적인 치외법권 관할권—은 19세기까지 기독교와 무슬림 정체 간의 정기적으로 행해졌다. 예를 들면, 1799년 서명된 스페인과 모로코 간의 메크네스Meknes조약은 '양측은 다른 영토에서 헌신하는 자국민의 범죄를 재판하고 징벌할 수 있다라는 것을 규정한' 조항을 포함시켰다.[50] 바르바리국과 미국과의 조약도 상호 간의 분쟁에서 자국민들에 대한 영사 관할권, 복잡한 살인 사건(즉, 미국인과 현지인 등이 엮어진)에 조력할 영사권 등에 대한 한 문장을 포함시켰다.[51] 모로코와의 조약은 1786년에 체결되고 1836년에 재협상 되었으며 위 두 조항을 포함하고 있다. 이 조약은 여전히 유효하지만 해당 조항들은 1956년 이후로 사실상 사용되지는 않고 있다.

최근 연구에 따르면, 북아프리카에서 영사와 주재국 간의 상호작용은 반복적인 타협의 성격을 보여주고 있으며 새로운 창의적 사법 영역을 형성하는 과정을 포함하고 있다고 언급하고 있다. 이를 통해 양측은 최종 결과가 각자의 법적 체계에 부합하도록 할 수 있었다. 관할권과 관련하여 영사들은 자국민 전체를 통제하는 것을 자국의 치외법권적 주권의 일부로 간주하곤 했다. 지역 통치자(오토만 제국의 지방장관, 태수와 국왕)의 경우에, 이러한 권리들은 다른 한 편으로 집단 혹은 개인 등에게 마음대로 부과할 수 있는 특권이었다. 이러한 상황은 기독교 신도들에게 영사를 통하여 행사하는 파견국에 의한 통제를 피하기 위하

49 Jespersen and Feldbæk, Revanche og neutralitet, pp. 251 and 488; 또한 Anderson, The Rise of Modern Diplomacy, p. 54를 보라.

50 C.R. Pennell, 'Accommodation between European and Islamic Law in the Western Mediterranean in the Early Nineteenth Century', *British Journal of Middle Eastern Studies,* vol. 21, no. 2, 1994, pp. 159–189, p. 174. 또한 Liu, *Extraterritoriality,* pp. 31–32, 34 and 39–42를 보라.

51 온라인 http://www.yale.edu/lawweb/avalon/diplomacy/barbary/barmenu.htm. Pennell, 'Accommodation betwe 에서 이용할 수 있습니다(2007년 1월 25일 접속)

여 현지 통치자의 보호를 모색하도록 허용했다.[52] 혁명전쟁까지, 이러한 상호작용이 가능하다. '유럽인과 마그렙인Maghrebis, 대체로 오늘날의 북아프리카 지역, 즉, 모로코, 알제리, 튀니지를 아우르는 지역을 말한다. 아랍어로 "해가 지는 지역" 또는 "서쪽" 이란 뜻의 알마그리브라는 단이에서 유래한다. 역사적으로는 때때로 이슬람이 지배하는 이베리아반도와 시칠리아, 몰타를 포괄하여 지칭하기도 했다. 위키백과간뿐만 아니라 튀니지 안에서 거주 중인 유럽인들 간의 관계를 특징 지우는 합법적인 상황의 다양성 이래로, 유럽에서 관할권과 신분의 다양성 등과 상응한다.'[53] 유럽이 급격하게 권력이 상승하면서, 관계는 점차적으로 지배로 전환되었다.

'국제'법 저작자들의 경우에—자연법에 의하여 정보 제공되는 사람들과 실정법으로 상당히 기울여지는 경향이 있는 사람들—영사 활동들은 어리둥절하는 중이었다. 영토 주권의 조건을 통하여 세계에 접근 방법 중인 사상가들의 경우에, 여러 가지 방식에서 영사 관행의 봉건적인 측면은 변칙이었다. 1681년에 출판된 대사의 기능에 대한 그의 작품에서, 에이브러험 드 위크포르Abraham de Wicquefort는 영사를 '유일한 상인'으로 다루었고 그들에게 치외법권을 부인했다. 이들은 동포들 간의 재판하도록 여전히 허용했었지만 말이다. 그럼에도 불구하고, 그는 국가는 영사에 반대하는 폭력행동을 '국제법 위반'으로서 다루었다고 보도함으로써 모순된 말을 했다.[54] 코르넬리우스 판 빈케르스후크Cornelius van Bynkershoek는 위크포르를 따랐고, 이들 두 명의 언급들은 후에 법정 판결에

52 Pennell, 'Accommodation between European and Islamic Law in the Western Mediterranean in the Early Nineteenth Century'; Christian Windler, 'Diplomatic History as a Field for Cultural Analysis: Muslim-Christian Relations in Tunis, 1700-1840', *The Historical Journal,* vol. 44, no. 1, 2001, pp. 79-106; Christian Windler, 'Representing a State in a Segmentary Society: French Consuls in Tunis from the Ancien Régime to the Restoration', *Journal of Modern History,* vol. 73, no. 2, 2001, pp. 233-274, at p. 250.

53 Windler, 'Diplomatic History as a Field for Cultural Analysis: Muslim-Christian Relations in Tunis', p. 93.

54 Zourek 'Second Report on Consular Intercourse and Immunities', pp. 3-4.

중대한 영향을 미쳤다. 17세기와 18세기 초 등에는 영사 지위에 대한 최저점에 달했는데, 국제법 논문뿐만 아니라 판례법의 잘 알려진 사례 등에서 말이다. 그렇지만, 영사가 주권에 의하여 임명되고 또 다른 주권에 의하여 이러한 역량 안에서 수용되기 때문에, 영사들은 어느 정도 국제법에으로 보호된다 라고 주장했던 에메리크 드 바텔Emeric de Vattel를 따르는 변화가 일어났다.[55] 이후 몇 세기에 걸쳐 이러한 입장은 판례와 조약, 협약에 성문화되었으며, 마침내 1963년 비엔나 협약에 이르게 되었다. 그러나 바텔은 모든 영사 활동을 국제법의 틀에 맞추는 데 어려움을 겪었으며, 한 곳에서 "영사의 직무는 우선 그가 거주국의 국민이 아닌 경우에 필요하다. 왜냐하면 거주국의 국민일 경우 모든 일에서 그 명령에 따라야 하므로 직무를 자유롭게 수행할 수 없기 때문이다"[56]라고 주장했다. 이러한 주장은 이미 확립된 주재국 국민을 영사로 임명하는 관행과 이후 명예 영사의 광범위한 사용과 상충되는 것이었다.

결론

영사 제도는 다양한 기원을 가지고 있으며, 17세기와 18세기에 이르러서야 국가의 통제 하에 들어갔다. 국가들은 일부 자국민이 해외에서 영사로 활동하고 있음을 인식하고 이들의 직무를 점점 더 국가의 기능으로 흡수해 갔으며, 결국 영사 제도는 국가 기구의 일환으로 전문화되었다. 영사 서비스의 표준화는 19세기에 들어서야 본격적으로 시작되었고, 영사 서비스는 20세기까지 외교 서비스의 다른 분야와 일반적으로 통

55 Emeric de Vattel, The Law of Nations, (Philadelphia PA: T. & J.W. Johnson & Co., [1758] 1883), book II, chapter II, § 34, 온라인 http://www.constitution.org/vattel/vattel.htm에서 이용할 수 있습니다(2007년 1월 26일 접속).

56 Vattel, *The Law of Nations.*

합되지 않은 채로 남아 있었다. 영사와 외교 업무의 통합은 유럽의 중앙집권적 국가들이 자국민이 관여한 국경 간 흐름을 통제하려 하면서 나타난 결과였다. 유럽 국가들이 영사 제도를 흡수한 후에도 영사 제도는 여러 특성을 유지했다. 19세기까지도 일부 유럽 지역에서는 자국민에 대한 영사의 치외법권적 관할권이 유지되었으며, 영사들은 외부 주권이 없는 지역에서 정치적 및 외교적 임무를 수행할 수 있었다. 이는 유럽 국가 체제에 대한 이해에 중요한 시사점을 제공한다. 국가들이 외국인이 자국 법정의 관할 대상이 아님을 인정하고, 정치적 기능이 형식적으로 종속된 지역에서 수행될 수 있음을 수용하는 만큼, 이는 자국의 외부 주권에 일정한 한계를 인정하는 것이다. 영사의 관행은 외부 주권의 원칙에 기초한 국가 체제가 17세기 중반에 등장했다는 전통적 설명에 의문을 제기하는 여러 현상 중 하나이다.[57] 이전 연구들은 영사 제도의 발전이 세계 정치의 사회적 측면으로서 유럽 주권 국가 체제의 형성에 기여했다는 점을 과소평가하는 경향이 있었다.

르네상스 외교에 대한 설명에서 가렛 매팅리Garrett Mattingly는 교황과 신성 로마 황제가 이끌던 초국가적 교회와 제국, 즉 기독교 공화국Respublica Christiania의 쇠퇴가 기존 소통 네트워크의 약화를 초래했으며 유럽 외교의 발전이 이러한 약화를 보완하는 역할을 했다고 강조한다.[58] 그러나

57 Stephen Krasner, 'Westphalia and All That', in Judith Goldstein and Robert Keohane (eds), *Ideas and Foreign Policy* (Ithaca NY: Cornell University Press, 1993); Stephen Krasner, 'Compromising Westphalia', *International Security,* vol. 20, no. 3, 1995-1996, pp. 115-151; Andreas Osiander, *The States System of Europe, 1640-1990: Peacemaking and the Conditions of International Stability* (Oxford: Clarendon, 1994); and Andreas Osiander, 'Sovereignty, International Relations and the Westphalian Myth', *International Organization,* vol. 55, no. 2, 2001, pp. 251-287. 이와 같은 다른 관행—영사관 발전에 밀접하게 연관되는 해적행위를 포함—기은 Janice E. Thomson, *Mercenaries, Pirates, and Sovereigns: State-Building and Extraterritorial Violence in Early Modern Europe* (Princeton NJ: Princeton University Press, 1994)에서 논의된다.

58 Mattingly, *Renaissance Diplomacy.*

영사 제도가 등장하기 위한 전제 조건으로 여전히 필요했던 것은 주재국이 비토착민들이 일정한 생활 방식을 유지할 수 있는 사회적·영토적 공간을 마련하려는 의지였다. 브세볼로드 슬레라세프Vsevolod Slessarev가 언급했듯이, 적어도 발트해와 동지중해에서는 교회와 수도원, 그리고 상업 활동 간에 밀접한 연관성과 계승 관계가 존재했다.[59] 교회는 상업 식민지들이 형성되는 중심 역할을 했으나, 식민지의 세속적 기관들이 점차 강해지면서 그 역할은 점차 사라지게 되었다. 확산 중인 십자군의 중요성과 영사 제도의 발전 등도 역시 적시되어 왔다. 그렇지만, 유럽에서 영사제도의 성장은 교회의 심각한 조락이 시작되기 이전에 시작되어서 영사 네트워크는 순차적이라기보다는 오히려 종교 네트워크와 동일하게 되어야만 했다. 더욱이, 영사의 지리적인 위치는 계승에 대한 명백한 시사점을 부여하지 않는다. 가장 잘 알려진 여러 영사관들은 무슬림 지역에 있어서, 기독교 연결로부터는 이어지지 않았다. 다른 영사관들은 대체 논문에 더 잘 순응했는데, 비잔티움 주재 영사들은 동서 교회 간의 분열 이후, 그리고 영사 연결망이 북부 유럽과 종교개혁이 교회 관계를 국유화 했고 전통적인 종교 연결을 차단한 이후 북부와 남부 유럽 간에 수립되었을 때 왔을 때와 같은 것이었다.

공동의 문화에 있는 기반으로부터 나온 영사 제도의 독자성은 재차 명백해졌다. 영사제도가 유럽 외부로 확대될 때이었다. 국제시스템을 전제로 하고 이것은 국제 사회 안에서 번창만 하는 외교와는 다르게, 영사 제도는 아마도 국제 사회를 창조하는데 도움을 주어 왔던 기능적인 추진 요인들 중에 하나로서 최적으로 개념화될 것이다. 영사들은 일반적으로 외교관들보다 먼저—훨씬 그전에—나타났다. 헤들리 불Hedley Bull의 의미에서 국제사회의 성장—즉, 지속적인 외교 상호작용으

59 Vsevolod Slessarev, 'Ecclesiae Mercatorum and the Rise of Merchant Colonies', *The Business History Review*, vol. 41, no. 2, 1967, pp. 177–197.

로 추적할 수 있는—에 지탱해온 유럽중심의 국제법의 수용을 필요로 했고, 그리고 지속적으로 외교를 강조한다. 북아프리카 공국 사례들이 보여주는 바와 같이, 이것은 영사 상호작용의 사례가 아니었다. 사로 간의 명백한 지배를 의미하기보다는 오히려, 영사와 현지 통치자 간의 관계는 양 당사자에 대한 우월성 혹은 평등성에 대한 개발이었다.

영사에 관한 배경역사와 기능 등은 이들은 주권 인식 변화와 외교관보다도 소외 수준에서 저감되는데 덜 취약했음을 제시한다. 경제적, 합법적 그리고 정치적 패턴이 변할 때, 영사 제도는 이것들과 함께 변한다. 결정적이지 않은 증거이지만 시사적인 것으로, 우리는 1세기 전 대부분의 명예 영사들이 상인이었던 반면에, 지금은 실질적인 숫자들은 변호사들임을 우리는 적시한다. 이러한 변화는 탈 근대 사회에서 점증하는 법의 의미뿐만 아니라 글로벌 경제의 성숙 등에 관한 하나의 시사점으로서 읽힐 수 있다. 먼저, 우리는 재화들이 어떻게 물리적으로 장소를 이리저리 움직였던지를 알았던 영사들을 필요로 했다. 반면에 현재 경제는 기본적으로 이전의 합법성을 알고 있는 사람들에게 특혜를 주는 것이다. 변화도 역시 상호작용의 변화하는 패턴을 반영한다. 세부적인 거래가 적고 작성된 비자와 공급된 관광객은 많은 지역이다.

영사들은 아직도 외교관들에 대한 역사적 반전을 이룰 수 있다. 영사 제도의 역사는 외교사와 별도로 이해해야 하겠지만 포괄적인 외교사는 반드시 영사 제도의 역사를 포함해야 한다. 영사들이나 영사와 유사한 인물들은 위기와 전쟁 시기, 비주권 지역에서 외교적 임무를 수행해 왔으며 앞으로도 수행할 것이다. 영사 제도는 주권 국가 이전에 존재했으며 다양한 임무를 맡아왔다. 현재 외교관들이 탈주권 세계에서 자신의 역할을 고민하고 있는 반면에 영사들은 점점 더 많은 사람들이 여러 정치적 주체를 고려해야 하는 현실에서 경계를 넘나드는 실질적 업무를 관리할 필요가 따른다는 것은 필수적인 고려사항이 될 것이라고 확신할 수 있다. 그러나 우리는 세계 무역 증가에 따라 영사들이 "이전과 비교할 수 없는 권력의 정점에 오르고, 중요성과 위신 면에서 외교관 동료와 경쟁하거나 심지어 그를 능가할 것"이라고 80년 전 피트만 포터 Pitman Potter가 제안한 만큼 낙관적이지는 않다.[60]

60 Pitman Potter, 'The Future of the Consular Office', *American Political Science Review,* vol. 20, no. 2, 1926, pp. 284–298, p. 288.

제10장

스페인 영사 서비스 개혁과 외교 변화

지저스 누네스 헤르난데스 *Jesús Núñez Hernández*

스페인의 영사 서비스를 '독자적인 제도'라고 묘사하는 것은 다소 주제넘게 보일 수 있다. 그러나 이러한 당돌함에 대한 정당성은 역사가 말해준다. 수 세기 동안 스페인은 영사법과 영사 관행의 발전에 기여해왔으나, 그 공로가 언제나 충분하게 인정된 것은 아니다. 이 장에서는 서고트Visigotic 시대부터 현재까지 스페인 영사 서비스의 발전과 그 영향력을 분석해보고자 한다. 초기 중세의 에우리쿠스 법전부터 시작하여, 영사의 상업 및 해양 기능의 확대와 카탈루냐의 지중해 확장, 15세기의 해상 영사관의 책과 가톨릭 군주와 합스부르크 가문 아래에서 새롭게 형성된 상황들에 이르기까지 스페인은 영사 제도의 구축에 중요한 역할을 했으며 영사법 성문화에 결정적인 영향력을 지닌 국가였다. 근대에 들어서는 19세기의 규제 조치와 조약 체결 활동의 급증을 추가적으로 언급할 수 있겠다. 이 장에서는 영사 제도의 현대적 발전을 다루며 특히 영사 업무의 '외교화', 민주주의로의 전환, 1980년대 유럽 공동체 가입과 같은 사건들을 통해 변모한 스페인 영사 제도의 발전을 분석한다. 마지막으로, 현대 국제 사회의 도전에 대응하기 위해 상업적 기능('외교화'의 희생양이 된 기능)을 포함한 스페인 영사 제도의 전통적 기능을 회복할 필요성에 대해 성찰하며 마무리한다.

서고트족에 의하여 초대된 재판관(Telonarii)

수많은 저자들이 영사와 치안판사 간의 유사성을 강조해 왔다. 예를 들면 그리스 *프록시니아*Greek Proxenia, 한 시민이 국가의 명예 칭호를 받는 대가로 자신의 비용으로 외국 대사를 초청하는 협정. 시민은 proxenos 또는 proxeinos라고 불렸다. 위키백과와 *집정관 페레그리누스*praetor peregrinus, 기원전 30년부터 서기 212년까지인 로마 제정 초기에 로마 시민이 이닌, 제국의 자유 신분의 속주민을 나타내는 데 사용된 용어. 페레그리누스들은 서기 1, 2세기 로마 인구의 대다수를 차지. 위키백과 등과 같은 것이다. 그렇지만, 후자는 중세 영사들이 지녔던 지속성이 모자랐다. 이에 따라서 더 긴밀해진 선두주자를 모색할 필요가 존재한다. 이것은 중세 시작에서 발견되어야만 하는데, 바로 서코트족의 법에 존재한다. 이들은 툴루즈 주도에 남부 프랑스와 북부 스페인 사이에 있는 그들의 처음 왕국을 설립했던 지역이었다.

영사 사무실을 관리하는 가장 오랜된 성문법은 에우릭의 가장 오래된 고문서에서 나온 *레스*lex, 법이거나[1] 아마도 군주Liuvigild에서 이어지는 군주의 법전Codex Revisus, (568년 경부터), '드 트랜스마린스 네고티아토리버스De Transmarinis Negotiatoribus'로 명명된 레케스윈스 왕의 리베르 루디키오룸Recceswinth's Liber ludiciorum 법에 포함되었다. 이것은 '그들만'[2]의 법 아래에서 살도록 허용된 비-서고트족의 재판관의 존재를 관장 한다. 외국인 재판관은 '*드 세디버스 노스트리스* de sedibus nostris', 혹은 우리의 영역 있을 필요가 없기 때문이다. 그의 연구인 'Los transmarini negotiatores en la legislación visigótica'(서코트족 입법에서 *해외 상인*)에서,[3] 알바로

1 *에우리아누스 법전*은 466년과 481년 간에, 아마도 475년 경, 선언되어야만 했었다. Valdeavellano, *Historia de España* (Madrid, 1963), Part One, p. 274.

2 L V, II, 3,2: *'Cum transmarini negotiatores inter se causam habent, nullus de sedibus nostris eos audire praesumat, nisi tantum modo suis legibus audiantur apud telonarios suos'* (D'Ors, El Código de Eurico, (Rome-Madrid, 1960), p. 130, note 339).

도르스Alvaro D'Ors는 이 기간은 왕성한 해상 무역이 있었던 것 중에 하나인데, 북아프리카와 이미 동부 지중해와 대서양 등에 개방했던 광범위한 상업 교역길 등을 가진 과거 로마제국으로부터 물려받은 것이었다. 무역업자들은 주로 시리아인과 유대인 등이었다. 그 당시, 재판관들은 영사의 관할권의 본질과 교역품에 대한 세금 혹은 *시장세*teloneum에 대한 세관원의 그것을 통합했다. 이들은 엄밀한 의미의 말하자면 최초의 해외 영사이었다. 유감스럽게도 이 흥미로운 역할을 누가 어떻게 담당했는지 확인할 수 있는 어떤 문서도 남아있지 않다. 그럼에도 이 규범은 이후 존속을 위한 토대를 마련할 수 있었는데, 이는 초기 중세 시대 셉티마니아Septimania와 카탈루냐Catalonia 지방에서 서고트족법Lex Visigothorum이 존재했고 중세성기(유럽 11~13세기, High Middle Ages) 카스티야Castile에서 번역서인 푸에로 후즈고Fuero Juzgo가 이어짐으로써 이 규범과 이후 시대 사이에 지속적인 연결이 확인되기 때문이다.

카탈로니아의 지중해를 넘어선 팽창

스페인의 경우에, 첫 번째 새천년 종말 이후 국제무역에서의 회복은 십자군 때문이 아니라 대신에 주로 새로운 도시 건설을 가져온 아랍 침입자들로부터 얻은 영토의 재정복reconquista, 'reconquest'으로 인한 통합의 결과이다. 이러한 것은 무역업자들을 이베리아 반도로 되돌아오게 했다. 이러한 견해는 외교사학자인 미구엘 앤젤 오초아Miguel Angel Ochoa에 의하여 지지받았다.[4] 그는 '스페인의 경우에, 해양과 무역 활동의 집중화를 더하는 것이 동부와 남부 등에 대한 재정복에 따른 진전이었다. 이

---

3 *Homenaje a Camilo Barcia Trelles* (University of Santiago de Compostela, 1958), pp. 467–483에서 포함되었다.

4 *Historia de la Diplomacia española.* III Madrid, 1991, p. 422.

것은 우리의 바다Mare Nostrum, 지중해를 의미의 다른 해안과의 연결과 항구 건설 등을 유리하게 했다.

사실상, 바로셀로나는 그 당시에 로마 가도Via August를 보호하는 로마 성채로부터 거대한 무역 거점지로 변했다. 바르셀로나의 초대 영사인 기욤 드 몽카다Guillem de Montcada는 알렉산드리아에 사무실을 열었는데, 몽펠리에 시민 라이몬 드 콩카스Raimón de Concas의 교섭의 덕분이었다. 그는 제임스 1세로부터 이집트 술탄에게 1262년 편지를 전달한 적이 있는 인물이었다. 그는 *알퐁덱alfòndec*(치외법권 건물)을 획득한 것 이외에 알퐁텍 관리자와 영사 등을 임명한 덕분이었다.

비잔틴 제국에서, 스페인에 대한 영사와 관련된 최초 뉴스가카탈로니아 상인(최소한 1215년 이래로 비잔틴에 자신들만의 *캠퍼스*를 가진)에게 유리하게 안드로니크스Andronicus 2세 의하여 특권이 부여된 것이었다. '영사 달마우 수니어Dalmau Sunyer의 요구'에 따라서 100 *종가세*ad valorem, 상품의 가격을 대상으로 세율을 결정하는 경우의 세에서 3 퍼센트의 관세를 깍아주는 것이다. 왕국 초기부터 존재해야만 하는 날짜가 적혀 있지 않은 공문서에 따른 것이었다.[5] 이것은 1283년과 1285년 간 통합되었던 아라곤과 시칠리 왕을 언급한 것이기 때문이다. 콘스탄틴노플 주재 바르셀로나의 이러한 영사들은 제노바와 베네치아 사람들에 의하여 거기에서 차지했던 독점권 때문에 중요성이 덜 하였다. 카탈로니아 인들도 1291년 키프러스에서 관세 혜택을 획득했고 파마쿠스타Famagusta, 키프로스 공화국 동해안, 지중해의 후미에 면한 항구 도시주재 이들의 영사관은 13세기 말에서 14세기 말까지 번영했다. 그러나 이 기관은 아르메니아의 몰락과 제노바의 독점으로 인해 그 중요성을 상실하게 되었다.

영사실은 1258년의 바르셀로나 항구의 상업 해양 경찰 칙령으로

5 Cf. Nicolau d'Olwer, op. cit., p. 43, and Capmany, *Memorias Históricas de Barcelona,* Volume I, p. 377 (republished in Barcelona, 1962)

카탈로니아에서 공식적인 승인을 획득했다. 이 법률문서에서, 마요르카 섬과 발렌시아 왕국 등을 그의 소유로 추가해서 정복자로 칭해진 제임스 1세 왕은 모든 선박들에는 선장, 선원과 상인과 '모든 지역에서 발견되는 바르셀로나 출신의 모든 사람들' 등에 대한 권한을 가지는 두 명의 영사를 임명하고 명령했다. 1266년부터 거슬러 올라가는 인증서는 다음과 같이 더 나간다. 이것은 영사 임명권은 '콘셀 드 센트Concell de Cent'에게 주는 특권으로서 부여된다고 명한다. 1249년 이래로 소위 바르셀로나 '시청의 100명의 시의원'과 아라곤 전체 왕국 등에게 말이다. 임명은 1년 단위이고 임명받은 사람들은 바르셀로나 시의원들 앞에서 '국왕을 공경하고 도시, 주민과 전체 카탈로니아 등의 번영을 위하여 자신들의 업무에서 충성스럽고 훌륭하게 행동할 것'이라고 맹세해야만 했다.

예를 들면, 이러한 사무실의 존엄성의 증거는 아라곤의 피터 3세와 튀니스 주지사 간의 1285년 조약에 의하여 제공된다. 이것은 영사는 달마다 한 사람의 청중을 가질 권리가 있다고 언급되는데,[6] 영사는 몇몇 사람들에게 외교 기능을 가진다고 믿도록 이끌어 왔다. 그러나 국왕들이 진정으로 중요하게 생각하는 사안을 협상해야 할 때는 거의 대부분 대사를 파견했다. 영사들이 조약의 협상을 수행한 사례는 실제로는 매우 드문 경우였으며, 관세양허나 기타 무역의 이익을 다루는 조약을 제외하면 협상들은 상주 외교 사절이 없는 상황에서 영사들이 지역 당국과 교섭하는 합리적인 수준의 기능으로 이해될 수 있다. 현지 당국과의 교섭하는 영사들은 이들의 합당한 기능이었는데, 상주 외교단의 부족으로 말이다. 매팅리Mattingly는 이들이 엄밀히 말해 외교관은 아니었지만, "사실상 이후 상주 대사에게만 맡겨지게 될 몇 가지 활동을 수행했다"

---

6 Nascimento e Silva, *Derecho Consular* (Rosario, 1952), p. 40, 그는 이것을 Irizarry, *Functions and Powers of the Foreign Consulate. A study in Medieval Legal History* (New York, 1944), p. 3에서 가져왔다.

고 회고했다.[7]

해양 영사관에 관한 책

영사 서비스에 대한 스페인의 다양한 기여에 관한 나의 이론을 가장 지탱해주도록 제공하는 문서로는 법의 강제를 가진 중세 관습의 집대성으로 유명한 *해양 영사관에 관한 책*Book of the Consulate of the Sea이다. 이 책은 '근대 국제해양법의 시작점'인 번역가인 라몬 파레랄다Ramón Parellada의 견해에서 표명된 것이다.[8] 이 책(14세기 말부터 시작된 가장 오랜 된 필사본이자 1484년부터 *초판*)는 발렌시아 해역의 영사 규정으로 시작된다. 이 책의 핵심은 *Costums de la Mar*(해양 관습)이라는 타이틀로 이루어지고 *Ordinacions del Corso*(해군 기업령)으로 끝나는데, 둘 다 날짜는 적혀 있지 않다.

연대기를 갖고 있지만 날짜가 특정되지 않은 문서를 제공하려는 시도로부터 파생되는 복잡한 문제는 18세기 역사학자인 안토니오 데 카파니Antonio de Capmany 편집본 서문에 기술된 '출판자의 글'에서 자세하게 다루어지고 있다.[9] 여기에서는 세관은 1258년 제임스 1세 왕에 의하여 공표된 이전에 언급한 규정을 우선할 수는 없거나 1266년 해외 영사를 임명하기 위하여 바르셀로나 시청에게 부여된 특권 다음이라는 것을 주장한다. 카파니의 이론은 칼로 산체스Galo Sánchez에 의하여 지지를 받았다.[10] 그는 이 문서의 출처를 이탈리아나 심지어 프랑스의 기여

7 Mattingly, Garret. *La Diplomacia del Renacimiento* (Madrid, Instituto de Estudios Políticos, 1970), p. 121.

8 Ministry of Foreign Affairs, Madrid, 1955, translator's preface.

9 *Libro del Consulado del Mar*, translated into Spanish by Antonio de Capmany y de Montpalau, Madrid, 1791, 1965년 바르셀로나에서 재출판.

10 Historia del Derecho (Madrid, 1942), p. 165.

까지도 다음과 같은 이유로 인정하지 않았다. '*해양 관습*의 모든 특이점—외적 요소(언어 등)와 내적 요소(관할 기관들)—은 이 문서가 바르셀로나에서 카탈루냐어로 작성되었으며, 지중해의 해상 관행을 모은 사적이고 익명의 작업의 산물이라는 결론을 이끌어낸다.'

그럼에도 불구하고, 이것은 영사 사무실을 만들려고 할 때, '세관 Customs'은 이에 대한 매우 타당한 비전을 제공함을 언급해야만 한다. 사실상, 코르시카 해군 칙령에 관한 CCCXXVII 장[11]에서는 '제독이 영사를 승선하기를 바란다면, 이것은 제독이 선원들의 동의를 받아야 할 것'이라고 언급하고 있다.[12] 이에 따라서 몇몇 선박들에서는 영사를 보유했고 다른 선박들은 그러하지 않았다. 이들 선원들에 속하는 영사는 '선원들을 이마에 표기할 수 있는' 선장의 부하이었다. 게다가, 선장의 의무에 대한 동일한 문장에서 적시된 바와 같이. '...그는 영사에 대하여 정확한 무게와 측정 값 등을 제공해야만 하고, 그리고 선원들은 열심히 근무하지 않고 사기를 치면, 선장의 권한으로 그들의 이마에 표시되어야만 할 것'이라고 말이다.[13] 다시 말해서, *세관*의 영사는 '측정의 대가', 선원들 중에 고참이고 선원들 앞에서 선서와 측정이 정확함을 보장해야만 하는 것이다.[14]

누가 '승선 영사'라고 부를 것인가, 그리고 모든 바르셀로나 사람들이 반드시 복종해야만 하고, 특별하게 이것이 1266년의 공문서에 의하여 확대될 때 내가 1258년의 제임스 1세 왕을 인용할 때 설명해 왔던 치안판사들 상술한 것 간의 커다란 차이를 살펴보면서, 나는 '세관'은 두 가

11 이러한 *사업 시 해군 칙령*들에는, 우리가 보아 왔듯이, *책* 안에 캐프마니가 거기에 첨부된 외교집에 포함된 1258년 제임스 1세에 의하여 공표된 이러한 칙령들과 혼재되어서는 절대 안되는 최신의 것들을 포함했다.

12 *Libro del Consulado del Mar*, (translated by Parellada, 1955), p. 209.

13 Idem., p. 211.

14 Idem., p. 218.

지에 앞서서 먼저 언급해야만 된다고 믿는다. 본서에 포함된 해양 세관의 버전인 영사는 선장의 완전한 부하인 일종의 갑판 장교boatswain이다. 반면에 공문서에 등장하는 다른 '영사'는 고관procer, dignitary(Ordinacions의 라틴어는 이 용어에서 채용)인데, 관할권과 왕립 재판소의 파견 대표 등을 가진 치안판사이다. 이것이 단순히 이름의 우연일 수도 있지만 나는 이것이 한 형태의 영사에서 다른 형태의 영사로 시간에 따라 진화했음을 보여주는 것이라고 생각한다. 이러한 경우에 중세시대 법전Costums de la Mar은 카프마니와 갈로 산체스가 주장하는 것보다 훨씬 오래되었을 것이며, 이전 세기까지 거슬러 올라가는 관행들을 포함하고 있어 고대 로마시대의 세관업무들telonarius과도 연결될 가능성이 있다.

시칠리아 영사관의 법령

해양 영사관에 관한 책 편집판에 관한 많은 내용에는 잡다한 법률 조항들이 등장한다. 예를 들면 역시 날짜 미상이지만 1383년으로 거슬러 올라가는 팽창 이전에 시칠리아 주재 영사관에 관한 바르셀로나 의원 칙령이다. 이러한 규정들을 관장하는 기능들은 미래에 영사의 의무를 형성하는 것들이다.[15] 보호, 관세 징수, 통관("배에 갑판이 하나 있을 때마다 화폐 다섯 타리네스... 각 여행마다 화폐 한 카를린"), 상속("고인의 자산과 물품을 수거하여 목록을 작성하고, 보관소에 보관"), 관할권("영사가 어떤 상인이 도박이나 다른 광기로 맡은 돈과 물품을 낭비하는 것을 알게 되면, 그에게서 발견된 모든 돈과 물품을 압수하고... 이 물품을 카탈루냐나 마요르카로 보내고, 해당 상인이 같은 배를 타고 이동하도록 명령해야 한다"), 그리고 직무의 위엄("영사는 음식, 음료, 탈것을 제

15 Idem. pp. 234 to a 236.

공해야 하며, 영사로서의 자격에 맞게 대우받을 자격이 있다") 등의 기능을 수행했다.

14세기 후반에, 알렉산드리아와 다마스커스 등과 같은 두 개의 대난한 영사관들이 중요성이 상승해졌다. 이들은 동부 지중해에서 아르메니아 왕국의 몰락 이후 튀르키에로부터 높은 압력 때문에 이어지는 곤란함을 갖는 향신료 루트를 통제했기 때문이었다. 바르셀로나는 두 개의 영사관들 때문에 전략적인 중요성을 인식하게 되었고 1381년과 1386년 각각 규정을 공표 했다.[16] 13세기 이래로 위의 요점을 살펴보면, 영사들은 근대 국가 탄생의 첫 번째 징후로 이미 도시 경제 안에서 무역재개의 일환이 되어 왔음을 볼 수 있다.[17] 도시국가들이 이들이 첫 번째 영사들을 설립한 사람들인 경우에 아라곤 왕국과 경쟁하고 있었지만. 아무도 바르셀로나가 이러한 극단적으로 세세한 규정을 소유하고 있음을 부인할 수 없다. 알렉산드르 드 밀티츠Alexandre de Miltitz는 이러한 면에서 '영사 존재가 최적으로 기록으로 남게 된 유럽 국가는 아라곤 왕국'이라고 언급 한다.[18]

사실은 이베리아 반도 동부에 근거를 두는 아라곤 왕국은 이 영사와 함께 지중해를 누비고 다녔다. 매우 존경을 받았던 영사실은 일반적으로 카탈로니아의 유력 가문들의 구성원들에 의하여 유지되었다. 이들 중 대부분이 '신사'이거나 '존경할만한 시민들'이었다. 이들의 권력에 대한 광범위한 특질이 부여된다면, 이들은 역시 상당한 책임을 갖는다.[19] 역

---

16 내용은 Capmany, *Memorias . . .*, Volume II, col. diplom. no. 214, pp. 319 and 231, p. 337 of the 1962 edition에서 발견된다.

17 아말피 다음 베니스, 양 지역은 10세기 비잔티움 아마도 9세기엔 아랍, 혹은 샤를마뉴람 등에 영사를 가지고 있었는데, 사로 *op. cit.*, p. 24에 따르면 예전에도 그렇게 해왔었다.

18 Manuel des Consuls, (London and Berlin, 1839), Volume 11, p. 508.

19 Toda & Güell, Derecho Consular de España, Introd. XXVII, 선주들에 의하여 시위 때문에 해고당한 사례 언급.

사에서 흥미로운 주석으로서, 콘스탄틴노플 몰락은 부콜레온 궁전the Boukoleon Palace의 수호자인 카탈로니아 영사 페레 줄리아Pere Juliá가 1453년 5월 목이 잘려 나간 것을 목도했다. 이것은 다가올 전조이었다. 튀르키예의 발전은 점차적으로 바르셀로나 영사관의 끝을 예고했다.

13세기에서 14세기까지 카스티아 영사관

스페인 중앙을 차지했던 카스트아 왕국에서, 시에테 파르티다스Siete Partidas('칠부전서', 1265)는 가장 중요한 법률 조항이었다. 아라곤 왕국의 사례와는 다르게, 이것은 엄격한 영토 기준을 수립했다. '현자'인 알폰소Alfonso 10세는, 그의 후원자가 위에서 언급했던 칠부전서Partidas로 집대성된 것 아래에서, 1281년과 1289년 그의 보호 하에서 모든 외국 무역업자들을 휘하에 두게 되었다.[20] 무역시장에 참여 중인 사람들은 현지 법 관할권으로부터 해제되고 유일하게 성은royal grace에만 복종하는 것으로 남는다는 것이다.

카스티아의 또 다른 특질은 자국 영사의 대서양 지향적이라는 것인데, 플랑드르와 북부 프랑스 등이 카스티아가 해외에서 구매했던 재화의 핵심 공급국이라는 사실을 인정한다면 자연스러운 것이다. 1238년, 프로뱅Provins 프랑스 일드프랑스 센에마른주에 위치한 도시지역에 있는 카스티아 무역업자들의 식민지에 관한 기록이 있고, 카스티아가 1348년 해외에 자국 영사관들을 설립했던 브루제Bruges, 벨기에 서북부의 도시, 운하에 의해 그 해항 제브류헤와 연결에 1267년 이래로 존재 했다는 또 다른 기록도 존재한다. 한자 동맹 이후에 도시에 두 번째 것으로는 1340년에 개설되었다.[21] *비에다*vieda 혹은 *론자*lonja(지중해에 있는 카탈로니아 알퐁덱과 동등한 치

20 Vicens Vives, *Historia de España,* Volume II, p. 318.

21 Vicens Vives, *op. cit.,* Volume II, pp. 318–320.

외법권 창고)는 1441년까지 브루제에서 카탈로니아 인들에 의하여 열리지 않았다. 즉, 카탈로니아 이후에 카스티아 인들은 1389년 이래로 하나를 가지게 되었다.[22]

플랑드르의 가장 중요한 무역 센터인 브루게스에, 카스타아, 카탈로니아, 독일, 제노바, 베네치아, 록카와 플로렌스 등이 있었다.[23] 이러한 북부 무역은 *푸에로 델 아이론*Fuero del Ayrón, 아이론 특별법 이라는 이름하에 1436년 카스티아의 존 2세에 의하여 선포된 '홀스 오브 올레론 Rolls of Oleron', 북서 유럽에서 중세 선박을 규제하는 가장 오래되고 가장 잘 알려진 해상법다. Rolls of Oleron은 1180년 이전인 12세기 후반 프랑스의 Oléron 섬에서 작성된 최초의 해상법으로, 나중에 북유럽을 포함하도록 발전. 위키백과에 의하여 다스려졌다. 1447년, 동일한 왕이 브루게스의 무역인들에게 영사를 임명할 수 있는 권리를 부여했다. 우리는 또한 1450년 이래로 르왕 그리고 1459년 이래로 낭트 등이 카스티아 무역업자들이 만든 식민지를 소유했음을 안다. 이것은 이러한 무역활동의 팽창이 지중해를 포함하게 된 것이 이 때 즈음이었다. 마르세이유 카스티아 영사인 바스코 고메즈 데 산티아고Vasco Gómez de Santiago가 1439년 처음으로 언급 한다.[24]

1494년 7월에 가톨릭 군주에 의하여 발표된 *프라그마티카*pragmática (법)는 '플랑드르 지역과 프랑스 왕국 그리고 영국, 그리고 브르타뉴 공국 그리고 우리 왕국들이 있는 어떤 곳에 있는 과거 영사들의 계좌'를 조사하기 위하여 브루고스Burgos, 스페인 북부의 도시 법정[25] 혹은 해양 영사관 등에게 권한을 부여했다. 다른 것들 중에서도 낭트, 라 로셸La Rochelle, 프

---

22 Vicens Vives, *op. cit.,* p. 325.

23 현재 네이션이라는 단어는 후에 낭만적 내셔널리즘을 주입된 정치적인 본질이 부족하고, 외부자의 다양한 그룹들을 설명하기 위하여 사용되는 '국민'을 의미했다.

24 Menéndez Pidal, *Historia de España,* Volume XV, pp. 9–10.

25 Capmany, *Libro del Consulado de Mar,* (Barcelona republished edition, 1965), p. 683에 있는 내용을 보라.

랑스 서부도시, 런던과 플로렌스 등에서, 가톨릭 군주들은[26] 팍토레스factores 라는 이름으로 영사들을 임명했는데, 이들은 이전의 카스티야와 마찬가지로 왕의 임명이 필요했으나 카탈루냐의 영사들에 비해 중요성과 명예는 덜했다.

가톨릭 군주(각주 26을 보라)들에 의하여 수행되었던 이른바 '통합' 이후에, 위에서 언급했던 *콘셀 드 센트*Concell de Cent는 지중해에서 비잔틴 제국에 이르는 양측에 영사를 위한 신임장 발급을 지속했다. 이것은 종종 익숙해진 유혹에 굴복하도록 만든다. 예를 들면, 오초아는 '페르디난드와 이사벨라 통치 하'에 이러한 사무실들은 배타적으로 카탈로니아, 아라곤 혹은 카스티아 등이 스페인 것이 되면서 변하였는데,[27] 소수를 제외하곤 발견되지 않는 것처럼 나타난 추론이다. 이것은 사실상 카스티아와 아라곤 등을 위한 이중 목적의 영사의 출현을 목도했지만, 이러한 것들에는 예외가 존재하는데, 명백하게 양 군주들을 위한 최초의 겸직 대사들의 등장 때문이다. 예를 들면, 제노아의 경우처럼, 1505년 아라곤 왕국으로 통합되기 전 나폴리와 로마 등이다.[28]

합스부르그 (16세기에서 17세기)

합스부르그 하에 있는 오토만 제국과의 거의 끝나지 않은 전쟁에서, 스

26 1496년에 승인된 공동 명칭이 알렉산더 6세 교황에 의하여 카스티아 이스벨라 1세와 아라곤의 프레디난드 2세의 결혼을 인정했고, 사실상 통합 주장은 이사벨라의 사망으로 거의 파탄난 개인 간의 연합인데, 18세기 부르봉 왕조까지 이들의 다양한 제도가 유지된 왕국에 합류했다.

27 *Op. cit.* IV p. 530.

28 Ochoa (Op. cit. IV, p. 534)를 보라. "나폴리에서 . . . 가톨릭 군주 대사인 제로니모 곤잘레스는 레암에 거주 하는 모든 스페인 사람들의 영사로 임명되었다. 이와 같은 가톨릭 군주의 대사들이 많았던 로마에서도, 스페인 영사들이 있었다. 1498년 사망하자 베르나드도 두사이에 의하여 승계된 바르셀로나의 기욤 데즈킬라에 의하여 1497년 승계된 안토니 카미의 이름이 기록에 보인다."

페인은 이 기간, 프랑스가 했던 것처럼, '항복문서' 시스템을 만들어서 관리하지 않았다. 결과적으로, 바르셀로나 영사들은 튀르키예의 점령하에서 사라지기 시작했다. 예전 번영했던 튀니지아 영사관은 1535년 사체의 마지막 영사를 수용했다. 알렉산드리아에서, 인도양으로 가는 길의 폐쇄 이후에, 하나만이 1539년까지 생존했다.[29] 키오스Chios, 튀르키에 서행안에서 가까운 그리스 섬 주재 카탈로니아 영사들은 1549년부터 1566년 터키로 섬의 정복되는 날까지 영사관 수장이 남아 있었다. 그의 이름은 갈세람 알바넬Galceram Albanell이고 그의 영웅적인 행동은 동부 지중해에서 카탈로니아 영사 시스템의 종식을 의미했다.[30] 이러한 모든 것으로 인하여, 피에르 빌라Pierre Vilar는[31] '공국의 지중해 무역은 재건되지 않았고 바르셀로나의 존재에서 지속적으로 제한적인 역할을 수행 했다.

합스부르그 왕조는 플랑드르, 이탈리아와 프랑스 주재 카스티아 영사 임명을 계속했다. 이것들 중에 가장 중요한 것은 1540년 안트워프 주재 *스페인상업국가영사*Consul de la nation des marchands d'Espagne인 프란시스코 코디나Francisco Codina인데, 카탈로니아-아라곤과 카스티아 왕국 등을 위한 활동 중인 겸임영사의 예외적인 사례 또 다른 인물들이다. 이러한 상황은 그다지 오래가지 않았지만 말이다. 1554년은 소위 *스파냐르스트라트*Spaanjaardstraat('스페인 거리')를 만들었다. 이것은 오래 동안 이미 스페인 교역 활동의 중심 이어 왔고 부르게스 주재 카스티아 영사관이기도 했다.[32]

---

29 D'Olwer, op. cit., p. 181.

30 D'Olwer, op. cit., p. 164, states: 'let us hail with respect the name of Galceram Albanell, perhaps the last Catalan consul in the seas of the Levant'.

31 *Cataluña en la España moderna* (Barcelona, 1978), p. 331.

32 *Cf.*: Janssens de Bisthoyen, A. 'Los españoles en Brujas', in *La Huella de España en Bélgica y Luxemburgo,* Rev. Geogr. española, pp. 113 ff, quoted by Ochoa, *op. cit.*, p. 623.

콘셀 드 셍트도 이탈리아 도시 주재 영사관 주재 영사들 임명을 지속했다. 처음에는 지금은 크로아티아 두르보브니크인 라구사Ragusa뿐만 아니라 플로렌스와 제노바 그리고 프랑스의 지중해 연안인 특별하게 마르세이유 등이었다. 카스티야 무역의 붕괴로 인한 지불 중단을 위한 국왕의 1575년 9월 칙령으로 인해 바르셀로나에서조차 부흥이 일어났다.

규정에는 1586년과 1588년 *해양 영사관에 관한 책*에도 추가되었는데, 팔레르모, 메시나, 시라쿠세(이들은 '자라고사'로 불림)과 트라파니 등의 영사관을 언급하면서 말이다. 이것은 아마도 기대만 했던 것이다. 시칠리아가 17세기까지 카탈로니아 교역의 일반전인 통로를 표시했기 때문이다. 그럼에도 불구하고, 16세기 중반까지 사로Saro는 바르셀로나는 단지 여섯 개의 영사관을 가지고 있다고 주장한다.[33] 그의 유명한 1625년 훈령에서, 필립 4세가 총애하는 올리바레스 백작은 '스페인의 재화를 기업과 영사관 등이 관리할 것'을 모색하지만, 아무도 이것을 새겨듣지 않았다. 영사관에 대한 완전한 무관심이 상존했다.[34]

18세기의 조락과 부활

스페인에서 진정한 행정적 통일은 17세기와 18세기 교차 시점에 루이 14세의 손자인 필리프 5세가 발표한 누에바 플란타Nueva Planta 칙령과 함께 부르봉 왕조의 등장으로 이루어졌다. 이 변화는 영사 임명권이 콘셀 데 센트Consell de Cent에서 박탈되면서 영사 제도에서도 나타났는데, 이 기관은 1714년까지 아라곤 왕을 대신하여 다소간의 영사를 파견해

33 *Op. cit.*, p. 34. 정보는 마르세이유, 메시나, 팔레르모, 나폴리, 제노아와 칼리아리 등을 기록한 밀티츠로부터 나온 것이다. *op. cit.*, Volume II, p. 508.

34 이와 관련된 참고사항으로는 Palacio-Atard, *Derrota, Agotamiento y Decadencia en la España del siglo XVII* (Madrid, 1949), p. 68를 보라.

왔다.[35] 그렇지만, 프랑스의 영향력은 또한 또 다른 지역 안에서 볼 수 있다. 영사들이 실체가 없는 왕이 임명하는 명예 사무실이 되었기 때문인데, 토로바Torroba는[36] 이 시기의 '공식 문서'를 참고하여 토다Toda와 구엘Güell 등의 존재의 의미를 떨어뜨렸는데, 영사들은 '자신들의 사무실이 개인재산과 투기의 대상이 되어 오던 시간의 비참한 결과로서[37] 자의적인 부과의 그늘에서 남용을 자행해온 것'을 비난했다.[38] 이러한 업무과정에서의 부패는 절대주의absolutism는 왕에 의하여 통제되지 않았던 국제무역 사상과는 잘 맞지 않는다는 믿음으로 이끈다. 더욱이, 중앙집권주의는 국민의 *신분상의 인물*status personae을 위한 배려를 확보하는 임무가 외국인 공무원의 존재와 양립할 수 없었다.

1714년 같은 해에는 네덜란드와 포르투갈 등과의 교역과 항해조약 서명을 목도 하게 되었다. 이것은 영사 사무실에 대해서 언급했다. 매우 부정확한 태도로, '국제 관행에 따라서'이다. 영국 영사들도 비 거주 시민들에 대한 조사를 국가 간으로 규정하도록 선언해서 수행하는 권한을 영사들에게 부여한 1724년의 칙령에서 나타난다.[39] 아직도, 영사 관할권의 배제는 비 거주인에 대하여 유일하게 관할권을 가진 '외국인에 대한 권력을 가진 재판관'들을 만들었던 1727년 왕실 조달 허가증Royal Warrant에 의하여 강화되었다.[40] 덴마크와의 1742년 7월과 오스트리아와의 1725년 5월의 새로운 무역 항해 조약은, 이들의 전임자로서 영사 본

---

35 D'Olwer, *op. cit.*, p. 33

36 *Derecho Consular* (1927), p. 47.

37 대가로, 나스시멘토 e 실바Nascimento e Silva는 his Manual of 1952, p. 41에 있는 정확도가 부족하기 때문에 토로바로부터 베꼈다.

38 De Cussy, *Réglements Consulaires* (Leipzig, 1851), p. 99에서 'secret information'를 인용한다. 1705년 2월 1일 왕령에 의하여, 대장군은 예전 스페인에 거주했던 외국 영사에게 왕의 인가장을 부여하기 이전 비밀 정보 제공하기를 요구받았다.

39 Included *in the Novísima Recopilación*, Act IV, Title XI, Book VI.

40 Also included in the *Novísima* ··· Act V, Title XI, Book VI.

질과 관련해서 만큼 애매했다. 1757년의 왕명은 영사에게 상선과 관련된 비즈니스 안으로 진입을 금지하는데, 일반적으로 이들이 자신들의 사무실 활용에서 주제넘지 못하도록 외국 영사들을 허용하지 않도록 모든 총독들에게 명령하는 것이었다. 이들의 목적과 역량 등은 자국민들에 대한 단순한 대리인과 보호자 등의 그것으로만 한정되도록 했다.

이러한 제한적인 성질에도 불구하고, 대 개혁 군주인 찰스 3세의 입법은 사람들에게 상황의 반전을 목도하도록 허용한다. 첫째로, 영사 규정과 관련하여, 그는 1765년 칙령을 승인했다.[41] 영사에게 면책특권 혹은 관할권 또는 국가 문장 활용할 권리까지도 부여하지 않더라도, 이것은 그들에게 자신들의 탑 혹은 지붕에 표시를 걸어두도록 했다. 둘째, 그는 프랑스와 엘 파르도El Pardo 조약을 체결했는데, 『스페인의 영사 조약Consular Treaties in Spain』이라는 저작에 따르면 이는 "현존하는 가장 오래된 영사 조약"으로 알려져 있다.[42]

1769년의 이러한 중요한 조약은 1761년의 3회 *가문협약*Pacte de Famille of 1761으로부터 나온 스페인과 프랑스 간의 상업 협력의 결과이다. 이것은 또한 영사들이 초래해 오던 불법에 대한 정책에 관한 반응이다.[43] 여기에 있는 10 가지에는 영사의무에 대한 세세한 내용을 발표 했다. 영사들이 무역뿐만 아니라 숙소와 기록에 대한 불가침 등에 관여되지 않는다는 중대 범죄 사건을 제외하고 개인 면책 특권을 향유하던 특허와 인가장 제출 수단에 의하여 매우 체계적인 방식으로 말이다. 허가 받은

---

41 *Novísima Recopilación,* Act VI, Book VI, Title XI.

42 *Tratados Consulares de España vigentes en 1º de enero de 1958* (Spanish Ministry of Foreign Affairs, Madrid, 1958), p. 277. 칼릭토 아르마스 바레아Calixto Armas Barea와 다른 전문가 등에 의하여 수용된 발견은 본장의 필자에 의하여 만들어졌다.

43 1758년 바텔은 영사의 특별지위를 요구했고 이러한 견해는 새로운 방식으로 현실화되기 위한 충분한 의미를 획득해 왔다. 미래의 영사적 해결 혹은 "제도"를 위한 원칙이 되는 양자 협정을 통해서이었다.

대외적인 표시('프랑스 혹은 스페인 영사' 표식 선박)는 정치적 망명권을 의미하지 않았다. 그들은 부영사를 임명했고, *리브르 플라티카*libre plática (말할 자유)를 가졌고, 그들의 배로 갈 수 있고, 그리고 선원과 단기 체류 국민을 위한 중개자로서 활동하고, 송환을 그들에게 재요청할 수 있고, 조난 사고와 유산 등의 사건의 경우에 개입할 수 있다는 것 등이다.

스페인은 영사 승인을 수립하는 조약안으로 진입을 지속했다.[44] 거의 그들 중 모두는 '최혜국 조항'을 적용 하는데 동의해서 프랑스와의 1769년 엘 파르도 조약은 최소한 이들 국가들 영사들에게 적용 되어 왔다. 동시에, 스페인도 소위 '항복 시스템'[45]의 구성원을 형성하는 국가들에 합류했다. 스페인은 후발국이다.

19세기의 정점과 규제 조치

19세기에 영국의 산업 혁명이 유럽대륙으로의 확장과 함께 자유주의 사상의 진보적인 승리는 이들에게 국제무역의 집중화를 가져다주었다. 새로운 조약에 관한 거의 광적인 속도는 두 가지 다른 차원에서 영사 활동에 재탄생을 야기했다. 동양에서 '항복'조약, 그리고 서양에서 관할권 기능이 없는 사무실을 규제했던 조약 등이었다. 스페인은 150개의 쌍무조약을 체결했고,[46] 많은 것들이 대체되었지만, 약 40개의 1963년

---

44 With Turkey (1772), Portugal (1778), Tripoli (1784), Algeria (1786), Tunisia (1791), the USA (1795) and Morocco (1799).

45 스페인은 1767년 모로코, 1782년(9월 14일) 오토만 제국, 1784년(9월 10일) 트리폴리, 1786년(6월 14일) 알제리아 그리고 1791년(7월 19일) 튀니지 등과 이러한 조약들을 체결했다.

46 *Cf.* the list thereof published on pp. 57 ff. of the book *Tratados Consulares de España vigentes en 1º de enero de 1958 ('The Consular Treaties of Spain in force on 1 January 1958'*, Madrid, 1958), published by the Directorate- General of Consular Affairs of Spain's Ministry of Foreign Affairs, whose author is also that of this article.

다층적인 비엔나 조약에 관한 1970년의 추인 등이 이어지면서 효력이 남아 있게 되었다. 19세기 만들어진 계약적인 노력에 관한 지속적인 사활성을 명백하게 보여주는 지표이다. 교섭된 처음의 것은 '무역과 해양' 으로 불리우고 이전 세기의 동일한 이름의 것들로 부터 나왔다.[47] 1840년부터 지속적으로, 이들은 새로운 스페인어 권 라틴아메리카 국가들과의 '평화와 우호' 관계이었다.[48] 이러한 것들은 영사 업무에 관한 조항(일반적으로 지나치게 애매한)을 포함했던 일반 조약이었다. 이것은 '영사 권력과 특권에 관한' 것으로 불리우거나 비슷하게 명명 된 특별조약이 서명된 것은 19세기 중반이었다.[49]

부가적으로, 언급에는 동부 지중해 국가들에서 영사 관할권 혹은 '항복' 시스템의 지속으로 만들어져야만 하고, 이것은 20세기에 들어서야 삭제 되어져야만 했다.[50] 일련의 무역과 항해 조약들이 오토만 제국과의 관할권 시스템을 통합했다.[51] 중국에서, 1860년 조약은 스페인 영사에게 지역 총독District Governors, 혹은 *시안-타이*xiàn-tai, 그리고 부영사의 지위와 명예를 부여했다.[52] 마지막으로, 첫 번째 항복문서가 폐기되

47 이러한 것들은 19세기의 무역협정들이고, 해양 무역에 관한 다층적인 규정의 부족은 이러한 것들을 '영어권 국가들에 의하여 창안된 "최혜국 레짐'을 채택하도록 이끌었다.

48 라틴 아메리카와의 평화, 친선, 승인, 국적, 등등의 조약들은 예전 스페인 영토들의 독립 이어지면서 발생되었고, 처음부터 국적 혹은 호혜성 등과의 평등 조항을 둘러싸서 기초되었으며, 문서에 '최혜국' 조항을 집어 넣게 되었다.

49 이와 같은 후자의 조약들은 세 개의 중요한 '계보'들로 구성했다. A) 1769년 엘 파르도 조약을 대신할 1862년 1월 7일의 스페인-프랑스 조약, B) 북독일 연맹과 서명한 조약(1870년 2월 22일, 1872년 1월 12일 모든 독일을 포함하도록 확대), C) 조금 후, 그리고 프랑스와 독일 등과의 조약을 적용시키는데 얻었던 경험을 바탕으로 러시아와의 협정을 체결했는데(1876년 11월 11일과 26일), 미국으로 건너가는 매우 축약된 해석인데, 브라질과의 서명(1878년 6월 15일)에 근간을 제공했다.

50 이것은 오토만 제국과의 1827년 10월 16일과 1840년 등의 무역항행, 1860년 4월 26일과 1861년 11월 20일 모로코 등과의 평화(테투안)조약, 1862년 6월 5일 안남(프랑스와 동시에) 평화우호조약, 1864년 10월 10일 중국과 1868년 12월 12일 일본, 1870년 2월 23일 사이암 등과의 우호무역항행 조약 등이 이루어졌다.

51 the comment on Turkey on p. 585 of Tratados Consulares de España, *op. cit*를 보라.

기 이전에 최혜국 지위에 의하여 대체된 것은 19세기가 거의 끝날 무렵이었다. 1897년 일본과의 우호조약에서 이어서, 영사 관할권 시스템에 대한 종말을 고하는 조류가 시작되었다.

이러한 노력과 더불어 영사 기관의 수도 급증했다. 19세기 중반에는 18개의 총영사관Consulate-Generals과 43개의 영사관Consulates, 그리고 약 100개에 달하는 부영사관Vice-Consulates이 존재했는데, 이는 외교공관의 수를 훨씬 상회하는 규모였다. 위의 숫자들은 외교공관 (2개의 대사관—파리와 교황청—16개의 공사관, 이들 중 다섯 개 만이 상주 대표와 네 명의 비즈니스 담당을 소유했다.[53] 1848년 7월부터 거슬러 올라가는 첫 번째 규정은 '외국에서 스페인 영사의 임명과 문장' 등을 위한 것이다. 1848년 9월 29일 칙령인[54] "항복 문서"를 갖고 있는 국가들의 경우에, '*레반트와 바르바리 해안 항구에서 특별하게 영사관할권*'을 발급했다. 영사는 낮은 차원의 민형사 판결 기능을 규정한 것이었다. 마지막으로, 1849년 12월 24일 순회칙령에서는 외국에서 부영사관과 여왕의 영사관 등에 있는 스페인 국민의 명단과 등록을 위한 '훈령'을 포함했다.[55] 레지스토 드 마트리큘라 콘술러Registro de Matrícula Consular, 영사기록등록부부로 불리우는 이것은 현재에도 남아있고 스페인에서 가장 오래된 현존하는 민사등록부이다.

영사서비스도 스페인의 초기 법전에 포함되었다. 1829년의 상법과 같은 것이다. 이것은 스페인 영사들에게 상업과 선적 기능을 부여한 것이다. 이 법전은 매우 중요하다. 이것은 *해양 영사관에 관한 책*을 취소하기 때문이다. 외국인 영사에 관한 한, '스페인 지역에서 영사, 부영사,

---

52 p. 209 of Tratados Consulares de España, *op. cit*를 보라.

53 All this according to an Order Circular of 20 July 1857 reproduced by Bernal O'Reilly, *Formularios de Cancillerías Consulares* (Le Havre. 1863), Part Two, p. 75.

54 Text in Bernal O'Reilly, *op. cit.*, Part Two, p. 165, and in Torroba, p. 689.

55 Bernal O'Reilly, *op. cit.,* Part Two, p. 45.

영사 담당 등에 관한 인정'을 위한 새로운 규정이 1848년 발표되었는데, 이베리아 반도, 인근 섬과 카나리 제도 등을 포함했다. 푸에르토리코 산후안, 마닐라 그리고 네 개의 쿠바 항구(아바나, 마탄자스, 산티아고와 트리니다드) 등에 한정되었지만 말이다. 이러한 규정은 1887년까지 효력이 남아 있었다. *'스페인에서 외국인 영사, 부영사와 영사 담당 등의 인정을 위한 규정'* 발표를 보게 된 그 해이었다. 이것은 여전히 온전하게 남아 있다. 관할권 행사를 위한 존중은 항상 존재한다. 이것은 이것의 문구가 고루한 것임을 반드시 인지해야만 한다. 여전히 오늘날에도 부여되는 국외 거주자에 관한 원칙이기 때문이다.

이것은 또한 19세기 후반의 법과 법전 등에 있는 영사실의범위를 언급하는 것은 의미가 있는데, 1870년 최초의 민간등록법과 같은 것이다. 1868년의 스페인 자신의 '영광스러운' 혁명의 자유주의 사상의 결과이었다. 이것은 1957년까지 유효한 상태로 남았다. 이것에는 등록에는 지방 판사는 이베리아 반도와 외교관과 영사 대리인 등은 해외에서 이루어진다고 1조에 언급되었다. 1881년의 민사소송법은 스페인 영사 앞에 긴급한 이유 때문에 무역 비지니스 혹은 증거품의 해외 존재로 인하여 자발적인 관할권 정보를 제공할 가능성을 추가적으로 설정했다.[56] 1885년의 상법은 1829년의 전임자의 조항들을 반복하고 확대했는데, 직접 인용을 하기 위하여 특별하게 책 3권('On Maritime Trade')인데, 공증인 문제를 포함하고 있는데, 선박 구매와 판매 등을 위한 증서와 같은 것이다. 1889년 민법도 역시 영사적인 민사상 혼인 혹은 유언 등과 같은 광범위한 문제들에 관하여 영사와 협의하는 직접적인 관련성을 만든다.

아직도, 가장 중요한 내부 조항은 1870년 5월 공표된 처음 *외교와*

56 새로운 민사소송법 1/2000은 현재까지 효력을 가지고 있는 예전 법령 조항들을 잠정적으로 선언한다.

영사 경력법 안에 포함되는데, 이들 경력 각각을 관리하는 규정을 가지고 있고, 그들에게 공무원의 본질을 부여하지만, 스페인왕정복고Spanish Restoration, 스페인의 역사에서 왕정 복고란 1874년 12월 29일 제1공화국이 몰락하면서 알폰소 12세의 왕정 복고가 시작된 시기를 일컫는다. 아르세니오 마르티네스 캄포스의 쿠데타로 가능했으며 1931년 4월 14일 제2공화국이 선포되면서 왕정 복고 시대는 막을 내린다. 위키백과는 1974년 이것의 철폐와 영사는 정부에 의하여 자유롭게 임명할 수 있는 예전 시스템으로의 회귀 등을 가져오게 되었다.[57] 이것은 1883년 데 라 베가 아르미조 후작Marquis de la Vega Armijo이 1900년의 그것 바로 직전 영사의 기능을 매우 자세하게 그리고 내부 경쟁에 의하여 사무실 획득 등을 규정한 자신의 이름을 딴 새로운 법령 승인을 획득할 때까지 지속되었다.[58]

'외교화'와 20세기 영사의 격하

20세기는 1900년 4월 27일 스페인 외교부[59]의 외교·영사·통역사경력법에 대한 부속서류가 공표되면서 시작되었다. 다른 장들은 그 이후로 이어지는 조항들에 의하여 대체되어 왔지만, 2장인 *On the functions of consular employees*에서는 여전히 적용될 수 있고 '국가의 상업적인 행정기관'으로 영사에 관한 적절한 정의를 포함한다(21조), 영사들은 사법적이고 공증인의 권력을 가지고, 민간인 등록에 책임을 갖는다. 사무실 업무 수행에서, 그들은 조약과 스페인 법 그리고 규정 등에 설명

---

57 조브와 헤비아 등이 Guía práctica de los Consulados de España (1858), P. 24에서 인용한 1833년 8월 29일 칙령에서 제공된 절차이다. The others, in Torroba, *op. cit.,* 1927 edition, p. 89.

58 Torroba, *op. cit.*, pp. 89–90; Maluquer, *op. cit.*, p. 1.

59 이것은 스페인 외교부가 1945년 현재 이름으로 변경할 때까지 알려진 이름(스페인어로 *Ministerio de Estado*)이다.

된 조항에 반드시 응해야만 하고 또한 국제법의 원칙과 영사가 거주하는 국가의 기존 관행 등을 준수해야만 한다.' 나는 이것은 사무실에 관한 스페인의 첫 번째 공식적인 정의이자, 이것은 본인에 관한 법률 시스템, 국제법에 관한 법률 시스템 그리고 주재국의 법률 시스템 이라는 세 가지의 법률 시스템으로 운용된다고 강조한다고 믿는다. 이 법률에 관하여 이어지는 조항들은 이의 기능에 관한 매우 자세한 결함을 제공하는데, 보호와 상업적, 공증과 사법 활동과 관련된 것이며, 영사실은 미국에 대한 자유무역과 이주 등을 가지고 19세기 동안 달성해온 지위에 관한 요약을 제공했다.

사실상, 미주에서의 '성공하기' 위하여 대서양을 건넌 스페인인의 숫자는 1910년에 147,197명이었고, 이러한 현상을 다루기 위하여 발전된 영사보호는, 파즈 아케라스Paz Agüeras[60]가 설명한 바와 같이, 이주민의 근심을 덜어주는 이익을 보호하는 데 목적이 있는데, 그들이 거주하는 공동체에 공고하게 통합하는 것이다. 이러한 일을 하는 것은 고위이주협의회Higher Council for Emigration이고, 영사는 승선해야만 하고 이주민이 항해 동안 대접받았던 방식을 확인하는 것을 내무부Ministry of the Interior에 보고한다.

이 시기(20세기 초) 영사 네트워크는 매우 광범위했는데, 유럽과 미주뿐만 아니라 몇몇 중요한 프랑스, 네덜란드, 영국과 포르투갈 식민제국(후자의 경우는 명예 영사이지만), 인도, 일본, 모로코, 튀니지아 그리고 튀르키예(전문 직원을 가지고 있는) 등을 담당했다. 1918년,[61] 경력 전문직으로, 스페인은 32명의 총영사, 81명의 영사와 20명의 부영사

---

60 'Jornadas del Servicio Exterior'. Rev. de Documentación. Administrativa, no. 206, p. 132. in *La Administración General del Estado en el Exterior,* by the same author, p. 71에서도 보인다.

61 *Cf. the Guía Diplomática y Consular de España* (Diplomatic and Consular Guide of Spain), published in 1908 by the Ministry of State, pp. 25 to 53.

등을 가지고 있다고 자랑 했는데, 70명의 명예 영사, 이런저런 부영사가 520명과 38명의 *명예*ad honorem Agents대리인 등이 추가된다. 그렇지만, 신세기 도래에 내재된 희열감은 제1차 세계대전과 전간기의 권위주의 정부로 상징되는 조치들로 인하여 영사 서비스에서의 심각한 퇴조에 의하여 곧바로 끝나고 가로막히게 되었다.

첫 번째 퇴조는 프리모 데리베라Primo de Rivera 장군 (1923- 1930)의 독재 정치 하에서 발생 되었다. 그는 예전 분리되었던 외교와 영사 경력직을 1929년 이어진 공표를 야기 했던 1928년 9월 29일의 칙령으로 한 쌍의 규정으로 통합했는데, 과거의 두 개의 독자적인 것을 대체해서 우리가 영사의 '외교화'라고 부르는 것에 대한 과정의 출발로 시작을 알렸다. 양 전문직—외교관과 영사—의 통합이 다른 라틴 아메리카에서도 일어나는 사실에, 실행은 영사 서비스에 적용되지 않는다는 것도 마찬가지로 사실이다. 외교단의 책임자로서 몇몇 직책들은 중요한 영사에 임명되었다. 유의미한 영사 사무실은 그들에게 주어졌던 대사직을[62] 보장받을 수 없다는 데 불만을 품은 고위 외교관의 강습by assault 점령되었다. 이러한 공직자들은 스스로를 그들이 과거에 이러한 직책에서 가졌던 전권대사 혹은 심지어 대사 등으로 부르면서 혼란을 야기 했다. 동시에 몇몇 사례에서 이들이 완전하게 부족했던 영사 기술과 법률 지식 등이 무엇이든 지간에 별로 관심을 보이지 않았다.

'외교화'는 수많은 영역에서의 등장을 시작했다. 다음 단계는 무역 쿼터quotas 등장의 결과이었다. 이것은 국가들에게 외교공관에 외국 무역 통제를 담당했던 경제담당관을 임명하도록 이끌었다. 영사들은 무역

62 Rocío Valdivielso del Real, in *La carrera Diplomática en España* (1939-1990) (스페인에서 외교관 경력, 1939-1990), states on p. 26: '이러한 합병은 두 개의 영향력 있는 단에 의하여 매우 다양하게 수요된다. 영사들이 기꺼이 받아들인 것은 소위 통합을 수용한 것인 반면에, 외교관들은 비통하게 느꼈고 기존의 유일한 경력 쌓기를 모색하는데 수많은 길을 표명했다.'

상업 대리인으로 활동을 중지하면서, 이들의 기능은 정보 전달로 (실질적으로) 줄어들게 되었다.[63] 1929년 7월 26일 칙령[64]은 새로운 인물의 상업 담당관을 형성했고, 이들과 영사 간의 관계는 기능적으로 독자적으로 계층구조로 관리되어야 함을 적시했는데, 전자는 후자에 대하여 그들이 필요로 했던 모든 보고서를 요구할 수 있지만 말이다. 초기부터, 이러한 상업 담당관의 창설은 1929년 12월의 칙령 회람용 편지 1.108에 의하여 영사에 유리하게 해결된 관할권 분쟁을 야기했었다. 이것은 소위 지만 말이다. 소위 *코브로드 크레디토스 엔 엑스트라녜로*cobro de créditos en el extranjero (해외에서 신용장 수집)[65]는 특수한 영사 기능이고 전통적으로 영사 책임을 인수하기를 열망하는 담당관으로 불리우는 사람은 아니라는 사실을 명백히 했다.

단명 했던 2공화국(1931-1936)후에 끔찍했던 스페인 내전(1936-1939)이 등장했다. 결과적으로, 프랑코 장군의 장기간의 독재정치는 영사 기능에 관한 급진적인 격하를 보게 되었다. 스페인 외교부는 1945년 12월 법령까지 재차 조직되지 않았다. 이 법령은 국제 업무 국장에게 보고하는 기능을 '행정부서' 담당에게 영사 업무로 격하시켰다. 영사업무 국장직은 1949년까지 만들어지지 않았다. 독자적인 영사 숫자는 조락하는 경향이 있었다. 반면에 대사관의 영사 담당 부서들은 늘어났다.

---

63 The famous Memorias (Reports) for the Centro de Información Comercial (Commercial Information Centre) re-established by the Royal Decree of 27 January 1904, in the Trade and Consular Section, whose submission consuls were continually reminded of: Royal Order Circulars nos. 230, 276, 369, 403, 554, 559, 576 and 674, between 1906 and 1920.

64 Royal Order Circular no. 1.095. of 5 August, transcribed in *Colección OOCC,* Table 22, p. 47.

65 Recopilación de OO.CC. 1967, p. 55, and Colección OO.CC., Cuad. 23, p. 1. 이것은 재정/행정적 기능이다. 이것은 거절의 경우에 관련 절차 개시와 권고, 집하 관리 그리고 최종적으로 민사소송법 그리고 자발적인 무역 관할에 대한 상법 등의 조항에 따라서 채권자 포기의 경우에 자산 경매에서 판매와 포기 등을 포함하는 것이다.

그 당시에 21명의 총영사와 66개의 영사관 등이 있었다.[66] 47개의 외교공관들 중에 많은 곳—영사들이 개선된 정치 통제 하에 있는 곳—들이 영사 담당을 가졌다.

원칙에 의하면, 결과는 다음과 같이 재앙적이었다. 1953년 10월의 회람용 명령문서 2.408에서는 외교관과 영사 서비스 간의 차이가 '사라지게' 되었고[67] 후자의 영역은 '행정과 사회문제로 한정 된다'고 간주됨을 선언했다. 행정과 사회문제 등은 비난받을 만한 것이라는 의미인, 이 기간의 이와 같은 공식적인 시각은 흥미로운데, 대수롭지 않게 여겼다는 것이다. 영사 행동을 정치적인 것으로 엄격하게 복속시키려는 이러한 노력들은 각별히 중요하지 않은 것으로 나타난다. 그 이유는 영사 문제가 스페인 내전으로부터 탄생했던 정권에는 아무런 관심이 없었기 때문이었다. 우리가 보아 온 바와 같이 그들은 역사를 통틀어 아무런 권위주의 체제가 아니었기 때문이었다.

하나의 사례는 기능의 효용성과 관련하여 하나의 예외를 형성했고, 이에 따른 결과로 미디어에 의하여 상당하게 다음과 같이 홍보되었다. 이것은 1924년 과거 칙령에 기반 하는 국적 인증서를 받았던 세파르디 유태인Sephardic Jews에 부여된 보호이다. 이것은 위에서 언급한 '항복문서' 시스템의 결과이었다. 제2차 세계대전 동안, 이러한 조항은 보호뿐만 아니라 심지어 여권조차도 세파르디 유태인에게 제공될 수 있음을 다음과 같이 의미했다. 귀화인뿐만 아니라 보호를 받는 다른 사람들조차도 단순하게 인내했다. 몇몇 스페인 외교관들은, 특별하게 마리아노 산즈 브리즈Mariano Sanz Briz는 국적 인증 혹은 심지어 여권 발행을 하면

---

66 Order Circular no. 2.383, of 12 February 1953; *Plantilla de la Carrera Diplomática para 1953* (Diplomatic Career Staff 1953), and distribution of entertainment allowances, *BOMAE* (official journal of Ministry of Foreign Affairs) for 1953, p. 98.

67 *Recopilación de OO.CC. 1967*, p. 322, and *BOMAE 1953*, p. 965에서 발견된다.

서 세파르디 출신의 수백여 명의 유태인 추방을 방지함으로써 두각을 나타냈다. 전쟁이 끝난 후 또 다른 순환 명령은 관계자들에게 이 보호가 계속될 수 있음을 상기시키며 기존의 왕령 법령에서 사용된 공식을 자연스럽게 반복했다.[68]

영사 서비스 조락은 새롭게 통합된 외교 전문직을 위한 경쟁 충원 절차에서 아무런 법적 혹은 재정적인 배경이 있는 지원자들에 대한 진보적인 승인 때문에 그 이후 수년간 더욱 강조되었다. 로시오 발디비엘소Rocío Valdivielso가 적시했듯이, *콘세조 데 에스타도*Consejo de Estado (스페인의 최고 자문기구)로부터 나온 우호적이지 않은 보고서의 존재에도 불구하고, 경쟁 신청 절차로 진입하는데 필요한 자격요건에 대한 진보적인 확대가 존재했다.[69] 한동안 법학을 전공한 지원자들이 경쟁적인 채용 절차에 주로 참여했지만, 곧 다른 학문을 전공한 지원자들의 참여가 증가하기 시작했다.

1950년대 말까지 그리고 1960년대 동안, 스페인으로부터의 이주는 매우 중대한 결과를 초래했던 변화를 다음과 같이 경험했다. 이것은 중부 유럽과 북부 유럽 그리고 영국 등으로 향하는 대륙의 남부(스페인, 포르투갈, 이탈리아, 그리스, 튀르키예와 유고슬라비아)으로 부터 나오는 대량 노동자 현상의 일부를 형성했다. 이 과정은, 경제적 '자립'(혹은 자급)에 관한 스페인의 강제 시스템으로 인하여, 내전 이후에 스

---

68 Paragraph 4 of the Order Circular, no. 2.104, of 10 September 1946에서는 다음과 같이 언급된다. '이에 따라서 '(세파르딕 유대인Sephardic Jews을 위한 보호)는 *이러한 권리가 암묵적으로나 법률적으로 인정되는 모든 국가들 안에서 지속적으로 제공될 수 있는데, 이것은 허가받은 기반 하에서 행사될 수 있을 정도로 효력이 있기* 때문이다.'

69 Rocío Valdivielso del Real, *op. cit,* p. 41에서 다음과 같이 언급한다. '전통적으로, 법령이 필요한데, T1947년 10월 24일 법령이 정치, 경제와 상업학 등에서 학위과정을 추가적으로 얻을 때까지 말이다. 1962년 4월 6일 법령에서는 철학과 문학 학위를 추가적으로 얻었다. 마지막으로 1977년 1월 13일 법령은 대학 학부 혹은 고등교육기관 등에서 학위를 수여한다고 발표한다. 하나의 공고로서 외교관에 응시하는 사람들을 위한 법률을 필요로 하는 1947년 3월의 *Consejo de Estado*을 인용한다.

페인은 1959년 경제안정계획 실천 이후까지에도 지속되었던 예민한 경제 불황으로부터 고통은 상당한 규모이었다. 프랑코의 독재정치는 1956년 스페인이주연구소를 설립함으로써 이것을 통제하기로 결정했다. 이것은 영사 사무실의 '외교화'에 대한 진일보된 단계를 나타냈다. 이것이 반드시 영사 권력(이들의 보호 기능이 여전히 효력적이라는 설명과 함께)에서 축소를 의미한다고 할 수 없다는 것이 명백했더라도, 새로운 지침[70]에 따라 관련 복지 및 송환 기금이 각국의 노동 참사관의 관리 하에 놓이면서 영사 서비스 외부에 있는 복잡한 시스템이 시작되었으며 이를 통해 스페인 해외 거주자들 사이에 계층화가 이루어졌다. 이에 따라 이민자들은 해당 범주에 속하지 않는 자국민들에게는 제공되지 않는 특권을 누리게 되었다.

이것은 영사 서비스가 활용되던 약간은 비정통적이고 폭언적인 태도를 심층적인 확인한 또 다른 독특한 현상은 프랑코 독재정치으 종식에 대한 동부 유럽 국가들과의 스페인의 반-외교적인 관계에 대한 은밀한 팽창이었다. 이것은 '영사와 상업 대표'라고 명명된 특별한 제도를 탄생시켰다. 이러한 것들은 엄밀하게 영사관들이 아니다. 이것들은 모든 형태의 정치 대표를 제공하지 않고 완벽한 외교 관계로 향하는 매우 과도기적인 기구이다. 만족스럽게, 이러한 복잡한 형식의 대표는 스페인에서 정권변동과 함께 사라졌다(다음 섹션의 각주 72를 보라). 이러한 국가들과의 관계의 또 다른 예외적인 측면은, 명백한 이유 때문에, 명예 영사라는 그 생각을 혐오했고 외교 대리인과 영사 담당자 간 거의 혹은 아무런 차이가 없음을 보여주는 경향이 있다. 그 결과, 스페인은 다른 모든 국가에서 전통적으로 사용해 오던 명예 영사 임명 방식을 '철의 장막Iron Curtain' 뒤에 있는 국가들에서는 적용할 수 없었다.

---

70 the Spain's Emigration Management Act 93/ of 22 December, BOE 30 December에 포함됨.

파즈 아구에라스Paz Agüeras가 지적한 바와 같이[71], 영사 공무원들은 '경찰 당국의 집행자'라는 역할로 축소되어 국민 등록부, 국적 증명서 발급, 여권, 비자 및 기타 여행 서류를 통해 스페인인 집단을 통제하고, 병역 의무와 관료적 절차를 수행하도록 했다. 이는 스페인 당국과 이민자들 사이에서 일종의 전달자 역할을 하는 것과 같았다. 요컨대, 영사 직원들은 해외 스페인 공동체의 헌병이 되어 당국의 강제 조치를 수행했으며, 반면 이민자들에 대한 혜택과 보조금은 다른 기관에서 관리되었다. 실제로 여러 외교 공관에 참사관을 두었던 스페인 이민 기관과 스페인 영사 서비스 간의 경쟁은 항상 유쾌하지 않은 모습만을 보여주었다.

민주적 스페인과 미래 전망

1975년 프랑코 장군의 사망은 군주제 부활과 그 직후에 민주주의 도입 등을 길을 열어 놓았다. 이것과 함께 새로운 전망의 길을 열면서, 한편으로 일련의 국가[72]와 수많은 국제기구로 스페인의 진입 등의 수립의 결과로, 다른 한 편으로 1978년 스페인 헌법의 효력이 시작되었다. 이것은 이주 자유를 포함했고 국가에게 이주자의 권리를 보장하고 이들의 귀국에 대한 스페인 정책에 적응하도록 필요로 했다.[73]

---

[71] *Op. Cit. Jornadas del Servicio Exterior,* Rev. Doc. Adm. no. 206, p. 135. Also *in Administración Gral. del Estado en el Exterior,* p. 74.

[72] 특별하게 동유럽 국가들이다. 이들이 멕시코와 재차 수립되었지만 말이다. 1977년 2월 8일 칙령은 대사관들을 불가리아, 유고슬라비아, 폴란드와 루마니아, 그리고 2월 18일 그것에 의하여 체코슬로바키아와 소련 등에 있는 *"영사관상업 대표부*Representaciones Consulares y Comerciales*"*로 전환하였다. 이러한 "유사 영사관"들의 애매한 성격은 앞 섹션에서 다루어졌다.

[73] 19조에서는 국가를 자유롭게 출입국할 수 있는 스페인 사람들의 권리를 인정하고 있는데, 149.1.2조에서는 국가는 이주 문제(이주와 이민과 관련된)에 대한 배타적인 권리를 가지고 42조에서는 해외에서 이주민의 경제적 사회적 권리 보호와 귀국에 대한 맞춤형 정책 등을 규정하고 있다.

한편으로, 1986년 스페인의 유럽경제공동체EEC 가입 이후에, 스페인은 이주 국가로부터 대량 이주민까지 갑자기 변화해 왔다. 국제적인 휴가객들의 용이한 입국을 확보하는데 도움주기 위하여 과거 독재정치의 '개방' 동안 구상되면서, 입국 비자 없이 관광객 승인정책은 아무런 신속한 변화를 보지 않았다. 이러한 새로운 상황은 스페인에서 보수를 받는 활동으로 수행을 희망하는 이러한 외국인들을 위하여 영사 사무실에서 취업 비자를 획득하기 위한 의무 설립과 통제 강화 등으로 이끌었다. 그렇지만, 너무 많은 것들이 여전히 입국비자를 둘러싼 모호함을 활용했고 관광객으로서 입국했다. 가망이 없는 많은 '관광객'들에 의한 비자 신청은 영사들에게는 악몽이 되었다. 아직도 적절한 입법적인 위장을 수용하지 않았던 이민을 위한 대리인으로서 활동하는데 범위에 익숙하지 않았다.

다른 한편, 스페인인들의 이주 움직임은 축소되고 변화되었고,[74] 위에서 언급했던 스페인이주연구소가 조락되었고, 단순 국장에게 변화되었고, 마지막으로 1985년 사라졌다 해도, 신생국에서 대사관을 개소할 필요성이 존재했다. 그리하여 영사 서비스가 덜 필요하게 된다는 믿음 속에서, 1990년대에는 스페인의 '해외 시민을 위한 지침' 출판을 보았다.[75] 이것은 80개의 전문 총영사관이 존재함을 보여주었는데, 다층적인 승인 시스템 하에 있는 3개와 10개의 추가 전문 영사관 등을 추가한다. 그렇지만, 거의 모든 국가 대사관들은 영사 담당을 가지고 있는데, 영사 서비스는 이것이 가이드로부터 나타나는 것보다도 매우 광범

74 유럽연합 내부에서 자유롭게 이주하는 스페인 사람들은 더 이상 비숙련 근로자가 아니지만 대신에 (흔히 기업), 에라스무스와 다른 교류 프로그램 학생 등의 피고용인이다. 유럽 외부 국가들은 늘어나는 숫자의 엔지오 직원들을 수용하는데, 11월 11일 칙령 1527/1988으로 만들어진 스페인국제협력기관으로부터 받는 보호의 결과이다.

75 the Technical Secretariat-General of Spain's Ministry of Foreign Affairs에 의하여 출판되고 José Manuel Paz Agüeras이 작성했다.

위해지는 것을 의미한다.

그렇지만, 또한, 스페인 헌법에 규정된 새로운 '자치주'에서 예전 *데레초스 포랄레스*Derechos Forales[76]는 '보조 민법 체계'가 되었는데, 자신만의 입법 기관을 가진 각각의 자치 지역을 가지면서 말이다. 이것은 '자율 공동체'[77]의 대표 사무실의 등장의 결과를 가져다주었다. 이들의 영토 범위 안으로부터 스페인에 대한 상당한 서비스를 제공하는 중인데,[78] '영사관들은 보호기능을 가지는 원적지로부터 나온 유일한 기관이 되는 것을 중지했다는 파즈 아게라스의 주장[79]을 뒷받침하는 것이다. 영사관들은 지금 영사 지위가 부족하더라도 지역 사무실과 경쟁해야만 하고, 또한 이들의 지역에 관한 문화적이고 상업적인 이익을 관리하는데 목적이 있기 때문이다.

스페인이 최근에 경험해 온 변화에 관한 지속적인 속도에도 불구하고, 영사서비스는 여전히 이러한 지위와 함께 아주 최근까지 주목을 받아 왔다. 이것은 원조 수혜국에서 공여국과 이민의 목적지지로 발전되면서, 그리고 (몇몇 자료에 따르면) 세계 9대 경제대국이 되면서 보

---

76 스페인에서 *Derecho Foral*은 자국의 역사적인 지역에 관한 전통법인데, 바스크, 카탈로니아와 아라곤, 발레아레스 제도Balearic Islands, 지중해 서부의 스페인령, 나바르와 갈리시아 등이다.

77 이것(스페인어로 광역자치주Comunidades Autónomas, 스페인의 최상위 행정 구역 단위이다. 스페인을 구성하는 각 구성국과 지역에 대해 주의회를 통한 자치입법권과 자치행정권을 부여하는 단위에 해당되며, 1978년 스페인 헌법 제정 당시 처음으로 도입되었다. 각 광역자치주에는 스페인의 50개 도가 속해 있다. 위키백과)은 스페인 정부가 자치주들만의 입법권을 가진 지역에서 스페인에게 부여된 이름이다.

78 카탈로니아의 경우에, 이어한 직책들의 대다수는 예전에 존재했던 Casals Catalans(카탈로니아 사회센터)의 일부를 이루는 것이다. 처음에는 사무실로 알려진 기관을 굳이 제공하지 않으려 했지만, 광역자치주는 해외에 사무실을 둘 수 있다고 5월 26일 165/1994 조항으로 스페인 헌법재판소가 규정했다. 자치주의 존재가 외교 대표성 혹은 조약을 맺을 권리를 의미하지 않는다고 규정되었다.

79 José Manuel Paz Agüeras: 'El servicio exterior y la protección de los intereses de los nacionales en el exterior' in *Jornadas del SE, op. cit.* p. 131. 그는 다른 엔지오와 특정 다국적 기업의 조력 서비스 등에 대해서 많은 것들을 언급했지만 말이다.

아 왔다. 주목을 받는 유일한 문제가 영사 보호와 조력 담당 등이기 때문인데, 외교부의 명령과 협력의 우선 사항 등을 부여한다면, 무엇보다도 대외 문제와 관련해서, 이것은 해외 스페인 국민의 이동[80]과 스페인 내로 외국인 도착[81] 등에 적시된 변화 때문이다. 9월 20일의 14/2003 스페인 법령[82]은 영사(그리고 외교 공관의 영사 담당)가 비자(임시 방문과 일을 위한)의 거의 유일한 가공 처리하는 사람이 된다는 것을 의미해 왔는데, 언급한 영사(비자를 발급하는)없이 현장에서 정상적인 훈련을 받는 영사를 의미 해왔다. 이러한 의무를 통합하는 것은 스페인 사람들에게 여권 발급의 그것이다. 7월 11일의 칙령 896/2003은 해외에서 영사 사무실과 외교 공관 등에 대하여 배타적으로 부여한다.[83]

2004년 선거 이후 정부 여당의 변화로 인하여 여러번 기획되었던 법의 부활에 관한 새로운 언급이 나타났다. 의회위원회가 이러한 목적을 위하여 만들어졌고[84] 외교의 부족에 대한 보고서를 발행했다. 그 중에서도, 이것은 '영사 긴급서비스' 부서 안에서 강화(실질적으로 몇 년

80 스페인 사람들은 외국 여행객들에게 민감해지고 있는 중이다. 이들 중에 거의 1200만 명이 2007년 국경을 넘어 왔다. 관련된 리스크가 적던 크던지 간에 확실해졌지만, 사고(하건, 질병, 도난 등등)은 지속적으로 증가하고 있고 영사들은 영사 업무량에서 상응하는 일거리을 야기시키는 이러한 사례들에서 최전선에 지속적으로 서 있다,

81 2007년 46,000만명에 달하는 휴가객들.

82 This Act modifies the Aliens Act 4/2000, quoted in Note 107, Article 27 Section 1 of which now reads: 'The visa shall be requested from and issued by Spain's Diplomatic Missions and Consular Offices, except in exceptional circumstances established by regulations'.

83 이러한 칙령은 이것을 스페인 외부에서 반대로 증거 부재 시에 스페인 시민의 국적과 신분확인을 보여주는 '공문서'로서 정의한다. 스페인의 '외교적 영사 대표 사무실에 대하여 배타적으로 해외에서 이것을 발행하는 것에 대한 권력을 행사'는 3.2 조항이다. 이것은 '전문 영사와 대사관의 영사실'에 대하여 언급되어져야만 하지만, 조항의 의미는 명확하다.

84 6월 25일 대통령실 명령 2046/2004에 의하여, 위원회는 외교부와 협력 등으로부터 한 명의 의장과 한명의 위원 등을 포함하는데, 두 명은 경제재정부를 구성하고 나머지 부서(주택과 보건부의 위원을 제외하곤)로부터 한 명의 위원을 구성한다.

전에 만들어졌지만, 이것은 최근에 들어서야 상당 관심의 주체가 되어 왔다)[85]와 영사 지도의 변경 등을 포함했다. 이 보고서에 관한 또 다른 결과는 외국 땅에 잠시 거주 하는 스페인 시민들을 위한 투표 절차를 규정하는 1621/2007 칙령이었다.

그러는 와중에, 조력은 스페인 이주민을 위하여 지속적으로 제공되었다. 몇 가지의 진전이 이루어졌는데, 비 거주자에게 투표권을 부여했다. 이러한 권리는 영사 선거인 명부Consular Electoral Register를 통하여 홍보되는데, 예전 국민 등록부Register of Nationals에 기반 하여 획득한 것이다.[86] 범죄인을 위한 조력은 포괄적이다. 새로운 유형의 조력은 송환을 필요로 하는 정신 건강 문제를 지닌 사람들의 증가로 나타났다. 국제 입양도 지속적으로 유의미한데, 2007년 스페인에서 거의 5,000명의 입양이 이루어지고 있다. 아직도, 스페인 이주자를 위한 조력에서 최대의 진전은 2006년 해외 스페인시민헌장 승인과 함께 찾아 왔다.[87] 이것은 영사 등록부에 기록된 거의 1,500 여 만 명의 스페인 사람들이 참여, 사회 복지, 교육과 문화 등의 분야에서 일련의 권리를 지니고 통합된 귀국 정책을 포함하는 위기를 인정한 것이다. 이것 모두는 애초부터 영사관 혹은 자국 대사관 영사 부서의 손안에 있어야만 한다는 것이다. 또한 적시해야 할 가치가 있는 것은 명예 영사 대리인을 관리하는 현재 규정이다.[88] 이것은 성격 상 제한적이다. 이들은 적절한 대사관의 영사 부서 혹은 전문 영사에게만 보호 기능의 비밀을 털어놓는다는 점에서

85 '영사긴급팀' (Unidad de Emergencia Consular)은 이미 2004년 크리스마스 인도양 쓰나미, 2005년 여름 허리케인 카트리나, 2005년 레바논 피난, 마레브(예멘) 테러 공격과 2007년 기젯(차드) 스페인 승객 억류 등에서처럼 다양하게 활동해 오고 있다.

86 이것은 1871년으로 거슬러 올라가는데, 해외 영사실에 등록부에 스페인 사람들의 등록에 대해선 12월 15일 칙령 3425/2000에 의하여 현대화되었다.

87 With the Charter for Spanish Citizens Abroad Act 40/2006, of 14 December

88 With the Regulation of Spain's Honorary Consular Agents abroad, in Royal Decree 1390/2007, of 29 October.

말이다. 경우에 따라서 말이다.

현재, 국내외적으로 영사 활동의 최대 양은 대외 문제 분야에 있다. 이민에 관한 막대한 압력[89]과 '가족 상봉'비자 허가를 위한 필요조건의 충족 등으로 거슬러 올라가는 긴급한 필요조건의 등장과 함께, 영사 서비스는 현재 상당한 활동을 가지고 있는 중인데, 사실 거의 유일한 업무이다. 결과적으로, 상당한 숫자의 새로운 영사 사무실이 2000년 이래로 만들어져 오고 있다.[90] 영사 부서들이 수많은 대사관(니아메Niamey, 아프리카 니제르 수도, 비사우Bissau, 서아프리카의 기니비사우의 수도, 코나크리Conakry, 서아프리카 기니의 수도, 다카Dhaka, 방글라데시의 수도) 등에서 추가되어 오고 있다. 결과적으로, 2009년 말에 스페인은 91개의 총영사관, 4개의 항공 영사관carrier Consulates, 그리고 375개의 명예 영사관 등을 가지고 있다. 118개의 상주 대사관들 중에, 92개가 영사 부서를 배치하고 있다.

중앙 기구에 관하여, 스페인외교부와 협력 등에 관한 가장 최근의 개혁에서,[91] 1949년 이래로 국장 수준으로 보유해 오던 영사업무와 조력 서비스는 영사 사무국과 이주 담당 등의 직급으로 상향되어 오고 있다. 이것은 영사 업무는 뿐만 아니라 보호와 조력, 무엇보다도 긴급 상

89 합법적으로 스페인에 거주하는 외국인 숫자는 1998년 801,329명에서 2008년 3월 4,192, 853명으로 급증해 오고 있다((figures taken from Oriol Escalas's report *La función consular: perspectivas de Futuro*—The consular function: future prospects —for Spain' Diplomatic School).

90 After the creation in 2000 of the Consulate General in Lagos, in 2003-4 Monterrey (Mexico), Algiers (Algeria), Bombay (India), Lima (Peru), Quito (Ecuador), and Bogotá (Colombia) are promoted to General Consulates. In 2006 General Consulates are created in St Petersburg (Russia), 2007 in Santa Cruz de la Sierra (Bolivia), Guayaquil (Ecuador), Dakar (Senegal), Cartagena de Indias (Colombia), Santa cruz de la Sierra (Bolivia), and 2008 in Canton (China).

91 Created by Royal Decree 438/2008, of 14 March, on the basic organizational structure of ministerial department creates, in Article 1 f) and developed by Royal Decree 1124/2008, of 4 July, on the development of the basic organizational structure of the Ministry of Foreign Affairs and Cooperation (BOE—Spanish Official Journal—of 9 July 2008).

황(미디어 압력이 여기에서 핵심적인 역할을 수행하고, 그리고 불가피하게 이것의 여파로 '외교화'를 가져온다는 것을 인지해야만 하는데, 언론인들은 본능적으로 대사관에 문의하지 영사 부서에는 하지 않기 때문이다)뿐만 아니라 일상적인 문제에도 외교부의 미래 관심사항으로 남게 된다 라는 지속적인 인식을 반영한 것으로 보이는데, 외교부의 마지막 글자 (협력)이 핵심이다. 고려해야만 하는 또 다른 문제는 유럽연합 내부에서 요구되는 협력이다. 이것이 높아지고 있다. 이것은 회원국들의 영사 서비스 간의 협력을 제고하는 데 유럽연합의 목적이 있는 것인데, 최대의 위신 혹은 역량을 갖춘 국가들의 각각의 사건에서 이익을 얻는 것이다.[92]

그렇지만, 국내외 기구에서 이러한 변화도 역시 오늘날 이민과 관련된 문제에 대한 대단하고 긴급한 노력의 초점에 대한 대응이다. 영사들이 현재 몰두하고 있고, 해외에 있는 일반 권력을 지닌 당국 기관으로서 이들의 본질과 그들의 기능의 융통성이 부여된다는 것이 유일하게 자연스럽다는 것이다. 그럼에도 불구하고, 이것은 우리에게 영사관은 이주 물결을 저지 중인 장벽만이 아니며, 단순하게 조력을 제공하는 기구는 절대 아니고, 그리고 멀지 않은 미래에는 일반적으로 그리고 거의 예외 없이 포기되어 오거나 더 심각한 것은 부적절하게 사용되고/혹은 직원을 위한 절적한 사전 훈련 없이 서비스를 성가시게 해 왔던 선견지명 부족에 대한 전통적인 과오를 저지르는 것을 피하기 위하여 기획되어야만 하는 새로운 도전을 보게 될 것임을 절대 잊어서는 안 된다. 합법적인 행동을 필요로 하는 다른 분야도 역시 등장하고 있는 중인데, 미성년자의 국제 유괴 등과 같은 것이다. 국제 유괴의 적법성을

92 The concept of a 'Pilot State' that is deduced from Article 4.1 of *Green Paper Diplomatic and Consular Protection of Union Citizens in Third Countries*, 2007/C30/04

보장하는 것은 중요한 임무로 남을 것이다.

새로운 기술의 활용은 현재 가장 중요한 도전들 중에 하나이다.93 또 다른 도전은 국적권을 스페인 손자들에게 확대하고, 수많은 비자에 대한 영향력을 가지는 역사적 기억법Historical Memory Act, 법률 52/2007은 "내전과 독재 기간 동안 박해나 폭력을 당한 사람들을 위한 권리를 인정하고 조치를 확립합니다"가 골자임. 위키 백과 조항에 대한 영향력이 될 것이고 두고 보아야 할 것이다.94 미래에 유의미한 것이 될 것 같은 또 다른 문제는 영사들의 상업 권력에 의하여 제공된다. 오늘날 거의 여지가 없기 때문이다. 스페인대외무역연구소ICEX와 같은 기구의 존재와 이 분야와 전문화 되고 무역 할당이 된 '국가 상업 기술관료'와 같은 직원 등이 부여하고, 그리고 과거의 무역 할당 시기 이래로 그들만의 것으로 이것을 주장해 오고 있다.

무엇보다도, 세계화는 이것의 본질이 완전하게 '고전적' 외교에 호의적이지 않은 하나의 현상으로서 바라보아야만 하는데, 이것이 경제적 이익에 의하여 주도되는 세상에서 국가 권력의 축소 혹은 대안 행위자의 범위 등 때문이다. 영사 중재 즉 파트너들 간에 논란에 대한 가능한 대안을 제공하고 법안에 반영된 자발적인 관할권에 대한 다른 행동 등을 이용할 가능성이 존재한다.95 종합적으로, 즉석에서 처리할 여지는

93 이것은 이미 알려졌는데, 피난 계획을 관장하는 프로그램은 미래에 사전에 짜여진 '여행객의 전자 등록'(Registro electrónico de viajeros)에 의하여 향후 합류되어야만 한다. 또한 공지된 것으로는 유럽규정 81/2009/CE에 의하여 설립된 새로운 유럽 비자법인데, 이것은 2010년 4월 5일까지 "공동영사훈령"을 대체할 것이다. 유럽연합 집행위원회도 비자에 생체인식보고(즉 사진과 모두 열 개의 지문) 포함에 대한 강제적인 포함을 만드는데 목적이 있다. 외교부의 주요 프로젝트들 중에 하나는 새로운 비자정보시스템의 실행이다. 이것은 센겐 국가 내부에서 단기 비자로 정보 교환을 허용하는 것이다. 또 다른 진전은 2007년 1월 이래로 긴급 핫라인 서비스가 시행된다는 것이다. 이러한 모든 변화들은 급격하게 영사긴급단의 업무를 긴급하게 변화시켰다.

94 권리를 인정하고 확장하고 스페인 내전과 프랑코 독재 동안 폭력 혹은 형별 등으로부터 고통 받은 사람들에게 호의적인 조치들을 수립하는 12월 26일의 Act 52/2007이다. 마지막 규정에는 외국에 있는 스페인 시민권자 일반 협의회가 해외 스페인시민권자에 관한 상술한 법률 실행과 이주에 관한 예전 일반협의회를 대체하면서 만들어졌다.

존재하지 않는다. 상업의 자유가 있는 지역에서는 융통성있는 행위자들을 모색할 필요가 존재한다. 그리고 이상적으로 이러한 역할을 수행하도록 잘 자리 잡은 것이 수세기 동안 융통성을 지닌 영사 서비스라는 것이다. 이미 적시했던 바와 같이, 영사는 국가들 간에 대립이 아닌 협력의 대리인이다. 이것은 자유와 상호관련성 등을 가지고 번성하고 무엇보다도 권위주의와 폐쇄성 등을 가지면 쇠퇴하고, 그리고 자율적이고, 탈 중앙집권화 되거나 연방 지역 안에서 매우 커진 효율성을 지니고 활동할 수 있는 것이다.

---

95 Articles 2.109 to 2.118 of the old (1881) Civil Proceedings Act, which have been left in force by the current one.

제11장

네덜란드 영사 서비스: 식민과 상업 국가의 이익 속에서

알버트 E. 커르스테른 *Albert E. Kerstern*
베르트 반 데르 즈완 *Bert van der Zwan*

공화국에서 연합왕국까지

네덜란드 공화국이 16세기 후반에 형성된 이후에 첫 네덜란드 영사는 누구였을까? 질문이 매우 단순해 보이지만 실제로 여기에 대한 대답을 하는 것은 훨씬 복잡한 문제이다. 답을 하자면, 우리는 '더치Dutch'와 '영사consul' 등이 의미하는 것을 특정할 필요성이 있다. 양자는 지난 16세기의 맥락에서 보면 문제가 있는 용어이다. 물론, '더치'는 그들의 지배자인 스페인 국왕인 필립 2세에 대항하여 반항을 일으켰던 반군들에 적용되는 것이다. 그러나 공화국 초기 시기에 독립된 국제적으로 인정받는 국가또는 네덜란드라는 표현을 정당하게 사용할 수 있는지에 대해서는 의문이 있다. 또한, 이어진 세기에서 합쳐진 국제법 구조 안에서, 외교 대표(정치적인 이해관계를 살펴보는)와 영사 대표(경제적 사회적 이해관계를 살펴보는) 간의 분명한 차이를 발전시켰다. 16세기 말에 이러한 차이가 신생 공화국에 의하여 파견된 수많은 '대리인', '사절', '위원', '영사', '대사', '대표단', '파견원' 등에 의하여 파악될 수 있는 지는 매

우 의심스러운 것처럼 보인다.[1]

그러나 네덜란드 공화국이 생존하기 위해 특히 스페인에 대한 독립 전쟁에서 잠재적 동맹국으로 여겨지는 국가들과 관계를 수립해야 했다는 것은 분명하다. 초기에는 프랑스와 영국이 대상이었다. 80년 전쟁의 초기 단계에서 네덜란드 대표들은 일반적으로 엄격히 제한된(혹은 어느정도 제한적인) 외교 권한을 가진 사절단의 일원으로 활동했으며, 해당 국가에 상주하지 않고 임시로 파견되었다. 그들은 좀처럼 영사 업무에는 관여하지 않았다. 하나의 확실한 사례는 앙투안 드 사일리Antoine de Sailly이다. 그는 프랑스 항구인 칼레Calais의 지역 기관과의 공식적인 서신을 주고받기 위하여 1588년부터 1590년까지 네덜란드 국회에 의하여 권한을 위임받았다. 그의 공식 직함이 '대리인(agent)'이었던 사실이 아니라면, 그는 아마도 첫 번째 네덜란드 '영사'였을 것이다.[2]

영사 지명은 도르트레흐트Dordrecht, 네덜란드 서남부 도시 아르눌트 드 라 베일Arnoult de la Valee에게 부여 되었다. 그는 1607년 오토만 제국 안의 알레포Aleppo, 시리아 서북부의 도시, 고대로부터 아시아와 유럽 간의 교역상의 요지에 주재했다. 그러나 그는 네덜란드 총독부가 아닌 시리아와 교역하던 네덜란드 상인들로부터 영사 임명을 받았다. 따라서 그는 민간에 고용된 영사였다. 일반적으로, 1600년 경 지중해 지역에서 네덜란드 무역의 발전은 영사 업무에 매우 전문적인 공화국의 새로운 대표 임명으로 유의미한 자극제였다. 예를 들어 북아프리카의 바르바리 국가들과의 관계에서 대

---

1 국제법에서 이러한 차이의 발전에 대한 자세한 내용을 위해선, J. de Louter, *Het stellig volkenrecht,* vol. II (The Hague: Nijhoff, 1910), pp. 1-91를 보라.

2 네덜란드연합공화국, 바타비아공화국과 홀란트공화국 등(뿐만 아니라 일반적인 조망)의 영사 서비스의 구성에 대한 정보를 위해선, O. Schutte (ed.), *Repertorium der Nederlandse vertegenwoordigers residerende in het buitenland, 1584-1810* (The Hague: Nijhoff, 1976); 그리고 Antoine de Sailly에 대한 더 많은 정보를 위해선, Schutte, Repertorium der Nederlandse vertegenwoordigers residerende in het buitenland, pp. 60-61를 보라.

표들의 임무에는 일부 외교적 업무도 포함되었지만, 우선순위는 여전히 자유 무역과 선박 운송의 촉진에 있었다. 1605년 모로코에 파견된 네덜란드 대리인 피터르 코이(Pieter Coy)도 그 예이다.[3]

1612년 오토만 제국과 네덜란드 간 항복문서로 알려진 공식 조약 체결 이후에, 네덜란드 외교와 영사 영역의 분리는 보다 명확해졌다. 오토만 정부로 알려진 터키 정부와의 접촉은 콘스탄틴노플에서 네덜란드 외교 대표에게만 배타적으로 주어졌다. 오토만 항구와 마을 주변에서 갑자기 생겨나기 시작했던 네덜란드 상인 연합을 위한 책임은 영사 관리에게 부여되었다. 일상 문제의 경우에, 그들은 콘스탄틴노플 주재 대사 혹은 *대변자*orateur 등에게 의존했고, 그들의 의무는 정확하게 항복문서에 규정되어 있었다. 오토만 법정 파견 초대 네덜란드 외교대표인 코넬리우스 하가Cornelis Haga의 임기 동안, 주요 네덜란드 영사관들이 스미르나Smyrna, 현재의 튀르키예의 이즈미르로 아나톨리아의 아이올리스 지역의 에게 해변의 전략적인 요충지에 이오니아 인들에 의해 창건되었다. 항구 조건의 이점과 방어가 용이하고 내륙과의 연결이 좋아 스미르나는 고전시대이전에 중요한 위치가 되었다. 위키백과와 알레포 등에 개설되었다.[4] 거기 영사들은 자신들의 관할에 거주 중인 네덜란드 국적자들에 대한 광범위한 법률적이고 행정적인 권력을 부여 받았다. 항복문서 아래에서 그들은 오토만 제국 안에서 독자적이고 자율적인 공동체로서 다루어졌다.

1625년의 중동무역협회Levant Trade Society의 창설은 전문화된 영사조직으로 향하는 진일보 된 조치였다. 그해에 국회는 중동무역협회에게

---

3 Schutte, *Repertorium der Nederlandse vertegenwoordigers residerende in het buitenland*, p. 381.

4 A.C. van der Zwan, *L'Histoire du consulat Néerlandais à Alep* (unpublished study for the Research Unit of the Documentary Information Systems Service of the Dutch Ministry of Foreign Affairs, 1993), pp. 3–7; and Hussein I. El Mudarris and Olivier Salmon, *Les relations entre les Pays-Bas et la Syrie ottomane au XVIIe siècle: Les 400 ans du Consulat des Pays-bas à Alep* (Damascus: Aleppo Art, 2007).

지중해 지역에서 네덜란드 영사 네트워크에 대한 전권을 부여했다. 암스테르담에 있는 협회의 이사회는 영사 임명을 위한 지명자 목록을 작성했고, 영사의 봉급을 정하고 그들의 지침 초안을 만들었다.[5]

17세기에 걸쳐 주로 영사 업무에 한정된 임무를 수행하던 네덜란드 대표들이 유럽, 특히 발트해 연안 지역에 점차 자리를 잡기 시작했다. 이러한 추이는 발틱 지역에 대한 공화국의 상업적 이해관계로부터 거슬러 올라간다. 이 지역은 *무더르네고티에*moedernegotie, 특별하게 16-17세기 동안 발틱 지역과 네덜란드 무역 (모든 무역의 어머니)로 알려진다. 몇몇 영사들은 매우 특별한 의무를 가졌다. 외레순 해협Øresund에 있는 덴마크 마을 엘시노어Elsinore, 덴마크어로 헬싱괴르Helsingør에게 부과된 한 가지는 발틱 해로의 항행을 위하여 네덜란드 상선단에 부과된 통행세를 계산하고 감독하는 책임이 있었다.[6]

1649년의 뮌스터Münster 조약은 공화국의 공식적인 국제 승인을 알리는 것이었다. 17세기 중반까지, 공화국은 유럽, 오토만 제국과 북아프리카 등으로 뻗어나는 외교적 영사적 네트워크를 지닌 강대국으로 진입하게 되었고 네덜란드의 독자적인 정치 과정으로 나가는데 일조했다. 외교관들은 유럽이라는 커다란 무대 안으로 들어갔고 주요 국제회의에 참여했는데, 그들의 존재와 행동애 따른 결과에 책임을 지는 것이다. 영사들은 네덜란드 상이들을 위한 지지의 원천이었다. 이들의 이득은 네덜란드 황금시대를 위한 기반을 깔아 놓았다.

그러나 18세기에는 네덜란드 공화국의 정치적, 경제적 중요성이 다른 유럽 국가들에 비해 감소했지만 이는 네덜란드의 외교 및 영사 네

---

5 중동무역협회의 역사를 보기 위해선, the sources published by K. Heeringa and J.G. Nanninga (eds), *Bronnen tot de Geschiedenis van den Levantschen Handel, 1590–1826,* 4 vols. (The Hague: Nijhoff, 1910–1966)를 보라.

6 Schutte, *Repertorium der Nederlandse vertegenwoordigers residerende in het buitenland,* pp. 259–262.

트워크 규모에 큰 영향을 미치지는 않았다. 네덜란드 대표는 지속적으로 상주 공관을 유지했던 대부분의 유럽 수도에서 발견될 수 있었다. 네덜란드 영사관들의 숫자는 이 기간 동안 미세하게 증가했다. 미국이 독립을 이룬 후에, 영사 서비스는 미국대륙으로 확장되었는데, 1784년부터 계속해서 뉴욕, 보스턴, 볼티모어, 필라델피아와 찰스턴 등에 사무실을 개소했다.[7]

이러한 전체적인 숫자가 늘어나더라도, 네덜란드 외교 공관의 중요도는 일반적으로 18세기가 진행되는 과정에서 저감 되었다. 외교관들은 주로 낮은 계급이었고, 영사관 활동도 점차적으로 없어지게 되었다. 오토만 제국에서 그리고 지중해 지역에서, 몇몇 영사관들은 이름뿐인 상태로 존재했다. 수많은 사례에서 자주 게으름 피우는 관리들은 더이상 네덜란드 시미들이 아니라, 오히여 현지인 혹은 다른 외국 국적자 등이었다. 18세기가 저물어 가면서, 중동무역협회는 항상 영사 관리들에게 적용되어 오던 상업 활동에 대한 금지를 주시하면서 느슨해졌다. 이것은 좀처럼 놀랄만한 일이 아니었다. 그들이 처음부터 수령해 오던 수당과 봉급 등이 줄어들거나 완전히 없어졌기 때문이다. 영사 사무실은 진짜 직업에서 일반적으로 영사직에 대한 확실한 체면을 부여했던 명예 그런 자리까지로 진행되었다. 부가적으로, 영사 임명은 개인적인 법률적이고 재정적 의무에 관함 모든 준비에서 자신들만의 정부까지인 오토만 제국과 바르바리 국가 등에서 현지 상인들을 면제시켰다. 새로운 네덜란드 국민으로서, 예전 외국 영사 관리들은 공화국의 보호를 향유 하게 되었다. 18세기 중반까지, 이것은 그 직위의 매력을 구성했던 이들의 부가 혜택이었다.[8]

---

7 Schutte, *Repertorium der Nederlandse vertegenwoordigers residerende in het buitenland,* p. 471.

8 Van der Zwan, *L'Histoire du consulat Néerlandais à Alep,* pp. 12–15.

네덜란드 7개 주 연합공화국은 1795년 종말을 맞이하였다. 바타비아 공화국Batavian Republic (1795-1806)과 홀란드 왕국Kingdom of Holland(1806-1810) 시기에, 독자적인 네덜란드 외교정책을 위한 범위가 점점 더 축소되었다. 외국과의 연락을 유지하기 위해 새로운 정권들은 이전 공화국의 외교 및 영사 네트워크를 축소된 형태로 계승했다. 그러나 프랑스 세력권 안에서 나폴레옹의 대륙 봉쇄령Continental System, 프랑스의 나폴레옹 1세가 트라팔가 해전에서 패배한 후 영국에 대한 군사적 공략을 접고 대불동맹의 주도국인 영국을 경제적으로 봉쇄하여 굴복시키기 위해서 취한 정책이다. 아울러 프랑스의 대륙시장 점유율을 확대하여 대륙의 경제를 지배하고자 하였다. 위키백과도 네덜란드를 외부 세계와 고립시켰다. 프랑스의 목적인 주도적인 국제 환경, 많은 전쟁, 영국 상품의 수입금지와 영국의 해양통제 등은 네덜란드가 예외적으로 프랑스와 프랑스 동맹국 이외의 다른 국가들과의 상주 외교적 영사적 접촉을 유지하기가 곤란하게 만들었다. 이러한 상황은 네덜란드가 1810년 프랑스 제국 안으로 통합되고 해외에 있는 모든 네덜란드 대표들이 그들의 의무에서 해임되었을 때 종식되었다.

1813년 네덜란드 독립이 회복된 후에, 신생 네덜란드는 다른 국가들과의 관계 재설정이라는 임무에 직면했다. 이것은 17세기와 18세기에서 네덜란드 7개 주 연합공화국에 의하여 발전된 과거의 외교적 영사적 네트워크를 활용하면서 부분적으로 수행되었다. 이와 같은 과거 모델의 도움으로, 외교적 영사적 서비스가 재설정 될 수 있었다. 빌헤름 1세Willem I가 네덜란드 군주가 된 지 얼마 안 되서 이었다. 이에 따라서, 1815년 북부와 남부 네덜란드가 하나의 왕국으로 통합되기 직전까지도, 네덜란드 외교 대표단은 이미 군주를 대신해서 주요 유럽 도시들에서 활동 중이었다. 1814년 초기, 거의 100명의 새로운 네덜란드 영사와 부영사 등이 전 유럽에 걸쳐서 임명되었는데, 주로 공화국이 장기간 상업 관계를 가져 왔었던 항구와 다른 도시 등이었다.[9]

여전히 이러한 영사 대표들은 전적으로 절대 새로운 것이 아니었다. 몇몇은 1810년 혹은 일찍 해임되었던 동일한 인물이었다. 다른 사례에서, 새로운 임명자들은 사망한 예전 관리의 후손이기도 했다. 공화국 동안처럼, 이들의 의무는 근본적으로 외교 대표들의 그것과는 다른 것이었다. 영사 업무는 네덜란드 법을 실행 강제함으로써 자신들의 관할권 한에서 네덜란드 국적자들의 이익을 살펴보고 무역을 진흥하는 데에만 초점을 두었다. 예를 들면, 정치적 문제로 보고를 해야 하는 외교적 차원의 활동은 예외적인 경우에만 영사에게 부과되었다. 이러한 면에서, 네덜란드연합왕국 united Kingdom of the Netherlands은 예전 공화국의 그것과도 매우 흡사했다.

해체

1830년 벨기에 봉기까지 네덜란드연합왕국을 통치했던 빌헤름 1세는 왕국의 경제발전을 진흥하기 위하여 영사 서비스를 활용하기 위한 진지한 노력을 기울였다. 이것은 긴급한 경제 상황이 주어 지면서 긴급한 필요성이었다. 영사 관계가 과거 유럽무역센터뿐만 아니라 오토만 제국과 무슬림 국가—북아프리카의 바르바리 국가—등과 맺어졌다. 네덜란드 경제가 19세기 초에 저 발전되었을지라도, 네덜란드 남부에서 몇몇의 산업 활동이 존재했다. 이것은 주로 영사 네트워크가 미주까지로 확대되면서 이루어진 것임을 염두에 두어야 한다.

9 1813년 이후 네덜란드 영사 서비스에 대한 더 자세한 통계를 보려면, Staatsalmanak (The Hague/Amsterdam: Staatsuitgeverij, 1816–1830); *the Residentie Almanak* (The Hague: Staatsuitgeverij, 1833–1862); 그리고 *the Staatsalmanak voor het Koninkrijk der Nederlanden* (The Hague: Staatsuitgeverij, 1862–현재). 1816년 이래로 거의 지속적으로 발행되어 온 이 시리즈 연감은 네덜란드 the *Registers van onbezoldigde consulaire ambtenaren* (The Hague: Dutch Ministry of Foreign Affairs,)에서 찾아 볼 수 있다. 이것은 약 1870년부터 1960년대 까지 발간되었다.

1830년, 영사 서비스는 거의 140명의 담당자들을 채용했다. 이 기간 동안, 이들 담당자들은 세 가지의 주요 그룹으로 나누어진다.[10] 첫째이자, 훨씬 더 큰 것으로, 그룹들은 네덜란드가 외교 관계를 가졌던 국가들과의 영사 대표를 구성한다는 것이었다. 이들 담당자들은 이러한 국가—주로 유럽 국가들과 미국—들에 파견된 네덜란드 외교 대표에 복속되었다. 이 그룹은 또한 영국 지배 하에 있던 지중해 주변 지역에서 활동 중인 영사들도 포함된다. 몇가지 예외가 있더라도, 이러한 영사들은 봉급을 받지 않았다. 자신들이 의무와 관련해서 비용을 충당하기 위하여, 그들은 자신들이 영사 서비스를 위하여 청구하도록 허용된 재판 수수료 수입을 활용했다.

두 번째 그룹으로는 무슬림 세계에 있는 영사들을 포함한다. 이들은 일반적으로 유럽에 있는 카운터파트보다도 더 광범위한 업무를 가졌고 그들이 근무했던 지역에 있는 네덜란드 시민들과 관련해서는 더 커진 법률 권한을 가지고 있었다. 그들도 역시 17세기와 18세기의 유산이다. 위에서 언급한 바와 같이 오토만 제국과 바르바리 국가 등과의 관계가 어떻게 원래 조직되어 왔는지에 관한 것이기 때문이다. 특별하게 이러한 지역들에서, 영사관 유지는 매우 비용이 많이 들었다. 과거 협정과 협약 등 아래에서, 현지 통치자들은 주기적 상납을 만들기 위하여 자신들의 영향권 안에서 영사들을 필요로 했다. 결과적으로, 이러한 영사들은 종종 특별 수당을 받았다. 1830년 이러한 부류에 속하는 11명이 있었다.

세 번째 그룹은 1820년대 나타났다. 주로 빌헤름 1세의 직접 발의에 관한 것으로, 거기에 있던 스페인 식민제국 붕괴에 뒤이어진 중미와

---

10 C.B. Wels, 'The Netherlands Consular Service, 1813–1873', in C.B. Wels (ed.), *Aloofness and Neutrality: Studies on Dutch Foreign Relations and Policy-Making Institutions* (Utrecht: H & S, 1982), pp. 179–180

남미 등과의 밀접한 경제 관계를 수립하도록 만들어진 것이었다. 스페인 제국의 퇴조는 예전 식민 세력에 부가해서 다른 국가들와의 무역 관계 안으로 진입하도록 다양한 도시 센터를 가능하게 만들었다. 빌헤름 1세는 그의 왕국이 혜택을 받기를 희망했다. 네덜란드 사람들은 이러한 상황을 천천히 살펴보기 위하여 여러 명의 특별 외교적 영사적 사절단을 파견했다. 예를 들면, 1826년 네덜란드 장군 얀 베르베르Jan Verveer는 시몬 볼리바르Simon Bolivar가 주관했던 모든 독립 스페인-미주 공화국 회의에 참석했던 유일한 공식 유럽 옵저버이었다.[11] 이러한 사절단은 여러 라틴 아메리카 국가들 안에 네덜란드 영사관 설치를 가져오는 결과를 낳았다. 영사관들은 처음에 쿠라사우Curaçao, 서인도 제도의 네덜란드 식민지에 네덜란드 총독에게 책임이 있었다. 일상적인 영사의무와 함께, 이들 영사들은 빈번하게 외교 임무를 수행했다. 그들 중 몇몇은 자신들의 의무의 중대성에 따라서 금액을 지급 받았다. 1830년, 16명의 네덜란드 영사 대표들이 예전 스페인의 미주와 예전 포르투갈 미주(즉, 브라질) 등에서 활동했지만, 1830년 이후 이들 영사관들의 중요성은 급격하게 축소되었다.

1850년 이후, 네 번째 그룹의 영사들이 등장했다. 이것은 아시아에서의 영사 대표를 구성하는데, 유럽 식민제국 특별하게 영국에 의하여 통치되던 지역과 중국, 일본과 사이암(현재 태국) 등과 같은 지역이다. 이들 영사들은 바타비아(지금 인도네시아 자카르타)에 있는 네덜란드 동인도회사의 네덜란드 총독의 통제 하에 놓여 있었다. 1830년 이와 같은 관리들이 존재하지 않았는데, 중국 도시 광동에 1명의 상업 대리인

11 Theo P.M. de Jong, 'Nederlanders in Centraal-Amerika, 1825-1832', in *Spiegel Historiael*, January 1967, pp. 28-41; and Bert van der Zwan, 'De bilaterale betrekkingen vanuit Nederlands perspectief', in Bert van der Zwan et al. (eds), *Costa Rica-Nederland: 150 jaar diplomatieke betrekkingen (San José, Costa Rica: het instituut voor de buitenlandse dienst* Manuel Maria Peralta, 2002), p. 29.

을 제외하곤 말이다. 이것은 여전히 자신들의 아시아 식민지에 외국 영사 관리를 승인하는 유럽 식민 국가들에게는 일상적인 것이 아님이 이유들 중에 하나이었다. 영사의 상업적인 의무는 오로지 식민국만이 자국 식민지로부터 경제적으로 이익을 볼 수 있어야만 한다는 주류 생각과 충동했다. 네덜란드에서, 특별하게, 이러한 생각은 잠시동안 주류를 이루었다. 주로 영국과 미국 등으로부터의 압력을 받은 네덜란드가 자국의 각각의 식민지로 승인받도록 영사들을 허용했던 다른 국가와의 조약 서명을 한 1850년대까지이었다.[12]

19세기 초, 네덜란드 외교부는 몇몇 영사들에게 대해서만 직접적인 통제를 가졌는데, 주로 유럽 주재 영사들이었다. 외교부는 내부적인 책임분담이 없는 조그마한 부서이었다. 이것은 또한 독자적인 영사 분과를 가지고 있지 않았다. 영사 업무와의 관련성은 통상적으로 네덜란드 왕의 사무실을 위한 영사 임명에 대한 결정 준비보다도 아무런 진전이 없었다. 원래, 외교부는 영사와는 전혀 관계를 갖지 않았는데, 특별하게 위에서 언급했던 두 번째와 세 번째 그룹 등에 있는 영사들이다. 무슬림 국가 주재 영사들은처음부터 중동무역협회에 전적으로 의존했는데, 17세기와 18세기의 또 다른 잔재이다. 이것은 네덜란드 독립 부활 이후에 재 설립되었다. 이러한 임무는 그 후에 산업, 무역과 식민국 등을 다루는 계승된 부서에 의하여 이어받게 되었다. 라틴 아메리카 주재 영사들도 역시 원래부터—1820년대—이러한 부서들 통제 하에 놓였는데, 쿠라사우 섬 총독에 직접적으로 책임이 있어서, 네덜란드 식민지부Dutch Ministry of the Colonies의 책임이었다. 이 부는 1842년 독자적으로 활동을 시작했다. 이러한 상황은 1862년까지 지속 되었다.[13]

---

12 A.C. van der Zwan, *De geschiedenis van de Nederlandse consulaire vertegenwoor-diging te Hongkong,* unpublished study by the research unit of the Documentary Information Systems Service, Dutch Ministry of Foreign Affairs, 1996, pp. 2 and 3.

19세기 초에 네덜란드 영사 서비스의 파편적인 본질은 다양한 영사들에 의하여 수행되던 세력들을 관장하는 법적인 틀에 반영되었다. 이것은 세 가지 세트의 규정을 포함했다. 첫 번째 것으로는 1814년 1월 22일로부터 거슬러 올라가고 '외국 항구와 무역 센터 등에서 우리의 영사들'에게로 전달되었다. 그런 다음 1818년, 독자적인 규정이 중동과 지중해 주변 다른 지역 등 주재 영사들을 위하여 작성되었다.[14] 그러는 와중에, 라틴 아메리카 주재 영사들은 이러한 규정들 밖으로 떨어졌고 처음부터 개별 영사 훈령에 기반하여 운영되었다. 이것은 부분적으로 현존하는 규정에 상응하는 것이었다.

변화

이러한 차이들에도 불구하고, 19세기 전반 다양한 유형의 네덜란드 영사들이 수많은 공통적인 특징을 지녔다. 이들 중 아무 것도 영사 직무를 위한 직업 훈련을 받지 않았고, 영사 업무는 좀처럼 이들의 주요 활동이 아니라는 것이었다. 대부분은 상업 분야에서 삶을 영위했다. 이들의 임명은 통상적으로 그들이 결과적으로 현지 공동체에서 향유 했던 부와 우월한 지위 등과 관련되었다. 영사직은 흔히 동일 가문에서 대를 이어서 승계되었다. 이러한 영사들은 자신들의 개인적인 자산과 자신들의 지위 제고를 위한 직책으로 간주했다. 그들은 자신들의 영사 활동을 부차적인 활동으로 여겼다.[15] 위에서 언급했던 바와 같이, 대부분의 영

---

13 Leonard Blussé, 'Dutch Consular Representation on the South-East Coast of China during the Nineteenth Century', in Cai Hongsheng and Leonard Blussé et al. (eds), *Sailing to the Pearl River: Dutch Enterprise in South China, 1600-2000* (Guangzhou: Guangzhou Publishing House, 2004), p. 73.

14 Wels, 'The Netherlands Consular Service', pp. 182 and 186. The regulations are located in the archive of the Dutch Ministry of Foreign Affairs, 1813-1970, inventory nos. 3011 and 3632, National Archives, The Hague.

사들은 봉급을 수령 하지 않았다. 이것을 위한 설명으로는 단순했다. 빌헬름 1세 치하에서 네덜란드는 재정상태가 너무 빈곤하여 전문 영사 서비스를 유지할 여력이 없었다. 이로 인해 '명예직'이라는 개념이 순전히 필요에 의해 생겨났으며, 이는 18세기에 뿌리를 둔 경향이었다.

1830년 이후, 여러 발전들이 결국 네덜란드 영사 서비스의 본질을 급진적인 변화를 가져오도록 했다. 첫 번째는 네덜란드 연합왕국의 붕괴이었다. 1830년, 남부에서 빌헤름 1세에 대한 반란이 일어나서, 10여 년 간의 군사 충돌과 무엇보다도 정치 투쟁 등을 야기시켰다. 이것은 1839년 런던조약에 정점을 이루었다. 네덜란드와 벨기에가 각자의 길을 가기로 한 이후였다. 북부는 처음부터 이에 대해 납득 하기가 어렵다는 것을 알았다. 왕은 새로운 상황에 대하여 좀처럼 스스로를 납득 할 수 없었고 나라 전체가 1830년대와 1840년대 영구적인 정체성 위기로 고통받았다. 벨기에의 분리도 역시 헌법 관계와 정부 조직 등에 대하여 압박을 가했다. 부와 다른 정부 조직 등의 임무는 여러 차례 개편되었는데, 여러 정책 분야에서 역점이 변화되기 때문이었다. 예를 들면, 이것은 외교부, 외교정책 그리고 이에 따른 영사 서비스 등에 적용되었다.

영사 서비스를 위한 가장 현저한 결과는 여러 영사 대표들이 1939년 이후 벨기에에 상주하게 되었다는 것이었다. 런던조약은 특정 그리고 종종 지대한 영향을 가져올 영사 활동 등을 제공했다. 처음에 문제들은 영사관들이 반드시 위치해야만 했던 네덜란드와 벨기에 간에서 발생했지만, 주요 분쟁은 누가 임명되어야만 하는지에 관한 것이었다. 빌헤름 1세는 벨기에 국적자를 영사 관리 임명을 주장했고 오렌지 가문

---

15 Wels, 'The Netherlands Consular Service', pp. 186-187. Schutte, *Repertorium der Nederlandse vertegenwoordigers residerende in het buitenland*에 대한 개관에서는 1813년 이전에 이어지는 영사들과의 연계가 된 가문과의 관계를 조명했다. 유사한 패턴이 1870년 이전에 각주 번호 9)에서 인용된 영사 명단에서 관찰될 수 있다.

House of Orange에 동정적이었다. 그는 여전히 벨기에 사람들을 어느 정도 자신의 신민으로 간주했다. 벨기에에서 단연코 가장 중요한 네덜란드 영사 관리였던 특별하게 앤트워프Antwerp, 벨기에 항구도시 주재 네덜란드 총영사의 임명은 다루기 힘든 일이 되었다. 빌헤름 1세의 퇴위 직후가 되어서야 만이 문제가 해결되었는데, 인접국과의 영사 관계가 정상화되도록 해 주었다.[16] 1850년, 벨기에에서 활동 중에 다섯 명의 네덜란드 영사 관리와 네덜란드 주재 일곱 명의 벨기에 관리 등이 있었다.

네덜란드와 벨기에의 분리도 역시 네덜란드 경제 정책에 관한 검토를 이끌었다. 1840년 이후, 검토는 네덜란드 동인도회사와 같은 북부 네덜란드의 전통적인 상업적인 이익에 더 많이 그리고 산업적인 이익에는 덜 맞추어서 조정되었다. 네덜란드연합왕국 동안 이것은 남부에 상당히 관심을 기울여 왔었다. 네덜란드 동인도회사와 아시아와의 무역 등은 네덜란드 경제에 의미가 커져갔다. 그러나 극동에서 네덜란드 영사 단의 숫자는 1850년까지 중국에서 소수로 제한적으로 남아있었다. 이들은 바타비아 총독의 감독하에 놓여 있었다. 대사관 의무의 재편성에도 불구하고, 아시아는 잠시동안 식민지부의 구조화에도 불구하고 전유물로 남았다. 그럼에도 불구하고, 외교부는 점차적으로 영사 서비스에 대한 상당한 통제를 획득했고 지속적인 힘을 얻게 되었다. 이것은 세 가지 세트의 영사 규정들의 수정에 반영되었는데, 1846년 항구 주재 영사를 위한 새로운 규정의 결과를 가져왔다. 거의 동시에, 영사 규정은 항구 이외의 도시에 거주했던 영사들에게도 적용되었다. 두 가지 세트들은 1874년까지 효력을 가지고 있었다.[17] 해외 영사 숫자들이 이 기간

---

16 C.W. van Santen, *Het internationaal recht in Nederlands buitenlands beleid* (The Hague: s.n., 1955), pp. 61–64. 본 연구에서는 1840년과 1850년 사이 네덜란드 외교정책과 관련된 광범위한 참고문헌들 다룬다. 제3장(pp. 56–81)에서는 이 기간 영사서비스에 전적으로 할애하고 있다.

17 Archive of the Ministry of Foreign Affairs, 1813–1970, inventory no. 3011.

꾸준히 증가했다. 1830년대 약간 떨어진 이후에, 숫자는 1850년까지 거의 350명으로 늘어났다.

장기적으로 보아, 두 번째 추이로는 영사 서비스를 위한 매우 확대된 결과를 가진다는 것이다. 1850년에는 네덜란드에서 산업혁명의 서막을 목도 했다. 정규 선박과 기차 서비스 등의 발전은 무역을 촉진했다. 산업 혁명은 19세기 후반 동안 네덜란드에서 더디게 자리 잡았고, 주요 상품에서 무역에서부터 산업과 농산품 수출까지로의 근본적인 이동을 가져오는 데 도움 주었다. 또 다른 주요 자극제로는 독일의 산업 발전이었다. 루르 지역으로의 원재료의 이송과 세계 다른 지역으로의 완제품의 수송 등은 기하급수적으로 늘어났다.[18] 즉, 새로운 독일 행위자들은 국제 무역에 등장했고, 다른 국가들 시장을 찾았고, 네덜란드 정부의 지원에 의존했다. 그 당시 영사는 네덜란드 문서를 발행하거나 혹은 선박의 서류를 검사하는 것보다도 더 많은 것을 하기를 바랐다. 무역 정보를 위한 수요가 가파르게 상승했다. 부분적으로 새로운 수출국은 자신들의 새로운 시장에서 포장, 라벨 붙이기, 위생관리, 선전과 상업 관행 등등 대한 늘어나는 입법에 친숙하지 않았기 때문이었다. 결과적으로 영사의 책임이 눈에 띄게 확대되었다. 그들이 특정 생산품과 시장 상황 등과 관련되어 받고 있는 문의 사항 때문이었다. 그들은 새로운 네덜란드 생산품들이 자신들의 시장에서 성공할 수 있는지를 결정하는 시험적인 연구를 수행하도록 요청받았다. 이것은 명예 영사의 업무량에서 엄청난 증가를 의미했다. 이러한 상응 효과는 다음과 같이 매우 광범위했다. 그들은 수출업자들의 늘어나는 숫자에 대처했고, 현지 상업 단체들과의 접촉을 늘리고 가능한 상업 행위자들과 관계있는 수많은 새로운 법과 규정 등에 관한 세세한 기록을 유지했다. 제도적인

[18] J.A. de Jonge, *De industrialisatie van Nederland tussen 1850 en 1914* (Amsterdam: Scheltema & Holkema, 1968), pp. 238–245.

용어로, 무역과 관련된 정보를 위한 수요의 집중화와 이러한 설명 등은 두 가지의 가시적인 효과를 지녔다.

더 커진 차이와 전문화 등을 위한 필요성은 외교부 내부에서 영사와 상업부서의 설립을 이끌었다. 이것은 1876년 3명의 직원을 가지고 시작했지만, 1914년까지 숫자는 10명으로 늘게 되었다. 20세기 초에 영사관의 숫자가 500개 이상에 달했는데, 헤이그에게 더 확대된 통제 행사를 필요로 했다. 이것은 전통적인 영사 업무뿐만 아니라 일반적으로 무역 정보와 대외 경제 관계 등에 한정되었다. 상업조약의 준비와 체결 그리고 다른 다층적인 협정 등은 지속적인 중요도를 띠었다. 국제적으로, 자유무역은 더디게 늘어나는 보호주의를 만들었다. 이것은 특별한 전문 식견을 요구했다.

1871년 영사법의 도입은 또 다른 중요한 전환점을 찍었다.[19] 경력 영사의 위상은 명예 영사의 현재 입장과 함께 창출되었는데, 전문화의 시작을 의미했다.

또 다른 중요한 요소는 아시아에서 영사 서비스를 위한 책임은 식민지부에서 외교부로 1862년 이전되었다. 1875년 이후, 외교부는 지속적으로 핵심적인 부서가 되었고 네덜란드 동인도회사 그것들보다도 아시아에서 네덜란드 이익에 더 커진 비중을 부과했다.

전문직으로 발전

영사 서비스 발전을 복잡하게 만든 요인 중 하나는 외무부 예산을 주시하던 네덜란드 의회였다. 특히 외교 사절단 비용이 비판의 대상이 되었고 확대되는 영사 네트워크도 면밀히 검토되었다. 의회는 유럽 외 지역의

---

19 *Staatsblad van het Koninkrijk der Nederlanden* (1871), no. 91; 법령은 민간 기구와 영사 관할 등의 권력의 초안을 작성했다.

외교 사절단 비용을 절감하는 방법으로 직업 영사를 도입하는 방안을 고려했지만 그렇다고 직업 영사에 대한 예산을 넉넉하게 할당한 것은 아니었다. 국회와 외교부 간에 근본적인 의견 차이가 다음과 같이 존재한다. 국회는 문제가 되는 국가와의 무역 규모가 상당하지 않는다면 전문직종 설정을 원하지 않았다. 반면에 외교부는 새로운 시장에서 경력 영사의 등장은 교역을 진작시킬 것이라는 견해를 보였다. 결과는 전문직 영사 서비스의 더딘 성장과 명예 영사 수당 형식에서 반쯤 해결 등이어서, 이것들은 자신들의 부차적인 영사 업무에 더 많은 시간을 투자했다.

직업 영사와 명예 영사 간의 차이가 상당했으며, 이는 단순한 이론적 차이에 그치지 않았다.[20] 영사직에 들어가려면 까다로운 시험을 통과해야 했고, 시험 위원회에는 외무부와 상업계 대표들이 포함되었다. 응시자는 최소 20세 이상이어야 하며, 시민의 권리를 온전히 누릴 수 있어야 했다. 시험은 필기와 구술로 구성되었으며, 네덜란드어, 프랑스어, 독일어, 영어의 구사 능력이 필수적이었다. 상업 및 해운 용어에 대한 지식도 특별히 중요시되었다. 요구되는 전문 지식은 영사직의 업무—즉, 무역 촉진, 네덜란드 법률의 시행, 사법 업무 관리—와 관련이 있었다. (이에 비해, 외교직에 입문하기 위해서는 외국어 구사 능력과 외교사 및 국제 공법에 대한 일반적인 지식이 요구되었다.)

무역 진흥에 관한 한, 일반 경제 지식과 무역과 선박 통계 등도 요구되었다. 이것들은 영사가 되려는 이들에게 사회의 일반적인 삶을 이해하고 무역과 선박 등의 발전을 따르고 분석할 수 있도록 하기 위해서였다. 통계는 단순히 산수가 아니라 데이터의 구성과 분석 등에 대한

---

20 *Staatsblad van het Koninkrijk der Nederlanden* (1875), no. 42; 1875년 4월 5일 수습 영사와 그 직책에 대한 필요조건 등을 다룬 법령.H.J. de Muij-Fleurke and S. Plantinga, 'Assistance Abroad: The Consular Service', in R.E. van Ditzhuyzen et al. (ed.), *The Foreign Ministry: 200 years* (The Hague: Sdu Uitgevers, 1998), p. 125를 보라.

통찰력을 포함했다. 이러한 요소에도 역시 상업 지리를 포함 시켰는데, 특별하게 주요 통상로, 그리고 물론 최근 경제사 등이다. 이것은 후보자에게 상인이 되도록 할 의도는 없더라도, 여러 환율에 대한 친밀도와 다양한 화폐와 부기 등을 포함하는 경제 산술에 대한 지식은 필수이었다. 모국과 식민지 등으로부터의 농업, 산업과 상업 생산품도 역시 매우 유용했다. 영사들은 이러한 재화를 위한 새로운 시장 개척을 해야만 하기 때문이었다.

네덜란드 법률 집행과 재판 관장 등과 관련하여, 필요조건들은 매우 광범위했다. 주요 요소들은 상법과 해양법 등에 대한 지식이었다. 일반적인 실무 지식으로도 충분했다. 상업 관리들은 복잡한 법률적인 쟁점들을 해결하도록 요구받지 않았기 때문이었다.

네덜란드 민법과 관련하여, 네덜란드 시민 자격처럼 시민의 지위와 상속법 등과 같은 핵심 영역과의 친숙함은 영사의무 수행에 필요했다. 국제법의 일반 원칙에 관한 친숙도 사업가와 선장 등에게 조언하고 네덜란드 법 적용을 포함하는 특정의 영사의무를 수행하는 데에도 충분했다. 네덜란드의 정치적 헌법적인 체제에 대한 일반 지식도 물론 해외에 있는 네덜란드 대표들에게는 필수적이었다.

이리하여 필요조건들은 완전하게 미래의 직업에 맞게 조정되었다. 전형위원회는 에세이 시험 선택을 제공함으로써 언어와 경제 그리고 법률 주제 등에 관한 지식을 테스트했다. 후보자 숫자와 얼마나 많은 후보자들이 합격할 것인지 등에 대한 정보는 잘 알려지지 않았다. 그러나 1883년, 3명의 후보자들이 시험에 응시했다. 22살이던 헨드릭 스파클러Hendrik Spakler가 합격했다. 위원회는 두 번째 후보자의 적격성에 대해서 의견이 갈렸다. 세 번째 후보자는 수준 이하라고 간주했다.[21]

---

[21] National Archives (2.05.38), inventory 73.

1876년 경력 영사직의 창설은 네덜란드 수출업자들의 매우 전문적인 지원에 부응한 적절한 조치이었다. 그렇지만, 문제는 외교부가 더 많은 인력을 배치할 계획이 없다는 것이었다. 명예영사들이 스스로 비즈니스 세계에서 자신들의 위상에 대하여 자부심을 느끼는 반면에, 경력 영사들은 맞춤형 서비스를 제공함으로써 자신들의 가치를 증명해야만 했었다. 이것은 문제가 되는 분야에 대한 지식과 이해 등을 필요로 했다. 그러나 이러한 지식은 외교부에선 부족했다. 이러한 분야에서 가장 도드라지는 전통적인 자문관—암스테르담과 로테르담 상공회의소—들은 현장유지에 만족했고 확실하게 이러한 새로운 담당자들의 숫자에서 급격한 증가에 압력을 받지 않았는데, 실행계획은 고사하고 말이다. 공관이 명예 영사 혹은 경력 영사 등으로 충원되는 지에 관한 아무런 정책이 존재하지 않았다. 전문 영사 서비스사 훈련 영사들을 승인할 뿐만 아니라 명예 영사와 다른 후보자들의 유입을 통하면서 늘어났다. 1884년까지, 10명의 전문 총영사관—런던 주재 한 명만을 제외하곤 그들 모두는 유럽 밖에 있었다—과 3명의 전문 영사관 등이 있었다.

외교부 장관의 미래를 위한 계획은 명확하지 않았다. 그는 인접국의 사례들—프랑스, 영국과 독일 등과 같은—을 따르기를 원하고 영사관과 부영사관으로 세분한 전문 총영사관들의 세밀하게 짜여진 네트워크 구축을 원했는가? 정책 비전의 부족은 발전은 더디고 매우 비효율적으로 진행됨을 의미했다. 이것은 비판을 불러 왔다. 새로운 담당자들의 충원이 충분하게 이루어지지 않고, 젊은 경력 영사들이 부적절한 직업 전망에 직면했고, 그리고 영사 혹은 총영사 등은 고사하고라고 부영사로의 승진이 너무 더디는 등의 불평도 있었다. 1884년, 전형위원회는 경제 업무에 초점을 두는 전문 영사 시스템을 위한 면밀한 계획을 제출했지만, 이것은 장관에게까지 전달되지 않았다. 기존 외교관들을 스스로를 '하이 폴리틱스high politics정치에서 군사나 좁은 의미의 외교를 가리킴'에 관여하고 무역문제는 거리를 두었는데, '우리는 치즈를 판매하지 않는다'고 주장하면서 말이다. 그래서 장관은 영사와 외교 서비스 등을 통합하는데 관심을 두지 않았다. 높은 비용은 불가피하게 국회에서 반대에 직면한다고 주장하면서 말이다. 공개 토론이 발생했지만, 결과는 동일한 과거 방식으로 계속 되는대로 하는 결정이었다.[22]

침체기

영사직의 도입은 그들이 봉사했던 사람들 사이에서 커다란 만족을 주지 않았다. 반대로, 이것은 침체기로 이어졌다. 1855년이 시작되면서, 네덜란드는 많은 국가들과의 영사 관계 조약에 서명했다. 주로 유럽과 라틴 아메리카 등이었다. 아시아에서, 조약은 사이암과만 이루어졌다. 1900년이 되어서야 일본과의 조약 체결이 있었다. 이러한 조약들은 영사 임무 네트워크 발전을 위한 길을 깔아 놓았다. 동일 기간에, 네덜란드는 또한 일련의 상업조약을 체결했는데, 주로 유럽 국가들과 이었다. 그렇지만, 무역 업계에서, 네덜란드 외교부에 의하여 제공되는 변변치 않은 서비스에 대한 불만이 늘어났다. 이것을 위한 여러 이유들이 존재했다. 1864년 새로운 훈령이 외교부 보고서 제출로 공표되었다.[23] 영사들은 주도구권을 가지고 네덜란드가 영사 조약 실행, 수출입의무에 대한 변화, 무역, 선박과 산업 등에 관한 법 등과 같은 변화 등과 같은 네덜란드의 이익을 해칠지도 모르는 새로운 세금 혹은 세금 인상과 다른 조치 등의 도입에 대한 정보제공을 지속할 것 등을 요구했다. 이것은

22 National Archives (2.05.38), inventory 73.

23 M.L. van Deventer, *Algemeene Voorschriften voor de Nederlandsche Consulaire Ambtenaren met de daartoe betrekkelijke bescheiden* (The Hague: Ministry of Foreign Affairs, 1874), pp. 159-180.

또한 관세 입법, 검역과 보건 등에 관한 입법 등을 포함하는데, 부차적인 상업과 선박 비용 등과 함께 말이다. 이러한 훈령 준수를 감시하는 것은 거의 불가능했다. 공사관들은 경제적 상업적 문제에 관심을 두지 않아서 영사 대표에게 어떤 지침도 부여하지 않았다. 한편, 외교부는 영사 담당자들을 독려하기 위한 정보가 모자랐다. 사건 감시의 유일한 방식은 연례 영사 보고서를 통하는 것이었다. 이것은 무역, 선적, 이주와 다른 중요한 문제 등이 뒤따르는 농업, 산업, 선적과 광산 등의 분야에서 현지 생산에 대하여 초점을 주는 혼재된 숫자의 주제들을 다루어야만 했다.

1864년에 외무부는 이러한 보고서를 출판하기 시작했으나, 때로는 시간이 상당히 지체된 후에야 출판이 이루어지기도 했다.[24] 전반적인 기획 통제는 존재하지 않았다. 통상적으로 관련 명예 영사들의 노력에 의존하면서, 보고서는 세밀하고 최신 자료이거나 혹은 자신들만의 정보 채널을 갖지 않은 네덜란드 수출업자에게 아무런 관련성이 없고 극도로 열했다. 자주 늦게 출판되는 보고서는 또한 이것들의 영향력을 약화시켰다. 출판이 늦어지는 평균 기간은 3개월에서 5개월까지 이었다. 몇몇 경우에는 2년까지 걸리기도 했다. 전체적이고 번역되지 않고 전문용어가 난무하는 보고서 출판은 중소규모 비즈니스업자들의 접근하기에는 아무런 도움을 주지 않았다. 또 다른 취약점은 네덜란드 혹은 네덜란드 동인도회사 등과의 무역에 대한 특수 정보의 부족이었다. 국제무역이 19세기 말로 집중되고 보호주의가 명분을 얻게 되면서, 영사 보고서는 가치가 없게 되었다.

영사 서비스에 의하여 제공되던 결함이 있는 서비스에 관한 비판과 함께 증대되었다. 경력 영사 도입은 이것이 제기되어 오던 높은 기

24 Ministry of Foreign Affairs, *Consulaire verslagen en berichten* (The Hague: Ministry of Foreign Affairs, 1864–1907).

대에 부응하지 못했다. 수습 영사들은 부 영사로 임명되기 몇 개월 전 동안만 임명되고 헤이그에 있는 외교부에서 1년 동안 근무했다—그래서 그들은 실무 경험을 거의 습득하지 못했다. 경력 영사들은 주오 유럽과 아시아 항구 도시들에 주재했다. 경력 영사들은 자주 명예영사의 직원으로 추가되기도 했다. 예를 들면, 1912년 이것은 뉴욕에서 발생되었다. 초대 경력 영사가 미국에 임명된 것은 1911년이 되어서 였다. 1900년, 경력 영사들은 네덜란드의 537개 영사관들 중에 25개 영사관을 책임 맡게 되었다. 명예 영사들의 70퍼센트가 네덜란드 비국적자들로 충원되었다. 그들 대부분은 네덜란드어를 구사하는 정보원들과의 효과적으로 의사소통할 수 있는 충분한 네덜란드 지식을 보유하지 않았다.[25] 매우 더딘 속도의 변화는 주로 기존 질서뿐만 아니라 재정부족 등의 결과이었다. 외교부는 임명에 대하여 암스테르담과 로테르담 상공회의소하고만 협의 했다—즉, 무역, 선적과 은행계 출신의 전통적인 대표말이다. 이것은 일반적으로 투자 이익에 익숙했던 명예 담당자들의 임명으로 이끌었다. 외교부는 현실 상황에 대한 아무런 혜안도 갖고 있지 않았다. 1906년까지 명예 직원의 주요 의무에 관한 아무런 기록이 존재하지 않았기 때문이었다.

산업 수출이 영국과 함부르크 등에 있는 무역 사무소를 통하여 일반적으로 통용되기 때문에, 이것은 1906년까지 네덜란드에서 가능성 있는 수출업자들로부터의 질의에 응답할 때 상업적인 이유 때문에 명예 영사가 부적절하거나 아마도 신뢰할 수 없는 정보 제공에 관한 확신은 거의 불가능했다. 이것은 일본 고베 주재 영사의 경우이다. 그는 라스페앤코Raspe & Co. 피고용인으로서 일본 시장에 관한 네덜란드 동인도

---

25 W.H. Salzmann, *Bedrijfsleven, overheid en handelsbevordering: The Netherlands Chamber of Commerce in the United States, Inc., 1903–1987*, dissertation, Leiden University, 1994, p. 38.

회사의 미래 경쟁자에게 정보제공을 하는데 거의 관심이 없는 것처럼 보였다.[26]

1890년부터 1914년까지 영사 네트워크의 급격한 팽창의 결과로, 경력 영사 도입은 대수롭지 않은 것처럼 보였다. 그렇지만, 이것은 지나친 결론이 될 것이다. 경력 영사의 숫자가 1895년까지 매우 더디게 늘어난 것은 사실이다. 1870년대와 1880년대 동안, 16명의 수습 영사들이 임명되었는데, 뒤이어진 20여년 동안 32명에 비교해서 말이다. 1906년 이래로 지속적으로, 여러 새로운 직원들이 매년 추가되었고 20년 안에 그들은 비 유럽 국가(북경, 상해, 홍콩, 고베, 싱가폴, 테헤란과 시드니) 혹은 런던, 앤트워크 혹은 뉴욕 등과 같은 중요한 서구 공관 등에 총영사 직위를 취득하게 되었다. 이들이 특별하게 라틴 아메리카와 같은 비 유럽 국가에 주재하면, 그들은 또한 외교 공관을 책임지는 수행원이고 사실상 일반적으로 유럽 밖의 임무에는 별다른 관심을 갖지 않은 외교단의 보조원을 구성했다.

19세기 말까지, 영사 임무에 관한 세 가지의 구분이 존재했다. 영사 정보, 네덜란드 법률의 실행과 재판 관할, 정치 보고서 제공 등이다. 지리적 위치는 영사 관리의 의무를 결정하는 핵심 요소로 남았다. 유럽 국가에서, 영사들은 외교단의 직접 책임 하에 활동했다. 이들의 임무는 무역 정보와 네덜란드 법 적용 등에 한정되었다. 아프리카, 아시아와 오세아니아 등에 있는 유럽 피식민지국들에서, 활동에는 국내 정치 추이에 대한 보고도 포함되었다. 다른 아시아 국가들에서, 영사 담당자들은 또한 일반적으로 행정 심판에 연관되었다. 이것은 오토만 제국과의 항복문서와 특별하게 중국, 일본과 사이암 등과 같은 극동에 있는 국가들

[26] J. Woltring (ed.), *Bescheiden betreffende de buitenlandse politiek van Nederland, 1848–1919*, second period (1871–1998), vol. 6 (1895–1898) (The Hague: Martinus Nijhoff, 1972), pp. 305–307.

과의 '불평등한 조약' 등으로부터 야기되었다.[27] 이러한 모든 지역에서, 유럽 국적자들은 자신들이 거주하는 국가의 관할권 밖에 있었다. 현지 지배와 법률 시스템 등이 매우 강력한 서구 국가들에 의하여 요구되었던 대우를 보장해주지 않았기 때문이었다. 영사 담당 혹은 영사 법정 등은 자국만의 민법과 형법 등 적용을 허용받았지만, 일반적으로 본국의 국적자에게만 적용되는 것 말이다. 영사 담당자들은 또한 칙령에 의하여 재판을 관장하는 권력을 부여받았다. 영사 법정 혹은 영사 등이 유능한지는 개별적으로 결정되었다.

이러한 시스템이 현지 법률 시스템과 비교해서 수많은 혜택을 제공하기 때문에, 일반적으로 문제 국가 시민들인 네덜란드 비국적자들은 또한 네덜란드의 보호를 얻을려고 노력했다. 처음부터, 이들은 네덜란드 국민의 피고용인 혹은 현지 직원 등에게만 그러했다. 그러나 점차적으로—관련 영사 대표에 따라서—이 집단이 상당히 늘어나게 되었는데, 현지 정부가 매우 불쾌할 정도로 말이다. 19세기 말까지, 이러한 집단은 문제 국가들과의 관계에 상당한 부담을 주었다. 그래서 네덜란드 정부는 일반적으로 관련 정부와의 협의에서 보호자 숫자를 줄임으로써 이러한 부담으로부터 스스로를 빠져 나오고자 모색했다. 몇몇 영사 담당들은 이것을 악용하거나 혹은 세수 상실을 피하기 위하여 단순하게 새로운 보호자 등록을 진행하려고 했다. 이들은 극악무도한 반 유대주의anti-Semitism의 존재와 같은 인도주의 이유를 들먹이면서 자신들의 행동을 자주 정당화했다. 최후의 수단으로서, 이러한 관리들은 해고되었다. 이들 중 대부분은 오토만 제국과 사이암 등에 주재했었다.[28]

---

27 N.A. Bootsma, 'The Recuperation of Sovereign Rights by Asian Countries, circa 1870–1945: From Capitulations to Equal Relations—The Dutch Experience', in *Itinerario*, vol. XXIX, 2005, no. 2, pp. 54–55.

28 Bootsma, 'The Recuperation of Sovereign Rights by Asian Countries', pp. 55–72 *passim*.

20세기 초의 새로운 조류

20세기 전반 이벤트는 영사 업무에 관한 본질을 급격하게 변하게 했다. 기간이 국제 여행과 이주에서 일반적으로 상당한 성장을 목도했을 뿐만 아니라 양차 세계대전이 가져온 대 파괴와 혼란 등이 존재했다. 결과적으로, 영사 서비스는 해외에 있는 네덜란드 국민들의 이익을 보호하는 데 더 많은 책무를 가졌다. 이것은 제1차 세계대전과 다른 국가들에서 발생중인 매우 일반적인 추이 등 간의 구별을 짓는 것이 유용하다. 전 세계에서 정치적, 경제적 그리고 영사적 활동에 관하여 늘어나는 수렴이 존재하기 때문이었다. 이러한 조류는 다양한 반응들을 불러일으켰다. 프랑스와 독일 등에서 이러한 업무들은 쉽게 통합되었다. 영국과 네덜란드 등과 같은 다른 국가들에서도 가능한 오래 이런 구분이 유지되었다.

네덜란드는 중립국 덕분에 제1차 세계대전의 참화를 피할 수 있었지만 남쪽 이웃 벨기에는 독일의 침공과 점령으로 황폐해졌다. 벨기에에 거주하는 네덜란드인 공동체(약 16만 명으로 추산)는 심각한 어려움을 겪었고 소수의 네덜란드 명예 영사관 직원들은 업무 부담에 압도당했다. 외교관 마우리츠 반 볼레호벤Maurits van Vollenhoven의 주도로 네덜란드 국민들에게 영사 지원을 제공하고, 중립국인 네덜란드의 보호를 원하는 타국 국민들을 돕기 위한 임시 영사 네트워크가 설립되었다. 스페인과 1917년까지의 미국도 다른 중립국이었다. 폴렌호벤의 네트워크는 벨기에에 있는 네덜란드 공사관과 영사관 직원들, 헤이그 외무부의 보조 직원들, 그리고 벨기에에 있는 다양한 네덜란드 단체의 대표들로 구성되었다. 이들의 임무는 법률 지원 제공, 재산 보호, 물적 지원(식량 포함), 여행 및 금융 거래 주선 등 광범위한 영역을 포함했다.[29]

---

29 M.W.R. van Vollenhoven, *Memoires: Beschouwingen, belevenissen, reizen en anecdoten* (Amsterdam: Elsevier, 1946), pp. 268-330.

양차 세계대전은 물론 유럽에만 한정된 것은 아니었다. 매년 아라비아 반도로 모여들었던 네덜란드 동인도회사 출신의 수많은 순례자들의 존재에 덕을 보던 제다(현재 사우디아라비아) 주재 네덜란드 총영사관은 갑자기 오토만 제국 해체이 이어진 수천 여명의 발이 묶인 여행자들과 조우하게 되었다. 1917년 혁명 직후에 러시아에 있는 네덜란드 소규모 공동체가 직면 한 문제도 못지 않게 심각했다. 이것은 성 페테스부르크 거주 네덜란드 국적자 집단들이 모스크바를 경유하여 송환되기까지는 수년이나 걸렸다.[30]

헤이그 외교부는 제1차 세계대전 이후에야 제자리를 찾았다고 믿었고, 영사 서비스를 점검해야 할 아무런 이유를 찾지 않았다. 외교부는 이 시기 즈음에 주요 재편성을 경험했다. 경제 의무가 영사 업무의 중추를 이룬다는 가정에서, 영사 서비스는 새롭게 만들어진 경제업무 부서의 권한 하에 놓이게 되었다. 봉급받는 직원들이 영사단에 합류했다. 그들은 그들의 전임자보다도 잘 훈련받았고 종종 상주 인력으로 임명되기까지 했다. 새로운 경제 분과들이 외국 공사관에 만들어졌다. 이들은 급여를 받는 총영사(예: 브뤼셀의 헨드릭 반 롬버르흐, 베를린의 요하네스 볼프)가 이끌었으나, 최종 책임은 여전히 해당 대사에게 있었다. 이러한 발전은 영사 서비스의 완전한 전문화로 나아가는 진전을 보여주었으며 외교 서비스와 영사 서비스를 통합하는 첫걸음이 되었다.[31]

그러나 이러한 추세는 1930년대에 멈추게 되었다. 세계 경제 위기의 여파로 네덜란드 공무원 수가 축소되면서 유급 영사 직원 수가 다시 감소했다. 보호무역주의가 대외 경제 정책에서 자유 무역을 압도하던 시기에, 네덜란드 외무부는 국제 경제 문제에 대한 주도권을 경제부에 넘기게 되었다. 결과적으로, 경제부 관리들은 네덜란드 영사관에 직접

30 De Muij-Fleurke and Plantinga, 'Assistance Abroad', pp. 128-129.

31 De Muij-Fleurke and Plantinga, 'Assistance Abroad', p. 129.

적으로 관리할 수 있게 되었다. 또한, 네덜란드 경제부는 영사관들의 활동에 관한 조정을 개선하고 무역 문제에 대한 개선된 정보를 제공하기 위하여 해외에 있는 네덜란드 공관에 자체 '상무관trade attachés의 파견근무를 시작했다. 같은 시기에 치외법권 제도를 폐지하기로 결정되었으며, 이에 따라 네덜란드 영사들의 업무 범위가 제한되었다. 이는 네덜란드 국민과 네덜란드 국가의 보호를 받는 사람들에 대해 특별한 법적 권한을 행사하던 영사들의 역할을 축소하는 조치였다. 이 기간 영사 업무의 본질이 항상 변했다. 이러한 변화의 과정은 제2차 세계대전에 의해서만 촉진되었다. 스페인 내전Spanish Civil War은 도래 할 사건에 대한 암시를 부여했다. 스페인 내전 동안, 영사 아젠다가 송환이 주류이었는데, 난민과 다른 전쟁과 관련된 곤란한 업무 등을 추적하기 위한 시도이었다. 이 모든 변화는 이후 제2차 세계대전의 무대를 마련했으며, 이는 그 때까지 영사 서비스가 직면한 가장 큰 도전이 되었다.[32]

제2차 세계대전

제2차 세계대전은 특히 유럽과 아시아에서 영사 서비스의 회복력과 결단력을 크게 요구했다. 영사 서비스는 전례 없는 도전에 직면했으며, 일부 직원들은 다른 직원들보다 더 훌륭하게 임무를 수행했다. 그 어느 때보다 많은 네덜란드 국민이 영사 지원을 필요로 했다. 서유럽에서 *기습공격*Blitzkrieg은 독일 군수보다 앞서려고 필사적으로 노력했지만 순식간에 압도된 난민 유입을 촉발시켰다. 이것은 기본적으로 이러한 피난민들을 살피고 네덜란드로 귀환을 조정했던 영사 당당자들이었다. 해가 지나면서, 늘어나는 네덜란드 시민(유태인뿐만 아니라) 숫자도 역시 중

32 De Muij-Fleurke and Plantinga, 'Assistance Abroad', p. 130.

립적이거나 연합 지역 안으로 도망가려 했다. 독일 전범 수용소 안에 있는 네덜란드 국적자들, 정치범, 동성애자와 집시 등도 역시 도움을 위한 영사 서비스에 호소했다. 수많은 사례들에서 폭발적인 성장을 종합하는 서비스의 수많은 새로운 의무는 명예 영사에 의하여 근본적으로 충원되던 조직을 위한 힘든 시험이었다. 또한, 외교적 정치적 지원에 관한 빈번한 부재는 영사들은 자신들만의 자원과 판단 등에 의지해야만 함을 의미했다. '고객 만족'은 경우에 따라 극적으로 변화했다.

독일 침략에 이어지자 영국에서 망명 정부를 구성 해 오던 네덜란드는 자국의 권위를 유지하기 위하여 처절하게 노력해 왔다. 네덜란드 외교부는 런던에서 자체적으로 재구성했고 프랑스에서 네덜란드 피난민 원조에 역량을 집중했다. 대답해야만 하는 주요 질문은 다음과 같았다. 거기에 얼마나 많은 피난민들이 있는가? 어느 정도로 그들은 스스로를 지원할 수 있는가? 그리고 그들은 네덜란드로 귀국을 위하여 대비할 수 있는가? 프랑스 비시정권은 독일의 압력에 부응해서 런던에 있는 네덜란드 망명 정부와의 외교관계를 단절할 때, 영사 서비스는 오리무중이었다. 파리 주재 총영사는 자신만의 피난민 조력 활동 조정을 하는 버거운 일 Herculean task에 직면했다. 네덜란드 정부는 일이 다시 진행되도록 돕기 위하여 활기 넘치는 젊은 외교관 앙리 반 브레덴부르크Henri van Vredenburch를 대륙으로 파견했다. 이것은 브레덴부르크와 새로운 총영사관의 네트워크와 일관된 봉급체계 등이 수립될 수 있게 한 아테 세븐스터Ate Sevenster 등의 종합적인 노력 덕분이었다. 합당한 차원의 관심과 보안을 제공하기 위하여, 피난민들은 (자발적으로) 수용소에 들어갔다. 프랑스 관리들의 협조로, 그들은 독일 당국으로부터 보호받았다. 서비스는 영사관이 궁극적으로 폐쇄되어 *네덜란드 사무실*offices néerlandaises로 대체된 직후에야 피난민들을 돌보는 것을 지속했다. 몇몇 영사들은 개인적 위험을 불사하고 비시 프랑스에서 스페인까지 피난민들이 탈출하도록 도와줌으로써 독일 당국의 달갑지 않은 관심을 받았다.

독일의 압력은 공식적으로 중립 스웨덴의 보호 하에 수행되었던 이와 같은 비밀스런 형태의 영사 조력의 종말을 가했다. 이것은 프랑스에서 네덜란드의 이익을 관리했다. 1942년 9월, 프랑스 관리들에 의하여 운영되던 행정실은 *네덜란드 사무실*의 의무로 규정되었다. 이것이 세븐스터의 활동에 종말을 가해지만, 총영사는 프랑스에 잔류하기로 선택했다. 1942년 9월 독일의 프랑스 비시 독일 점령 이후에도, 그는 프랑스 정보 경찰에 의하여 체포되었다. 그는 1944년 6월 석방되었다. 그렇지만, 그의 끈질긴 노력에도 불구하고, 세븐스터는 그의 거친 태도와 정말 인색한 재정 정책 등의 이유로 피난민들 사이에서 나쁜 명성을 받았다. 심지어 네덜란드 외교부 장관 엘코 반 클레펜스Eelco van Kleffens는 세브스터는 해외에 있는 네덜란드 국적자 보호에 관한 '매우 어려운' 임무를 수행해 온 것을 알게 되었다. 결국, 그렇지만, 세븐스터는 이것은 불공정한 판단이라고 그에게 확신을 가하도록 했다.[33]

세븐스터는 망명 중인 네덜란드 정부에 대한 불평을 표출 한 것은 영사 담당자만이 아니었다. 사실상, 불평이 만연했다. 피난민과 엥겔란드바데르스Engelandvaarders—독일과의 전투에 참가하기 위하여 해협을 건너간 젊은 네덜란드 사람—등은 제공 중이던 서비스에 관한 영사 담당자들과 견해가 일치하지 않았다. 전후 조사가 대부분의 영사 담당자들에 관한 평판을 회복했지만, 비난은 전쟁 동안 영사 조력을 모색해 오던 네덜란드 국적자의 대우에 관하여 계속 쏟아부었다. 대중을 다루어 본 경험이 있는 담당자는 거의 없었다. 수많은 피난민들은 관심 부족과 그들의 냉담한 태도 등과 동일시하는데 신속했다.[34]

---

33 Albert E. Kersten, *Buitenlandse Zaken in ballingschap: Groei en verandering van een ministerie, 1940–1945* (Alphen aan den Rijn: A.W. Sijthoff, 1981), pp. 179–183.

34 De Muij-Fleurke and Plantinga, 'Assistance Abroad', p. 133.

제2차 세계대전은 외교서비스보다도 영사 서비스에 대한 엄청난 압력을 가했다. 이들이 어느 지역에 주재하던지 간에, 영사 모두는 망명 중인 네덜란드 정부에 의하여 발표되는 전쟁과 관련된 결정을 수행해야만 했다. 이것은 영사 의뢰인에서 변화를 알렸다. 이것은 예전 매우 제한적이었다. 일반적으로 사업가와 상선의 선원 등이다. 영사 담당자들은 단순하게 여권을 갱신하거나 결혼과 출생 등을 등록하는 것만이 아니었다. 그들은 그 당시 또한 자신들의 군 복무 의무와 세금 납부 조건에 대하여 이들에게 각인시키기 위하여 자신들의 지역에서 네덜란드 국적자들과 계약했다——해외에 있는 일반적인 네덜란드인이 경청하기를 갈망하는 메시지는 아니다.[35]

전쟁으로 가져온 증가된 업무량은 또한 명예 담당자들에게 영향을 미쳤다. 어려움이 가해진 것은 서비스가 완전한 힘이 없어졌다는 사실이었다. 1940년 5월에 서비스는 44명의 전문 담당자, 22명의 총영사, 10명의 영사, 5명의 부영사와 7명의 수습 영사 등이 되었다. 6명의 담당자들이 점령당한 네덜란드에 잔류했었다. 외교와 영서서비스 간의 경계선이 지속적으로 흐릿해지면서, 잔류 중인 38명의 직원들은 광범위한 범위의 업무를 가지고 있었다. 4명의 총영사들은 대사 타이틀을 유지했고 공사관을 책임졌다. 5명은 공산관 내의 무역자문으로 채용되었고 경제와 무역 정책을 다루었다. 3명의 총영사와 2명의 영사 등이 (임시) 부대사로서 외교 공관을 이끌었다. 마지막으로, 2명의 영사들은 공사관 직원의 일부이었다. 이에 따라서, 38명의 현역 영사 담당자들 중에 16명이 외교 활동에 관여했다. 주요 변화가 또한 매우 커다란 명예 영사 집단 내부에서 발생 중이다. 이들 중 많은 사람들은 제2차 세계대전 동안 자신들의 지위를 상실했다. 이들의 담당 구역이 독일 혹은

---

35 Kersten, *Buitenlandse Zaken in ballingschap*, pp. 161–162.

일본 등에 의하여 점령된 영토 내에 위치해 있기 때문이다. 1939년 1월 1일까지 현역인 620명 중에, 오로지 308명이 1941년 10월까지도 남아 있었다.[36]

영사 활동에 대한 수요가 점점 더 높아지면서, 네덜란드 외교부는 명예 영사직을 전문 영사직으로의 전환을 모색했다. 그렇지만, 이것은 실질적으로 불가능하다는 것이 증명되었다. 외교서비스와는 대조적으로, 이용 가능한 모든 전문 영사 인력은 좀처럼 존재하지 않았다. 이미 언급했던 바와 같이, 프랑스 안에 있는 직원들은 직책을 유지했다. 그러나 모든 곳에서 전문적인 직원은 존재하지 않았다. 1941년 12월 일본의 미국 진주만 해군기지에 대한 공격 이후에, 인력은 극동에서 대사관에서 활용가능하게 되었다. 3명은 런던 주재 네덜란드 외교부로 차출되었다. 2명은 임시 외교직이 주어졌다. 반면에 2명만이 새로운 영사 업무를 부여받았다. 대부분의 경우에 인력 부족은 고용된 임시 피고용인에 의하여 벌충되었다. 그렇지만, 이것은 주요 문제 해결을 위하여 아무것도 하지 않았다. 전문 영사 임무 숫자가 늘어났다.[37]

인력문제도 역시 외교와 통역 서비스 내에서 나타났다. 이것은 제2차 세계대전까지 서비스에 대해서 만들어진 새로운 수요의 결과만이 아니었다. 다른 요인들에는 전쟁동안 새로운 직원 고용의 불가능성과 미충원 된 많은 하급직 등을 포함했다. 어떠한 시험도 시행될 수 없기 때문이었다. 이에 따라서 1943년에 일반적 적합성만을 위한 후보자를 시험 치루기 위한 합동 위원회를 창설하여 새로운 인에 대한 3개의 서비스—영사, 외교와 해석—를 재개하기로 결정했다. 이들의 전문적인 식견은 아니었다. 시험은 '교양인이 정상적으로 가져야만 할 것으로 기대되는 역사, 법과 경제 등에 관한 지식뿐만 아니라 네덜란드어, 프랑스

36 Kersten, *Buitenlandse Zaken in ballingschap*, pp. 85–86.
37 Kersten, *Buitenlandse Zaken in ballingschap*, pp. 95–96.

어와 영어 등에 대한 지원자의 능력' 등을 테스트했다. 위원회의 목적은 서비스의 즉각적인 직원의 필요한 것을 살펴볼 뿐만 아니라 전쟁의 즉각적인 여파로 임박한 인원 부족을 막기 위한 것이었다. 임시직은 떠나는 동시에 네덜란드 인들은 세계 문제에 상당하게 관여하기 시작했는데, 자국의 중립 포기를 선언하고 국제협력에 대한 자국의 헌신을 돈독히 했다. 1943년 9월의 영사 서비스를 위한 새로운 규정이 네덜란드 외교부에게 직원 고용과 승진을 위하여 매우 광범위한 권한을 부여했지만, 반 클레펜스는 이러한 권한을 거의 이용하지 않았다. 그는 명백하게 무능한 직원 해고와 연관된 비난과 곤경 등을 분명하게 경계했다. 이에 따라서 규정은 거의 효과가 없었고 영사 서비스는 단 4명의 신입 직원에 의하여 강화되었다. 이것은 반 클레펜스의 경계심의 결과만은 아니었다. 시장은 긴장했다. 네덜란드 동인도회사의 현지 당국과 군 당국(제2차 세계대전 이후 과도기에 네덜란드를 관리했던) 등은 전후에 인력을 충원하고 있던 중이었다. 또한, 점령 지역 외부의 적당한 네덜란드 국적자 숫자는 제한적이었다.[38]

외교와 영사 서비스를 위한 인력 선발 단독 위원회의 창설은 실용적인 관심에 의해 촉발되었다. 결정은 두 가지 서비스에 관한 긴급 합병을 의미하지 않았다. 반 클레펜스와 그의 사무총장 등은 애써 감정을 억제하였다. 그들은 개혁의 필요성을 인정했지만, 동시에 그들은 네덜란드 정부가 본국으로 돌아가면 커다란 문제가 해결될 수 있음을 깨달았다. 이러한 면에서 네덜란드와 영국 등은 다른 유럽 국가들보다 더디었다. 이것은 이미 외교정책의 정치경제적 양상이 점점 더 상호연관 되어 가고, 그리고 양자 간의 인위적인 구분을 유지는 문제를 야기 시킬 뿐이라는 인식에서 외교와 영사 서비스를 통합해 왔다. 위에서 언급한

---

38 Kersten, *Buitenlandse Zaken in ballingschap*, pp. 96–104 and 108.

바대로, 이것은 프랑스와 독일 등에서는 20년 먼저 이루어졌다. 1943년 가을에 네덜란드 총영사 톰 엘링크 슈어먼Tom Elink Schuurman은 서비스는 실용적인 논거에 기초해서 통합되어야만 한다고 주장했다. 그는 또한 전시 동안 많은 비중을 차지했던 또 다른 논쟁을 불러 일으켰다. 그 때까지, 사회 배경은 지원자를 외교단으로 진입을 위한 기초 기준이었다. 대조적으로, 슈어먼—반 브레덴부르크처럼—은 '믿음, 신뢰, 신뢰성 그리고 이들의 위기 시에 중요한 자질인 기질' 등의 중요성을 강조했다.[39] 네덜란드 여론도 개혁에 우호적이었고, 독일 점령 기간 동안 헤이그 외무부 관계자들은 외교 서비스와 영사 서비스를 통합하자는 제안을 했다. 헤르만 반 로이젠Herman van Roijen이 1944년 가을에 이 제안을 런던에 전달했는지는 불확실하지만, 반 클레펜즈Van Kleffens와 그의 측근들이 1945년 3월 30일 하루를 통합 외교 서비스 계획을 세우는 데 할애했다는 것은 널리 알려져 있다. 이때 반 클레펜즈는 필요한 변경 사항들을 결정하는 역할을 수행했다.

전후 네덜란드 정부에 의하여 공표된 1945년 6월 27일 선언은 한 문장으로 서비스의 통합을 발표했다. 1946년 1월 1일까지 그것은 사실이었다. 국회와의 자세한 협의는 전혀 없었다. 선언문에 첨부된 설명문에서, 반 클레펜스는 가장 중요한 업무로서 영사 서비스에서 외교 서비스로의 이전을 인용했다. 역기능적인 이중 서비스와 점증적인 통합과정 등에 관한 10여 년 간의 비난 이후에, 그 행위가 마침내 이루어졌다. 외교서비스의 설립은 네덜란드 외교정책이 마침내 19세기로부터 탈피했다는 신호이었다.[40]

---

39 Kersten, *Buitenlandse Zaken in ballingschap,* pp. 109－113.

40 Kersten, *Buitenlandse Zaken in ballingschap,* pp. 113－117.

결론

네덜란드 연합 왕국의 영사 서비스는 16세기 후반부터 18세기 말까지 발전해 온 연합 네덜란드 공화국의 영사 서비스를 주로 계승한 것이었다. 이러한 연속성은 수행된 업무, 외교 서비스와의 엄격한 분리, 그리고 오스만 제국과 북아프리카 바르바리 국가를 포함해 북부 네덜란드와 전통적으로 상업적 관계가 있던 도시와 항구에 영사관이 집중된 것에서 확인할 수 있다. 남부 네덜란드의 산업적 이익을 위해 라틴아메리카로 영사 네트워크를 확장하려는 노력은 큰 성과를 거두지 못했다.

이러한 연속은 또한 영사 네트워크의 통제에 반영되었다. 이것은 해체된 채로 남아 있었다. 네덜란드 외교부는 유럽 외부에 본부를 두고 있는 영사관에 대한 통제를 다른 정부 제도와 부처 등에 넘겨주어야만 했는데, 특별하게 식민지부이었다. 이러한 상황은 오래 기간 지속되었다. 네덜란드 왕국이 1830년 분리되었다. 바타비아 총독을 통하여, 식민지 부는 1862년까지 아시아에서 더디게 늘어나는 영사단 숫자를 책임졌다.

네덜란드 영사관의 숫자는 19세기에 꾸준하게 늘어났다. 19세기 처음 10여 년 동안 100개에서 19세기 말에 약 500개가 되었다. 1800년대 후반에 들어설 때까지, 영사의 거의 모두가 명예적이어서 일반적으로 무보수이었다—주로 상인이었다. 그렇지만, 19세기 후반에, 국제무역의 집중화는 네덜란드 영사 서비스에서 최소한의 혁명을 촉발했다. 근본적인 조치는 전문 서비스의 도입이었다. 이것은 아시아, 아프리카와 호주 그리고 런던과 뉴욕 등과 같은 주요 국제 무역센터 등에서의 주요 영사관의 전문화를 위한 분위기를 잡았다. 네덜란드 외교부는 영사 네트워크의 완전한 통제를 인계받았다. 이것은 일반적인 경험했고, 그리고 무역 집중화는 소규모 영사단의 숫자를 500개 이상으로 증가를 야기 시켰다.

유럽 외부에서, 이러한 혁명도 다른 형식을 띠었다. 거기에서도, 역시, 경제적 이해관계 제고되었지만, 네덜란드 국적자 보호도 역할을 했다. 현지 재판관리가 궁핍했고 정부의 역할과 시민보호 때문에 다양한 견해 때문에 독단적인 거버넌스이기 때문이다. 그렇지만, 네덜란드 법에 따른 재판 관리 관행이 사라졌다. 많은 서구 구조가 현지에서 발전되었기 때문이다. 일본과 사이암 등은 이에 대한 첫 번째 사례이었다. 이들 국가들은 다른 국가들에 의하여 20세기 후반에 합류되었다 해도 말이다. 이것은 또한 치외 법권을 가진 영사 대표 투자에 관한 관행을 철폐했다.

혁명의 세 번째 요소는 총영사들이 외교 서비스에 속하지 않으면서도 엄격한 외교적 업무를 수행했다는 점이었다. 이러한 기능의 결합은 두 서비스와 그들의 업무 통합을 촉진했으며, 이는 19세기 후반에는 상상할 수 없었고 제2차 세계대전 이후에야 완성되었다. 별도의 발전으로, 영사 서비스는 해외 네덜란드 국민 지원에 점점 더 초점을 맞추기 시작했다. 동시에 경제 관계의 중요성이 외교 정책에서 커져가는 추세에도 불구하고, 영사 서비스의 경제적 역할은 덜 중요해졌고, 그 결과 네덜란드 외무부는 다시금 영사관의 경제 활동에 대한 권한을 잃게 되었다. 네덜란드 외교 및 영사 서비스 통합의 주요 요인은 제2차 세계대전에서의 네덜란드의 직접적인 참전이었다.

물론, 통합된 네덜란드 외교서비스에 관한 제도적인 발전은 거기에 중단되지 않았다. 변화 과정은 제2차 세계대전 이후에도 지속되었다. 지속적으로 세계화된 세계에서 외교와 영사 활동에서 현재와 미래의 추이에 대응하는 것은 네덜란드 외교부를 위한 중요한 도전으로 남을 것이다.

제12장

프랑스 영사 서비스의 역사

조르그 울버트* *Jörg Ulbert*

서론

"영사 제도가 무역을 촉진하기 위해 만들어졌다는 것은 매우 명백하다. 이는 지금도 아마 앞으로도 영사의 주요 목적일 것"이라고 1889년 프랑스 영사의 역할에 대해 Z. 마르카스Z. Marcas라는 필명을 쓰는 익명의 전문가가 기고했다.[1] 그러나 저자가 프랑스에서 영사 제도의 첫 4세기를 철저히 검토했음에도 불구하고 그의 예측은 맞지 않았다.

중세에 지중해 지역의 상인 길드에 의해 재탄생한 영사들은 이후 중앙 권력의 통제를 받으며 프랑스 상업 확장의 동력과 보증자가 되었다. 이들은 해외에서 상업 항해와 식민지를 보호하는 역할을 담당했다. 그러나 제1차 세계대전이 끝날 무렵 프랑스 영사들은 주요 상업 업무를 잃고 단순히 해외에 주재하는 공무원으로 전락했다. 이 장에서는 영사

* 필자는 본 논문의 번역을 해 준 쥴리엣 부셰리Juliette Bouchery와 조안나 로퍼스Joanna Ropers 등에게 고마움을 전한다.

1 "영사 제도가 상업을 촉진하기 위해 만들어졌다는 것은 완전히 확실하며, 이것이 항상 그 주요 목적이었고 아마도 앞으로도 그럴 것이다."
– Z. 마르카스, *'외교, 영사관, 그리고 프랑스 상업'*, 1889년 12월 1일과 15일자 *Nouvelle Revue*발췌, 파리, 1890년, p. 14 (저자의 번역).

제도의 탄생에서 절정기와 상대적 쇠퇴까지의 발전 과정을 간략히 따라가면서 중앙 행정의 구조와 기능, 영사 권한의 발전, 채용과 급여 등을 설명할 것이다.

초창기

고대부터, '영사'라는 용어로 지명된 직책은 시간을 통하여 변하여 왔다. 처음에, 그리고 1천년 동안(B.C. 509에서 A.D. 542), '영사'라는 용어는 로마의 *쿠르수스 호노룸*cursus honorum, 로마 공화정과 초기 로마 제정 시대에 공직의 순서나 과정을 일컫는 말이다. 원로원 계급의 로마인은 이 일련의 과정을 차례로 밟고 올라가는 것을 명예롭게 여겼고 쿠르수스 호노룸은 관직 승진 과정으로 존중받았다. 위키백과이라는 최고 관직을 임명하는 것이었다. 중세 동안, 이 용어는 동시에 다섯 개의 다양한 관직에 적용되었다. 도시의 현지 당국 지도자는 영사로 알려졌다. 상인 영사가 존재했는데, 해사 영사sea consuls (*consul maris*), 해양영사consuls on the sea 그리고, 해외 영사overseas consuls (*consul ultra maris*) 등이었다.[2] 해외 영사들은 그리스의 프로세네스proxenes의 먼 후손이자 현대 영사의 선구자들로 프랑스에서는 특히 마르세유와 같은 도시들에 의해 외국 항구에서 거주하고 무역하던 자국민들을 관리하도록 위임되었다. 이들은 분쟁이 발생했을 때 자국민을 위한 재판관 역할도 수행했다.

프랑스 영사관들이 지방—특히 마르세유 중심의—관리에서 벗어나 왕립 기관이 된 것은 15세기 말에 이르러서였다. 첫 번째 왕립 영사관은 아마도 프랑스 왕 샤를 8세(재위: 1483-1498)의 치세 동안[3] "이집

2 이러한 직책의 진화에 관한 상당히 완벽한 개관은 Jörg Ulbert, *'La fonction consulaire à l'époque moderne: définition, état des connaissances et perspectives de recherche'*, in Jörg Ulbert and Gérard Le Bouëdec (eds), *La fonction consulaire à l'époque moderne: L'affirmation d'une institution économique et politique (1500-1800)* (Rennes: Presses Universitaires de Rennes, 2006), pp. 9-20에서 찾아 볼 수 있다.

트와 알렉산드리아 지역"에 설립되었다.[4]

영사관에 대한 중앙 관리

프랑스 군주정 치하에서, 영사관에 대한 관리는 빈번하게 재편되었다. 프랑스 왕의 권한 아래에 놓여 있기 때문에, 영사관들은 원래 프랑스 외교부에 복속되었다. 그러나 장 바티스트 콜베르Jean-Baptiste Colbert가 1669년 2월에 해군부 장관이 되었을 때, 영사관들은 자신의 부처에 의하여 감독받아야만 한다는 그의 요구가 루이 14세에 의하여 허가되었다. 영사들이 외교부 감독 하에 재차 넘어갔을 때인 5년 간(1751-1766)의 짧은 기간을 제외하곤, 영사관들은 1789년 프랑스 혁명까지 이 소속으로 남았다.

해군부 안에서, 영사 업무에 관한 관리는 처음에 두 개의 다른 부서로 나누어졌다. 동쪽의 모든 영토를 담당하는 '중동부서'는 중동과 바르바리Barbary, 이집트를 제외한 북아프리카의 옛 이름 지역 등을 관리했는데—오토만 제국과 마그레브Maghreb, 북아프리카의 모로코·알제리·튀니지에 걸친 지방지역의 그것들을 의미한다. '대서양 부서'는 서구 지역의 영사관들을 감독했는데—북부 이탈리아, 스페인과 포르투갈—그리고 곧바로 북부 유럽의 영사관을 창설했다.[5] 이와 같은 두 개의 부서들은 최종적으로 1743년에

3 Géraud Poumarède, *'Naissance d'une institution royale: Les consuls de la nation française en Levant et en Barbarie aux XVIe et XVIIe siècles', Annuaire-Bulletin de la Société de l'Histoire de France,* 2001, pp. 65-128, at p. 67.

4 기록으로 남아 있는 첫 번째 임명은 1532년 알렉산드리아 주재 라파엘 라비아Raphaël Labia이지만, 그의 재직증명서에서는 이미 찰스 8세부터 이미 존재해 왔던 직책임을 보여준다. Poumarède, 'Naissance d'une institution royale', p. 68를 보라. 영사 임명 관할권에 관한 왕과 마르세이유 지자체 간의 분쟁에 대해선 Poumarède, 'Naissance d'une institution royale', pp. 68-72를 보라.

5 왕의 통제 하에서 흔히 발생하듯이, 이러한 부처들은 통상적으로 동시에 여러 가지 일들을 다루었다. 영사관들과는 별개로, 서부 지부는 예를 들면 해군 병기창에서 군비를

'무역과 영사관 부서'로 통합되었다.[6] 이와 같은 새롭게 중앙집권화 된 조직의 이름은 뒤이어지는 수 십 여 년 동안 여러 차례 변하였다. 그러나 그 이후에도 영사관 네트워크의 관리는 해군부 안으로 통합되었다.[7]

그렇지만, 영사관 관리에 관한 중요한 부분은 해군부 손 안에 있지 않았다. 1681년 *상담*Conseil 법에 의하여, 왕권은 마그레브와 마슈리크 Machrek, 아랍어의 시적인 표현으로 해가 뜨는 곳을 뜻하며, 아랍 국가권의 동방을 의미하는 말로 서아시아와 동북아프리카에 걸쳐 위치해 있다. 마그레브에 대하여 동방을 가리키며, 보통 대체로 이집트 동쪽의 아랍 국가들인데, 그 지리 범위는 일정하지 않다. 위키백과, 중동과 그리스 군도 등에서 영사와 이들의 직원(부영사, 재무 담당과 통역사) 등의 봉급 지급을 위하여 마르세이유 상공회의소를 필요로 해 왔다.[8] 이 조치에 의하여, 프랑스 정부는 전술적으로 중동 무역에서 마르세이유의 오랜 동안의 경험을 인정했고, 그리고 동시에 이러한 움직임은 왕권을 영사관의 활동비용의 일부에서 벗어나도록 허용했다. 재차, 이러한 협약은 혁명과 함께만 종식되었다. 1791년, 칙령은 이들의 '비헌법적인' 본

책임졌고 스페인, 인도, 기니아, 세네갈, 인도제도와 캐나다 등과의 무역을 감독했다. 동부 지부도 알제, 튀니스, 트리폴리와 바르바리 등의 문제와 갤리선 등의 행정, 질산 칼륨과 화약 등의 공급을 관장했다. 이것은 1743년 두 지부가 통합된 이후에만 변하였다. G. Dagnaud, *L'administration centrale de la Marine sous l'Ancien Régime* (Paris: M. Imhaus et R. Chapelot, 1913), chap. 3를 보라.

6 Bruno Ricard, '*Les consulats, l'administration du commerce et l'information économique extérieure* (1681–1789)', *Comité pour l'Histoire économique et financière: Études et Documents,* vol. 5, 1993, pp. 37–57 at pp. 40–41; and Anne Mézin, *Les Consuls de France au siècle des Lumières (1715–1792)* (Paris: French Ministry of Foreign Affairs, 1997), p. 17.

7 '무역과 영사관 부서'는 성공적으로 '영사관과 레반트 관리부'(1786)와 '영사관과 계급부'(1790)로 되었다. 더 자세한 내용을 위해선, Mézin, *Les Consuls de France au siècle des Lumières,* p. 17를 보라.

8 Patrick Boulanger, 'Les appointements des consuls de France à Alger au XVIIIe siècle', in Ulbert and Le Bouëdec (eds), La fonction consulaire à l'époque moderne, pp. 123–145 at p. 123.마르세이유 상공회의소의 역할에 대해선, Louis Bergasse, Notice historique sur la Chambre de commerce de Marseille (1599–1912) (Paris: Barlatier, 1913)를 보라.

질의 명분에 대해서 모든 프랑스 상공회의소를 폐지했다.[9] 1793년의 또 다른 칙령으로 영사관들은 다시 외무부의 관할 아래로 돌아갔으며, 그 이후 외무부가 전체 영사 네트워크에 대한 단독 책임을 지게 되었다.

프랑스 혁명과 제국 기간, 영사관은 새로운 불안의 시대를 경험했다. 이들의 새롭게 감독하는 외교부 안에서, 그들은 종종 독자적이었고 그리고 '영사부서' 혹은 '무역부서' 등에 의하여 관리되었다. 자주 다양한 부서들간에 공유하기 위하여 서너 개 혹은 다섯 개의 지리적인 지역으로 나누어졌다.[10] 이러한 불안정한 상황은 1832년까지 지속 되었다. 외교부가 주제에 의하여 문제를 기획하기로 적용했을 때이었다. 한 가지 포인트에서, 두 가지 부서들이 만들어졌다. 첫 번째가 외교 관계를 감독했던 정책을 위한 것이다. 두 번째 것은 프랑스 대외무역 보호와 항해 등의 책임지는 무역을 위한 것이다.[11] 자연스럽게, 영사관은 후자에 속했다. 무역부서는 영사직에 상응하는 모든 것뿐만 아니라 영사 회계와 영사관 직원 등의 관리에 책임지는 것이다. 이 사무실은 그 이후에 두 개로 세부로 나누어진 다음, 세 개의 영토 세부 부서로 나누어진다. 하나는 북유럽, 하나는 남부 유럽과 북미, 동방과 인도차이나 등이다. 1871년, 부서는 1명의 국장, 3명의 부국장과 14명의 입안자 등과 함께 운영되었다.

유럽국가들 간의 대외무역의 성장, 식민지 팽창과 점증하는 경쟁

---

9 Boulanger, 'Les appointements des consuls de France à Alger au XVIIIe siècle', p. 142.

10 이러한 직책들의 변화에 대한 매우 자세한 정보에 대해선, Maurice Degros, '*L'administration des consulats sous la Révolution* (1789–1799)', *Revue d'histoire diplomatique,* vol. 96, 1982, pp. 68–111; and Anne Mézin, '*Les services consulaires français au XIXe siècle',* in Jörg Ulbert and Lukian Prijac, *Consuls et consulats au XIXe siècle* (Hamburg: DOBU-Verlag, 2010), pp. 47–61를 보라.

11 Jean Baillou (ed.), *Les affaires étrangères et le corps diplomatique français,* vol. 1 (Paris: Editions du CNRS, 1984), p. 583.

등은 프랑스 제3공화국 초기에 영사 활동의 상당한 증가를 이끌었다. 1893년, 영사와 무역문제 부서(사무실은 1880년에 명명되었다)는 외교부의 전체적인 서간 활동의 71.5퍼센트를 생산했다. 그 해, 이것은 47,654건의 긴급 공문을 받았고 66,599건을 보냈다.[12] 이와같이 늘어나는 경제 이익 비율은 1832년 이래로 외교부 직원 구조의 특질이던 정치와 무역 사이에 이중주의 영속성을 정당화 할 수 있었다. 그렇지만, 실질적인 사실로, 그 반대의 일이 일어났다. 이것은 늘어나는 무역의 중요도가 정치와 경제적 문제에 관한 합동 처리를 필요로 하게 된다는 느낌이었다. 1907년의 외교부의 대개혁은 결국 단독적이고 확대된 부서 창설로 이끌었다—예전 정치담당 부서에서 영사관·무역담당으로 통합된다—1832년 이래로 효력을 보게 된 간막이를 종식했다. 이 조직은 1945년까지 지속되었다. 정치 경제 문제 관리는 재차 분리되었을 때이었다. 이 시기까지, 결정은 영사관에 대한 아무런 영향을 갖지 않았다. 이것은 경제와 무역 용어에서 이들의 능력과 의무 등의 최대 부분을 상실했다. 프랑스 외교부는 제2차 세계대전 이래로 수많은 개혁을 통하여 살아남았지만, 아무도 1907년 이래로 제자리에 있었던 시스템을 변화시킨 것은 아무것도 없었다. 영사관은 더이상 분리 행정에 대하여 응하지 않았고 대사관과 함께 동일한 지역 부서들에 의하여 공동으로 관리하게 되었다.[13]

---

12 Jean Baillou (ed.), *Les affaires étrangères et le corps diplomatique français,* vol. 2 (Paris: Editions du CNRS, 1984), p. 80.

13 개편에 대해선, Jean-Claude Allain, *'Le ministère français des Affaires étrangères: Crédits et effectifs pendant la IIIe République', Relations internationales,* no. 32, 1982, pp. 405–446; Maurice Vaïsse, *'L'adaptation du Quai d'Orsay aux nouvelles conditions diplomatiques* (1919–1939)', *Revue d'histoire moderne et contemporaine,* no. 35, 1985, pp. 145–162; and Stanislas Jeannesson, *'Jacques Seydoux et la diplomatie économique dans la France de l'après-guerre', Relations internationales,* vol. 130, 2005, pp. 9–24를 보라.

영사 권한, 의무와 특권

왕실의 관할 아래 들어간 초기부터, 중세의 유산에 따라 프랑스 영사의 임무는 다음과 같았다. a) 파견된 지역에서 프랑스를 대표하는 것, b) 프랑스의 정치 및 무역 이익을 수호하는 것, c) 현지 프랑스 공동체를 보호하고 관리하는 것, d) 프랑스 방문객을 지원하는 것이었다.

위임장에 의하여 권한이 부여되고 인감과 신임장을 제공한 왕의 대리인으로서, 영사는 외국 영토에 있는 공식적인 프랑스 대표이었다. 그렇지만, 영사의 위상은 현지 정부가 이것을 공개적으로 인정할 때만 효력을 발휘했다. 영사에게 *인가장*exequatur, 주재국 정부에서 타국의 영사 등에게 주는(혹은 오토만 제국에선 barat)을 부여하는데, 영사에게 그의 기능을 인정하고 그에게 이것들을 수행하도록 권한을 부여하는 공식 칙령이다. 이러한 인정은 순조롭게 부여되지 않지만, 거절도 시간이 흐르면서 매우 드물게 되었다.[14] 프랑스가 지속적으로 자국의 미래 입양지adoptive land로 수용될 가능성이 있는 후보지 명명을 신중했기 때문이었다.

오스만 제국에서만 영사가 진정한 정치적 역할을 수행했다. 이곳에서 영사는 현지 권력자들과 관계를 맺으며 "해외에 주재하는 우리 장관과 유사한 기능"을 수행했다.[15] 특히 바르바리 지역에서는 영사들이 조약을 협상하는 역할을 반복적으로 맡았다.[16] 이러한 영사관들의 상대적 독립성은 이들이 상급 기관과 멀리 떨어져 있었기 때문인데, 이는 콘스

---

14 거절 사례들의 경우엔, Anne Mézin, *'Les consuls de France du siècle des Lumières: acteurs secondaires des relations diplomatiques'*, in Lucien Bély (ed.), L'*invention de la diplomatie: Moyen Âge—Temps modernes* (Paris: Presses Universitaires de France, 1998), pp. 347-361를 보라.

15 French National Archives, AE BIII 241-2, document 53, 1777; Mézin, *Les Consuls de France au siècle des Lumières (1715-1792)*, p. 33에서 인용.

16 Mézin, *Les Consuls de France au siècle des Lumières (1715-1792)*, pp. 34-35의 사례들을 보라.

탄티노플의 프랑스 대사관과 파리 또는 베르사유의 외무부와의 거리로 설명될 수 있다.

오토만 제국 이외의 다른 지역에서, 정치 교섭에 관련된 영사를 발견하기란 흔치 않았다. 수도가 가까이 있으면, 그리고 정치 교섭은 정상적으로 대사, 사절 혹은 주재국 담당자 등에게 떨어졌다. 결과적으로, 이러한 국가들에서 영사의 의무는 프랑스의 경제 이익 수호에 주로 초점을 두었다. 영사 업무의 첫 번째는 그의 영사지역을 통과하거나 거주 중인 프랑스 무역업자의 보호에 있었다.

중세 이래로, '네이션스nations'로 불리우는 외국 상인과 무역업자 공동체는 지중해의 모든 주요 항구에 모여 있었다. 원래, 초대 영사들은 프랑스 '네이션스'를 관리 보호하기 위하여 파견되었다. 이렇게 하기 위하여, 영사들은 광범위한 사법 권한을 부여받았다.[17] 이러한 권한들은 프랑스 국적자들 간에 공사관에서 첫 번째 공청회가 일반화 되었다 최소한 민사 문제에서 말이다. 범죄 문제에 관하여, 영사는 이 사건을 조사했고, 그리고 역시 이것을 재판하도록 요구받는데, 피고가 가혹한 형벌(즉, 태형 정도의 죄)을 받지 않거나 자신의 시민권 상실과 관련된 선고 등을 부여받는다면 말이다. 이럴 때마다, 피고인은 프랑스에 있는 법정에 서기 위하여 송환되었다. 그래도, 영사의 권한은 매우 제한적이었다. 공사관이 프랑스 국적자를 현지 주민과 함께 이의를 제기했을 때이었다. 대부분의 국가에서, 영사는 또한 이러한 사건을 중재할 수 있지만, 현지 당국과의 타협을 발견하도록 기대되었다.

법적 의무에서 영사들을 지원하기 위하여, 프랑스 왕은 그들에게 지속적으로 17세기 말부터 중요한 치안 유지 활동을 부여했다.[18] '네이

---

17 이 문제에 관해선, Robert Ravaut-Bignon, *Du droit de police des consuls dans les pays hors-chrétienté* (Paris: A. Rousseau, 1905)를 보라.

18 이 문제에 대해선, le chevalier de Laget de Podio, *De la juridiction des Consuls de*

션' 사절들과 협의 이후에, 1681년 칙령에서만 '프랑스로 향하는 항해에 이들을 승선시킴으로써 추잡한 생활이나 행동의 프랑스 국적자들을 그들의 영사관으로부터 분리 시키는'(타이틀 9, 15조) 권한을 영사들에게 부여했다. 그렇지만, 1722년 선언[19] 뿐만 아니라 1778년 포고령[20]과 1781년 법령[21] 등은 확정했고 확실하게 영사들의 권한을 확대했다. 이러한 법률적인 조건들은 일반적으로 영사들에게 자신들의 관할 구역에서 질서 유지를 위한 책임을 만들어 주었다—이것은 항구와 해로 등에서 정박 중인 상선을 포함했다. 이 조항들은 또한 영사들에게 '국가의 평안을 위태롭게 하고 공공질서를 파괴하는' 사람들에 대한 '본보기가 되는 징벌'를 가할 수 있는 권한을 부여했고,[22] 또한 그들에게 감염병 발생 예방을 강구하는 위생 조치 강화를 요구했다. 영사의 의무는 또한 왕의 명령 공포를 포함 했다. 이것들에는 왕의 권한 아래에서 국민 총

France a l'étranger (Paris: C.J. Trouvé, 1826)를 보라; Fedor Fedorovich Martens, *Das Consularwesen und die Consularjurisdiction im Orient: Mit Ergänzungen des Autors,* translated by H. Skerst (Berlin: Weidman, 1874); and Ravaut-Bignon, *Du droit de police des consuls dans les pays hors-chrétienté.*

19 *'Déclaration du roi pour autoriser les consuls de la nation française à rendre leurs sentences en y appellant deux députés ou principaux négociants de la nation, donnée à Paris, le 25 mai 1722',* in Pierre B. Boucher, *Institution au droit maritime: ouvrage complet sur la législation maritime, ayant pour base l'ordonnance de 1681, à laquelle sont adaptées les lois de l'ancien et du nouveau régime, des réflexions, des jugements étayés des autorités les plus respectables* (Paris: Levrault, Schoell, 1803), pp. 763-767.

20 *Édit du roi portant règlement sur les fonctions judiciaires et de police qu'exercent les consuls de France en pays étrangers. Donné à Versailles au mois de juin 1778, registré au parlement d'Aix le 15 mai 1779,* Paris, 1779.

21 *Ordonnance du roi, concernant les consulats, la résidence, le commerce & la navigation des sujets du roi, dans les échelles du Levant & de Barbarie, du 3 mars 1781,* Paris, 1781.

22 2 Titre II, art. 40, *Ordonnance du roi, concernant les consulats, la résidence, le commerce & la navigation des sujets du roi, dans les échelles du Levant & de Barbarie, du 3 mars 1781,* p. 47.

회에서 낭독되었다.

영사는 프랑스 국민의 보호자, 재판관이자 경찰일 뿐만 아니라 공증인이고 어떤 면에선 사제이기도 했다. 공증인의 의무는 영사의 수석 조수에 의하여 주도되는 형평법chancery에 의하여 수행되었다. 용선chartering, 화주가 선주로부터 선박의 전부 혹은 일부를 임차하여 자기계정으로 운용하는 것혹은 보험 증서와 영수증 혹은 선박 구매 그리고 다른 헌박 계약 등을 전달하는 재무담당이었다. 그는 또한 결혼 계약을 받았고, 마지막 선언과 증언을 기록했고, 국민이 그의 배우자 멀리 떨어진 곳에서 사망했을 때 소지품 목록을 작성하기도 했었다. 중동과 바르바지 지역에서, 재무담당도 역시 세례, 결혼과 장례 등의 기록을 담당했다.[23]

무슬림과 기독교 지역에서, 영사는 종교적인 기능을 수행함으로써, '그리스도 폐하His Christian Majesty'의 대표로서 다음과 같이 활동 했다. 영사의 집에 '사제와 기타 종교 신부 등이 기념행사를 집전하고, 성례를 행하며, 예배식을 거행하고 모든 다른 성직 기능을 수행하는' 예배당을 제공했다.[24] 실질적인 사실로서, 영사는 스스로 자국민을 보호하고 그들에게 신앙의 자유를 보장하는 데는 한계를 두지 않았다. 몇몇 사례들에서, 영사는 모든 기독교도인들을 수호하는 임무를 수행했다. 성지 순례자들은 프랑스 영사에 의하여 보호받았다. 무슬림에 의하여 붙잡힌 죄인인 기독교 노예도 마찬가지이었다. 18세기 동안, 이러한 노예들의 문제는 오토만 제국 주재 영사실에 대한 상당한 시간을 빼앗았다. 1700년부터 1750년까지, 이들 서신의 10 퍼센트는 이 문제를 다룬다.[25] 가

23 Mézin, *Les Consuls de France au siècle des Lumières (1715–1792),* p. 45.

24 4 Pierre Ariste, *Traité des consuls de la nation française aux Pays estrangers,* 1667, BNF manuscript 18595, 이어지는 Mézin, *Les Consuls de France au siècle des Lumières (1715–1792),* p. 43에서 인용.

25 Xavier Labat Saint-Vincent, *'Achats et rachats d'esclaves musulmans par les consuls de France en Méditerranée au XVIIIe siècle', Cahiers de la Méditerranée,* vol.

장 최우선적으로, 그들은 무슬림 지역에서 노예로서 억류된 기독교인들의 구매와 이들의 집으로 가는 길 등을 교섭해야만 했다. 오토만 당국과 현지인 등과의 적절한 관계 유지를 염두에 두면서, 프랑스 영사들은 역시 기독교 국가들에 억류된 무슬림 노예들을 되사는 역할을 수행했다. 흥미롭게도, 노예들을 해방하는 이러한 노력들은 훨씬 영양가 없는 활동과 함께 가야 했다. 사실, 영사들은 갤리선에서 사용하기 위하여 '젊고, 건강하고 강력한 노예들'을 사기 위하여 감독 부서에 의하여 정기적으로 훈령을 받았다.[26]

프랑스와 관련된 이들의 의무와는 별개로, 영사들은 또한 해사 업무에도 책임이 있었다. 영사는 프랑스 선원들을 위한 일차적인 현지 접촉인이었다. 항구에 도착하자마자, 선장은 행정적 절차(여권, 선원명단과 필요하다면 건강 허가증 등의 제출)을 다루고, 그리고 도착과 출발하자마자 화물청구서를 제출하기 위하여 영사에게 보고해야 했다. 영사들은 자주 도움을 제공했다. 필요 시, 영사는 선원들에게 돈을 먼저 지급하고, 질병 혹은 조난 등 때문에 귀국을 알선하고,[27] 항해 규정이 지켜지도록 보장하는데, 특별하게 항구 출입국에 적절한 권리와 세금 등에 관한 것이었다.

17세기 후반부터, 영사들은 자신들의 감독기관에 정보제공의 새로운 임무를 부여받았다. 항해권 간의 무역 경쟁자를 인식하면서, 해군부 장관 콜베르는 자신의 영사 네트워크를 위하여 첩보 수집의 잠재력을

---

65 (*L'esclavage en Méditerranée à l'époque moderne*), 2002, paragraph 4; text posted online on 22 October 2004, http://cdlm.revues.org/document44.html에서 이용할 수 있습니다(2008년 12월 22일 접속).

26 Labat Saint-Vincent, *'Achats et rachats d'esclaves musulmans par les consuls de France en Méditerranée au XVIIIe siècle'.*

27 이러한 면에 대해선, Christian Borde, *'Les consuls de France et le rapatriement des marins du commerce et de la pêche: entre répression et humanitarisme (1804-1891)'*, in Ulbert and Prijac, *Consuls et consulats au XIXe siècle.*

인식하기 시작했다. 17세기 초기 이래로, 주류 생각은 마르세이유 무역은 네덜란드와 영국 무역이 늘어나면서 퇴조하는 중이었다. 그렇지만 그 누구도 현상을 수량적으로나 설명할 수 없었다.[28] 오로지 영사들만이 이러한 추이에 관한 적절한 평가를 위하여 필요한 데이터를 제공할 수 있었다. 결과적으로 1681년의 해양 칙령은, 콜베르의 독려고 초안이 작성된, '영사들은 자신들의 영사관의 중요한 문제에 대하여 적절하고 충실한 문선을 작성할 것이고, 이것을 매년 해군부는 오로지 간단한 연례 보고서를 요구했지만, 장문이고 빈번한 제출이 후에 이루어지게 되었다. 1744년의 회람은, 이베리아반도 영사관을 살펴본, 영사 관할권 항구에서 일반적인 무역 현황을 요청했다. 이 보고서는 수송 중에 있는 모든 상품의 양과 가치 등을 세세하게 작성해야만 했다. 또 다른 회람 -1774년, 1776년과 1785년—에서는 이러한 조항들을 확정하고 보급했는데, 더이상 연례적인 것이 아니라 분기별 혹은 월별 보고서를 요구했다.[29] 그렇지만, 오래 동안, 이러한 보고서들의 초안을 작성하기 위한 아무런 세트, 일관된 형식이 존재하지 않았다. 몇몇 영사들은 적절한 도표들을 작성했고, 다른 이들은 장문을 제출했다. 아직도 다른 영사들은 몇 자로 적은 복잡한 정치 정보로 자신들의 의무를 완수하려고 시도하기도 했다.[30] 표준 형식 수립 설립을 위한 첫 번째 시도는 1798년에 만들어졌다. 9월 22일에, 영사들은 주제 당 하나의 긴급 공문으로 작성함으로써 자신들의 첩보를 나누기로 요청받았다.[31]

---

28 Ricard, *'Les consulats, l'administration du commerce et l'information économique extérieure'*, p. 50.

29 Ricard, '*Les consulats, l'administration du commerce et l'information économique extérieure'*, p. 44.

30 Ricard, *'Les consulats, l'administration du commerce et l'information économique extérieure'*, p. 48.

31 Maurice Degros, *'L'administration des consulats sous la Révolution (1789–1799)'*, *Revue d'histoire diplomatique*, vol. 96, 1982, p. 109.

영사들은 후에 1919년 8월 법령에 의하여 상무관commercial attachés자리 설치로 유의미한 경제 권한 자리를 상실하게 되었다. 이와 동시에, 외교부는 무역관계 하부 부서를 설치했고, 확대에서 프랑스 회사들을 지원하기 위하여 상무관과 하부 부서 등을 필요로 했고, 프랑스 정부를 위한 경제와 무역 정보를 수집했다.

그렇지만, 19세기 내내, 외교부는 받고 있는 보고서와 차트 등의 내용을 구성하고 정의하는 것 등을 지속했다. 1803년 초, 회람에는 영사들에게 무역에서 프랑스의 우위를 진작시키기 위하여 최대한의 역량을 발휘하도록 명령했다. 이것을 달성하기 위하여, 영사들은 '외국에서 획득하거나 인수할 수 있는 무역 지점'을 발견해야만 했고, 그리고 또한 '토착민과 심지어 인접국의 토착민 등에 관한 비밀과 전통적인 과정' 등을 찾아내려는 것이다.[32] 회람에서는 영사들은 가죽 제혁, 건축기술, 난방과 의상 방식, 기계장치, 농업 혹은 조선 등과 같은 다양한 기술을 활용하는 과정을 살펴보도록 권고했다. 이러한 회람은 어것은 매우 긴 시리즈의 첫 번째 시도일 뿐이었다.[33] 19세기 내내, 외교부는 외교부가 영사로부터 원했던 정보의 내용과 형식 등을 안내하고, 재정의하고, 지속적으로 바로 잡았다. 그리고 이들에 의하여 전송되는 대량의 데이터에도 불구하고, 관리는 프랑스의 대외 무역 발전에 필요로 하는 정보를 제공하지 않는 영사들을 비난하기 위하여 제1차 세계대전까지 지속 되었다.[34] 감독 부처(정치부, 문서와 재무담당, 회계와 법률 부서)의 다양

---

32 *Bibliothèque Nationale de France,* Manuscripts, ms. fr. 22873, fol. 99r–v, letter from Brune, 18 pluviôse an XI (7 II 1803); quoted from Alessia Zambon, 'Louis François Sébastien Fauvel, *le consul antiquaire* (1753–1838)', in Ulbert and Prijac, *Consuls et consulats au XIXe siècle,* p. 148.

33 자세한 내용에 대해선 Baillou (ed.), *Les affaires étrangères et le corps diplomatique français,* vol. 1, pp. 543 and 747를 보라.

34 Mézin, *'Les services consulaires français au XIXe siècle'.*

한 하부 부서들과의 영사들의 호흡과는 별개로, 19세기 영사들은 또한 다른 부서들과의 정규적인 접촉을 가졌는데, 특별하게 농업무역부, 해군부와 식민지부 등이었다. 영사들은 또한 보건과 해양당국, 지자체와 외교부 마르세이유지부 등과 의견 교환을 했다.[35]

19세기에 정보 수집, 특히 경제 정보 수집이 프랑스 영사들의 주요 임무 중 하나가 되었다. 그러나 그들의 주요 임무는 여전히 변함이 없었고, 오늘날까지도 영사 제도 창설 이래 핵심 활동으로 남아 있다. 이는 자국민의 보호, 관리, 지원으로, 이들은 해외에 거주하는 경우는 물론 단순히 영사 구역을 여행하는 프랑스 국민을 돕는 역할을 담당했다.

해외 거주 프랑스 국민들의 숫자는 19세기 동안 상당하게 늘어났다. 그렇지만, 이유로는 유럽의 나머지 국가와 같이 신세계로 향하는 커다란 이주의 물결이 아니었다. 사실상, 프랑스는 대규모로 미국의 인구를 늘이는데 기여한 유일한 유럽국가가 아니다. 프랑스는 자체 이민자를 받아들였는데, 근본적으로, 독일, 이탈리아, 스위스 등이다. 그리고 프랑스의 경우에, 프랑스 국민들이 조국을 떠날 때, 그들은 프랑스가 제국 안으로 진입하는 과정이던 새로운 식민지들로 주로 이주했다. 공증인과 출생, 혼인과 사망 등의 등록 관리자 등으로서 프랑스 영사의 임무는 매우 복잡해지기 시작했다. 그들은 정확한 출생 인증, 혼외자 출생, 입양과 혼인 등에 대한 인정뿐만 아니라 혼인과 장례 절차를 거행해야만 했다. 그들은 또한 여권과 비자, 무역과 항해에 관련된 상황 증명서와 서류 등을 발급할 수 있는 권한을 부여받았다. 영사는 또한 자기 구역 안에 있는 프랑스 국적자의 군 복무도 관리했다. 이것은 징병 모집, 지원병 등록, 군 인력을 조력하고 송환 그리고 탈영병 물색 등을 포함했다.[36] 예외적으로만, 주재국에 프랑스 대사관의 부재 시에, 영사

35 Mézin, *'Les services consulaires français au XIXe siècle'*

36 Mézin, *'Les services consulaires français au XIXe siècle'*.

들에게 외교공관의 임무를 위임했다.

충원, 봉급과 영사 경력

15세가 말 프랑스 영사들이 왕권 아래로 속했을 때, 그들은 준비 서한에 의하여 왕의 관리가 되었고, 임명되고 자신들의 사무실을 만들 수 있었다. 이러한 지위는 자동적으로 매관매직 레짐 하에 놓이게 했다.[37]

재정적 어려움에 직면하자, 왕은 16세기 후반부터 영사직을 판매하기 시작했다. 이것은 신청자들의 자결과 능력 등에 관심을 둔 반면에, 영사직은 사실상 돈만 지불하면 누구 던지 간에 판매되었다. 영사직의 매관매직은 다른 직책처럼 동일하게 과도하지 않았다.[38] 그러나 이것은 동일한 관행을 따랐다. 더욱이, 구매 가격을 모집한 이후에, 정부는 곧바로 다양한 구실로 더 많은 돈을 요구하기 시작했다. 이러한 지불은 구매자가 그의 비용에 유일한 수혜자로 남기 위한 보장을 해야만 되는 것이었다. 그리고 사실상, 공직자들은 이들의 직위를 구매하고 유지하기 위하여 상당한 정도의 금액을 기꺼이 지불했다. 그들은 가능하면 신속하게 보상받을 수 있는 투자로 간주했다. 1세기 동안 제도가 유지되는 동안, 영사의 주요 수입은 봉급이 아니라 그가 자신의 영사 담당구역의 프랑스 상인들에 창출하는 무역에서 얻어지도록 권한을 받은 세금으로부터 나오는 것이었다. 이러한 세금의 비율이 16세기와 17세기

37 이러한 일반적인 주제에 대해선, Roland Mousnier, *La vénalité des offices sous Henri IV et Louis XIII* (Paris: Presses Universitaires de France, 1971)에서 문제제기된 고전적인 업적뿐만 아니라 Roland Mousnier, Kuno Böse and François Bluche in Klaus Malettke (ed.), Ämterkäuflichkeit: Aspekte Sozialer Mobilität im europäischen Vergleich *(17. und 18. Jahrhundert)* (Berlin: Colloquium Verlag, 1980), pp. 33–86의 기고 등을 보라. 특별하게 영사 문제에 대해선, Poumarède, *'Naissance d'une institution royale'*, pp. 72–85를 보라.

38 Poumarède, *'Naissance d'une institution royale'*, p. 73.

(1-2 퍼센트로 혹은 몇몇 분야에서는 17세기 말까지 3 퍼센트로 올라감)에 올라가더라도,[39] 자신들의 투자 장을 이익으로 바라보기를 갈망했던 영사들은 정기적으로 높은 세금을 부과하려오 시도했다. 프랑스 선장이 기록했던 수많은 불평가들은 과도한 영사 세금을 다루어야만 했었다.

영사 세금으로 만들어지는 수입은 항구의 교역 역량에 따랐고, 구역마다 매우 상이할 수 있었다. 1630년 알레포Alep, 시리아의 도시 영사관이 매년 18,000파운드를 생산한다면, 바르바리 지역의 트리폴리Tripoli 기지는 300파운드만을 가져온다는 것이다. 수입은 또한 시간이 흐르면서 왔다 갔다 했다. 예를 들면, 알렉산드리아 영사관은 1630년에 10,000파운드를 가져왔는데, 아직도 이곳은 몇 년 전만 하더라도 25,000파운드까지 생산해 오고 있었다.[40]

과도한 세금 징수와는 별개로, 매관매직은 다음과 같이 또 다른 약점을 보유하고 있었다. 공직자의 의무를 수행하지 않는다는 것이었다. 이것은 사실상 빈번하게 영사 직 구매자를 서기clerk라고 명명했던 것이다. 서기는 일반적으로 부영사 직함을 가졌고 공직자의 의무를 수행했고, 영사를 대신해서 세금을 징수했다. 당국은 이론적으로 서기의 임명을 거부할 권리를 가진다 해도, 당국은 절대로 이러한 조력자들의 선택에 실질적으로 간섭하지 않았다. 즉, 왕권은 통제를 할 수 없었고, 또한 공식적인 임명도 없었다. 공직자는 그의 서기를 위임자를 가지고 임명할 수 있거나, 자신을 임대차 계약서에 서명했다. 거래는 양 당사자들에게 정기적인 수입을 보장해 주었다. 공직자는 매년 미리 정한 금액을 받았다—그의 직무를 위한 일종의 임대료로서—그리고 서기는 영사

39 Poumarède, *'Naissance d'une institution royale'*, pp. 81–82.

40 이러한 지표와 기타 등을 위해선, Poumarède, *'Naissance d'une institution royale'*, p. 83을 보라.

세수로부터 지급받도록 정해졌다.

공직 임명 혹은 파견 근무 등에 관한 이러한 관행은 영사 의무를 실질적으로 수행했던 사람과 왕정 간의 연계를 느슨하게 했다면, 관계는 서기들이 자신들*만의* 자리로 부영사 직을 전담하도록 만들기 시작했을 때 매우 확대되었다. 공직자 스스로는 자신들의 기능을 수행하는 대리인에 대한 매우 간접적인 통제를 가지는 것만은 아니었다. 자신들 구역 안의 축소된 항구에서 부영사로서 자리 잡은 서기와 조력자 등은 해당 지역의 프랑스 무역업자들 간에서 주로 충원되었다. '충원과 재충원을 거듭한 이후에, 영사 의무의 수행은 해당 장소에 이미 수립된 무역업자에 결국은 의존 했다'[41]——그들 중 대부분은 무역을 지속하고 있었다.

16세기 후반 동안, 상인들의 불평은 점점 더 빈번해 졌는데, 터무니없는 금액 징수와 자신들만의 이해관계를 높이기 위하여 자신들의 직책을 활용하는 영사를 비난했다.[42] 앙리 4세Henry IV 치세가 시작되면서, 왕권은 영사직의 자질과 관행 등을 규정하는 조항에 의하여 상황에 대한 통제를 재개하려고 시도했다. 1603년, 최초로, 그들의 직책을 상실한 고통으로 개인별로 그들의 기능을 수행하도록 영사들에게 부여하는 법령이 필요했다. 유사한 용어로, 이러한 명령은 1613년, 1641년, 그리고 1664년 등에 반복되었다——커다란 효과는 없었지만 말이다. 그렇지만, 콜베르가 취임했을 때, 상황은 변하기 시작했다. 영사관은 그의 업무와 관련된 해군부 장관으로서, 그는 즉각적으로 제도 개혁을 시작했다. 영사관을 왕권의 권한으로 되돌려 놓기 위하여, 콜베르는 이어지는 조치들을 착수했다. 이것 모두는 영사 직의 매관매수를 철폐하는 방향으로 진행되었다. 1675년 칙령, 1681년 명령과 1684년 세가지의 칙령 등 모

---

41 Poumarède, *'Naissance d'une institution royale'*, p. 109.

42 불만 접수부의 예들 들면, Poumarède, *'Naissance d'une institution royale'*, pp. 112–113를 보라.

두는 영사 직을 없애는 데 기여했는데, 이것을 언제라도 폐지할 수 있는 단순한 왕립 위원회로 전화시켰다—그리고 영사의 성격과 신청의 틀 등을 전적으로 재규정했다. 이와 같은 새로운 배열은 새롭고 전례가 없는 엄격함을 가지고 실행되었지만, 콜베르는 그의 프로젝트 완성을 보지 못하고 사망했다. 그렇지만, 그의 아들이자 해양부의 후계자인 시르넬레이 후작Marquis of Seignelay은 그의 아버지의 개혁을 완수했다.

18세기 초기에, 콜베르에 의하여 영감을 받은 규정들은 영사 제도를 완전하게 개혁했는데, 새로운 절차와 임명 규칙 그리고 새로운 형식의 보수 등을 규정했다. 영사가 되기 위하여, 그 당시 신청자는 의무적으로 왕립 위원회에 속해야만 했다. 영사들은 조항문letter of provision에 의하여 그리고 부영사는 단순한 왕의 보증서 등에 의하여 임명되었다. 이 규칙에 한 가지 예외가 있었다. 콘스탄틴노플 주재 프랑스 대사가 영사 지명 권한을 갖고 있던 오토만 제국이었다.[43] 또한, 영사는 프랑스 국적 보유, 가톨릭이고 30세 미만 등을 필요로 했다. 물론, 이 규칙들은 종종 무시되었지만, 임명의 압도적인 다수인 경우에, 1681년과 1781년 3월의 명령 등의 규정 적용되었다.[44] 영사는 개인적으로 그의 의무를 수행해야만 했고, 무역에 종사하는 것은 금지되었다.[45]

이러한 영사의 무역 금지는 영사 수입의 재구성과 함께 진행되었

---

43 Mézin, 'Les Consuls de France au siècle des Lumières acteurs secondaires des relations diplomatiques', p. 10.

44 예를 들면, Mézin, 'Les Consuls de France au siècle des Lumières acteurs secondaires des relations diplomatiques', pp. 14–16 and 26–27; and Pierrick Pourchasse, *'Les consulats, un service essentiel pour le monde négociant: une approche comparative entre la France et la Scandinavie'*, in Ulbert and Le Bouëdec (eds), *La fonction consulaire à l'époque moderne*, pp. 191–209 at pp. 192–194 등을 보라. 1781년 칙령에서는 영사 임명을 위한 최저 연령조항을 반복하지 않는다고 명시한다.

45 역시 예외조항이 존재했다. Mézin, 'Les Consuls de France au siècle des Lumières acteurs secondaires des relations diplomatiques', pp. 24–28; and Pourchasse, '*Les consulats, un service essentiel pour le monde négociant*', pp. 192–194.

다. 1691년, 칙령은 영사관에 의하여 예전에 수집되었던 모든 세금들을 이미 폐지해 왔는데, 이러한 것들을 프랑스 선박 화물에 부과된 단일 운임 세를 대체한 것이다. 중동 혹은 바르바리 지역 영사관 등의 경우에, 세금은 더 이상 영사에게 가지 않고 왕립 기관에 의하여 직접 부과되었다. 보상으로, 영사들은 그 당시 고정 수입을 수령했다. 봉급에서 지급받는 양만큼 운임세의 비율은 시간과 구역 등에 따라서 다양했다.[46] 스페인, 이탈리아와 북유럽에서, 영사들은 지속적으로 스스로를 외교부가 그들에게 고정 봉급을 배당할 때인 1755년까지 영사 세금으로부터 받아왔다. 1776년, 아르타와 아테네 증의 부영사에 대해서만은 여전히 세금으로부터 지불되었다.[47]

이러한 개혁 이후, 영사의 보상 형식은 19세기 말까지 크게 변하지 않았다. 이들의 봉급은 이들의 지위의 중요도와 주재 도시의 생활비 등에 따라 다양했다—규정은 공직자의 연공서열seniority을 고려하지 않았다. 이것 때문에, 몇몇 영사들은 다른 사람들의 10배 이상을 수령 할 수 있었고, 심지어 직책이 외교 업무와 관련되면 20배 이상이나 되었다.[48]

급여 개혁이 논의되어 오고 심지어 프랑스 3공화국 초기부터 요구되기까지 했다. 새로운 급여 규모는 마지막으로 1886년에 채택되었는데, 공무원의 등급에 따라서 추가 접대비를 포함하는 고정 급여의 지불을 제공하는 것이었다.[49] 일반적인 용어로, 이러한 급여 개혁은 여전히

---

46 18세기 영사 수입과 세금 등에 관한 완벽한 목록을 위해선, Mézin, 'Les Consuls de France au siècle des Lumières acteurs secondaires des relations diplomatiques', pp. 61–68를 보라. On 바르바리 영사관의 급여문제의 경우에도 Boulanger, '*Les appointements des consuls de France à Alger au XVIIIe siècle*'를 보라.

47 Mézin, 'Les Consuls de France au siècle des Lumières acteurs secondaires des relations diplomatiques', p. 62.

48 Baillou (ed.), *Les affaires étrangères et le corps diplomatique français,* vol. 1, p. 546. 19세기 급여문제에 대해선, Baillou (ed.), *Les affaires étrangères et le corps diplomatique français,* vol. 1, pp. 544–546 and 603–606를 보라.

49 1886년부터 1913년까지, 급여는 대사인 경우에는 40,000 프랑, 공사(1급)인 경우 30,000

오늘날에도 적용되는 것이다.

국적, 종교와 연령 등에 관한 일반 규정과는 별도로, 1791년까지 신청자의 자격요건에 관한 아무런 공식적인 필요조건이 존재하지 않았다. 그렇지만, 18세기 초부터 행정은 지능과 소양 등을 가진 영사들을 선발하는데 신중했다. 영사관들이 통역사를 채용했던 중동 지점을 제외하곤,[50] 언어 지식은 영사 업무의 적절한 수행에 필요한 것으로 간주 되었다. 외교부는 또한 법률, 상업 그리고 행정적인 기술 등을 기대했다. 이에 따라서 수많은 변호사, 법무사 혹은 해사 관리와 역시 18세기 영사들 중에서 몇몇 군인 등을 볼 수 있는 것은 놀랄 일이 아니다.[51]

미래 영사 자격에 관한 집대성은 1781년의 명령까지 지속되었다. 이 칙령에서는 신임 영사들에게 자신들의 임무를 위하여 대비할 수 있게끔 하는 훈련과정을 만들었다. 수련 부영사 직이 만들어졌는데, 특별하게 중동과 바르바리 지역이었고, 그리고 기존에 활동하고 있는 영사들의 친척들을 위하여 남겨 두었다. 2년 간의 훈련 이후에, 학생들은 부영사 직에 신청할 수 있었다(51조). 부영사로서 3년간의 경험은 그들에게 영사에 지원할 수 있는 권리를 부여했다(32조). 총영사와의 10년간의 협업은 그들에게 영사 직에 직접적으로 신청할 수 있게 했다(33조). 이러

프랑, 공사(2급)인 경우는 24,000 프랑으로 설정되었다. 총영사는 24,000 프랑을 영사는 20,000 프랑, 부영사와 비서인 경우 10,000프랑, 통역인 경우엔 6,000 프랑을 받았다. Baillou (ed.), *Les affaires étrangères et le corps diplomatique français,* vol. 2, p. 200를 보라.

50 이들 통역사로 표현되는 dragomans or "jeunes de langue" 등에 대해선, Antoine and Marie Gautier의 저술에서 찾아 볼 수 있고, Ulbert and Le Bouëdec (eds), La fonction consulaire à l'époque moderne, pp. 377–378에서 목록을 발견할 수 있다. Ulbert and Le Bouëdec 등이 편집한 동일 저서 안에 속해 있는 Antoine Gautier, 'Les drogmans des consulats', pp. 85–103를 또한 참고하라.

51 18세기 영사 훈련에 관한 간략한 분석의 경우엔, Mézin, 'Les Consuls de France au siècle des Lumières acteurs secondaires des relations diplomatiques', p. 55–56를 보라.

한 새로운 직책들은 빈번한 이주 약속과 가장 중요한 것으로 연공서열보다는 오히려 실적merit을 통한 승진 등과 함께 순조롭게 진행되었다.[52]

이 시점까지, 경력 영사는 원시적인 형태로만 존재해 왔었다. 승진이 연공서열을 통해서만 진행되는 시스템에서, 그리고 이전이 알려지지 않은 부서에서, 공직자 대다수는 자신들의 전문적인 삶을 통하여 동일한 직위에 남게 되었다. 18세기 나머지 기간 동안, 앤 메진Anne Mézin은 공무원의 64퍼센트가 자신의 전체 경력 중에서 단일 직종을 보유했고, 영사의 15퍼센트 이상이 두 개의 직책에만 한정되었고, 17퍼센트는 세 개 이상의 직책을 유지했다고 밝히고 있다.[53]

이미 군주정으로 개혁 되어 왔던 영사 충원은 19세기 초기 동안 매우 엄중해지기 시작했다.[54] 시간이 지나면서, 성과에 한 목록은 수습 영사를 더 오래 훈련시킬 필요가 있었다. 19세기 중반까지, 미래의 프랑스 영사는 물리학 학사학위를 가지고, 영어와 다른 이탈리아어 혹은 스페인어 등에 통달하고, 자신의 미래 상업적, 민간, 법률적 행정적 의무 등에 관한 실질적인 자세한 내용을 이해하고,[55] 법률적 권리, 무역과 항해 조약 등을 파악하고, 그리고 산업 기술과 통계 등에 관한 몇 가지 개념을 가지고 있어야만 했다.

1868년, 프랑스 외교부는 마지막으로 수습 영사 직을 위한 채용 시험을 도입했다. 이 시험은 광범위한 범위의 과목을 포함했는데, 정치 경제, 법, 외교사와 물리, 지리에서 정치와 언어까지 등이었다. 몇 년 후인 1877년 2월에, 시험은 새로운 이름이 부여되었고 '영사'라는 이름이 되었다.[56] 이것은 대학 교육 학위 소지자, 프랑스 군 장교, 토목기사와

52 Mézin, 'Les Consuls de France au siècle des Lumières acteurs secondaires des relations diplomatiques', p. 56.

53 나머지 4퍼센트는 훈련 중이거나 임명 계약은 만기가 된 부영사들이었다.

54 자세한 내용은 Mézin, *'Les services consulaires français au XIXe siècle'*를 보라.

55 Mézin, *'Les services consulaires français au XIXe siècle'*.

광산채굴업자 등에게 개발되었다. 시험 치기 이전에, 후보자들은 급여가 제공되지 않는 2주간의 수습 경험, 해외에서 근무하는 1년 등의 경험을 해야만 했다. 시험은 '후보자가 적절한 모든 교육에 속하는 일반 지식을 보유하는지 뿐만 아니라 그가 관련되어 온 그리고 의심 할 것도 없이 자신의 전문적인 자격요건에 적절한 지식을 얻어 왔는 지를 보여주도록' 구상되었다.[57] 시험 합격은 자동적으로 직책을 획득하는 것은 아니었다. 외교부는 추천에 근거해서 결정할 수 있는 권리를 유지했다. 프랑스 3공화국은 공정성에 높은 가치를 두었고, 영향력도 추천 등을 보유하지 않은 수많은 자격 있는 젊은이들을 외면하지 않기를 바랐다. 새로운 충원 경쟁시험은[58] 1880년 칙령에 의하여 도입되었다. 이러한 새로운 시스템은 두 가지의 유의미한 창안을 도입했다. 첫째, 이것은 절대 공정해야만 한다는 것이었다. 구술과 필기 과목 등은 추첨으로 선별되고, 후보자의 답안지는 2명의 다른 채점자들에게 건네지고, 5명의 평가위원들 중에 2명은 외교부에 의하여 채용되지 않은 인물이었다. 이것은 프랑스 외교부 안의 오랜 기간 전통인 족벌주의nepotism와 편파주의favoritism 등을 완전한 파괴를 나타내는 것이었다. 부가적으로, 이와 같은 경쟁시험의 실행은 영사와 외교 등에 관한 분리된 충원을 종식해서, 경력 영사와 외교 간의 간막이를 설치하는 것이다. 모든 합격자들은 그 당시 결과에 따른 자신들의 순위에 따라서 외교관 혹은 경력 영사 등으로 선발될 수 있었다. 그 이후에 두 가지의 분류가 동일한 승진과정을 따랐는데, 공무원들이 한 집단에서 다른 집단으로 이전할 수 있게 되었

---

56 Baillou (ed.), *Les affaires étrangères et le corps diplomatique français,* vol. 2, pp. 150 – 151.

57 Baillou (ed.), *Les affaires étrangères et le corps diplomatique français,* p. 151로부터 인용.

58 경쟁시험의 도입, 형성과 발전 등에 대한 자세한 내용을 위해선, Baillou (ed.), *Les affaires étrangères et le corps diplomatique français,* pp. 151 – 156를 보라.

다. 이들 중 대다수가 그들이 시작했던—영사 혹은 외교관—동일한 집단 내부에 남는다 해도, 이것은 19세기 후반 *초*까지 이러한 규칙에 대한 반례를 발견하기가 쉽지 않았다.[59] 이것 모두는 중앙 관리와 외부 부처 등을 함께 모으고 강력하고 통합 행정의 부상에 유리하게 만들었는데, 부처와 직책 간의 진정한 이동을 가져왔다.[60]

입학 조건, 그리고 시험 내용과 형식 등 모두는 계속되는 수 십 여년 동안 빈번하게 변하였다. '*성대한 경쟁*grand concours'으로 언급되던 외교관과 경력 영사 등으로의 접근을 부여했던 경쟁 시험이외에, 다른 '*소규모 경쟁*'이 진화되었는데, 특별한 영사 직에 대한 문호를 개방하면서 말이다. '*성대한 경쟁*'과 동일 수준인 '*동양 경쟁*concours d'Orient'은 동양 언어와 문화 등을 전공했던 요원을 위하여 고안 된 것이었다. 재정담당 서기 시험은 외교 혹은 영사 직에 있는 개인 관리자를 위하여 치러졌다.[61] 경쟁시험 시스템은 1880년에 수립된 원칙에 입각해서 프랑스 공무원이 심오한 구조조정을 경험할 때인 1945년까지 제자리를 잡아왔다.

프랑스 행정부는 수많은 경쟁 채용 시험으로 특징지어졌던 고위 공무원직에 대한 접근을 단순화하기 위해 제2차 세계대전 말에 큰 개혁을 시행했다. 그때부터 모든 공무원은 각 수준에 대해 단 하나의 경쟁 시험을 통해 채용되었다. 외무부에서는 이를 통해 '그랑 콩쿠르'가 종료되었고, 그 후 외무부 요원들은 1945년에 설립된 국립행정학교ENA에서

---

59 Mézin, *'Les services consulaires français au XIXe siècle'*, pp. 59-61 안에 있는 경력자들을 참조하라.

60 Arnaud Teyssier, *'Freycinet'*, in Lucien Bély, Laurent Theis, Georges-Henri Soutou and Maurice Vaïsse (ed.), *Dictionnaire des ministres des Affaires étrangères (1589-2004)* (Paris: Fayard, 2005), p. 381.

61 Baillou (ed.), *Les affaires étrangères et le corps diplomatique français,* vol. 2, pp. 884-885.

모집되었다. 동양 언어와 문명에 대한 지식을 갖춘 요원을 필요로 했기 때문에 '콩쿠르 도리앙'만이 유지되었다. 이후 국립행정학교는 관리직 공무원을 충분히 공급하지 못하게 되었는데, 이는 식민 제국의 붕괴와 냉전 종식이 부분적으로 전 세계에 걸쳐 정부 기구의 급증을 초래했기 때문이다. 그 결과 외무부는 자체 채용 방식으로 돌아왔고, 현재 프랑스 외무부는 네 가지 경쟁 시험을 통해 각기 다른 공무원 등급에 맞는 요원을 채용하고 있다.

네트워크의 진화

거의 4세기 동안, 초기인 1250년부터 17세기의 지난 10여 년 동안까지, 프랑스 영사 역사는 배타적으로 지중해에 집중되었다. 정치적이고 법률적인 이유 때문에, 마르세이유 상공회의소는 지중해 해안에서 자신의 활동을 제한하도록 강요받았지만[62] 상황은 1535년 변하기 시작했는데 프랑스와 1세가 슐레이만의 첫 번째 항복을[63] 획득했고 서구 무역을 오토만 제국 안으로 가져오기 위한 외교 도구로서 활용했다. 프랑스의 샤를 9세와 오토만 제국의 셀림 2세Selim II간에 1569년 갱신되었는데, 이러한 항복은 프랑스에게 무슬림 영토 안에서 무역하는 권한을 부여했는데, 그 당시까지 특권은 베네치아 사람들을 위한 것으로만 부여되었다.[64] 조약은 또한 그들에게 영사관 개설과 유지 권리를 부여했다. 프

---

62 알렉산드리아 영사관과는 별개로, 1384년에서 1385년 동안 그 실체가 입증되었다. Baillou (ed.), *Les affaires étrangères et le corps diplomatique français,* vol. 1, p. 43를 보라.

63 항복조건에 대해선, Gaston Zeller, *'Une légende qui a la vie dure: les capitulations de* 1535', *Revue d'Histoire moderne et contemporaine,* vol. 2, 1955, pp. 127-132; Géraud Poumarède, *'Négocier près la Sublime Porte: jalons pour une nouvelle histoire des capitulations franco-ottomanes',* in Bély (ed.), *L'invention de la diplomatie,* pp. 71-85를 보라.

랑스는 이 기회를 잘 활용하여 1600년에는 오스만 제국 내에 이미 다섯 개의 영사 거점을 두었고, 1715년에는 그 수가 열네 개로 증가했으며, 그리스 군도에 주로 위치한 많은 부영사관도 운영하고 있었다.[65]

17세기가 바로 끝날 무렵에, 네트워크는 북유럽으로 확장하기 시작했다. 전초기지들은 북해와 발틱 등에 가까운 영국 제도 British Isles에 개설했다. 16세기 후반부터, 이러한 지역에서 영사를 개설하려는 몇몇 산발적인 시도가 이미 존재해 있었다—예를 들면, 1579년, 그리고 재차 1655년부터 1659년까지 함부르크에 말이다[66]—그러나 영사 주둔은 18세기에 영속적인 사실로만 되었다. 미국 혁명American Revolution과 함께 시작되면서, 네트워크의 팽창은 북미의 동부 해안에 도달했다.[67]

영사 구조의 확대는 19세기에 지속되었는데,[68] 모든 대륙으로 뻗어나갔고, 국가들을 영사 구역으로 국가 지도를 작성했다. 동시에, 배타적으로 영사 구역에 관한 해양 성격으로부터 나온 출발점에서, 프랑스는 대륙 도시에서 영사를 설립하기 시작했다. 총영사, 영사관과 부영사 등의 숫자는 19세기 전체를 통하여(1823년 100개, 1845년 124개) 천천히 늘어나기만 했고—그리고 심지어 때때로 국제적인 큰 위기 동안에도 후퇴 했다—그러나 영사 기관과 부영사관 등의 숫자는 문자 그대로 폭발했다. 이러한 두 가지 유형의 사무실들은 봉급 받지 않은 요원들에게 자주 권한 위임을 했다. 이들 요원들은 현장에 설립된 프랑스 무역업자

---

64 동일한 권리는 1599년 영국, 1612년 네덜란드 연합주 그리고 1665년 제노아 등에도 부여되었다.

65 Poumarède, *'Naissance d'une institution royale'*, p. 66.

66 Poumarède, *'Naissance d'une institution royale'*.

67 미 합중국의 프랑스 영사 설치에 대해선, Stéphane Bégaud, Marc Belissa and Joseph Vissier, *Aux origines d'une alliance improbable: Le réseau consulaire français aux États-Unis (1776-1815)* (Paris: Direction des Archives, Ministère des affaires étrangères, 2005)를 보라.

68 Maurice Degros, *'Les créations de postes diplomatiques et consulaires français de 1815 à 1870'*, *Revue d'histoire diplomatique*, vol. 100, 1986, pp. 25-64를 보라.

들 사이에서 충원되었다. 1879년 그 해에, 프랑스는 26개의 총영사관, 87개의 영사관, 58개의 부영사관과 531명의 영사 혹은 부영사 요원 등을 유지했다.[69] 이러한 지점 사무실에 관한 낮은 비용은 네트워크는 신속하게 이동 무역에서 혹은 진행으로 신속하게 적용할 수 있음을 의미했다. 결과적으로, 총영사관과 영사관 등의 지도가 지속적으로 변하였다. 이것의 진화는 프랑스 대외무역의 팽창과 긴밀하게 따랐고, 특권을 구상했다—프랑스 수상 쥘 페리Jules Ferry정부(1880-1881년과 1883-1885년) 정권의 장관이 이에 대해서 설명하기를—'자국 무역에서 완벽한 발전에서 허약해진 유럽 중심의 해악에서 국가를 멀리 떨어지게 해야 한다.'[70]

제1차 세계대전 바로 직전, 프랑스 영사 서비스는 정점에 달했는데, 32개의 총영사관, 75개의 영사관, 91개의 부영사관과 상당한 숫자의 656명의 영사 요원 등을 가졌기 때문이다. 이러한 숫자들은 그 이후에 약간 줄어들기 시작했다. 1939년, 574명의 영사요원들이 지원하는 8개의 총영사관과 123명의 총영사 등만이 여전히 활동했다. 그 시기 이후, 주요 변화가 영사관과 총영사관 간의 비율에서 변화가 있어 왔는데, 후자에 유리하게 말이다. 1979년, 균형은 76명의 총영사와 464명의 요원 등을 위한 76개의 총영사관이었다. 2009년 초기 동안에, 프랑스는 113명의 총영사, 18개의 총영사관과 530명의 영사 요원 등을 유지했다.

결론

영사 제도가 시작된 때부터 20세기 초 절정에 이르기까지 500년 동안 프랑스는 점진적으로 효과적인 영사 행정 시스템과 점점 더 넓은 네트워크를 구축해 나갔다. 이 기간 동안 영사들의 권한도 변화하여 프랑스

69 일반적으로 이러한 후의 직책들은 명예 영사들로 채워졌다.

70 Mézin, *'Les services consulaires français au XIXe siècle'*.

정부의 필요에 맞게 조정되었다. Z. 마르카스Z. Marcas가 적절하게 표현했듯이, 영사들은 실로 "무역을 촉진하기 위해" 만들어졌다.[71] 프랑스 경제 이익 보호—매우 정확하게 말하자면 항해와 상업 식민지—는 이에 따라서 오랜 시간 동안 영사 업무의 핵심으로 남았다. 이러한 서비스 개선을 보장하기 위하여, 프랑스의 핵심 행정은 적극적으로 영사 기능에 대한 새로운 후보자를 위한 충원 필요조건을 지속시켰다. 프랑스의 3공화국 초기에, 외교부는 미래 외교관과 미래 영사 등을 위한 합동 입학시험을 제도화 했다. 이 또한 이들을 동일한 승진 순위표에 올려놓고 상호 간에 이전을 위한 문호를 개방함으로써 두 부류 간에 상호 교류를 선진화했다. 그러나 이러한 영사 기능의 발전은 상대적인 쇠퇴의 서막에 불과했다. 1919년에 주요 상업 업무가 상무 참사관에게 넘어가면서, 프랑스 영사는 외교의 부수적인 존재로 다시 자리 잡게 되었다. 전통적으로 외교 계층의 최하위로 격하되었던 영사는 이후 사실상 외교관의 보조 역할로 전락하게 되었으며, 그 임무는 해당 지역 내 프랑스 국민 보호, 출생 및 사망 신고와 같은 기록 사무 처리, 프랑스 문화 전파, 그리고 그 결과로 해당 지역 내 프랑스 상업 활동 지원으로 한정되었다.

71 각주 1를 참조하라.

색 인 (Index)

*영어 ABC 순서로 작성함.

영사 업무와 외교

초판 인쇄 | 2024년 12월 23일
초판 발행 | 2024년 12월 30일

저자 얀 멜리센 • 아나 마르 페르난데스
역자 김진호 • 명지용
감수 마영삼

펴낸곳 온누리디앤피
등록 1995년 8월 31일 제51호
주소 제주특별자치도 제주시 신성로12길 21-2
전화 064-722-0086
팩스 064-755-3380
이메일 on21@hanmail.net

ISBN 978-89-94495-82-8 93340

값 20,000원

•잘못된 책은 바꿔드립니다.

※ 본서는 2024년도 외교부 영사 인력 양성을 위한 대학교와의 협력사업 지원을 받았습니다.